Christian Funk

Allgemeine Geschäftsbedingungen in Peer-to-Peer-Märkten

Schriften des Zentrums für angewandte Rechtswissenschaft

Band 12

ZAR | Zentrum für angewandte Rechtswissenschaft

Karlsruher Institut für Technologie

Herausgeber der Schriftenreihe: *Prof. Dr. Thomas Dreier M.C.J.*

Prof. Dr. Dr. Peter Sester Dipl.-Kfm.

Prof. Dr. Indra Spiecker gen. Döhmann LL.M.

Allgemeine Geschäftsbedingungen in Peer-to-Peer-Märkten

von
Christian Funk

Dissertation an der Universität Freiburg i. Br., Rechtswissenschaftliche Fakultät

Dekan der Rechtswissenschaftlichen Fakultät Freiburg i.br.:
Prof. Dr. jur. Hanno Merkt, LL.M. (Chicago)
Erstgutachter:
Prof. Dr. jur. Thomas Dreier, M. C. J., Institut für Informations- und Wirtschafts-recht, Karlsruher Institut für Technologie (KIT)
Zweitgutachter:
Prof. Dr. jur. Maximilian Haedicke, LL.M (Georgetown), Institut für Wirtschafts-recht, Arbeits- und Sozialrecht, Universität Freiburg i.Br.

Ort und Tag der mündlichen Prüfung:
Karlsruhe und Freiburg, 30. November 2009
Freiburg, 1. Dezember 2009

Die Dissertation wurde am Institut für Informations- und Wirtschaftsrecht am Karlsruher Institut für Technologie (KIT) geschrieben. Stand Dezember 2009.

Impressum

Karlsruher Institut für Technologie (KIT)
KIT Scientific Publishing
Straße am Forum 2
D-76131 Karlsruhe
www.ksp.kit.edu

KIT – Universität des Landes Baden-Württemberg und nationales
Forschungszentrum in der Helmholtz-Gemeinschaft

KIT Scientific Publishing 2010
Print on Demand

ISSN: 1860-8744
ISBN: 978-3-86644-504-8

Vorwort

Die vorliegende Arbeit wurde im Wintersemester 2009/2010 von der Rechtswissenschaftlichen Fakultät der Albert-Ludwigs-Universität Freiburg im Breisgau als Dissertation angenommen. Stand der Arbeit ist Dezember 2009.

Der am rechtsinformatischen Teil der Arbeit interessierte Leser sei ausdrücklich auf die Schrift „Formalisierung des Rechts" von Baumann, Funk, Oberle, Raabe, Wacker[1] hingewiesen, welche die hier besprochenen Ansätze in einen Entwurf überführt.

Dank schulde ich für die zügige Erstellung der Erst- und Zweitgutachten Prof. Dr. Thomas Dreier und Prof. Dr. Maximilian Haedicke. Für Gesprächsbereitschaft und Anregungen danke ich Dr.-Ing. Michael Conrad, Dipl.-Inform.Wirt Christian Baumann, Dipl.-Inform.Wirt Richard Wacker, Dr.-Ing. Daniel Oberle. Für Korrekturlesen danke ich RA Michael Ebert und Ingrid Funk. Für Betreuung, Anregungen, Gesprächsbereitschaft und nicht zuletzt Freundschaft bin ich Dr. Oliver Raabe zu tiefem Dank verpflichtet.

Dresden, Januar 2010

---

[1]   In der gleichen Reihe, im Erscheinen.

Inhaltsverzeichnis

Inhaltsverzeichnis

Inhaltsverzeichnis

Inhaltsverzeichnis

Abkürzungen

Nachgewiesen sind nur im Text nicht eingeführte Abkürzungen.

Abs.	Absatz
AcP	Archiv für die civilistische Praxis
AfP	AfP – Zeitschrift für Medien- und Kommunikationsrecht
AG	Die Aktiengesellschaft (Zeitschrift)
AGBG	Gesetz zur Regelung des Rechts der Allgemeinen Geschäftsbedingungen (AGB-Gesetz) in der Fassung der Bekanntmachung vom 29. Juni 2000 (BGBl. I S. 946), zuletzt geändert durch Art. 6 Nr. 4 SchuldrechtsmodernisierungsG vom 26. 11. 2001 (BGBl. I S. 3138)
BB	Betriebs-Berater
BGB	Bürgerliches Gesetzbuch in der Fassung der Bekanntmachung vom 2. Januar 2002 (BGBl. I S. 42, 2909; 2003 I S. 738), zuletzt geändert durch Artikel 5 des Gesetzes vom 10. Dezember 2008 (BGBl. I S. 2399)
BGBl.	Bundesgesetzblatt
c't	c't – magazin für computertechnik
CR	Computer und Recht
CRi	Computer Law Review International, Vorgänger: Computer und Recht International
DNotZ	Deutsche Notar-Zeitschrift
DÖV	Die Öffentliche Verwaltung
DuD	Datenschutz und Datensicherheit
DVBl	Deutsches Verwaltungsblatt
EGBGB	Einführungsgesetz zum Bürgerlichen Gesetzbuche in der Fassung der Bekanntmachung vom 21. September 1994 (BGBl. I S. 2494; 1997 I S. 1061), zuletzt geändert durch

das Gesetz vom 10. Dezember 2008 (BGBl. I S. 2401)

f. / ff.   folgende(r)

GG   Grundgesetz für die Bundesrepublik Deutschland in der
             im Bundesgesetzblatt Teil III, Gliederungsnummer 100-1,
             veröffentlichten bereinigten Fassung, zuletzt geändert
             durch Artikel 1 des Gesetzes vom 19. März 2009 (BGBl. I
             S. 606)

GRUR   Gewerblicher Rechtsschutz und Urheberrecht
GRURInt   Gewerblicher Rechtsschutz und Urheberrecht Internatio-
             naler Teil

HandwO   Handwerksordnung in der Fassung der Bekanntmachung
             vom 24. September 1998 (BGBl. I S. 3074; 2006 I S.
             2095), zuletzt geändert durch Artikel 6 des Gesetzes vom
             21. Dezember 2008 (BGBl. I S. 2917)

IHKG   Gesetz zur vorläufigen Regelung des Rechts der Indus-
             trie- und Handelskammern in der im Bundesgesetzblatt
             Teil III, Gliederungsnummer 701-1, veröffentlichten berei-
             nigten Fassung, zuletzt geändert durch Artikel 7 des Ge-
             setzes vom 11. Dezember 2008 (BGBl. I S. 2418)

ITRB   Der IT-Rechtsberater

JurPC   Internet-Zeitschrift für Rechtsinformatik und Informations-
             recht
JuS   Juristische Schulung
JZ   JuristenZeitung

K&R   Kommunikation & Recht

MMR   Multimedia und Recht

NJOZ	Neue Juristische Online Zeitschrift
NJW	Neue Juristische Wochenschrift
NJW-CoR	Computerreport der Neuen Juristischen Wochenschrift
Nr.	Nummer
NVwZ	Neue Zeitschrift für Verwaltungsrecht
ÖkoKennzG	Öko-Kennzeichengesetz in der Fassung der Bekanntmachung vom 20. Januar 2009 (BGBl. I S. 78)
ÖkoKennzV	Öko-Kennzeichenverordnung vom 6. Februar 2002 (BGBl. I S. 589), geändert durch die Verordnung vom 30. November 2005 (BGBl. I S. 3384)
RRa	RRa – ReiseRecht aktuell Zeitschrift für das Tourismusrecht
S.	Seite
SigG	Signaturgesetz vom 16. Mai 2001 (BGBl. I S. 876), zuletzt geändert durch Artikel 4 des Gesetzes vom 26. Februar 2007 (BGBl. I S. 179)
SigV	Signaturverordnung vom 16. November 2001 (BGBl. I S. 3074), zuletzt geändert durch Artikel 9 Abs. 18 des Gesetzes vom 23. November 2007 (BGBl. I S. 2631)
StromGVV	Stromgrundversorgungsverordnung vom 26. Oktober 2006 (BGBl. I S. 2391), geändert durch Artikel 2 Abs. 9 der Verordnung vom 17. Oktober 2008 (BGBl. I S. 2006)
UKlaG	Unterlassungsklagengesetz in der Fassung der Bekanntmachung vom 27. August 2002 (BGBl. I S. 3422, 4346), zuletzt geändert durch Artikel 6 des Gesetzes vom 25. Oktober 2008 (BGBl. I S. 2074 (2009 I 371))
VersR	Versicherungsrecht (VersR) – Zeitschrift für Versicherungsrecht, Haftungs- und Schadensrecht
VerwArch	Verwaltungsarchiv (Zeitschrift)
VVDStRL	Veröffentlichungen der Vereinigung der Deutschen

Staatsrechtslehrer

Web-Dok.	Web-Dokument (der JurPC)
ZIP	Zeitschrift für Wirtschaftsrecht
ZPO	Zivilprozessordnung in der Fassung der Bekanntmachung vom 5. Dezember 2005 (BGBl. I S. 3202; 2006 I S. 431; 2007 I S. 1781), zuletzt geändert durch Artikel 29 des Gesetzes vom 17. Dezember 2008 (BGBl. I S. 2586)
ZRP	Zeitschrift für Rechtspolitik
ZSR	Zeitschrift für schweizerisches Recht
ZUM	Zeitschrift für Urheber- und Medienrecht

A. Einleitung

I. Motivation

Immer mehr rechtswissenschaftliche Veröffentlichungen empfangen den Leser mit beeindruckenden Zahlen über das Wachstum, mindestens aber die wirtschaftlichen Potentiale des elektronischen Handels.[2] Die gewerbliche und private Nutzung des Internets steigt weiterhin.[3] Ebenso vergrößert sich das Umsatzvolumen im E-Commerce stetig.[4] Es werden inzwischen beinahe alle Verbrauchsgüter elektronisch gehandelt, von Lebensmittel über Medikamente und Reisen bis hin zu Unterhaltungsmedien.[5]

Es bedarf wenig Mut zu der Vorhersage, dass sich die Bedeutung des elektronischen Handels in der Gesellschaft nicht verringern wird. Das Gegenteil ist wahrscheinlicher.

Nicht abgeschlossen ist die Entwicklung der Marktplattformen oder Erscheinungsformen des elektronischen Handels. Es existieren „Online-Shops", in denen eine Person, meist ein Unternehmer, anderen Waren oder Dienstleistungen anbietet.[6] Daneben gibt es andere Plattformen, beispielsweise Auktionsplattformen, in denen der Anbieter einen Marktplatz zur Verfügung stellt, auf dem eine Vielzahl von Nutzern einer Vielzahl von Interessenten Waren oder Dienstleistungen zu ei-

---

[2]   Borges, Verträge im elektronischen Geschäftsverkehr, 2003, S. V; Bräutigam/Leupold/*Bräutigam/Leupold,* Online-Handel, S. V

[3]   Präsentation des Bundesverbandes Digitale Wirtschaft zur Onlinenutzung, 13.11. 2006, http://www.bvdw.org/fileadmin/downloads/marktzahlen/basispraesentationen/bvdw_basisppt_on line-nutzung_20061113.pdf S. 4 20.07.2009; (N)ONLINER Atlas 2009 – Studie der Initiative D21, 2009, http://www.initiatived21.de/wp-content/uploads/2009/06/NONLINER2009.pdf S. 9ff. 20.07.2009; http://www.bitkom.org/de/markt_statistik/46259_38541.aspx 20.07.2009.

[4]   Präsentation des Bundesverbandes Digitale Wirtschaft zum E-Commerce, 30.11.2006, http://www.bvdw.org/fileadmin/downloads/marktzahlen/basispraesentationen/bvdw_basispdf_e-commerce_20061130.pdf 20.07.2009; http://www.bitkom.org/de/markt_statistik/46259_38540.aspx 20.07.2009; http://www.bitkom.org/de/markt_statistik/46259_38539.aspx 20.07.2009.

[5]   Präsentation des Bundesverbandes Digitale Wirtschaft zum E-Commerce, 30.11.2006, http://www.bvdw.org/fileadmin/downloads/marktzahlen/basispraesentationen/bvdw_basispdf_e-commerce_20061130.pdf S. 9 ff. 20.07.2009.

[6]   Zum Beispiel http://otto.de; http://www.bahn.de; http://www.dynamo-dresden.de/shop/ 20.07.2009.

nem vorher nicht feststehenden Preis anbieten.[7] Es gibt auch Varianten, in denen der Preis feststeht[8] oder der Anbieter der Plattform neben den Nutzern ebenfalls Waren anbietet[9]. Weitere Mischformen sind denkbar.

Den genannten Beispielen ist gemein, dass ein Betreiber den Shop oder Marktplatz auf einem Server zur Verfügung stellt und die Interessenten oder Marktteilnehmer mit einem Clientrechner einen Dienst in Anspruch nehmen. Die wichtige Rolle des Betreibers bei der Organisation und Selbstorganisation eines solchen Marktes ist nicht zu übersehen.

Indessen sind alternative Plattformen denkbar. Es gibt mehrere serverlose Märkte, die digitale Inhalte zu Verfügung stellen, gern „Tauschbörsen" genannt. Die Technologie ist nicht auf das entgeltfreie Zurverfügungstellen oder Tauschen beschränkt, sondern lässt sich ebenfalls nutzen, um komplexe Kommunikationsplattformen zu erstellen, die einen medienbruchfreien und gegebenenfalls grenzüberschreitenden Vertragsschluss ermöglichen.

In der Arbeit werden solche Marktplattformen als verteilt oder Peer-to-Peer-Märkte bezeichnet.

Solche Marktplätze stellen immer dann eine Alternative zu den etablierten Systemen dar, wenn ein Geschäftsmodell für einen Marktplatzbetreiber nicht ersichtlich ist, beispielsweise, wenn die einzelnen Transaktionen einen so geringen Umfang haben, dass sie bei einem Aufschlag durch einen Marktplatzbetreiber nicht getätigt werden würden.[10]

Bereits ohne vertiefte Betrachtung der technischen Details zeigt sich an dieser Stelle, dass für die Selbstorganisation und -regulierung solcher Märkte die Ansätze, die aus den Modellen mit einem Serverbetreiber bekannt sind, kaum gangbar sind: Der Betreiber, der regelmäßig eine „Marktordnung" zur Verfügung stellt, existiert nicht. Somit fehlen auch durch einen Betreiber bereitgestellte Marktregeln.

---

[7] Zum Beispiel http://www.ricardo.ch; http://www.feininger.de; http://www.hood.de 20.07.2009.

[8] Versteigerungen und Verkäufe zu Festpreisen sind zum Beispiel bei http://www.ebay.de 20.07.2009 möglich. Eine Art Schwarzes Brett, an dem hauptsächlich invitationes ad offerendum „angebracht" werden, stellt http://www.heisetreff.de 20.07.2009 dar.

[9] Zum Beispiel http://www.amazon.de 20.07.2009.

[10] Conrad/Funk/Raabe/Waldhorst Pro-VE2007, 233; Conrad/Funk/Raabe/Waldhorst JIM 2008 S. 1.

Hieran knüpft die Idee an, Allgemeine Geschäftsbedingungen diese Lücken füllen zu lassen. Dieser Weg scheint indessen nur gangbar, wenn „Waffengleichheit" besteht. Der Private, der gelegentlich einen elektronischen Marktplatz betritt, wird kaum über die Fertigkeiten verfügen, selbst Allgemeine Geschäftsbedingungen zu verfassen oder solche seines Vertragspartners zu beurteilen. Für dieses Problem wird eine technische Lösung angestrebt.

Idealerweise soll jeder ohne juristische Kenntnisse seinen Bedürfnissen entsprechende Vertragsbedingungen und erforderliche Abweichungen vom Gesetz maschinell erstellen und auf potentielle Wirksamkeitshindernisse prüfen lassen können.

Falls dieses Ziel erreicht werden kann, steht zu erwarten, dass das Hilfsmittel eingesetzt wird und somit beide Vertragspartner versuchen, ihre Bedingungen einzubeziehen. Sinnvollerweise sollte dann ein Mechanismus bereit stehen, um Kollisionen der Klauseln aufzudecken.

Alternativ könnten mit der Technik Suchprofile erstellt werden. Der Nutzer muss sich einmal überlegen, welche Vertragsbedingungen, regelmäßig Abweichungen vom Gesetz zu seinen Lasten, er gerade noch akzeptieren kann. Die Maschine kann daraufhin die Angebote und *invitationes* aussortieren, die den Vorstellungen des Nutzers widersprechen.

Erste Voraussetzung wäre jeweils, dass die einzelnen Klauseln in einer Form vorliegen, die ein Rechner verarbeiten kann, mithin in einer formalen Beschreibung.

Wird mit dem Vorstehenden eine aktuelle Entwicklung in der Informatik aufgegriffen und aus juristischer Perspektive untersucht, trifft dies auch für den folgenden Punkt zu, dessen Lösungsansatz vergleichbare Anforderungen stellt. Während viele, inzwischen nicht mehr neue, Begriffe in der Rechtswissenschaft aufgenommen werden und Untersuchungen zu Phänomenen wie „Mitmach-Netzen" und rechnervernetzter sozialer Gemeinschaften motivieren, bleibt die technische Entwicklung nicht stehen.

Derzeit ist eine Ablösung monolithischer Anwendungen, die (allein) auf einem physischen System laufen durch verteilte „kleine Anwendungen", sogenannte *services* oder *web services* (Dienste, Dienste im Internet) zu beobachten. Dies kann als Fortführung des Netzgedankens verstanden werden. Anders als herkömmlich werden nicht „nur" Informationen oder Dienstleistungen angeboten (*Server, Dienstgeber*) und abgerufen (*Client*, klassisches Beispiel: Browser), sondern vermehrt die einzelnen Angebote modifiziert, neu orchestriert, zusammengeführt und weiter angeboten. Auf diese Weise entstehen wieder neue Dienstleistungen, die sich aus einer Vielzahl von Diensten Dritter zusammensetzen. Auf technischer Seite wird von Mash-ups gesprochen. Mit steigender Komplexität können in Zukunft auf diese Weise Aufgaben gelöst werden, die bisher regelmäßig durch klassische Applikationen auf den physischen Maschinen des Anwenders bearbeitet wurden.

Neben den Marktplätzen für den Handel mit Waren und Dienstleistungen, die letztendlich nicht elektronisch ausgetauscht werden, entsteht also derzeit ein Bedürfnis, elektronisch erbrachte Dienstleistungen zu handeln.[11] Diese Entwicklung steht momentan am Anfang. Für das Anbieten von Dienstleistungen (beispielsweise als Dienst im Internet) können die Angebotskosten sehr gering sein. Gegebenenfalls kann ein einzelner Programmierer mit seinem Rechner einen solchen Dienst anbieten. Andererseits werden auch große Softwarekonzerne den Markt erschließen. Neben den genannten Akteuren ist ein solcher Markt für die Neukombinierer und Wiederverkäufer sowie Begleitdienstleister (Suche, Sicherheit, Integration und so weiter) interessant. Es steht daher zu erwarten, dass ein ausdifferenzierter, flexibler Markt entsteht, mit widerstreitenden Interessen bereits auf der Anbieterseite. Für die erforderlichen Marktplätze eignen sich zentralistische Ansätze schlecht, da sich die entgegengesetzten Interessen von kleinsten und großen Anbietern und Nachfragen schwer in einem Rahmenvertrag erfassen lassen. Technisch sind auch hier verteilte Marktplätze zu erwarten oder zumindest Mischformen aus verteilten und zentralen Ansätzen.

An dieser Stelle tauchen klärungsbedürftige Rechtsfragen auf. Durch die Kombinierbarkeit von Diensten lässt sich ein Bedeutungsverlust für typische Betreibermodelle prognostizieren. Aus zivilistischer Perspektive stellt sich die Frage, welche rechtlichen Mittel für die Diensteorganisation genutzt werden können. Konnte der, alles aus einer Hand anbietende, Betreiber einen Rahmenvertrag schließen, wird dies bei einem Angebot, das sich aus mehreren Angeboten einzelner Diensteanbieter zusammensetzt, schwer praktikabel sein.

---

[11] Das ist der Ausgangspunkt für das Forschungsvorhaben Theseus/Texo, http://theseus-programm.de/anwendungsszenarien/texo/default.aspx 20.07.2009.

In Betracht kommt, dass jeder Diensteanbieter versucht, seine eigenen Bedingungen zu stellen. Diese mögen in unterschiedlichem Maße verhandelbar sein oder auch nicht. Ausgangspunkt können daher vorformulierte Vorstellungen, mithin Allgemeine Geschäftsbedingungen sein. Soll über die Bedingungen verhandelt werden oder sollen die Dienste automatisch, das heißt hier ohne menschliche Interaktion, feststellen, ob sie auf Ressourcen eines anderen Dienstes zugreifen dürfen, müssen die Klauseln so gestaltet sein, dass (auch) Rechner sie verstehen können. Ein weiterer Grund, zu überlegen, wie Allgemeine Geschäftsbedingungen formal beschrieben werden können.

Die beschriebenen Diensteinfrastrukturen werden zu einer Dynamisierung von vertraglichen Beziehungen führen. Verglichen mit den Möglichkeiten, die Rechnernetze wie das Internet realisieren, war die Suche nach potentiellen Vertragspartnern mit herkömmlichen Kommunikationsmitteln mühselig. Dennoch bleibt der Vertragsschluss und das Eingliedern der neuen Vertragspartner auch mit modernen Möglichkeiten vergleichsweise aufwendig. Einerseits sind durch Menschen die endgültigen Verträge auszuhandeln oder zumindest abzuschließen, andererseits sind selbst in hochtechnisierten Geschäftsfeldern Anpassungen erforderlich. Dies betrifft beispielsweise die Software oder Softwareinfrastruktur in einem Unternehmen, die auf den Vertragspartner angepasst werden müssen, damit die maschinelle Kommunikation fehlerfrei abläuft.

Es steht zu erwarten, dass das Auffinden potentieller Vertragspartner, das Aushandeln der Kondition und der Vertragsschluss mittels Diensten möglich sein wird. Wenn statt klassischer Applikationen vermehrt (kombinierte) Dienste zum Einsatz kommen, werden auch Anpassungen leichter von statten gehen. Die technische Unterstützung und Vereinfachung des Wechsels von Vertragspartnern werden daher zu einer Dynamisierung der Vertragsbeziehungen führen. Selbst innerhalb von Lieferketten werden sich einzelne „Teile" leichter und schneller austauschen lassen.[12] Dadurch werden Rahmenverträge an Bedeutung verlieren. Das richtige rechtliche Instrumentarium für solche dynamischen Prozesse sind Allgemeine Geschäftsbedingungen. Jedenfalls dann, wenn sie sich in die Prozesse einfügen. Dafür aber müssen Rechner und Dienste mit den Klauseln umgehen können.

---

[12] Dies wird regelmäßig erforderlich sein, wenn in einem kombinierten Dienst ein Teildienst ausfällt oder die zugesicherten Qualitätsparameter nicht einhalten kann.

II. Ziel der Arbeit

Aus dem Spektrum der Herausforderungen in dezentralen elektronischen Marktplätzen will diese Arbeit Mittel und Wege aufzeigen, Vertrauen zu begründen.
Durch das Fehlen einer zentralen Instanz, an die sich ein enttäuschter Marktteilnehmer wenden könnte, steht und fällt der Erfolg verteilter Märkte mit dem Vertrauen der Nutzer in die technische und rechtlicher Sicherheit der Infrastruktur.

Für die einleitend angesprochene technische Lösung für eine funktionale Ersetzung der zentral bereitgestellten Marktordnung durch (auch von Laien generierte)
Vertragsbestimmungen soll die Arbeit einen methodischen Weg aufzeigen, wie in
der Praxis tatsächlich einsetzbare Allgemeine Geschäftsbedingungen formal beschrieben werden können, so dass die Erstellung von Vertragsklauseln, das Aufdecken von Kollisionslagen bei der Einbeziehung und eine Inhaltskontrolle automatisch durch Rechner erfolgen können.

Dabei sollen die Grenzen eines solchen Vorhabens, die sich aus technischer
beziehungsweise juristischer Perspektive ergeben, aufgezeigt werden.

Es folgt der Versuch, die aufgedeckten Grenzen durch eine aus disziplinüber-
greifender Betrachtung zu entwickelnde Methodik zu verschieben.

Neben einer interessengerechten Marktordnung erwarten Nutzer elektronischer
Marktplätze, dass abgeschlossene Verträge durchsetzbar sind. Dies bedingt, dass
der Vertragsschluss im Streitfalle bewiesen werden kann. In dezentralen Märkten
fehlt eine zentrale Kommunikationsinstanz, die den Beweis erfolgter Kommunikation unterstützen könnte. Deshalb stellt der Nachweis des Zugangs einer Erklärung
neben deren Inhalt eine besondere praktische Herausforderung dar. Ein weiterer
Schwerpunkt der Arbeit besteht daher in der Erarbeitung einer technischen Lösung für einen leichteren Nachweis des Zugangs von Erklärungen in
Peer-to-Peer-Marktplätzen.

Eine Voraussetzung ist die rechtliche Klarheit über den Zugang. Die Arbeit unternimmt daher, eine Definition des Zugangs für elektronisch übermittelte Erklärungen zu finden, die zu sachgerechten und vorhersehbaren Ergebnissen führt und
nicht durch zukünftigen technischen Fortschritt überholt ist.

III. *Untersuchungsgegenstand und Struktur der Arbeit*

Die Arbeit wird zunächst in die technischen Grundlagen von Peer-to-Peer-Märkten einführen und Parallelen zu Diensteinfrastrukturen aufzeigen.

Allgemeine Geschäftsbedingungen sind ein Phänomen der Wirklichkeit. Sie sind zugleich Gegenstand gesetzlicher Regelungen. Erforderlich ist daher zunächst eine Verortung des gesetzlichen Begriffes, der den Ausgangspunkt der Untersuchung darstellt. Im elektronischen Geschäftsverkehr ist die Einbeziehung Allgemeiner Geschäftsbedingungen trotz richterlicher Entscheidungen und wissenschaftlicher Stellungnahmen nicht frei von Zweifelsfragen. Dies gilt umso mehr für die hier besprochenen neuen Entwicklungen. Daher ist die Einbeziehung hier zu behandeln. Darzustellen ist zudem der beiderseitige Einbeziehungsversuch, der in dem skizzierten Szenario in anderem Gewand als bisher bekannt auftreten wird.

Eine typischerweise auftauchende Beweisfrage ist die nach der Echtheit und Unversehrtheit elektronischer Erklärungen. Hierzu liegen Lösungsansätze und rechtswissenschaftliche Untersuchungen vor, so dass die Darstellung keiner umfassenden Vertiefung bedurfte.

Ein weiteres, hier zu behandelndes, Thema stellt der Zugang elektronisch übermittelter Erklärungen und dessen Beweis dar. Einerseits hängt der Erfolg eines dezentralen Marktes von der angebotenen Sicherheit ab, wenn eine zentrale Instanz für die Nachrichtenübermittlung fehlt; zum anderen sind diese Fragen trotz neuerer Stellungnahmen zum Thema nicht geklärt.

Neben der rechtlichen Beurteilung wird eine technische Lösung für einen leichteren Nachweis des Zugangs in verteilten Netzen angeboten (hier sogenanntes elektronisches Einschreiben) und begutachtet sowie eine entsprechende Vertragsklausel entworfen. Das technische Verfahren kommt nicht ohne Hilfsmittel zur Sicherstellung von Echtheit und Unversehrtheit aus und greift daher auf die entsprechenden vorgehenden Ausführungen zurück.

Die anschließend zu behandelnde formale Beschreibung[13] Allgemeiner Geschäftsbedingungen verfolgt hier ein pragmatisches Ziel und keinen Selbstzweck. Es soll untersucht werden, ob und inwieweit Allgemeine Geschäftsbedingungen ei-

---

[13] Zum Begriff Kapitel G. I. Für das Verständnis an dieser Stelle genügt, dass es sich um eine „computerverständliche" Darstellung handelt.

ner formalen Beschreibung dergestalt zugänglich sind, dass sie mit Rechnern verarbeitet werden können. Dies befreit nicht von der Aufgabe, den Stand der Formalisierungsforschung zu skizzieren, beschreibt aber den Blickwinkel, unter dem dies geschieht. Zeigt sich, dass bisherige Ergebnisse den hier postulierten Anforderungen nicht genügen, muss untersucht werden, ob und inwieweit darüber hinausgehende Möglichkeiten einer Formalisierung denkbar sind. Es soll dabei untersucht werden, ob die „Semantische Barriere"[14] bei der Formalisierung des Rechts durch neue Technologien wie das Semantische Netz (*semantic web*) überwunden oder zumindest verringert werden kann.

Dieser eigene Ansatz soll beispielhaft getestet werden. Einerseits wird die Aufdeckung von Kollisionslagen bei der Einbeziehung Gegenstand sein. Weiter soll die Erstellung von Vertragsbedingungen für Laien und eine Inhaltskontrolle möglich sein.

Ausblickend soll untersucht werden, ob formalisierte Allgemeine Geschäftsbedingungen, eine befriedigende Lösung vorausgesetzt, einen Beitrag oder Anstoß zur Selbstregulierung liefen können.

---

[14] Dazu Reisinger, Rechtsinformatik, S. 217 f.

B. Einführung in die Technik und resultierende rechtliche Fragestellungen

I. Begriffsklärung: Was sind Peer-to-Peer-Märkte?

1. Der Begriff „Peer-to-Peer"

Im Sommer 2000 war der Begriff „Peer-to-Peer" erstmals in aller Munde und genoss eine überproportionale Aufmerksamkeit in der Öffentlichkeit.[15] Noch bevor der elektronische Handel sich konsolidierte, ließ das Interesse an der Technologie nach. Mit dem Schlagwort Peer-to-Peer werden heute hauptsächlich „Tauschbörsen" verbunden, mit denen sich die Nutzer urheberrechtlich geschützte Inhalte vermeintlich rechtswidrig beschaffen oder anbieten. Bisher ist die Sensibilität für alternative Anwendungen gering, die Urheberrechtsdebatte rückt vor diesen Themen weit in den Vordergrund und verleiht der Technologie einen schlechten Ruf. Dieser verdeckt die Chancen, die sich hinter dieser Technik verbergen.

Peer-to-Peer bietet die Möglichkeit, im großen Umfang Kosten zu sparen. Wer digitale Informationen einer Vielzahl von Nutzern online zur Verfügung stellen will, muss derzeit kostenintensive Serverfarmen mit hoher Bandbreite und sicherer Stromversorgung bereithalten. Durch Peer-to-Peer-Systeme kann die Last, die durch die Anfragen der Nutzer entsteht, verteilt werden. Durch die Lastverteilung werden die Anforderungen an die Systeme der Provider von Inhalten geringer. Da viele der aktuellen Desktoprechner ihr Potential nicht annähernd ausnutzen[16] und diese brachliegende Ressourcen genutzt werden könnten, werden die Kosten insgesamt gesenkt, wenn auch teilweise von den Anbietern auf Nachfrager verlagert. Noch deutlicher tritt das Kostenargument in den Vordergrund, wenn weiter in die Zukunft geschaut wird. Es wird künftig mehr Kleinstgeräte geben, die über Prozessoren verfügen und Peer-to-Peer-Netze bilden könnten. Bei diesen Geräten würden ebenfalls brachliegende Ressourcen genutzt. Als bereits existierende Beispiele solcher Kleinstgeräte seien WLAN-Router genannt. Aktuelle Forschungsthemen in der Informatik, die die angedeuteten Überlegungen fortführen, sind etwa sich selbst organisierende, mobile ad-hoc-Netze. Eine Anwendungsmöglichkeit stellt

---

[15] Oram Peer-To-Peer, S. VII

[16] Dies passiert nur bei rechenintensiven Vorgängen, etwa graphischen Anwendungen, Kompilieren großer Mengen Quelltext.

der Straßenverkehr dar: Verkehrsinformationen könnten über spontan entstehende Netze verteilt werden. Knoten in solchen Netzen könnten Autos sein.

Peer-to-Peer-Systeme sind weniger kostenintensiv als herkömmliche Systeme, weil die Anforderungen an die Sicherheit geringer sind. Verteilte Systeme fallen nicht aus, wenn ein Teil ausfällt. Mit der Komplexität eines Systems steigt die Anfälligkeit desselben. Verteilte Systeme sind zwar nicht weniger komplex, anders als bei zentristischen Systemen gibt es jedoch nicht nur einen einzigen Angriffspunkt.

Bereits heute[17] gibt es neben den erwähnten „Tauschbörsen" zahlreiche Anwendungen, die auf verteilten Systemen basieren.

---

[17] Frühjahr 2009.

Genannt sei die Internettelefonie[18], Groupwarelösungen[19], elektronische Post[20], Grid Computing[21] (str.)[22] oder Internetsuchmaschinen[23]. Eine weitere Anwendungsmöglichkeit bietet die Bekämpfung unerwünschter elektronischer Post.[24]

Für die hier untersuchten Peer-to-Peer-Märkte gibt es bereits implementierte Beispiele. An der Universität Karlsruhe wurde im Rahmen eines interdisziplinären Internetökonomieprojektes (SESAM – Selbstorganisation und Spontaneität in liberalisierten und harmonisierten Märkten)[25] eine Software entwickelt, die mittels eines Peer-to-Peer-Systems einen verteilten elektronischen Marktplatz für Energieprodukte realisiert.[26] Unter anderem bietet dieser Marktplatz den Nutzern die Möglichkeit, selbständig oder agentenbasiert[27] Verträge abzuschließen. Das System unterscheidet sich insofern von anderen verteilten Märkten, weil das Produkt, über das kontrahiert wurde, nicht über die Plattform sondern offline geliefert wird. In späteren Kapiteln der Arbeit wird auf die SESAM-Plattform als Beispiel zurückzukommen sein.

Daneben bilden die verteilte Datenhaltung und Publikation nach wie vor einen Schwerpunkt. Statt der „üblichen Verdächtigen" in der juristischen Literatur seien hier LionShare[28], Freenet[29], BitTorrent[30] und Confuoco[31] erwähnt.

Die Aufzählung von Anwendungen auf Peer-to-peer-Basis aus Praxis und Forschung zeigt, dass es sich für Juristen lohnt, sich mit Peer-to-Peer jenseits der „Tauschbörsen" zu befassen. Die Technologie ist den Kinderschuhen längst ent-

---

[18] Das Unternehmen Skype, das 2005 für über 2,1 Milliarden US Dollar den Eigentümer wechselte (http://www.heise.de/newsticker/meldung/63807 20.07.2009), bietet auf peer-to-peer basierende Voice-over-IP-Telefoniesoftware für verschiedene Plattformen an, http://www.skype.com 20.07.2009.

[19] Seit 1997 wurde die Groupware Groove vertrieben, http://www.groove.net 10.10.2005, 2005 von Microsoft gekauft und nunmehr in MS-Office integriert, http://www.groove.net 20.07.2009. Groove bot die üblichen Pakete einer Groupware für verteiltes Arbeiten und verteilte Kommunikation auf Peer-to-Peer-Basis. Allerdings benötigte dieses Produkt einen zentralen Server für Namensdienste und Wegfindung. Ähnliches gilt für den Instant-Messaging-Dienst ICQ, http://www.icq.com 20.07.2009. Das bereits seit 1996 vertriebene System benötigt eine zentrale Nummernverwaltung und -vergabe, um die direkte Kommunikation zwischen den Teilnehmern zu ermöglichen. Eine kommerziell erfolgreiche Peer-to-Peer-Groupwareanwendung bietet IBM mit Lotus-Sametime an, http://www.ibm.com/lotus/sametime 20.07.2009.

[20] Mislove/Haeberlen/Post/Druschel Peer-to-Peer Systems, S. 171 ff.; http://epostmail.org/ 20.07.2009.

[21] Mauthe/Heckmann Peer-to-Peer Systems, S. 193 ff.

[22] Dazu Mauthe/Heckmann Peer-to-Peer Systems, S. 193, 202 f.

wachsen und feiert erste Erfolge am Markt. Ihr werden wachsende Bedeutung vorhergesagt, etwa:

> *„Die meisten Leute, die heute das Internet benutzen, sind daran gewöhnt, dass es günstige Client-Rechner auf dem Schreibtisch und teure Hochleistungs-Server in riesigen Rechenzentren mit sicherer Stromversorgung und massig Bandbreite gibt. Doch nichts in der Architektur und im*

---

[23] Zum Beispiel YaCy (Yet another Cyberspace), http://www.yacy.net/ 20.07.2009. Dabei handelt es sich um ein Peer-to-peer-Netz von Rechnern, die gemeinsam eine Suchmaschine bilden. Jeder Nutzer stellt einen lokalen Suchindex zur Verfügung. Bei Suchanfragen werden auch die Indices anderer Nutzer bemüht. Das Programmpaket enthält die Suchmaschine PLASMA, einen http-Proxy-Server, das YaCy-P2P-Protokoll und eine Datenbank. PLASMA kann als Crawler Webseiten überfliegen und Schlagwortlisten mit dazugehörigen Links erstellen. Der Proxy-Server erfasst die vom Nutzer besuchten Seiten und integriert sie in den Index. Das Surfverhalten der Nutzer bleibt durch die Anonymisierung mittels Peer-to-Peer-Mechanismen (Distributed Hash Tables) für Dritte nicht ermittelbar. Die Idee hinter der Software ist, dass, genügend Nutzer vorausgesetzt, der Index der Suchmaschine viel umfassender sein wird als der bisheriger Suchmaschinen. Denn eine nicht verlinkte Seite erscheint in den aktuellen Suchmaschinen nicht, Sietmann, c't 16/05 S. 52, 53, http://www.heise.de/ct/05/16/052/default.shtml 20.07.2009. Dies wäre bei YaCy anders, sobald ein Nutzer die Seite angesteuert hat. Beispiele für Peer-to-Peer-Suchmaschinen nennt auch Koch S. 715. Die genannten Domains boten 2005 entweder keine Suchfunktion (http://www.gonesilent.com/) beziehungsweise war über den Suchmechanismus nichts zu erfahren (http://www.pointera.com/; http://www.flycode.com/). Ein Abruf am 20.07.2009 ergab eine anderweitige Nutzung der Domains.

[24] Derartige E-Mails werden oft in großen Mengen zeitnah versandt. Das Programm Vipul's Razor (http://razor.sourceforge.net/ 20.07.2009) nutzt diese Annahme, um E-Mails, die auf verschiedenen Rechnern zeitgleich oder zeitnah eintreffen als unerwünscht zu klassifizieren, Garfinkel, http://www.heise.de/tr/aktuell/meldung/52107 20.07.2009. Die Software ist inzwischen in populären Anti-Spam-Produkten integriert.

[25] http://www.sesam.uni-karlsruhe.de/ 20.07.2009.

[26] Conrad/Dinger/Hartenstein/Schöller/Zitterbart/Rolli Peer-to-Peer Systems, S. 509 ff.; Eßer/Raabe/Rolli/Schöller it 2006, 187 ff.; Conrad/Funk/Raabe/Waldhorst Pro-VE2007, 233 ff.; Conrad/Funk/Raabe/Waldhorst JIM 2009 S. 1 ff.; aus der nichtwissenschaftlichen Literatur: Theodor W. Hänsch (Herausgeber), 100 Produkte der Zukunft, 2007, S. 92 f.

[27] Zu rechtlichen Fragen des Einsatzes von Softwareagenten Sester/Nitschke CR 2004, 548 ff.

[28] http://lionshare.its.psu.edu/ 20.07.2009. Dieses System soll Bildungsinhalte unter Akademikern verfügbar machen. Dabei sollen die Personen, die Material zur Verfügung stellen, dies indizieren, um eine themenspezifische Suche zu ermöglichen.

[29] http://freenetproject.org/ 20.07.2009, siehe dazu Langley Peer-To-Peer, S. 123 ff. ; Motivation für die Mitarbeiter in diesem Projekt ist, eine anonyme Kommunikation frei von Zensur und

Aufbau gibt es nicht, das inhärent nach diesem Client-Server-Modell verlangen würde. Private und kleinere Firmenkunden bekommen von den Internet-Providern zunehmend mehr Bandbreite zur Verfügung gestellt und auch die Festplattengröße steigt. Mit Sicherheit werden wir mehr Versuche sehen, Verwendung für diese teils verschwendeten Ressourcen zu finden.

Fazit: In Zukunft könnte die Peer-to-Peer-Technik die Norm sein. Die heutigen Client-Server-Systeme würden dann im Rückblick als eher merkwürdige und unverlässliche Übergangstechnologie betrachtet werden."[32]

2. Wie funktioniert Peer-to-Peer?

Unter einem Peer-to-peer-System wird in der informatischen Literatur ein sich selbst organisierendes System gleichberechtigter, autonomer Einheiten gesehen, das ohne Nutzung zentraler Dienste auf Basis eines Rechnernetzes mit dem Ziel gegenseitiger Ressourcennutzung operiert.[33] Die gleichberechtigten Einheiten heißen *Peers*, nach dem englischen Substantiv für Gleichgestellte(r).

Entscheidend sind die dezentrale Ressourcennutzung und die dezentrale Selbstorganisation. Sie werden daher genauer dargestellt.

---

sonstigen Eingriffen Dritter zu ermöglichen, http://freenetproject.org/whatis.html 20.07.2009.

[30] http://www.bittorrent.com/ 20.07.2009; BitTorrent ermöglicht es weniger finanzstarken Anbietern von Software diese zu vertreiben, ohne die üblichen Serverkapazitäten bereithalten zu müssen (Beispiele: Debian, NetBSD oder Kubuntu). Dieses System wird zudem von namhaften Herstellern genutzt, zum Beispiel Sun Microsystems (für OpenOffice.org) und Novell (für SuSE LINUX und nunmehr openSUSE).

[31] http://www.igd.fhg.de/igd-a8/de/projects/watermarks/confuoco/index.html 20.07.2009. Auf dieser Plattform können nur Musiktitel getauscht werden, die für diesen Zweck freigegeben sind. Dies wird anhand digitaler Wasserzeichen überprüft. Den Rechteinhabern bleibt so die Möglichkeit, den Tausch zum Beispiel zeitweise zu gestatten, später aber nicht mehr. Bezahldienste können ebenfalls mit dieser Plattform verbunden werden. Dies ermöglicht vor allem Nischenherstellern den Onlinehandel, für die sich der klassische Handel mittels Server wegen geringen Umsatzes nicht lohnte.

[32] Garfinkel, http://www.heise.de/tr/aktuell/meldung/52107 20.07.2009.

[33] Steinmetz/Wehrle Informatik-Spektrum 2004, 51, 52; Steinmetz/Wehrle Peer-to-Peer Systems, S. 9, 10; deskriptiv Minar/Hedlund Peer-To-Peer, S. 3 ff. und Shirky Peer-To-Peer, S. 21 ff.; Dinger, Potential S. 19.

a) Gemeinsame, dezentrale Ressourcennutzung

In den genannten Systemen sollen die sogenannten Betriebsmittel, zum Beispiel Bandbreite, Rechenkapazität und Speicherplatz, möglichst gleichmäßig verteilt genutzt werden. Nutzung und Bereitstellung erfolgen untereinander durch die *Peers*, die „Kanten" des Rechnernetzes.[34] Die Peers sind über ein Netz miteinander verbunden. Sie können weltweit verteilt sein. Peers müssen nicht ständig an das Netz angeschlossen sein. Wird das Internet zur Vernetzung genutzt, müssen die Peers daher nicht immer unter derselben IP-Adresse erreichbar sein. Aus diesem Grunde verwenden Peer-to-Peer-Anwendungen oft eigene Adressräume oberhalb der Adressierung durch IP.[35] Die Adressierung erfolgt nicht selten durch sogenannte unstrukturierte Identifikatoren, das heißt, sie werden mit einer Hash-Funktion[36] aus den zu identifizierenden Inhalten selbst erstellt.[37]

b) Dezentrale Selbstorganisation

Im derzeit vorherrschenden Client-Server-Ansatz sind dem *Client* und dem *Server* feste Rollen zugeordnet, Dienstnehmer und Dienstgeber. Server haben in solchen Netzen koordinierende Funktionen. Betriebsmittel werden nicht gemeinsam genutzt.

---

[34] Steinmetz/Wehrle Informatik-Spektrum 2004, 51, 52; Steinmetz/Wehrle Peer-to-Peer Systems, S. 9, 10.

[35] Steinmetz/Wehrle Informatik-Spektrum 2004, 51, 52; Steinmetz/Wehrle Peer-to-Peer Systems, S. 9, 10.

[36] Hash-Funktionen beziehungsweise Streuwertfunktionen ermitteln durch Algorithmen („Hash-Algorithmen") aus einer Quellmenge (zum Beispiel einem Text) eine kleinere Zielmenge (beispielsweise eine natürliche Zahl), den Hash-Wert (auch: Schlüssel, Prüfsumme). Dieser Wert kann zur Adressierung genutzt werden. Ziel der Algorithmen muss es sein, möglichst eindeutige Werte zu erzeugen. Da die Zielmenge kleiner als die Ausgangsmenge sein soll, lässt sich grundsätzlich nicht vermeiden, dass aus verschiedenen Ausgangsmengen identische Zielmengen erzeugt werden (sogenannte Kollision). Wie wahrscheinlich eine solche Kollision ist, hängt unter anderem von der verwendeten Streuwertfunktion ab. Die Adressierung und Identifizierung erfolgt also nicht nach der Lokation des Inhaltes, sondern durch den Inhalt selbst. Befinden sich mehrere Instanzen oder Kopien eines Datums im System, kann jede dieser Kopien Ziel der Wegewahl sein (sogenanntes *content based routing*), Steinmetz/Wehrle Informatik-Spektrum 2004, 51, 52.

[37] Steinmetz/Wehrle Informatik-Spektrum 2004, 51, 52; Steinmetz/Wehrle Peer-to-Peer Systems, S. 9, 11.

Anders bei Peer-to-Peer-Architekturen: Die Peers interagieren zur Nutzung von Diensten und Betriebsmitteln. Der Zugriff erfolgt direkt zwischen den Peers. Für diese Steuerung existiert normalerweise kein zentraler Dienst.[38] Für Netze mit zentralen (Steuerungs-)Diensten wird inzwischen der Begriff hybride Peer-to-Peer-System verwendet.[39] Ein Beispiel für ein solches hybrides Netz stellte die erste „Tauschbörse" Napster dar.[40] Napster adressierte die Inhalte nicht durch unstrukturierte Identifikatoren, sondern mittels Dateinamen und IP-Adressen, die in Indices auf Servern bereitgehalten wurden.[41]

Die Peers sind sowohl Dienstnehmer als auch Dienstgeber, das heißt, sie besitzen Server- und Client-Funktionalitäten.[42] Weiterhin sind sie gleichberechtigt und autonom hinsichtlich ihrer Betriebsmittel.[43] Idealerweise erfolgt das Auffinden von Ressourcen ohne zentralen Dienst.[44] Erstmals wurde dies von der „Tauschbörse" Gnutella[45] realisiert. Die Suchfunktion basierte auf dem System des Flutens beziehungsweise *Flooding*[46] und war wenig optimal. Flooding bedeutet, dass Anfragen an alle oder mehrere Peers übergeben werden, bis ein oder eine definierte Anzahl Treffer gemeldet werden.[47] Dies führt regelmäßig zu hohem Datenverkehr.[48] Die Lösung dieses Problems wird in strukturierten Peer-to-Peer-Netzen gesehen, die verteilte Indexstrukturen verwenden, in Form sogenannter verteilter Streuwert-Tabellen (*distributed hash tables*).[49] Der Schlüssel oder Hash-Wert enthält in diesen

---

[38] Steinmetz/Wehrle Informatik-Spektrum 2004, 51, 52; Steinmetz/Wehrle Peer-to-Peer Systems, S. 9, 11.

[39] Steinmetz/Wehrle Informatik-Spektrum 2004, 51, 52; ; Steinmetz/Wehrle Peer-to-Peer Systems, S. 9, 11; Koch S. 717, der aber auch von serverbasierten P2P-Netzen spricht, S. 175 ff.; Minar/Hedlund Peer-To-Peer, S. 16.

[40] Ziegler c´t 16/2005, 160 f., zur Funktionsweise von Napster Ziegler a.a.O.; Köhler/Arndt S. 190 f.; Koch S. 715 ff.

[41] Ausführlich Koch S. 715 ff.

[42] Steinmetz/Wehrle Informatik-Spektrum 2004, 51, 52; Ziegler c´t 16/2005, 160 unter Benutzung des Begriffes Servent.

[43] Steinmetz/Wehrle Informatik-Spektrum 2004, 51, 53; Steinmetz/Wehrle Peer-to-Peer Systems, S. 9, 11.

[44] Steinmetz/Wehrle Informatik-Spektrum 2004, 51, 53.

[45] Siehe dazu Kan Peer-to-Peer, S. 94 ff.

[46] Ziegler c´t 16/2005, 160, 161.

[47] Steinmetz/Wehrle Informatik-Spektrum 2004, 51, 54.

[48] Steinmetz/Wehrle Informatik-Spektrum 2004, 51, 54; Ziegler c´t 16/2005, 160, 161.

[49] Steinmetz/Wehrle Informatik-Spektrum 2004, 51, 54; Steinmetz/Wehrle Peer-to-Peer Systems, S. 9, 15 f.; Ziegler c´t 16/2005, 160, 163.

Systemen auch Hinweise auf den Speicherort, anders bei unstrukturierten Identifikatoren, siehe oben. Es existieren verschiedene aber ähnliche Hash-Tabellen, die sich zum Beispiel hinsichtlich der verwendeten Suchstrategien unterscheiden.[50] Strukturierte, das heißt skalierbare, Peer-to-Peer-Netze sind aktuelle Untersuchungsgegenstände der Informatik.

3. Vor- und Nachteile

Einige Vorzüge der Technologie wurden bereits bei der Vorstellung der Anwendungen genannt. Zusammenfassend seien hier nochmal Schlagworte aufgeführt.

Geringere Kosten. Reine Peer-to-Peer-Netze können mit üblichen Arbeitsplatzrechnern oder gar kleineren Einheiten realisiert werden. Kosten für Server, deren Betriebssysteme und Administration entfallen.

Höhere Ausfallsicherheit. In verteilten Systemen wird auch das Sicherheitsrisiko verteilt. Der Ausfall einer Einheit lässt das Netz weiter bestehen. Für Schadsoftware (Viren, Würmer und ähnliches) sind Peer-to-Peer-Netze indessen ähnlich anfällig wie Client-Server-Netze, wenn die Nutzer mit unsicheren Systemen arbeiten.

Als Nachteile wurden bereits hoher Datenverkehr und höhere Ressourceninanspruchnahme bei den Teilnehmern benannt. Der Datenverkehr ist aber stark von der Architektur des Netzes abhängig und kann in Zukunft eventuell signifikant gesenkt werden. Die Ressourcen der Teilnehmer sind idealerweise solche, die sonst brach liegen. Ein weiterer Nachteil ist die Orientierung der derzeitigen Netzinfrastruktur am Client-Server-Prinzip. Dies führt zu asymmetrischen Netzzugängen (zum Beispiel ADSL) die Peer-to-Peer-Netzen, die das Internet nutzen, nicht entgegenkommen. Hier wird sich zeigen, ob mit verstärktem Aufkommen solcher Anwendungen eine Infrastrukturanpassung erfolgt. Die Technologie ist allerdings nicht auf das Internet angewiesen, Peer-to-Peer-Netze können auch mit anderer Infrastruktur verwirklicht werden.

---

[50] Zu den Suchstrategien Steinmetz/Wehrle Informatik-Spektrum 2004, 51, 54; Ziegler c´t 16/2005, 160, 163 f.

Bei Nutzung des Internet besteht die Gefahr, durch Zugangsanbieter diskriminiert zu werden.[51] Aus Gründen des Wettbewerbs- und Innovationsschutzes ist hier allerdings gesetzgeberisches Einschreiten geboten und zu erwarten.

Die genannten Netze lassen sich regelmäßig anonym nutzen. Dies kann sowohl als Vorteil (Perspektive des Datenschutzes) als auch als Nachteil (Zuordnung von Erklärungen) gesehen werden. Bei der Zuordnung von Erklärungen sind daher weitere technische Hilfsmittel erforderlich, um etwa vor Gericht beweisen zu können, wer eine Erklärung abgegeben hat.

4. Was sind Peer-to-Peer-Märkte?

Der Begriff Peer-to-Peer-Märkte wird, soweit ersichtlich, in der rechtswissenschaftlichen Literatur und Rechtsprechung (noch) nicht verwendet.

Der hier verwendete Begriff soll etwas Tatsächliches, mithin ein Phänomen beschreiben. Unter Markt wird daher der virtuelle Ort verstanden, an dem Teilnehmer zum Austausch von Gütern interagieren, an dem sich Angebot und Nachfrage treffen.[52] In einer solchen wirtschaftlichen Betrachtungsweise ist die technische Umsetzung nicht von Bedeutung.

Unter Peer-to-Peer-Markt (synonym: verteilter Markt) wird hier ein solcher Markt verstanden, in dem die Kommunikation ausschließlich über Peer-to-Peer-Netze stattfindet. Ob die gehandelten Güter mittels Peer-to-Peer-Netzen übertragen werden, soll dagegen unerheblich sein. Eine Begrenzung auf digitale Güter findet nicht statt.

Aus wirtschaftlicher Perspektive wird damit kein neuer Markttyp eingeführt. Im weiteren Verlauf der Untersuchung erarbeitete Lösungsvorschläge setzen auf der Transportschicht (Kommunikationsprotokolle) an und verlassen die reine Marktschicht. Daher ist die Differenzierung gerechtfertigt.

---

[51] Statt aller: Raabe/Dinger/Hartenstein K&R 2007, Beihefter 1/2007, 1, 2. Ein Beispiel aus neuerer Zeit berichtet http://www.heise.de/newsticker/meldung/135450 20.07.2009.

[52] Vergleiche die Definition für elektronische Marktplätze nach dem Client-Server-Prinzip bei Spindler/Wiebe/*Ernst*, Internet-Auktionen, Kap. 1 Rn. 1: „... virtuelle Orte, an denen der Anbieter – der Betreiber der Website – seinen Kunden die Möglichkeit bietet, zum Vertragsabschluss zusammenzukommen."; siehe auch Bräutigam/Leupold/*Meyer/Specht/Friemel*, Online-Handel, S. 4 Rn. 5.

Demnach erfüllten „Tauschbörsen" die Definition. Erfasst wären ebenso Versteigerungsplattformen, soweit sie (anders als beispielsweise eBay) auf Peer-to-Peer-Netzen basieren.

Ein Peer-to-Peer-Markt unterscheidet sich von sogenannten virtuellen beziehungsweise elektronischen Marktplätzen. Ein einheitlicher Gebrauch des Begriffes virtueller respektive elektronischer Marktplatz hat sich in der wissenschaftlichen Literatur noch nicht durchgesetzt.[53] Übereinstimmend wird der Begriff auf rechtsgeschäftliches Handeln im Internet bezogen, wobei ein Betreiber den Marktplatz als „Website" zur Verfügung stellt.[54] Die deskriptiven Definitionen heben den Unterschied zum sogenannten Online-Shop hervor: Anders als bei diesem treffen auf einem elektronischen Marktplatz mehrere Anbieter auf Nachfrager.[55] Diese Merkmale sind nicht zwingend in der vorgeschlagenen Definition für Peer-to-Peer-Märkte enthalten: Die beteiligten Peers werden regelmäßig über das Internet verbunden sein, müssen es aber nicht. Denkbar sind auch eigene Infrastrukturen, besonders bei kleineren Märkten. Einen Betreiber, der den Marktplatz durch Hardware zur Verfügung stellt, gibt es nicht. Technisch gesehen wird der Marktplatz von allen gemeinsam zur Verfügung gestellt und betrieben.[56] Dies schließt nicht aus, dass der technische Beitrag der Peers unterschiedlich ausfällt. Beispielsweise können die beigesteuerte Bandbreite und Rechenkapazität differieren. Aus technischer Sicht hört ein herkömmlicher elektronischer Marktplatz auf zu existieren, sobald der Betreiber ihn schließt oder technisch außer Stande ist, den Marktplatz aufrecht zu erhalten. Peer-to-Peer-Märkte sind von solchen Ereignissen unabhängig und existieren solange es Marktteilnehmer gibt. Technisch kann der Urheber oder Anbieter der Software, die die Peers zur Marktbildung nutzen, genauso wenig als Betreiber gesehen werden wie der Urheber oder Anbieter der Software, die für Marktplätze auf „Websites" genutzt wird.

Möglich ist eine Einteilung der Peer-to-Peer-Märkte in offene und geschlossene Märkte. Auf offenen Marktplätzen können sich alle Interessierten beteiligen, auf

---

[53] Moritz/Dreier/*Holzbach/Süßenberger*, E-Commerce, Kap. C Rn. 332 .

[54] Spindler/Wiebe/*Ernst*, Internet-Auktionen, Kap. 1 Rn. 1; Moritz/Dreier/*Holzbach/Süßenberger*, E-Commerce, Kap. C Rn. 333; Bräutigam/Leupold/*Meyer/Specht/Friemel*, Online-Handel, S. 25 f. Rn. 40 ff. Die pauschale Annahme, dass Onlinehandel eine Website voraussetze (so Bräutigam/Leupold/*Meyer/Specht/Friemel*, Online-Handel, S. 15 Rn. 1) ist daher falsch, es sei denn der Begriff beschreibt nicht den Handel über Rechnernetze sondern ist viel enger.

[55] Bräutigam/Leupold/*Meyer/Specht/Friemel*, Online-Handel, S. 26 Rn. 42.

[56] Ausführlich zu einer möglichen technischen Architektur: Dinger, Potential S. 64 ff.

geschlossenen Märkten interagiert eine begrenzte Zahl von Teilnehmern.[57] Geschlossene Märkte lassen sich mit den Konzepten von Peer-to-Peer nur schwer vereinbaren. Jedenfalls können potentielle Marktteilnehmer nicht durch einen Betreiber ferngehalten werden.

5. Grundsätzliche Bedenken gegen die Technologie

Die Rechtswissenschaft befasst sich seit längerem mit dem Phänomen Peer-to-Peer. Dies geschieht bislang beinahe ausschließlich in Verbindung mit sogenannten „Tauschbörsen".[58] Dabei stehen erwartungsgemäß die urheberrechtlichen Bewertung des „Tauschens"[59], strafrechtlichen Folgen[60], Ersatz-[61], Auskunfts-[62] und Unterlassungsansprüche im Vordergrund.

Eine fundierte Einführung – auch in die technischen Details – gibt *Koch*.[63] Auch hier liegt das Tauschen von Daten im Fokus, gleichwohl wird auf alternative Anwendungen hingewiesen.[64] Eine Auseinandersetzung mit den Rechtsfragen von Peer-to-Peer-Märkten im Allgemeinen erfolgt nicht.

Soweit grundsätzlich Bedenken gegen Peer-to-Peer vorgetragen werden, beruht dies auf einer irrigen Gleichsetzung der Technologie mit „Tauschbörsen" oder gar deren vermeintlich rechtswidriger Nutzung.[65]

---

[57] Spindler/Wiebe/*Ernst*, Internet-Auktionen, Kap. 1 Rn. 2.

[58] Vergleiche Frey ZUM 2001, 466 ff.; Reber/Schorr ZUM 2001, 672 ff; Bäumer/Rendell/Pühler CRi 2005, 129; Kreutzer GRUR 2001, 193 ff.; Bortloff GRURInt 2003, 669, 672; Gampp GRURInt 2003, 991 ff.; Rigamonti GRURInt 2004, 278 ff.; Gampp GRURInt 2005, 107 ff.; Spindler/Leistner GRURInt 2005, 773 ff.; Wandtke/Bullinger/*Heerma* UrhG § 15 Rn. 19 unter Gleichsetzung von „Tasuchbörsen" und peer-to-peer; Sieber ZRP 2001, 97, 101.

[59] Frey ZUM 2001, 466 ff.; Reber/Schorr ZUM 2001, 672 ff; Bäumer/Rendell/Pühler CRi 2005, 129; Kreutzer GRUR 2001, 193 ff.; Bortloff GRURInt 2003, 669, 672; Gampp GRURInt 2003, 991 ff.; Rigamonti GRURInt 2004, 278 ff.; Gampp GRURInt 2005, 107 ff.; Spindler/Leistner GRURInt 2005, 773 ff.; Wandtke/Bullinger/*Heerma* UrhG § 15 Rn. 19 unter Gleichsetzung von „Tasuchbörsen" und peer-to-peer.

[60] Peugert GRURInt 2002, 1012, 1015 f.; Hegmanns MMR 2004, 14 ff.

[61] Köster/Jürgens MMR 2002, 420, 421 und 425.

[62] Vergleiche Kitz, GRUR 2003, 1014 ff.

[63] Koch S. 712 ff.

[64] Koch S. 714 f.

[65] Die Gleichsetzung findet sich etwa bei Wandtke/Bullinger/*Heerma* UrhG § 15 Rn. 19, nicht mehr allerdings in den Folgeauflagen.

Neben den auch in Deutschland lebhaft diskutierten, hier aber nicht nachgewiesenen, Entscheidungen US-amerikanischer Gerichte zu verschiedenen Fragen im Zusammenhang mit der Nutzung diverser „Tauschbörsen", ist aus deutscher Sicht auf die Entscheidung des LG Hamburg vom 26.04.2005[66] hinzuweisen, weil im Urteil auf den ersten Blick die Unzulässigkeit der Verbreitung von Peer-to-Peer-Technologie suggeriert wird.

In dem Verfahren hatte ein Anbieter von Bezahlfernsehen einen Softwarehersteller auf Unterlassung in Anspruch genommen. Die streitgegenständliche Software soll Nutzer in die Lage versetzen können, Fernsehprogramme als Datenstrom in einem serverlosen Netz verteilen und empfangen zu können. Nach Auffassung des Gerichts könne die Antragstellerin vom Antragsgegner aus §§ 97 in Verbindung mit 20, 21 UrhG verlangen, die Software nicht zu vertreiben oder anzubieten, „sofern mittels dieser Software entschlüsselte Inhalte des Pay-TV-Angebots der Ast. i.R.e. Peer-to-Peer-Systems von Nutzern dieser Software im Internet versendet und/oder empfangen werden können"[67]. Dies scheint auf eine Bedenklichkeit der Peer-to-Peer-Fähigkeiten hinzudeuten, sind doch severbasierte Anwendungen mit diesen Fähigkeiten längst verfügbar. Unter anderem stellen öffentlich-rechtliche Sender Teile ihres Programms als Datenstrom zur Verfügung.[68] Mit dieser Technik können auch Inhalte verteilt werden, die zuvor auf andere Weise entschlüsselt wurden. Indessen argumentiert das Gericht im Kern anders: Es bestehe die Gefahr, dass durch die Nutzer der Software in die Urheberrechte der Antragstellerin eingegriffen werde. Dieser Gebrauch dürfe nicht außerhalb jeder Wahrscheinlichkeit liegen, um dem Anbieter eine Haftung billigerweise zumuten zu können. Dafür aber reiche ein adäquater Zusammenhang, der nicht schon durch die unmittelbare Rechtsverletzung selbständig handelnder Dritter ausgeschlossen werde. Diesen Zusammenhang hat das Gericht gesehen. Dabei argumentiert es zuvörderst mit dem Verhalten des Antragsgegners, der der Öffentlichkeit als Nutzung der Software bisher überwiegend den kostenfreien Empfang von Bezahlfernsehen bekannt gemacht habe. Das Gericht sieht damit die Voraussetzungen für einen Unterlassungsanspruch aus §§ 97 Abs. 1 Satz 1 in Verbindung mit 20, 21 UrhG als gegeben.[69] Damit ist nichts über die Peer-to-Peer-Technologie als solche

---

[66] LG Hamburg MMR 2005, 547.
[67] LG Hamburg MMR 2005, 547, 548.
[68] Zum Beispiel die ARD unter http://tagesschau.de/ 20.07.2009.
[69] LG Hamburg MMR 2005, 547, 548; zu den Ansprüchen aus UWG und ZKDSG siehe S. 548 und S. 549 f.

gesagt. Es sind keine Anhaltspunkte ersichtlich, dass die Entscheidung bei dem Einsatz eines Server- oder Hybridsystems anders ausgefallen wäre. In der Rechtsmittelentscheidung[70] hat das Hanseatische Oberlandesgericht Hamburg folgerichtig klargestellt, dass die Entscheidung nicht die allgemeine Zulässigkeit von Peer-to-Peer-Netzen betrifft.[71] Es bestätigte die Ausgangsentscheidung unter dem Hinweis, dass der Umstand, dass ein für rechtmäßige Zwecke geeignetes Produkt auch zum Rechtsmissbrauch durch Dritte verwendet werden kann, nicht zu der Rechtsfolge eines allgemeinen beziehungsweise auf bestimmte Nutzungsarten beschränkten Verbots führe.[72]

II. Dienste

An dieser Stelle sei auf ein neueres Phänomen hingewiesen, das die Motivation für diese Arbeit ebenso wie die Peer-to-Peer-Technologie trägt. Es handelt sich dabei um hier sogenannte Dienste. Es werden auch die Begriffe Webdienst, Webservice, Netzdienst, Internetdienst und weitere verwendet.

In der informatischen Literatur werden unterschiedliche Definitionen vorgeschlagen. Deren ausführliche Diskussion unterbleibt hier: Für die juristische Subsumtion ist an dieser Stelle das tatsächliche Phänomen wichtiger als seine strittige theoretische Fundierung.

Knapp beschrieben, sollen Dienste Funktionalitäten zur Verfügung stellen.[73] Der Nutzer bekommt also nicht ein Anwendungsprogramm, das er auf seinem Rechner ausführt, sondern nur eine bestimmte Funktionalität über eine beschriebene Schnittstelle. Die angebotenen Funktionalitäten können sehr komplex oder trivial sein. Das für diese Untersuchung Entscheidende ist allerdings die zu erwartende Dynamik. Bestehende Dienste lassen sich kombinieren, modifizieren, neu orchestrieren und zusammenführen. Auf diese Weise entstehen wieder neue Angebote. Die (Teil-)Dienste können dabei von verschiedenen Anbietern kommen, weshalb

---

[70] OLG Hamburg, 08.02.2006, 5 U 78/05, JurPC Web-Dok. 29/2006 (http://www.jurpc.de/rechtspr/20060029.htm 20.07.2009) = GRUR-RR 2006, 148 ff.

[71] OLG Hamburg, 08.02.2006, 5 U 78/05, JurPC Web-Dok. 29/2006, Abs. 44; bestätigt durch BGH, 15.01.2009, I ZR 57/07, Abs. 33 = MMR 2009, 625 ff. = CR 2009, 563 ff.

[72] OLG Hamburg, 08.02.2006, 5 U 78/05, JurPC Web-Dok. 29/2006, Abs. 46 ff.

[73] Siehe aus der juristischen Literatur schon Koch ITRB 2007, 71, 72 f.; Meyer, Aspekte, S. 315 f.; ohne technische Details die Veröffentlichung von Spindler DuD 2005, 139.

aus vertragsrechtlicher Sicht eine funktionale Nähe zum beschriebenen Peer-to-Peer-Paradigma besteht.[74] Einzelne Dienste oder kombinierte Dienste (sogenannte Mash-ups) können dann Aufgaben übernehmen, die bisher klassische Applikationen auf einzelnen physischen Maschinen bewältigt haben.[75] Dagegen steigt auch der Aufwand für die Organisation und das Auffinden relevanter Dienste.

Den logisch nächsten Schritt stellt der Handel solcher Dienste dar, eingeschlossen das kurzfristige Zurverfügungstellen von nachgefragten Funktionalitäten.[76] In diesem Bereich wird derzeit mit umfangreicher öffentlicher Unterstützung geforscht.[77]

Für die vertragliche Organisation der Diensteketten ergeben sich aus den technischen Vorbedingungen gewissen Einschränkungen. Das Modell des Rahmenvertrages ist kaum denkbar. Es kommt allenfalls bei einem Plattformmodell in Betracht.[78] Die Plattform wäre als technische Infrastruktur zu denken, die ihrerseits Dienstleistungen für die Diensteanbieter bereithält wie etwa Kombinierbarkeit, Abrechnung, Auffindbarkeit, Dienstgüteverwaltung. Eine solche Plattform wäre Anlaufpunkt für Nachfrager und Anbieter und könnte daher eine Marktordnung durchsetzen.

Tatsächlich ist diese Annahme aber auch bei einer solchen Plattform zweifelhaft. Die angebotenen Dienste können dermaßen vielschichtig sein, dass es kaum vorstellbar erscheint, einen sachgerechten Rahmenvertrag zu entwerfen. Anders als bei bekannten elektronischen Marktplätzen, bei denen immerhin feststeht, dass Kaufverträge geschlossen werden sollen, ist schon unklar, welcherart Verträge geschlossen werden sollen. Werkverträge, Dienstverträge[79], Aufträge oder soll

---

[74] Technisch lassen sich die Paradigmen ebenfalls verbinden, siehe Dinger, Potential S. 63 ff.

[75] Einleuchtende Beispiele stellen die verschiedenen „Online-Büroprogramme" dar, die Textverarbeitung, Tabellenkalkulation und dergleichen zur Verfügung stellen. Der Zugriff erfolgt über einen Browser.

[76] Janiesch/Ruggaber/Sure HDM 261 (2008), 71 ff.

[77] Das Forschungsprojekt Theseus, Teilprojekt Texo (http://theseus-programm.de/anwendungsszenarien/texo/default.aspx 20.07.2009), beschäftigt sich mit diesen Fragestellungen.

[78] Eine „Plattform" ist auch der Ausgangspunkt für Theseus-Texo, damit ist aber nichts über deren (zentrale oder dezentrale) Umsetzung gesagt.

[79] Die wenigen ersichtlichen Stellungnahmen divergieren zur Frage, was üblicherweise gewollt ist. Spindler DuD 2005, 139, 140 (Werkvertrag); Koch ITRB 2007, 71, 72 f.; Meyer, Aspekte, S. 317 ff. (regelmäßig Dienstvertrag, im Einzelfall anderes möglich, jedenfalls kein Mietvertrag).

Verschiedenes möglich sein? Hinter den divergierenden Angeboten, die von sehr aufwendigen, komplexen Diensten bis zu automatisch generierten einfachen Diensten reichen, stehen verschiedene Anbieter, die zudem gegenläufige Interessen haben können. Im Ergebnis ist also der Rahmenvertrag für einen Dienstehandel schlecht geeignet.

Einen Ausweg bietet der individuelle Vertragsschluss durch die Beteiligten. Wegen der potentiellen Vielzahl Beteiligter ist daneben (zumindest) eine (teilweise) Automatisierung sinnvoll. Ausgangspunkt können daher vorformulierte Vorstellungen, mithin Allgemeine Geschäftsbedingungen sein. Die Klauseln müssen dabei für Maschinen interpretierbar sein, wenn über die Bedingungen verhandelt werden soll oder wenn die Dienste automatisch feststellen sollen, ob sie auf Ressourcen eines anderen Dienstes zugreifen dürfen.

Bereits eingangs der Arbeit wurde auf die zu erwartende Dynamisierung von vertraglichen Beziehungen hingewiesen. Sowohl das Auffinden potentieller Vertragspartner, das Aushandeln der Konditionen und der Vertragsschluss wird durch Dienste erfolgen können, auch automatisch. Wenn statt klassischer Applikationen vermehrt Dienste zum Einsatz kommen, wird der Bedarf nach handelbaren Diensten steigen. Bei kombinierten Diensten besteht die Innovation hauptsächlich in der neuartigen Zusammensetzung bereits vorhandener Dienste. Der eigene Programmieraufwand kann sehr gering sein. Die bereits vorhandenen Dienste können technisch leicht ersetzt werden. Dies ist sinnvoll, wenn beispielsweise ein Dienst nicht erreichbar ist oder anders als erwartet reagiert. Für einen solchen schnelllebigen Markt eigenen sich Rahmenverträge kaum, sie werden zu Gunsten maschineninterpretierbarer Allgemeiner Geschäftsbedingungen an Bedeutung verlieren.

B. Einführung in die Technik und resultierende rechtliche Fragestellungen

C. Allgemeine Geschäftsbedingungen und ihre Einbeziehung in den Vertrag

Erforderlich ist zunächst eine Verortung des Begriffes der Allgemeinen Geschäftsbedingungen, denn ohne Vergegenwärtigung des Untersuchungsgegenstandes kann die Einbeziehung und Formalisierung nicht betrachtet werden. Zudem wird sich bei der Abbildung in einem formal-logischen System zeigen, dass Allgemeine Geschäftsbedingungen typischerweise anders zu beschreiben sind als die übrigen vertraglichen Abreden.

Anschließend wird die Einbeziehung Allgemeiner Geschäftsbedingungen in den Vertrag behandelt. Da die Normen zum Recht der Allgemeinen Geschäftsbedingungen in ihrem Kern aus der Zeit vor der massenhaften Verbreitung des elektronischen Geschäftsverkehrs stammen wird die Einbeziehung zunächst unter dessen Ausblendung behandelt und anschließend für elektronische Klauseln gesondert untersucht. Für dieses Vorgehen spricht zudem die Übersichtlichkeit und die Tatsache, dass die betreffenden Normen abstrakt gehalten sind und keine Sonderregeln für elektronische Klauseln enthalten.

I. Begriff der Allgemeinen Geschäftsbedingungen

Der Begriff Allgemeine Geschäftsbedingungen wird in § 305 Abs. 1 BGB definiert. Demnach sind Allgemeine Geschäftsbedingungen alle für eine Vielzahl von Verträgen vorformulierten Vertragsbedingungen, die eine Vertragspartei (Verwender) der anderen Vertragspartei bei Abschluss eines Vertrags stellt, § 305 Abs. 1 BGB. Gleichgültig ist, ob die Bestimmungen einen äußerlich gesonderten Bestandteil des Vertrags bilden oder in die Vertragsurkunde selbst aufgenommen werden, welchen Umfang sie haben, in welcher Schriftart sie verfasst sind und welche Form der Vertrag hat, Satz 2 der genannten Norm. Endlich liegen nach Satz 3 keine Allgemeinen Geschäftsbedingungen vor, soweit die Vertragsbedingungen zwischen den Vertragsparteien im Einzelnen ausgehandelt sind.

Im Folgenden werden die einzelnen Tatbestandsmerkmale der Norm näher untersucht.

1. Vorformulieren

Unter Vorformulierung wird verstanden, dass die Bedingungen nicht kurzfristig für den konkreten Vertragsschluss entworfen werden, sondern als Grundlage für gleichartige Rechtsverhältnisse bereits existieren.[80] Eine bestehende Fixierung ist nicht erforderlich. Es genügt, wenn der Verwender oder sein Vertreter die Bedingungen im Gedächtnis hat und erst beim Vertragsschluss fixiert.[81] Die Vorformulierung muss nicht vom Verwender stammen, sie kann von einem Dritten herrühren (zum Beispiel Verband, Fachverlag).[82] Sind unselbständige Ergänzungen erforderlich, bleiben die Klauseln dennoch vorformuliert.[83] Unselbständige Ergänzungen sind solche, die der Klausel durch Ausfüllen von Leerstellen erst einen Sinn geben, etwa Name des Vertragspartners oder die Länge einer Frist.[84]

2. Für eine Vielzahl von Verträgen

Dieses Merkmal bringt zum Ausdruck, dass die Absicht der einmaligen Verwendung der Bedingungen nicht ausreicht.[85] Geklärt ist inzwischen, dass es nach dem Wortlaut der Regelung („für") auf die Absicht, nicht auf die tatsächliche Vielzahl der Verwendungen ankommt.[86] Noch offen ist, wie viele Verwendungen ins Auge gefasst sein müssen, falls die Anzahl der Verwendungen feststeht (bestimmte Viel-

---

[80] BGH NJW 1996, 249, 250; Ulmer/Brandner/Hensen/*Ulmer* § 305 BGB Rn. 21.

[81] BGH NJW 1988, 410; NJW 1999, 2180, 2181 = BGHZ 141, 108, 111 für die schriftliche Niederlegung; Ulmer/Brandner/Hensen/*Ulmer* § 305 BGB Rn. 20; Staudinger/*Schlosser* (1998) § 1 AGBG Rn. 19 unter Aufgabe seiner abweichenden Auffassung in der Vorauflage; Münchener Kommentar/*Basedow* § 305 Rn. 13.

[82] Münchener Kommentar/*Basedow* § 305 Rn. 14; Staudinger/*Schlosser* (2006) § 305 BGB Rn. 21.

[83] BGH NJW 1988, 558, 559 = BGHZ 102, 152, 158; Münchener Kommentar/*Basedow* § 305 Rn. 15; Staudinger/*Schlosser* (2006) § 305 BGB Rn. 24.

[84] Münchener Kommentar/*Basedow* § 305 Rn. 15; Staudinger/*Schlosser* (2006) § 305 BGB Rn. 24 stellt darauf ab, dass sich der Kerngehalt der Klausel nicht verändert und zitiert BGH NJW 1992, 1107, 1108, diese Entscheidung betrifft aber das „Aushandeln"; weitere Beispiele finden sich bei beiden.

[85] BGH NJW-RR 1998, 259; Münchener Kommentar/*Basedow* § 305 Rn. 17.

[86] BGH NJW 2000, 2988, 2989 = BGHZ 144, 242; BGH NJW-RR 2002, 13; Münchener Kommentar/*Basedow* § 305 Rn. 18; Staudinger/*Schlosser* (2006) § 305 BGB Rn. 19; Ulmer/Brandner/Hensen/*Ulmer* § 305 BGB Rn. 23; andere Auffassung Michalski/Römerman ZIP 1993, 1434, 1436.

zahl). Hier werden drei bis fünf geplante Verwendungen vorgeschlagen.[87] Davon zu trennen ist die Frage, ob der Verwender oder ein anderer die Bedingungen für eine Vielzahl von Verträgen einsetzten will. Es wird vertreten, dass es auf den Verwender im konkreten Fall ankomme.[88] Richtigerweise ist auf die Person oder Institution, von der die Vorformulierung herrührt, abzustellen.[89] Die Vorformulierung muss nämlich nicht vom Verwender stammen. Ist dies der Fall, handelt es sich bei der einzigen geplanten und erstmaligen Verwendung bereits um Allgemeine Geschäftsbedingungen.[90] Erweckt die Gestaltung der Bedingungen den Anschein der Typizität, wird es Sache des Verwenders sein, diesen zu widerlegen.[91] Vorformulierte Vertragsbedingungen, die nur zur einmaligen Verwendung bestimmt sind, stellen keine Allgemeinen Geschäftsbedingungen dar; die §§ 305c Abs. 2, 306, 307 bis 309 BGB, Artikel 29 a EGBGB finden bei Verträgen zwischen Verbrauchern (§ 13 BGB) und Unternehmern (§ 14 BGB) gleichwohl Anwendung, soweit der Verbraucher aufgrund der Vorformulierung keinen Einfluss auf den Inhalt der Bedingungen nehmen konnte, § 310 Abs. 3 Nr. 2 BGB.

3. Vertragsbedingungen

Vertragsbedingungen sind Teile eines abzuschließenden Rechtsgeschäfts.[92] Zwingende Rechtsnormen können daher nicht Allgemeine Geschäftsbedingungen sein.[93] Damit sei ein Streit über die rechtstheoretische Qualität der Allgemeinen

---

[87] Für 3: BGH NJW 2002, 138; BGH NJW 2004, 1454; BGH NJW 1998, 2286, 2287 („jedenfalls nicht unter drei"); Münchener Kommentar/*Basedow* § 305 Rn. 18; Ulmer/Brandner/Hensen/*Ulmer* § 305 BGB Rn. 25a; Staudinger/*Schlosser* (2006) § 305 BGB Rn. 20; für 3-4 BGH WM 1984, 1610, 1611; für 3-5: Ulmer/Brandner/Hensen/*Ulmer* (9. Auflage) § 1 Rn. 25; für 3-5 BGH WM 1981, 944, 946 (es waren insgesamt fünf Verträge, davon unstrittig drei im wesentlichen gleich lautende Formularverträge); für Abstellen auf Vertragstyp und Zeitintervalle zwischen den Verwendungen: Staudinger/*Schlosser* (1998) § 1 AGBG Rn. 17a.

[88] Michalski/Römerman ZIP 1993, 1434, 1436 f.

[89] Münchener Kommentar/*Basedow* § 305 Rn. 19; Ulmer/Brandner/Hensen/*Ulmer* § 305 BGB Rn. 24.

[90] BGH, Beschluss vom 23.06.05 - VII ZR 277/04, S. 4 f. abrufbar unter www.bundesgerichtshof.de (22.08.2006), Leitsatz in NZBau 2005, 590; BGH NJW 1991, 843.

[91] Vergleiche Graf von Westphalen NJW 2006, 2228; für Bauverträge BGH, Beschluss vom 23.06.05 - VII ZR 277/04, S. 4 abrufbar unter www.bundesgerichtshof.de (22.08.2006), Leitsatz in NZBau 2005, 590.

[92] Ulmer/Brandner/Hensen/*Ulmer* § 305 BGB Rn. 9.

[93] Ulmer/Brandner/Hensen/*Ulmer* § 305 BGB Rn. 9; Staudinger/*Schlosser* (2006) § 305 BGB

Geschäftsbedingungen, der vor Inkrafttreten des AGBG herrschte, durch die gesetzgeberische Wortwahl entschieden. Die grundsätzliche Kritik ist noch nicht verstummt. Demnach seien Allgemeine Geschäftsbedingungen einseitig gesetztes Recht; mithin Normen[94], die aufgrund einseitiger Rechtsetzung durch den Verwender gegenüber dem Kunden Verbindlichkeit erlangten[95]. Die Befugnis zur einseitigen Rechtsetzung solle inzwischen im Gewohnheitsrecht verankert sein[96], wobei die Anhänger dieser Auffassung die Unvereinbarkeit dieser Vorstellung mit Artikel 80 GG selbst zugeben.[97] Dennoch habe an der Normqualität der Allgemeinen Geschäftsbedingungen das Inkrafttreten des AGBG (jetzt §§ 305 ff. BGB) nichts geändert, zumal dem Gesetzgeber eine Entscheidungsbefugnis in Fragen der Rechtstheorie nicht zukomme.[98] Die Terminologie des Gesetzgebers könne nicht die Normen zum Vertragsrecht umqualifizieren oder den Geltungsgrund verändern.[99]

Ob die Behauptung von der Fehleinschätzung des Gesetzgebers verfängt, ist zweifelhaft. Kaum zu widerlegen ist den Normtheoretikern deren Analyse von der Soziologie Allgemeiner Geschäftsbedingungen[100] sowie der Schwächen der Zivilrechtswissenschaft vor Inkrafttreten des AGBG. Dass aber der Gesetzgeber gehindert sein soll, die Geltung Allgemeiner Geschäftsbedingungen zwischen den Vertragspartnern an ein Einverständnis zu knüpfen, ist dem Grundgesetz nicht zu entnehmen. Es ist sauber zu trennen zwischen Rechtsnatur und Geltungsgrund. Allgemeine Geschäftsbedingungen gerieren sich für den Vertragspartner wie Normen. Für jeden, der einen Vertragsschluss ablehnt, gelten sie aber nicht, deshalb musste der Gesetzgeber kein „Normsetzungsverfahren" regeln und durfte die Gel-

---

Rn. 4; Münchener Kommentar/*Basedow* § 305 Rn. 5; Erman/*Roloff* § 305 Rn. 7.

[94] Pflug, Kontrakt und Status, S. 4 ff., 225 f.; Eike Schmidt JuS 1987, 929, 931 f.; Eike Schmidt ZIP 1987, 1505 ff.; Kramer AcP 1988, 423, 426 („Normcharakter").

[95] Diese Konsequenz zieht nur Pflug, Kontrakt und Status, S. 227, 247; Anhänger der Normtheorie, die als Geltungsgrund das (nicht notwendig auf den Inhalt der Klauseln bezogene) Einverständnis des Partners sehen sind Eike Schmidt JuS 1987, 929, 931 f.; Eike Schmidt ZIP 1987, 1505 ff.; Kramer AcP 1988, 423, 426 („vertraglich vereinbarte Normen").

[96] Pflug, Kontrakt und Status, S. 265 ff., 275, 284 f.

[97] Pflug, Kontrakt und Status, S. 278 ff., 284.

[98] Pflug, Kontrakt und Status, S. 277 (mit Nachweisen), 319.

[99] Nach Pflug, Kontrakt und Status, S. 298 ff. könne das AGBG sehr wohl aus Sicht der Normtheorie sinnvoll ausgelegt werden, auch wenn seine Effizienz durch die „Fehleinschätzung" des Gesetzgebers hinsichtlich der Aufstellung und Geltung Allgemeiner Geschäftsbedingungen bedroht sei, S. 299.

[100] Statt aller: Pflug, Kontrakt und Status, S. 1 ff.

tung Allgemeiner Geschäftsbedingungen von der vertraglichen Vereinbarung abhängig machen.[101] Dass der Kunde oft auch bei anderen Anbietern nicht ohne ein Einverständnis mit den gleichen Allgemeinen Geschäftsbedingungen abschließen kann, führt zu keiner anderen Beurteilung, zumal diese Annahme in Zeiten preiswerter elektronischer Kommunikation überdacht werden muss.

Hinsichtlich des Geltungsgrundes Allgemeiner Geschäftsbedingungen wird hier also davon ausgegangen, dass dieser in der vertraglichen Einbeziehung zu finden ist.

Gleichwohl sind die Erkenntnisse der Normtheoretiker nicht ohne Belang für diese Untersuchung. Wenn Allgemeine Geschäftsbedingungen de facto Normqualität haben, stellt sich doch die Frage, ob ein Zusammenhang zur Selbstregulierung hergestellt werden kann und ob auf die Erkenntnisse zur Normsetzung im Rahmen der Selbstregulierung zurückgegriffen werden kann.

Der Streit beschränkt sich somit auf die Frage nach der Rechtsqualität Allgemeiner Geschäftsbedingungen. Die genannten Vertreter des normtheoretischen Ansatzes begründen ihre Auffassung mit den von der allgemeinen Rechtsgeschäftslehre abweichenden Vorschriften der §§ 305 Abs. 2, 305b-306 BGB. Zu nennen seien weiter die Inhaltskontrolle nach §§ 307 ff. BGB sowie das abstrakte Kontrollverfahren nach §§ 1, 5 ff. UKlaG. Diese Besonderheiten haben ihre Ursache in der Eigentümlichkeit der Allgemeinen Geschäftsbedingungen als generell-abstrakte Vertragsbestandteile.[102] Für den Kunden ist die Freiheit zur Gestaltung des Vertrages regelmäßig eine Worthülse. Aus dieser Feststellung auf den Normcharakter Allgemeiner Geschäftsbedingungen zu schließen, ist nicht zwingend.[103] Es sind Konstellationen denkbar, in denen dem Kunden kein Einfluss auf die Vertragsgestaltung bleibt, ohne dass Allgemeine Geschäftsbedingungen verwandt werden, etwa weil es sich um ein einmaliges Geschäft handelt oder in Unternehmergeschäften eine Absicht für die mehrmalige Verwendung der Bedingun-

---

[101] Ähnlich Ulmer/Brandner/Hensen/*Ulmer* Einl. Rn. 42, mit dem Hinweis, dass die §§ 305 ff. BGB in Bezug auf die Einbeziehungsregelungen anderenfalls verfassungswidrig wäre, was niemand annähme.

[102] Ulmer/Brandner/Hensen/*Ulmer* Einl. Rn. 44.

[103] Fastrich, Richterliche Inhaltskontrolle, S. 33 f., Habersack, Vertragsfreiheit, S. 168 f. Nach Kramer AcP 1988, 423, 426 ist eine Unterscheidung von Verträgen mit Unterwerfungscharakter und solchen in denen die Partner doch beide Einfluss nehmen können, mithin Allgemeine Geschäftsbedingungen aus der Vertragsfreiheit legitimiert werden könnten, nicht möglich.

gen nicht besteht. In solchen Situationen steht der Vertragspartner nicht anders da: Der stärkere Partner diktiert die Bedingungen im „Individualvertrag". Das Normargument müsste sich auf die massenhafte Geltung zurückziehen, tatsächlich wird aber mit der Unterwerfungssituation des Kunden argumentiert. Es besteht jeweils kein Grund, die vertragliche Einordnung der Phänomene aufzugeben[104], soll nicht grundsätzlich ein Vertragsschluss nur unter (annähernd) gleichstarken Partnern möglich sein. Für die Arbeit bleibt es bei dem Befund, dass der Gesetzgeber mit der Normierung der §§ 305 ff. BGB (beziehungsweise zuvor des AGBG) die Vertragstheorie zugrunde legte und heute kaum mehr in Wissenschaft und Rechtsprechung Anstoß an dem Befund genommen wird, dass Allgemeine Geschäftsbedingungen faktisch und funktionell wie Normen wirken, rechtsdogmatisch aber wie vertragliche Vereinbarungen behandelt werden.[105]

Die Rechtsfolgen der konkurrierenden Auffassungen unterscheiden sich ohnehin wenig.[106] Werden Allgemeine Geschäftsbedingungen als Normen angesehen, soll ein Rückgriff auf die Verkehrssitte bei der Auslegung nach § 157 BGB nicht möglich sein.[107] Ebenso sollen die Anfechtungsregeln nicht gelten.[108] Die Fragen der Auslegung Allgemeiner Geschäftsbedingungen sind für eine Begriffsbestimmung hier aber nicht zu besprechen.

Die behördliche Genehmigung nimmt den Bedingungen nicht ihren Charakter als Vertragsbestandteile.[109] Unerheblich ist die Art und der Inhalt des Vertrages, dessen Bestandteil Allgemeine Geschäftsbedingungen werden sollen.[110] Einseitige Rechtsgeschäfte sind keine Verträge, weshalb die Verwendung vorformulierter Klauseln nicht der Definition Allgemeiner Geschäftsbedingungen unterfällt. Auf solche Rechtsgeschäfte sind die §§ 305 ff. BGB entsprechend anzuwenden, falls das Rechtsgeschäft eines Kunden auf der einseitigen Vorformulierung des Verwenders

---

[104] Ulmer/Brandner/Hensen/*Ulmer* Einl. Rn. 44.
[105] Siehe Kramer AcP 1988, 423.
[106] Pflug, Kontrakt und Status, S. 289 kommt zu dem Schluss, dass Allgemeine Geschäftsbedingungen objektives Recht ohne verfassungsrechtliche Grundlage seien, zieht aber nicht den Schluss der Verfassungswidrigkeit der Klauseln (und des damals geltenden AGBG) indem er sie der Kategorie des „para-legalen" Rechts zuschlägt.
[107] Eike Schmidt ZIP 1987, 1505, 1507.
[108] Eike Schmidt JuS 1987, 929, 932.
[109] BGH NJW 1983, 1322, 1323 = BGHZ 86, 284, 291.
[110] Ulmer/Brandner/Hensen/*Ulmer* § 305 BGB Rn. 14 ff.

beruht.[111] Gleiches gilt für einseitige rechtsgeschäftsähnliche Handlungen, zum Beispiel die Einwilligung in eine Körperverletzung.[112]

4. Stellen

Die Vertragsbedingungen werden von der Partei gestellt, auf deren Veranlassung die Einbeziehung erfolgt.[113] Mittels dieser Zurechnung wird die Verwendereigenschaft einer Partei zugeordnet.[114] Gelegentlich wird behauptet, das Stellen erfordere ein Auferlegen, eine einseitige Durchsetzung der Bedingungen aufgrund einer stärkeren Position.[115] Dies verengt den Anwendungsbereich der §§ 305 ff. BGB und macht § 305 Abs. 1 Satz 3 BGB überflüssig.[116]

Umstritten ist die Behandlung von Fällen, in denen die Einbeziehung von beiden Vertragspartnern vorgeschlagen wird oder dem Willen beider entspricht, etwa bei Verwendung von gekauften Vertragsmustern. Es wird vorgeschlagen, beide Vertragspartner als Verwender und Kunde zu betrachten.[117] Dies führt zu Problemen, da der Zweck vieler Vorschriften der §§ 305 ff. BGB ist, einen Vertragspartner vor dem anderen zu schützen. Es sollen dann nur die Vorschriften angewandt werden, die einen Gegensatz von Verwender und Kunden nicht beinhalten.[118] Zu

[111] BGH NJW 1999, 1864 = BGHZ 141, 124, 126.

[112] Ulmer/Brandner/Hensen/*Ulmer* § 305 BGB Rn. 17; Staudinger/*Schlosser* (2006) § 305 BGB Rn. 7.

[113] BGH NJW 1995, 2034 f. = BGHZ 130, 50, 57 f.

[114] BGH NJW 1994, 2825, 2826 = BGHZ 126, 326, 332; Ulmer/Brandner/Hensen/*Ulmer* § 305 BGB Rn. 27; weitergehend Münchener Kommentar/*Basedow* § 305 Rn. 27: Stellen solle als Element der Zurechnung der Allgemeinen Geschäftsbedingungen verstanden werden, dies könne als normativer Akt nicht der Ermittlung der Einbeziehungsinitiative gleichgesetzt werden.

[115] von Falkenhausen BB 1977, 1124, 1126 f.; ähnlich Pawlowski BB 1978, 161; wohl auch Lieb DNotZ 1989, 274, 294, der von einer „Drucksituation" spricht.

[116] Ulmer/Brandner/Hensen/*Ulmer* § 305 BGB Rn. 26.

[117] Schlechtriem FS Duden, S. 571, 576 f.; Staudinger/*Schlosser* (2006) § 305 BGB Rn. 31; Sonnenschein NJW 1980, 1489, 1492.

[118] Staudinger/*Schlosser* (2006) § 305 BGB Rn. 31; gelten sollen §§ 305c Abs. 1, 305b, 306, von § 309 zum Beispiel Nr. 1 und 8 b; nach *Schlechtriem* FS Duden, S. 571, 576 f. sollen bei unparteiisch, (von Dritten) entworfenen Klauselwerken sich die Vertragspartner jeweils so behandeln lassen, als hätten sie die Bedingungen gestellt, bei einzelnen „neutralen" Klauseln (etwa gegenseitiger Verzicht) alle Vorschriften angewandt werden, als wären die Bedingungen vom Vertragspartner gestellt; nach *Sonnenschein* NJW 1980, 1489, 1492 ist entscheidend, für welche Partei die einzelne Klausel ein praktisches Interesse hat; angewandt werden sollen alle Vor-

gleichen Ergebnissen kommt die Auffassung, nach der in den genannten Fällen eine Zurechnung des Einbeziehungsvorschlags nicht sachgerecht sei: Die §§ 305 ff. BGB seien zwar nicht anwendbar, einzelne Vorschriften indessen analog heranzuziehen.[119] Es wird auch die Nichtanwendung der §§ 305 ff. BGB vertreten.[120] Die Frage ist derzeit offen.

Die Verwendung interner Muster zur Erstellung von Verträgen durch Dritte (Notare, Rechtsanwälte) soll nach überwiegender Auffassung[121] nicht der Definition für Allgemeine Geschäftsbedingungen unterfallen: Ein Stellen durch eine Vertragspartei sei nicht auszumachen; es fehle der Verwender. Die Rechtsprechung sah zunächst den Verwender in der Partei, die sich auf eine ihr günstige Klausel berief[122], schwenkte später zum Teil auf die überwiegende Auffassung um.[123] Anderes gilt, wenn der Dritte ein Muster oder Formular verwendet, das von einer Partei benannt oder zur Verfügung gestellt oder auf deren Veranlassung auch für künftige Verwendungen erstellt wurde.[124] Von diesem Problemkomplex zu trennen war nach höchstrichterlicher Auffassung die Frage, wie Allgemeine Geschäftsbedingungen von Betreibern elektronischer Marktplätze Bestandteil der ebenda geschlossenen Verträge werden: Die Bedingungen werden nicht Vertragsbestandteil, denn sie werden von keiner Seite gestellt.[125]

Bei Verbraucherverträgen wird das Stellen der Allgemeinen Geschäftsbedingungen durch den Unternehmer fingiert, § 310 Abs. 3 Nr. 1 BGB. Dem Unterneh-

---

schriften, offenbar klauselabhängig zu Gunsten oder zu Lasten der Parteien.

[119] Ulmer/Brandner/Hensen/*Ulmer* § 305 BGB Rn. 30; Canaris NJW 1988, 1243, 1245.

[120] Palandt/*Heinrichs* § 305 Rn. 13; Medicus, Inhaltskontrolle S. 14.

[121] BGH NJW 1991, 843 f.; OLG Hamm NJW-RR 1999, 999; Ulmer/Brandner/Hensen/*Ulmer* § 305 BGB Rn. 31; Münchener Kommentar/*Basedow* § 305 Rn. 22; Palandt/*Heinrichs* § 305 Rn. 11; Staudinger/*Schlosser* (2006) § 305 BGB Rn. 32, siehe aber Rn. 54, wonach die Tatsache, dass der Notar einen Formularvertrag ausgearbeitet hat allein nicht zur Unanwendbarkeit der §§ 305 ff. BGB führe.

[122] BGH NJW 1982, 2243, 2244, dann wieder BGH NJW 1991, 1117.

[123] BGH NJW 1991, 843 f.; offen gelassen in BGH NJW 1992, 2160, 2163 = BGHZ 118, 229, 239.

[124] BGH NJW 1992, 2160, 2162 f.; BGH NJW 1990, 576; BGH NJW 1982, 1035 = BGHZ 83, 56, 58 (zu § 242 BGB); Staudinger/*Schlosser* (2006) § 305 BGB Rn. 54; Ulmer/Brandner/Hensen/*Ulmer* § 305 BGB Rn. 32a.

[125] BGH NJW 2002, 363, 364 f. = BGHZ 149, 129; AG Moers NJW 2004, 1330; vergleiche zur Fragestellung schon Sester CR 2001, 98 ff.; nun auch Münchener Kommentar/*Basedow* § 305 Rn. 22.

mer bleibt die Möglichkeit, ein Stellen durch den Verbraucher zu beweisen, vergleiche die negative Formulierung des § 310 Abs. 3 Nr. 1 Halbsatz 2 BGB.

5. Kein Aushandeln im Einzelnen

Soweit die Vertragsbedingungen im Einzelnen ausgehandelt sind, liegen keine Allgemeinen Geschäftsbedingungen vor, § 305 Abs. 1 Satz 3 BGB. Ausgehandelt ist eine Klausel, wenn ihr gesetzesfremder Kerngehalt ernsthaft zur Disposition des Kunden gestellt wird und ihm die Beeinflussung des Inhalts zumindest ermöglicht wird.[126] Dies setzt nicht nur die Verhandlungsbereitschaft des Verwenders sondern auch deren Kenntnis beim Kunden voraus.[127] Zudem verlangt die neuere Rechtsprechung, dass der Kunde den Sinn der Klauseln erfasst, notfalls nach Erläuterung durch den Verwender.[128] Eine tatsächliche Abänderung des vorformulierten Textes ist zwar ein aussagekräftiges Indiz für ein Aushandeln, richtigerweise aber nicht Voraussetzung dafür.[129] Würde zwingend eine Änderung im Text verlangt[130], wäre die Klausel nicht mehr vorformuliert und unterfiele der Begriffsdefinition Allgemeiner Geschäftsbedingungen schon wegen § 305 Abs. 1 Satz 1 BGB nicht. § 305 Abs. 1 Satz 3 BGB wäre ohne eigenen Regelungsgehalt. Dass § 305 Abs. 1 Satz 1 BGB die Definition einschränken soll, ist daher eine überzeugende Begründung für dessen Existenz und sinnvoller Auslegungsmaßstab.[131] Der Kunde muss sich aber in freier Selbstbestimmung, insbesondere aus Einsicht in die Sachge-

---

[126] BGH NJW 1998, 3488, 3489; BGH NJW 1992, 1107 f.; BGH NJW 1992, 2759, 2760; Ulmer/Brandner/Hensen/*Ulmer* § 305 BGB Rn. 48; Staudinger/*Schlosser* (2006) § 305 BGB Rn. 44.

[127] Staudinger/*Schlosser* (2006) § 305 BGB Rn. 44, fälschlicherweise für eine Gegenauffassung zitiert *Schlosser* am angegeben Ort in Rn. 46 Reichart ZIP 1992, 186 f., 190: Dieser begründet die Nichtanwendbarkeit des AGBG im Falle ärztlicher Honorarvereinbarung mit einer teleologischen Reduktion des AGBG und mit der Spezialität der GOÄ, ZIP 1992, 189 ff.

[128] BGH NJW 2005, 2543, 2544; kritisch zu dieser Entscheidung Staudinger/*Schlosser* (2006) § 305 BGB Rn. 44.

[129] BGH NJW 2000, 1110, 1111 f.; BGH NJW 1982, 2309 = BGHZ 84, 109, 111; BGH NJW 1998, 2600, 2601; BGH NJW 1977, 624 (zum Rechtszustand vor der gesetzlichen Regelung); Staudinger/*Schlosser* (2006) § 305 BGB Rn. 44 und (1998) § 1 AGBG Rn. 36 unter Aufgabe seiner abweichenden Auffassung in der Vorauflage; von Münch, Einbeziehung, S. 22.

[130] So Michalski/Römermann ZIP 1993, 1434, 1439.

[131] BGH NJW 1991, 1678, 1679; von Münch, Einbeziehung, S. 23; Staudinger/*Schlosser* (2006) § 305 BGB Rn. 36.

rechtigkeit der Regelung, die Klausel voll zu eigen machen.[132] Das Vorlesen oder Erläutern der Klauseln genügt genau so wenig wie das Unterschreiben von Aushandlungsbestätigungen.[133]

II. Die Einbeziehung Allgemeiner Geschäftsbedingungen in den Vertrag

Die in § 305 Abs. 2 BGB geregelte Einbeziehung Allgemeiner Geschäftsbedingungen stellt die Grundvoraussetzung ihrer (massenhaften) Verwendung im Verkehr dar. Auch die dieser Arbeit zu Grunde liegenden Szenarien sind ohne gelungene Einbeziehung allenfalls von theoretischem Interesse. Die Einbeziehung ist daher zu behandeln und Fragestellungen der Einbeziehung in den hier besprochenen Szenarien zu untersuchen. Wie bereits erwähnt wird die Rechtslage zunächst ohne Berücksichtigung des elektronischen Geschäftsverkehrs dargestellt.

Einbezogen werden Klauseln, auf die ausdrücklich (oder wenn ein ausdrücklicher Hinweis wegen der Art des Vertragsschlusses nur unter unverhältnismäßigen Schwierigkeiten möglich ist, durch deutlich sichtbaren Aushang am Ort des Vertragsschlusses) hingewiesen wurde, deren Kenntnisnahme (auch für erkennbar körperlich Behinderte) zumutbar möglich war und mit denen der Vertragspartner einverstanden war, § 305 Abs. 2 BGB.

1. Ausdrücklicher Hinweis

Der ausdrückliche Hinweis, § 305 Abs. 2 Nr. 1 BGB, bedarf keiner besonderen Form.[134] Er muss unmissverständlich und darf nicht zu übersehen oder überhören sein.[135] Relevant wird diese Forderung hauptsächlich für Antragsformulare, die der Verwender fertig bereit hält. Dort darf der Hinweis auch bei flüchtiger Betrachtung

---

[132] BGH NJW 1991, 1678, 1679; Ulmer/Brandner/Hensen/*Ulmer* § 305 BGB Rn. 48.

[133] BGH NJW 1991, 1678, 1679; Ulmer/Brandner/Hensen/*Ulmer* § 305 BGB Rn. 49; Staudinger/*Schlosser* (2006) § 305 BGB Rn. 53 mit weiteren Beispielen und Nachweisen zur Rechtsprechung.

[134] BGH NJW 1983, 816, 817; Erman/*Roloff* § 305 Rn. 26; Palandt/*Heinrichs* § 305 Rn. 29.

[135] BGH NJW-RR 1987, 112, 113.

nicht zu übersehen sein,[136] es sei denn, die Klauseln sind so in die Formulare einbezogen, dass sie beim Unterschreiben der Erklärung nicht übersehen werden können[137]. Der Hinweis muss bei Vertragsabschluss erfolgen und in einem Zusammenhang mit den abgegebenen Erklärungen stehen.[138] Früher oder später gegebene Hinweise genügen nicht.[139]

Die Variante des Aushangs kann für den elektronischen Geschäftsverkehr keine Bedeutung erlangen und wird daher an dieser Stelle nicht besprochen.

2. Möglichkeit zumutbarer Kenntnisnahme

Das Gesetz verlangt, dass die Möglichkeit verschafft wird, in zumutbarer Weise Kenntnis vom Inhalt der Geschäftsbedingungen zu nehmen, § 305 Abs. 2 Nr. 2 BGB. Bei Vertragsschluss unter Anwesenden wird der Verwender den Text daher regelmäßig vorzulegen haben oder dies zumindest anbieten müssen. Gegebenenfalls reicht ein Aushang. Nicht höchstrichterlich geklärt ist, ob der Verwender unter Umständen den Text überlassen muss oder ob es genügt, ihn zur Einsichtnahme bereitzuhalten.[140] In der Literatur wird sowohl vertreten, dass das Bereithalten genügt[141], als auch, dass der Kunde eine Aushändigung des Textes verlangen kann[142]. Unter Abwesenden genügt normalerweise nur die Übersendung des Textes den Anforderungen.[143] Die Überlassung eines Auszugs oder der Hinweis, wo die Bedingungen eingesehen oder erworben werden können, stellt keine Möglichkeit zumutbarer Kenntnisnahme im Sinne der Vorschrift dar.[144]

---

[136] Palandt/*Heinrichs* § 305 Rn. 29.

[137] Erman/*Roloff* § 305 Rn. 27.

[138] Erman/*Roloff* § 305 Rn. 30.

[139] Erman/*Roloff* § 305 Rn. 30.

[140] Offen gelassen bei BGH NJW 1990, 715, 716 am Ende = BGHZ 109, 192 und bei BGH NJW-RR 1999, 1246, 1247.

[141] Ulmer/Brandner/Hensen/*Ulmer* § 305 BGB Rn. 148; genauso aus der Rechtsprechung: LG Ansbach NJW-RR 1990, 563 mit Literaturnachweisen.

[142] Staudinger/*Schlosser* (2006) § 305 BGB Rn. 145; jedenfalls für umfangreichen Klauselwerke: Palandt/*Heinrichs* § 305 Rn. 34; Borges, Verträge im elektronischen Geschäftsverkehr, S. 281.

[143] Palandt/*Heinrichs* § 305 Rn. 35; wohl auch Münchener Kommentar/*Basedow* § 305 Rn. 62; Erman/*Roloff* § 305 Rn. 34; Jauernig/*Stadler* § 305 Rn. 14.

[144] Palandt/*Heinrichs* § 305 Rn. 34 f.; Münchener Kommentar/*Basedow* § 305 Rn. 62.

Zur Zumutbarkeit gehört, dass die Schrift mühelos lesbar ist.[145] Kann der Text nur mit der Lupe gelesen werden, ist die Voraussetzung nicht erfüllt.[146] Davon ist auszugehen, wenn Schrift und Zeilenabstand gerade einen Millimeter groß sind.[147]

Der Text muss verständlich und übersichtlich und die Kenntnisnahme kostenlos sein.[148] Sein Umfang soll in angemessenem Verhältnis zur Bedeutung des Geschäfts stehen.[149] Der tatsächliche Zugang zum Text darf nicht erschwert sein, etwa durch lange unbequeme Wege zur Auslage.[150] Die Kenntnisnahmemöglichkeit muss bei Vertragsschluss gewährt werden.

3. Einverständnis

Das Gesetz verlangt das Einverständnis des Kunden mit der Geltung der Klauseln. Eine besondere Form oder Erklärung ist nicht erforderlich.[151] Der Norm kommt kaum eigener Regelungsgehalt zu, handelt es sich doch um eine Bestätigung rechtsgeschäftlicher Grundsätze.[152] Allerdings wurde, bevor das AGBG in Kraft trat, vertreten, dass Allgemeine Geschäftsbedingungen Vertragsbestandteil werden können, wenn der Vertragspartner wusste oder hätte wissen müssen, dass der Verwender nur auf Grundlage seiner Bedingungen kontrahiert.[153] Entgegen der allgemeinen Rechtsgeschäftslehre kam es dabei auf ein Einverständnis, also auf die Aufnahme in die vertragskonstituierenden Willenserklärungen, nicht an.

Bestand die Möglichkeit der Kenntnisnahme, wird eine darauf folgende Willenserklärung ohne Einschränkung nicht so ausgelegt werden können, dass das Einverständnis mit den Klauseln fehle.

---

[145] BT-Drucksache 7/3919 S. 18; BGH NJW-RR 1986, 1311; Münchener Kommentar/*Basedow* § 305 Rn. 67; Mit Schriftgrößenvorschlag (8-9 Punkte) neuerdings Kappus RRa 2008, 67, 68.

[146] BGH NJW 1983, 2772, 2773; BGH NJW-RR 1986, 1311.

[147] BGH NJW 1983, 2772, 2773; Münchener Kommentar/*Basedow* § 305 Rn. 67.

[148] Borges, Verträge im elektronischen Geschäftsverkehr, S. 280 f. mit weiteren Nachweisen.

[149] Borges, Verträge im elektronischen Geschäftsverkehr, S. 280 f.; LG Freiburg NJW-RR 1992, 1018; Münchener Kommentar/*Basedow* § 305 Rn. 67; Erman/*Roloff* § 305 Rn. 38.

[150] Erman/*Roloff* § 305 Rn. 38.

[151] Münchener Kommentar/*Basedow* § 305 Rn. 83.

[152] BGH NJW 1982, 1388, 1389; Staudinger/*Schlosser* (2006) § 305 BGB Rn. 159.

[153] BGH NJW 1982, 1388, 1389.

4. Anwendungsbereich

§ 305 Abs. 2 BGB gilt nicht universell. Er findet keine Anwendung auf Allgemeine Geschäftsbedingungen, die gegenüber einem Unternehmer, einer juristischen Person des öffentlichen Rechts oder einem öffentlich-rechtlichen Sondervermögen verwendet werden, § 310 Abs. 1 Satz 1 BGB. Auf die Person des Verwenders kommt es dabei nicht an.[154]

Die Rechtsfolgen für die Einbeziehung gegenüber Unternehmern und der genannten öffentlich-rechtlichen Körperschaften gestalten sich wie folgt.

a) Ausdrücklicher Hinweis

Die beschriebenen Formalia des Hinweises müssen nicht eingehalten werden. Gleichwohl müssen Klauselwerke rechtsgeschäftlich einbezogen werden; erforderlich ist also eine ausdrückliche oder stillschweigende Willensübereinstimmung der Vertragspartner zur Geltung.[155] Allenfalls Handelsbräuche können hier zu Ausnahmen führen.[156]

b) Möglichkeit der zumutbaren Kenntnisnahme

Bei diesem Merkmal zeigt sich, dass es trotz § 310 Abs. 1 Satz 1 BGB nicht ohne Einfluss auf den Verkehr mit Unternehmern bleibt. Zwar wird eine zumutbare Ermöglichung der Kenntnisnahme nicht verlangt, indessen soll der Vertragspartner doch in der Lage sein, sich Kenntnis selbst zu verschaffen, zum Beispiel durch Anfordern beim Verwender.[157] Daher muss klar sein, welche Bedingungen einbezogen werden sollen.[158] Dies leuchtet besonders bei Bedingungen ein, die bei Dritten, beispielsweise im Handel, besorgt werden können.

---

[154] Staudinger/*Schlosser* (2006) § 305 BGB Rn. 5.
[155] BGH NJW 1992, 1232 = BGHZ 117, 190.
[156] BGH NJW 1992, 1232 = BGHZ 117, 190.
[157] BGH NJW 1992, 1232, 1233 = BGHZ 117, 190; BGH NJW 1982, 1749, 1750.
[158] Staudinger/*Schlosser* (2006) § 305 BGB Rn. 157.

Der Einfluss des Merkmals aus § 305 Abs. 2 Nr. 2 BGB ist bei vorliegenden Geschäftsbedingungen ebenfalls sichtbar: Sie müssen übersichtlich und lesbar
sein.[159] Lassen sie sich nur mit einer Lupe lesen, werden sie nicht Vertragsbestandteil.[160]

Kann der Kunde sich die Geschäftsbedingungen nicht verschaffen, etwa weil
der Verwender sie nicht zur Verfügung stellt, muss eine Einbeziehung nicht scheitern; in Betracht kommt jedoch eine Verwirkung der Rechte des Verwenders aus
diesen Bedingungen.[161]

c) Einverständnis

Für Unternehmer gilt, dass der Vertragsschluss die Einbeziehung der Allgemeinen
Geschäftsbedingungen umfassen muss. Geringere Anforderungen werden bei der
konkludenten Einbeziehung gestellt. Hinzu kommt, dass Handelsbräuche, die die
Geltung bestimmter Allgemeiner Geschäftsbedingungen vorschreiben, anerkannt
werden.[162] Durch das gewohnheitsrechtliche Institut des Kaufmännischen Bestäti-
gungsschreibens ist zudem eine „Einbeziehung" Allgemeiner Geschäftsbedingungen möglich, ohne dass dies Verhandlungsgegenstand gewesen wäre.[163]

d) Bereichsausnahmen

Für das Erb-, Familien- und Gesellschaftsrecht sowie für Tarifverträge, Betriebs-
und Dienstvereinbarungen gibt es Bereichsausnahmen. Die Regeln für Allgemeine
Geschäftsbedingungen gelten hier nicht, § 310 Abs. 4 Satz 1 BGB. Für das Arbeitsrecht gelten Besonderheiten, siehe § 310 Abs. 4 Satz 2 BGB.

---

[159] Staudinger/*Schlosser* (2006) § 305 BGB Rn. 158.
[160] BGH NJW 1983, 2772, 2773.
[161] Staudinger/*Schlosser* (2006) § 305 BGB Rn. 158.
[162] Vergleiche Staudinger/*Schlosser* (2006) § 305 BGB Rn. 188 ff. mit Beispielen.
[163] Staudinger/*Schlosser* (2006) § 305 BGB Rn. 197 f.

III. Einbeziehung elektronischer Allgemeiner Geschäftsbedingungen

An dieser Stelle sollen die bisher ausgeblendeten Fragestellungen des elektronischen Geschäftsverkehrs untersucht werden. Gemäß der anfangs des Kapitels aufgestellten Behauptung, dass § 305 Abs. 2 BGB keine Sonderregeln für elektronische Klauseln enthalte, handelte es sich demnach um Subsumtion.

Die Entwicklung der letzten Jahre zeigt allerdings, dass teilweise von der Entstehung eines „Internetrechts" ausgegangen wird, das neben der Zusammenfassung betroffener Rechtsgebiete spezielle Erkenntnisse wie etwa die Einbeziehung Allgemeiner Geschäftsbedingungen im Internet zum Gegenstand hat. Ob solche Erkenntnisse auf ähnliche oder sich fortentwickelnde Techniken erhellend anzuwenden sind, ist daher folgend zu untersuchen.

Bei der Übertragung der bisherigen Ergebnisse aus Literatur und Rechtsprechung können Hürden entstehen, denn die besondere Herausforderung dieser Untersuchung besteht darin, dass das Internet zwar Basistechnologie sein kann, die genutzte Anwendungssoftware der Kunden aber offen bleiben soll. Plakativ beschrieben: Es kommt nicht darauf an, ob die Nutzer einen Browser oder andere Software verwenden, um am Markt teilzunehmen. Ebenso wenig soll eine Festlegung auf bestimmte Datenformate erfolgen.[164] Auf diese Weise wird sichergestellt, dass alle Implementierungen von Peer-to-Peer-Märkten erfasst sind. Zudem ist die angedachte Automatisierung in die Überlegung einzubeziehen.

Aus dieser Vorrede und der Tatsache, dass die Entwicklung im Internet und bei typischen Anwendungsprogrammen ohnehin nicht stehen bleibt, folgt, dass aus dem Gesetz ein technologieneutraler Obersatz abzuleiten ist. Auf diese Weise lässt sich Rechtssicherheit und Entwicklungsoffenheit verbinden.

Es sei daher für das kontrovers diskutierte Tatbestandsmerkmal „Möglichkeit der Kenntnisnahme" folgende These an den Anfang gestellt:

Die Möglichkeit der Kenntnisnahme ist gegeben bei kostenfreiem Bereithalten der Informationen zum Abruf in dokumentierter Form beziehungsweise in einem dokumentierten Format. Die Kostenfreiheit bezieht sich dabei auf das Bereithalten,

---

[164] Offen bleibt zu dem, ob auf die bekannten Kommunikationsprotokolle des Internet zurückgegriffen wird.

nicht auf Zugangsvermittlung durch Dritte. Maßstab für die Frage der Zumutbarkeit der Kenntnisnahmemöglichkeit ist der Code sowie die Spezifikation des Formates.

Um die Richtigkeit der These zu begründen, wird in den folgenden Ausführungen zunächst die lebhafte Diskussion in der rechtswissenschaftlichen Literatur und der Rechtsprechung dargestellt. Diese Diskussion wird getrennt nach unterschiedlichen Medien geführt. Unterschieden werden dabei Vertragsschlüsse über Bildschirmtext, Fernsehen und Telefon sowie Internet. Bei der Betrachtung hier soll es allein um Verträge gehen, die mit modernen netzwerkfähigen Computern geschlossen werden, die über das Internet verbunden oder anders vernetzt sein können. Der Begriff Computer ist dabei nicht auf derzeitige Arbeitsplatzrechner beschränkt.[165]

1. Ausdrücklicher Hinweis

Der nach § 305 Abs. 2 Nr. 1 BGB erforderliche ausdrückliche Hinweis kann im Internet auf der Seite des Verwenders[166], neutraler formuliert: in dem Dokument mit weiteren vertragsrelevanten Informationen, erfolgen; beispielsweise durch einen Hyperlink[167] auf die Klauseln.[168] In Anlehnung an Kriterien, die für nichtelektronische Kommunikation entwickelt wurden, muss der Hinweis im Zusammenhang mit den Vertragserklärungen erfolgen und darf bei flüchtiger Kenntnisnahme nicht zu übersehen oder überhören sein.[169]

2. Möglichkeit zumutbarer Kenntnisnahme

Wie bei elektronisch ausgetauschten Willenserklärungen zumutbar Kenntnis der Allgemeinen Geschäftsbedingungen zu verschaffen ist, wird heftig diskutiert.

---

[165] Gemäß der von-Neumann-Architektur besteht ein Rechner heute aus Rechnerkern, (Arbeits-)Speicher, Buseinheit, Peripherie (Ein- und Ausgabeeinheiten, weiterer Speicher und so weiter), Goos, Informatik 1, S. 25 ff.
[166] Borges ZIP 1999, 130, 135.
[167] Verweis, der automatisch verfolgt werden kann.
[168] Ernst NJW-CoR 1997, 165, 167. Vergleiche auch zuletzt BGH NJW 2006, 2976, 2977 wonach es für die Möglichkeit zumutbarer Kenntnisnahme genüge, dass die Allgemeinen Geschäftsbedingungen durch einen gut sichtbaren Link aufgerufen und ausgedruckt werden könnten.
[169] Vergleiche BGH NJW 2006, 2976, 2977 „auf der Bestellseite gut sichtbarer Link".

So wird vertreten, es genüge, wenn der Text auf dem Ausgabegerät, regelmäßig ein Bildschirm, bei Abgabe der Willenserklärung verfügbar sei.[170] Der Text könne gelesen werden, es bestehe keine wesentliche Abweichung zu einer Druckausgabe.[171] Teilweise wird eine „mühelose Lesbarkeit" gefordert.[172]

Einschränkend wird vertreten, dass nur bei Bedingungen überschaubaren Umfangs die Kenntnisnahme zumutbar sei.[173] Als Rückausnahme von dieser Einschränkung sei die Kenntnisnahme zumutbar, wenn der Verwender den Text der Bedingungen ohne zusätzliche Kosten zum lokalen Speichern und Ausdrucken zu Verfügung stellt.[174] Diese Rückausnahme wird nicht von allen Stimmen begrüßt. Die Verantwortung für die technischen Voraussetzungen zum Herunterladen, Sichern und Ausdrucken läge dann beim Nachfrager; dies widerspreche der Risikoverteilung in den §§ 305 ff. BGB.[175] Außerdem seien diese Möglichkeiten oft tatsächlich nicht gegeben, etwa, wenn der Nutzer in einem Internetcafé surft oder

---

[170] LG Bielefeld, NJW-RR 1992, 955 zu Bildschirmtext, mit weiteren Nachweisen; wohl auch Lachmann, NJW 1984, 405, 408 und Staudinger/*Schlosser* (2006) § 305 BGB Rn. 151; Münchener Kommentar/*Basedow* § 305 Rn. 65.

[171] Waldenberger BB 1996, 2365, 2368, Löhnig NJW 1997, 1688, 1689; Köhler NJW 1998, 185, 189.

[172] Löhnig NJW 1997, 1688, 1689; Köhler NJW 1998, 185, 189; Ernst NJW-CoR 1997, 165, 167.

[173] OLG Köln NJW-RR 1998, 1277, 1278 mit weiteren Nachweisen (im konkreten Fall waren 7 Bildschirmseiten im Bildschirmtext noch „relativ kurz, übersichtlich und klar gegliedert"); Ulmer/Brandner/Hensen/*Ulmer* § 305 BGB Rn. 149a; Köhler NJW 1998, 185, 189. Für diese Auffassung wird (von Ulmer/Brandner/Hensen/*Ulmer* § 305 BGB Rn. 149a, Fußnote 400) auch das LG Bielefeld, NJW-RR 1992, 955 zitiert. Dies zu Unrecht. In der Entscheidung hieß es zwar, dass in Normalschrift auf zwei DIN-A-4-Seiten darstellbare Allgemeine Geschäftsbedingungen nicht unzumutbar lang seien, aber auch: „Daß zwei DIN-A-4-Seiten wegen der eingeschränkten Darstellungsmöglichkeiten eines Fernsehbildschirms dort mehr als zwei Bildschirmseiten benötigen, ist hierbei ohne Belang. Entscheidend ist insoweit allein die objektive inhaltliche Länge.". Entgegen Ulmer/Brandner/Hensen/*Ulmer* § 305 BGB Rn. 149a, Fußnote 400 wurde hier Ernst NJW-CoR 1997, 165, 167 für eine andere Auffassung zitiert, weil er nur von den „üblichen Anforderungen an Lesbarkeit" ausgeht und nicht wie Ulmer die Kenntnisnahme am Bildschirm als besonders unbequem thematisiert; indessen beruft sich Ernst selbst auf Ulmer, weshalb die hier getroffene Annahme falsch sein kann.

[174] Ulmer/Brandner/Hensen/*Ulmer* § 305 BGB Rn. 149a mit Nachweisen (die in Fußnote 402 zitierten Löhnig NJW 1997, 1688, 1689 und Köhler NJW 1998, 185, 189 vertreten nach Ansicht des Verfassers eine andere Auffassung als Ulmer, die Downloadmöglichkeit ist nicht Bedingung sondern Tatsache; der ebenda zitierte Mehrings BB 1998, 2373, 2379 differenziert); Heinrichs NJW 1997, 1407, 1409; Wolf/Horn/Lindacher/*Wolf* § 2 Rn. 24, wohl auch OLG Hamm NJW 2001, 1142.

[175] Borges ZIP 1999, 130, 135.

keinen Drucker besitzt.[176] Der Verwender wird umfangreiche Klauselwerke gleichwohl einbeziehen können, wenn die Auffassung, wonach auf die Kenntnisnahmemöglichkeit verzichtet werden kann[177], zutrifft.

Keine Rolle bei der Beurteilung spielten die derzeit anfallenden Kosten für den Netzzugang. Der Nutzer entscheide sich für dieses Kommunikationsmittel und trage daher die Folgen.[178]

Eine andere Ansicht bemängelt, die Klauseln seien nach Vertragsschluss nicht mehr greifbar („flüchtig") oder der Verwender könne sie nachträglich ändern. Deshalb sei die Kenntnisnahme der angezeigten Bedingungen nicht zumutbar.[179]

Differenzierend wird vorgeschlagen, dass die Zumutbarkeit vom Umfang des angestrebten Geschäfts abhängen soll. Für unbedeutende Alltagsgeschäfte sei nur die Kenntnisnahme kurzer, übersichtlicher Klauseln am Bildschirm zumutbar. Bei bedeutenden Verträgen könnten längere Texte zumutbar sein, soweit das Sichern und Ausdrucken ermöglicht würden. Ein Kriterium zur Zumutbarkeit könne aus einer Relation zwischen Zeichenmenge der Geschäftsbedingungen und dem Wert des Vertragsgegenstandes gewonnen werden.[180]

In die entgegengesetzte Richtung wird auch argumentiert: Im Internet seien auch umfangreichere Klauselwerke zumutbar, denn es könne sich, anders als im Laden, mit den Allgemeinen Geschäftsbedingungen viel intensiver befasst werden.[181]

---

[176] Borges, Verträge im elektronischen Geschäftsverkehr, S. 285.

[177] So Borges ZIP 1999, 130, 135; Ulmer/Brandner/Hensen/*Ulmer* § 305 BGB Rn. 149a; Heinrichs NJW 1997, 1407, 1409 (nur ausdrücklich, nicht konkludent); skeptisch hingegen Waldenberger BB 1996, 2365, 2368.

[178] Löhnig NJW 1997, 1688, 1689; anders Borges, Verträge im elektronischen Geschäftsverkehr, S. 285: Der Verwender bediene sich ebenfalls des Internets als Anbahnungsmedium, es sei seine Sache, seine Allgemeinen Geschäftsbedingungen kostenfrei zur Verfügung zu stellen.

[179] Borges, Verträge im elektronischen Geschäftsverkehr, S. 285 (bloße Möglichkeit, Geschäftsbedingungen online am Bildschirm zu sehen, reicht nicht); zitiert werden auch Wolf/Horn/Lindacher/*Wolf* § 2 Rn. 24 und Bultmann und Rahn, NJW 1988, 2432, 2434 f., die sich allerdings zum Teleshopping äußerten.

[180] Mehrings BB 1998, 2373, 2378 f.

[181] Weil das „Internet ... eine sehr benutzerfreundliche Oberfläche" habe, Münchener Kommentar/*Basedow* § 305 Rn. 65.

Der Bundesgerichtshof sah jüngst keinen Anlass, auf die Diskussion einzugehen und stellte fest, dass es genügen könne, wenn bei einer Bestellung über das Internet die Allgemeinen Geschäftsbedingungen des Anbieters über einen auf der Bestellseite gut sichtbaren Link aufgerufen und ausgedruckt werden könnten.[182]

3. Stellungnahme

Ziel der Gesetzesauslegung sollte sein, zu einheitlichen, vorhersehbaren Ergebnissen zu gelangen. Deshalb soll hier versucht werden, von den herkömmlichen Maßstäben auszugehen. Nach diesen ist es regelmäßig erforderlich, die vollständigen Klauseln zur Einsicht bereitzuhalten oder sie zu überlassen, siehe oben, C. II. Bei der Kommunikation mittels Rechnern entfällt die Möglichkeit, die Texte körperlich gesondert herzugeben.

Möglich ist hier das Bereithalten von Informationen. Diese können als Inhalte repräsentierende digitale Nutzsignale zwischen den Rechnern übertragen werden, entweder auf Betreiben des Verwenders oder des Nutzers. Nach der Übermittlung können die genannten Signale auf einem Speichermedium vorübergehend oder dauerhaft verkörpert werden. (Zumindest die Verkörperung im Arbeitsspeicher ist bei derzeitigen Rechnern erforderlich, um Informationen verarbeiten zu können.) Sind die gespeicherten Daten einer Verarbeitung zugänglich, können sie mit weiteren Hilfsmitteln visualisiert oder sonst erfahrbar werden, genannt seien Bildschirm und Drucker respektive Braillezeile und Geräte zur Sprachausgabe.

Gemäß der aufgestellten These ist vom Verwender zu fordern, dass er die Daten zum Abruf bereithält, damit er die Möglichkeit verschafft hat, Kenntnis zu nehmen. Zunächst kommt es nicht darauf an, dass die Informationen tatsächlich übertragen werden: Der Nutzer könnte durch Verhinderung der Übertragung oder Nichtanforderung der Übertragung eine Einbeziehung verhindern.

Die Daten müssen für jeden interpretierbar sein. Dies sind sie dann, wenn die Beschreibung der Daten und deren maschinelle Verarbeitung möglich, weil dokumentiert sind (offenes Datenformat). Aufgrund der Dokumentation sollte es theoretisch jedem möglich sein, die Daten zu interpretieren oder Software zur Interpretation zu schaffen. Sind die Daten nicht interpretierbar im Sinne der genannten Defi-

---

[182] BGH NJW 2006, 2976.

nition, wären sie gegebenenfalls nur für einen privilegierten Kreis erfahrbar. Unter Umständen kann der Verwender nicht wissen, ob der Nutzer zu diesem Kreis gehört oder ist rechtlich gehindert, es in Erfahrung zu bringen. Aus diesem Grunde ist die Offenheit des Datenformats zu fordern.

Zu klären ist, ob der Verwender dafür Sorge zu tragen hat, dass die Daten durch den Rechner des Nutzers auch fehlerfrei verkörpert, verarbeitet und erfahrbar werden. Dagegen spricht, dass der Verwender darauf keinen Einfluss nehmen kann. Lässt sich der Nutzer auf die Kommunikation über Rechner ein, muss er die Risiken der Unzulänglichkeit der eigenen Hardware tragen. Im herkömmlichen Geschäftsverkehr ist regelmäßig von einem verobjektivierten Maßstab auszugehen. Der Verwender muss nicht seine Allgemeinen Geschäftsbedingungen in verschiedenen Schriftgröße für Menschen mit unterschiedlichen Einschränkungen bereithalten.[183] Anderes gilt nach der neuen, „klarstellenden Ergänzung"[184] in § 305 Abs. 2 Nr. 2 BGB für Menschen mit erkennbarer körperlicher Behinderung. Der Gedanke wird übertragen werden können: Solange für den Verwender nicht erkennbar ist, dass die Hardware des Nutzers unzureichend ist, hat er keine Veranlassung, abhelfende Maßnahmen zu veranlassen. Er kann vom Maßstab des Durchschnittskunden ausgehen.

a) Zumutbarkeit

Es obliegt dem Verwender, die Möglichkeit der Kenntnisnahme in zumutbarer Weise zu verschaffen. Was für den Vertragspartner zumutbar ist, richtet sich nach den Umständen des Einzelfalles.[185] Allgemeine Kriterien für den Vertragsschluss mittels Computer aufzustellen begegnet damit gewissen Bedenken. Übernommen werden können aus der analogen Welt die Erkenntnisse zum Umfang, der nicht außer Verhältnis zur Bedeutung des Geschäfts stehen darf, zur allgemeinen Verständlichkeit und zur Übersichtlichkeit des Textes.

Als Frage der Zumutbarkeit wird diskutiert, ob die Möglichkeit der Kenntnisnahme am Bildschirm ein Äquivalent zu der Druckfassung oder (so ist zu ergänzen)

---

[183] BT-Drucksache 14/6040 S. 15 f.
[184] BT-Drucksache 14/6040 S. 15.
[185] BT-Drucksache 7/3919 S. 18.

zum Aushang oder zur Einsichtnahme darstellt.[186] Richtig ist nach der hier vertretenen Auffassung, für die analoge und die digitale Welt soweit als möglich mit gleichen Kriterien zu arbeiten. Kritikwürdig erscheint an der Fragestellung indessen die Fokussierung auf eine einzige Art von Ausgabegeräten und die damit einhergehende Ungenauigkeit: Einerseits werden alternative Ausgabegeräte wie die Braillezeile ausgeblendet, andererseits unterscheiden sich Bildschirme in ihren Eigenschaften[187], so dass verallgemeinernde Aussagen kaum möglich sind und bei fortschreitender Entwickelung schnell überholt sind. Was vom durchschnittlichen Nutzer erwartet werden kann, ist kaum klar. Konnte vor Jahren noch davon ausgegangen werden, dass die meisten Nutzer Röhrenbildschirme nutzten, weil es eine andere Technologie noch nicht gab oder sie sehr teuer war, haben sich heute die Verkaufszahlen verschoben.[188] Dass nach wie vor Röhrenbildschirme verkauft werden, zeigt, dass die Bedürfnisse und Vorlieben verschieden sind. Bei solchen schnelllebigen Märkten ist es nicht einfach, Aussagen über das beim Durchschnittsbürger zu erwartende Ausgabegerät zu treffen. Richtigerweise ist dies überhaupt nicht erforderlich. Neben der technischen Ausstattung spielt die Konfiguration der Geräte und die Ausstattung mit Software eine bedeutendere Rolle. Regelmäßig liegt es in der Hand des Nutzers wie bestimmte Inhalte am Bildschirm

---

[186] siehe die ausführliche Diskussion bei Borges, Verträge im elektronischen Geschäftsverkehr, S. 287 ff.

[187] Dies will Borges, Verträge im elektronischen Geschäftsverkehr, S. 287 f. mit der Behauptung beseite schieben, dass „die heute gebräuchlichen Monitore eine sehr gute, um vieles bessere Darstellung erlauben als dies noch vor wenigen Jahren der Fall war." sowie dass „Wer heute das WWW nutzt, verfügt fast notgedrungen über einen modernen Monitor, da ältere Bildschirme mit modernen Rechnern, die wiederum für die Nutzung des Internet erforderlich sind, häufig nicht kompatibel sind.". Moderne Rechner sind für die Nutzung des Internets nicht erforderlich, allenfalls für rechenintensive Multimediaanwendungen, dies aber unabhängig von einer Vernetzung. Für die Kommunikation des Rechners mit dem Bildschirm kann die Bedeutung von VGA (Video Graphics Array), das IBM 1987 in den Markt einführte nicht unterschätzt werden: Beinahe alle Grafikkarten und Monitore beherrschen diesen Standard; eine Ablösung durch digitale Standards ist für die Zukunft freilich nicht ausgeschlossen; derzeit scheint sich DVI (Digital Visual Interface) durchzusetzen. Zuzugeben ist, dass die Leistungsfähigkeit älterer Monitore eine andere ist. Dies ist aber keine Frage der Kompatibilität.

[188] Vergleiche IT-Business News vom 08.03.2004 S. 34 (http://www.it-business.net/srvinclude/2/5/displays/download/displays.pdf 20.11.2006); Windows Online Magazin vom 08.09.2005 (http://www.winfuture.de/news,22215.html 20.07.2009); gfu Consumer Electronics Markt Indices 2006-2009, verlinkt unter http://www.gfu.de/go/gfu/home/consumer/markt.xhtml 20.07.2009.

wiedergegeben werden.[189] Dies gilt zumal für Dokumente, die mit Auszeichnungssprachen wie HTML[190], XHTML[191] oder XML[192] verfasst sind. Die erforderliche Renderingsoftware sollte dem Nutzer ermöglichen, die zur Anzeige gewünschte Schriftgröße einzustellen. Alle Browser auf dem Stand der Technik stellen diese Möglichkeit zur Verfügung.

Gleiches gilt für andere Dokumententypen, beispielsweise American Standard Code for Information Interchange (ASCII) oder druckvorstufennahe Formate wie die Seitenbeschreibungssprache PostScript (ps) oder Portable Document Format (pdf): Dort stellt die Betrachtungssoftware regelmäßig Zoomwerkzeuge zur Verfügung. Eine Ausnahme gilt lediglich, falls eine graphische Benutzeroberfläche nicht genutzt wird: Die Textausgaben sind auf eine Schriftgröße fixiert.

Der Verwender ist regelmäßig nicht in der Lage, sicher zu wissen, welche Software[193] der Kunde nutzt oder wie er sie konfiguriert hat. Die Beurteilung kann daher nicht an solchen, dem Einfluss des Verwenders entzogenen, Dingen festgemacht werden.[194]

Maßstab kann allenfalls der Code als solcher sein. Unzumutbar wird die Kenntnisnahme sein, wenn der Verwender sich Mühe gibt, sie zu erschweren. Aus dem Code kann sich ergeben, dass der Verwender dem Nutzer die Verarbeitung der Information erschweren will. Beispiele ohne Anspruch auf Vollständigkeit sind: Einsetzen transparenter Bilder vor den Text, um nicht versierten Nutzern das Speichern des Textes zu erschweren; Definition von identischer oder ähnlicher Farbe für Hintergrund und Text; keine Struktur im Text (Überschriften, Absätze, Zeilenumbrüche und dergleichen fehlen) oder Missverhältnis zwischen definierten Schriftgrößen in Allgemeinen Geschäftsbedingungen und sonstigem Text (HTML, CSS[195]

---

[189] So auch Moritz/Dreier/*Holzbach/Süßenberger*, E-Commerce, Kapitel C Rn. 294 „beliebig anpassbare Darstellung", auch Rn. 293 am Ende.

[190] Hypertext Markup Language (Hypertext-Auszeichnungssprache).

[191] Extensible Hypertext Markup Language (Erweiterbare Hypertext-Auszeichnungssprache).

[192] Extensible Markup Language (Erweiterbare Auszeichnungssprache), eine Einführung erfolgt in Kapitel G. V. 3.

[193] Beispielsweise kann die Kennung, die Browser senden, manipuliert werden. Manche Hersteller wie Opera bieten dies als „Feature" an.

[194] Im Ergebnis genauso von Münch, Einbeziehung, S. 89 ff., der mit Abgrenzung nach Risikosphären argumentiert.

[195] Cascading Style Sheets (Kaksadierende Formatvorlagen), Sprache für die Dastellung besonders ausgezeichneter Informationen.

erlauben die Angabe von Schriftgrößen. Wegen der Möglichkeiten, auf die Anzeige im Browser Einfluss zu nehmen, ist dies von überschaubarer Bedeutung. Gleichwohl hat der Verwender dadurch die Möglichkeit, auf das Verhältnis der dargestellten Texte Einfluss zu nehmen. Werden die Allgemeinen Geschäftsbedingungen im Verhältnis zum übrigen Text so gesetzt, dass ein bequemes Lesen beider Texte bei gleicher Konfiguration nicht erwartet werden kann, ist die Kenntnisnahme regelmäßig nicht zuzumuten.[196]) sowie endlich die Verwendung verschiedener Versionen für unterschiedliche Formatvorlagen (Mit CSS lassen sich medienspezifische Formatvorlagen erstellen, beispielsweise für Druck und Bildschirm. Dies wird in einigen Internetpräsenzen genutzt, um vereinfachte Druckversionen zur Verfügung zu stellen.[197] Gleichwohl kann der Nutzer beide Varianten ausdrucken, allerdings nicht über den normalen Druckbefehl der Betrachtersoftware. Diese Möglichkeit ließe sich missbrauchen, um keine oder eine nicht brauchbare Druckvariante vorzuhalten oder um verschiedene Versionen von Allgemeinen Geschäftsbedingungen anzubieten. Allerdings dürfte im letzten Fall schon unklar sein, welche Klauseln letztendlich einbezogen sein sollen.). Aus den erwähnten Beispielen kann indessen nicht der Schluss gezogen werden, dass es etwa auf den Willen des Verwenders ankäme: Maßstab ist allein der Code. Der Erwartungshorizont, also die Frage, welche Ergebnisse der Code hervorbringen wird, richtet sich nach der offenen Spezifikation. In der Praxis muss deshalb nicht etwa jedes Mal der Code zu Rate gezogen werden. Werden beispielsweise Allgemeine Geschäftsbedingungen und sonstige Informationen (insbesondere *essentialia negotii*) mit gängiger Betrachtungssoftware in gleichen oder kaum verschieden großen Schriften und Schriftstilen dargestellt, ist der Code nicht zu beanstanden, auch, wenn beides in der Ausgangseinstellung kaum zu lesen ist, weil die Schrift zu groß oder zu klein erscheint: Schutzzweck der §§ 305 ff. BGB ist nicht, jemanden vor der Kenntnisnahme der Allgemeinen Geschäftsbedingungen in der gleichen Weise wie die übrigen Vertragsvereinbarungen zu bewahren.

Quintessenz des Vorstehenden ist, dass die Fragestellung nach der Vergleichbarkeit der Kenntnisnahme von Druckversion und Bildschirmausgabe verfehlt ist.

---

[196] Ledolter, AGB im E-Commerce, S. 114 empfiehlt aus österreichischer Sicht für die Allgemeinen Geschäftsbedingungen und das sonstige Angebot der Website die gleiche Schriftgröße.

[197] Ein Vergleich von Bildschirm- und Druckversion ist oft ohne Drucken möglich: Die meisten Browser respektive Betriebssysteme bieten im Druckdialog die Möglichkeit, eine Vorschau des Druckbildes anzuzeigen.

Während die vom Verwender bereitgehaltene Druckausgabe für jeden gleich ist, ist dies die Bildschirmausgabe nicht.

Es bleibt die Frage, ob die Kenntnisnahme mittels Ausgabegerät, sei es ein Bildschirm oder ein anderes Gerät, grundsätzlich zumutbar ist.[198] Diese Frage lässt sich mit einer ebenso grundsätzlichen Überlegung beantworten. Es wäre widersprüchlich, wenn die für einen Vertragsabschluss erforderliche Kommunikation und damit Kenntnisnahme der erforderlichen Informationen mit den neuen Kommunikationsmitteln möglich und zumutbar ist, jedoch für einen Teil der Informationen, nämlich die Allgemeinen Geschäftsbedingungen, sie nicht zumutbar sein soll. Pointiert ausgedrückt lässt sich fragen, warum soll es zumutbar sein, die *essentialia negotii*, die etwa bei den Spezifikationen komplexer technischer Geräte durchaus umfangreich ausfallen können, am Bildschirm zur Kenntnis zu nehmen, den dazu gehörigen Eigentumsvorbehalt aber nicht?

Auch der Bundesgerichtshof sah in der bereits zitierten Entscheidung[199] keinen Anlass, zu der Frage Stellung zu beziehen, ob die Kenntnisnahme am Bildschirm zuzumuten sei. Gleichwohl kann eine Stellungnahme zu der Problematik kaum unterstellt werden: Einerseits heißt es ausdrücklich, dass es genügen *kann*, wenn die Allgemeinen Geschäftsbedingungen aufgerufen und ausgedruckt werden können, andererseits finden sich in der Entscheidung keine Hinweise zur optischen Gestaltung oder zum bedenklichen Umfang der Vertragsklauseln.

Für dieses Ergebnis spricht auch die Existenz des § 312c Abs. 2 BGB. Wäre die Kenntnisnahme mittels eines Ausgabegerätes unzumutbar, könnte die Einbeziehung allenfalls gelingen, wenn der Verwender eine Druckausgabe zusendet oder der Nutzer auf die Möglichkeit der Kenntnisnahme explizit verzichtet.[200] Weshalb sollte aber die Obliegenheit bestehen, jemandem die Allgemeinen Geschäftsbedingungen in Textform zu übermitteln, der sie entweder schon als Druckfassung hat oder zum Ausdruck gebracht hat, dass er auf die Möglichkeit der Kenntnisnahme verzichtet? Gleiches gilt für die Obliegenheit des § 312e Abs. 1 Nr. 4 BGB: Sie wäre überflüssig, wenn dem Vertragspartner eine Schriftfassung zusätzlich zur

---

[198] Nach Erman/*Roloff* § 305 Rn. 37 habe die Frage an Aktualität verloren, weil es nunmehr (mit Zitat BGH NJW 2006, 2976) genüge, wenn die Allgemeinen Geschäftsbedingungen über einen auf der Bestellseite gut sichtbaren Link aufgerufen und ausgedruckt werden können. Dies vermengt aber einzelne Argumente und Tatsachen, siehe weiter im Text.

[199] BGH NJW 2006, 2976.

[200] So tatsächlich die Konsequenz Borges', Verträge im elektronischen Geschäftsverkehr, S. 292.

Verfügung gestellt werden müsste oder er bereits deutlich gemacht hat, dass er auf die Kenntnisnahmemöglichkeit verzichten möchte. Bei den Normen zum Fernabsatz steht freilich der Schutz und die Information des Vertragspartners in Rede, nicht die Einbeziehung der Geschäftsbedingungen, gleichwohl wären sie in Bezug auf diese nicht sinnvoll, weil der zu Schützende nur bekäme, was er schon hätte oder nicht wollte. Wären die Regelungen der §§ 312c Abs. 3, 312e Abs. 1 Nr. 4 BGB bereits geltendes Recht gewesen, hätte sich eine Umsetzung der Richtlinien 2000/31/EG und 97/7/EG insoweit erübrigt. Auch aus § 2 Abs. 4 Satz 1 StromGVV lässt sich schließen, dass die in dieser Norm eigens statuierte Obliegenheit zur Bereitstellung einer Druckfassung („aushändigen") nicht schon aus § 305 Abs. 2 Nr. 2 BGB folgt.

b) Einzelfragen

aa) Format

Zu Fragen des Dateiformats der zur Verfügung gestellten Allgemeinen Geschäftsbedingungen wird sich teilweise geäußert.[201] Dabei werden bekannte oder gängige Formate hinsichtlich ihrer Eignung und Zumutbarkeit untersucht. Hier wird vertreten, dass nur dokumentierte Formate die Kenntnisnahme überhaupt ermöglichen. Dies deshalb, weil bei nicht dokumentierten Formaten eine dauerhafte Möglichkeit, die Informationen zur Kenntnis zu nehmen, nicht gewährleistet ist. Es liegt nämlich in der Macht des Inhabers der Spezifikation, dies zu verhindern. Bei offenen Spezifikationen kann eine Software zum betrachten dagegen auch nach langer Zeit „nachgebaut" werden, selbst, wenn der ursprüngliche Anbieter seine Software vom Markt nimmt oder selbst vom Markt verschwindet.

Offen im hier genannten Sinne sind beispielsweise die XML-basierten Formate OpenDocument, XHTML, Office Open XML oder HTML, Postscript und Portable Document Format, da die Spezifikationen für diese Formate zugänglich sind.[202] Für die bisherigen Standardformate der Textverarbeitungssoftware von Microsoft galt bis zum 15.02.2008, dass sie nicht offen waren. Deren Spezifikation hatte sich

---

[201] Moritz/Dreier/*Holzbach/Süßenberger*, E-Commerce, Kapitel C Rn. 293 (zum Vertragsschluss durch elektronische Post); von Münch, Einbeziehung, S. 92 f.

[202] Teilweise sind die Formate sogar standardisiert (OpenDocument, XHTML, PDF, Office Open XML).

bisher sogar von Version zu Version der Software verändert, so dass Anwender immer auf Filter des Herstellers angewiesen waren. Dies ist insbesondere misslich, wenn Allgemeine Geschäftsbedingungen mit Versionen erstellt wurden, die nur noch auf Plattformen laufen, für die heute kein Hersteller mehr Unterstützung anbietet beziehungsweise von deren Nutzung Microsoft selbst aus Sicherheitsgründen abrät.[203] Daher bestand jedenfalls bis zum 15.02.2008 bei dem Anbieten der Bedingungen in diesem Format entgegen *von Münch*[204] schon die Möglichkeit der Kenntnisnahme gar nicht. Die Argumentation, es sei zuzumuten, Dateien gängiger Textverarbeitungsprogramme lesbar machen zu können, wenn ein Rechner geschäftlich genutzt wird, überzeugt nicht; selbst wenn diese Programme auf vielen privat genutzten Rechnern vorinstalliert sein sollten. Der Hersteller bietet seine Software schon nicht für alle gängigen Betriebssysteme an. Dass der Zivilgesetzgeber mit den §§ 305 ff. BGB bestimmte Nutzergruppen diskriminieren wollte und – wichtiger – durfte, müsste erst dargelegt werden. Ein sachlicher Grund kann sich auch nicht aus einer massenhaften Verbreitung einer Technologie ergeben.

Schließlich fallen für die Nutzung dieser Programme erhebliche Kosten an, auch bei Vorinstallationen ist die Lizenz nicht kostenfrei. Dagegen fallen Kosten für die Installation von Lesesoftware für offene Formate nicht ins Gewicht.

Am 15.02.2008 hat Microsoft einen Teil der bisher genutzten Binärformate offengelegt.[205] Es gilt nunmehr, dass die Formate für Office 97 und die Folgeversionen offen sind.[206] Für die Vorversionen gilt mit der eben skizzierten Argumentation, dass bei damit angebotenen Allgemeinen Geschäftsbedingungen die Kenntnisname schon gar nicht möglich ist.

---

[203] Standardmäßig wird in neueren Office-Versionen das Öffnen von mit älteren Versionen erstellter Dokumente aus Sicherheitsgründen unterbunden, Details bei http://support.microsoft.com/kb/938810/en-us 20.07.2009.

[204] Einbeziehung, S. 92 f.

[205] Spezifikationen unter http://www.microsoft.com/interop/docs/OfficeBinaryFormats.mspx 20.07.2009.

[206] Etwas unübersichtlich ist die Lage für das Format „Office Open XML", das in den Produkten seit 2007 zum Einsatz kommt. Microsoft erreichte die Verabschiedung der Standards ECMA-376 Office Open XML File Formats (http://www.ecma-international.org/news/PressReleases/PR_TC45_Dec2006.htm 20.07.2009) und ISO/IEC 29500:2008 Information technology - Office Open XML formats (http://www.iso.org/iso/pressrelease.htm?refid=Ref1181 20.07.2009). Die Implementierung des Formats in den Office-Produkten aus den Jahren 2007 und 2008 von Microsoft entsprachen aber Anfang 2009 noch nicht dem ISO-Standard (wohl aber dem ECMA-Standard).

Von Münch bemängelt bezüglich PDF, dass nicht erwartet werden kann, dass die Software auf jedem Rechner installiert sei und dass eine Installation das Computersystem verändere und Mühe bereite, was nicht zumutbar sei.[207] Weshalb dies für das „gängige Textverarbeitungsprogramm" nicht gilt, wird nicht erläutert. Immerhin gibt es Lesesoftware für PDF für eine Vielzahl von Betriebssystemen. Es gibt neben der Implementierung von Adobe auch freie, teilweise sehr schlanke Programme, die in sehr kurzer Zeit installiert sind. Dass solche Programme in das Computersystem eingreifen ist für unix-artige Systeme falsch und für Microsoftsysteme Ansichtssache.

Ob einzelne Formate unzumutbar sind, ist eine Frage des Einzelfalles. In Betracht kommt ein überraschender Formatwechsel innerhalb des Verhandlungsvorgangs. Zumutbar ist das Portable Document Format jedenfalls, wenn es schon bei der Einigung über die *essentialia negotii* genutzt wird. Wenn beispielsweise bei einem Webauftritt die Spezifikationen der angebotenen Geräte in diesem Format mitgeteilt werden oder gar der gesamte Auftritt in diesem Format erfolgt, können die Geschäftsbedingungen im gleichen Format bereitgehalten werden. Anderes kann gelten, wenn die Allgemeinen Geschäftsbedingungen als einzige Informationen in einem gesonderten Format zur Verfügung gestellt werden und damit nicht gerechnet werden musste. Positiv formuliert bedeutet dies, dass ein Bereithalten der Allgemeinen Geschäftsbedingungen im gleichen Format wie das Bereithalten der übrigen Informationen nicht zu beanstanden ist. Das gleichzeitige Bereithalten in verschiedenen Formaten ist nicht erforderlich, aber auch nicht schädlich.

Ein Sonderfall stellt die praktisch kaum vorstellbare Situation dar, dass ein offenes Format genutzt wird, für das aber (noch) keine Software zur Darstellung existiert. Wird der gesamte Auftritt in diesem Format gestaltet, dürfte es schon praktisch nicht zu Vertragsschlüssen kommen – mit oder ohne Allgemeine Geschäftsbedingungen. Werden die übrigen Informationen in einem anderen Format, zum Beispiel HTML, angeboten, wird die Kenntnisname nicht zumutbar sein, es sei denn, im Einzelfall gibt es Anlass, anders zu entscheiden.

---

[207] Einbeziehung, S. 92.

bb) Kosten

Ein gängiger Obersatz gebietet, dass die Möglichkeit der Kenntnisnahme kostenfrei vermittelt werden müsse. Beim Wort genommen hieße dies, die Möglichkeit
der Kenntnisnahme kann mit elektronischen Daten nicht gewährt werden. Es entstehen dabei mindestens Energiekosten, zudem verlieren die Geräte durch Abnut-
zung an Wert. Davor zu schützen, ist nicht Zweck des § 305 Abs. 2 Nr. 2 BGB.
Vielmehr sollen durch den Verwender nicht Beiträge für die Kenntnisnahmemöglichkeit erhoben werden können, die den Kunden von der Kenntnisnahme abhal-
ten. Im elektronischen Geschäftsverkehr können regelmäßig weitere Kosten entstehen, nämlich die Nutzungsentgelte, die an die Netzbetreiber und Zugangsver-
mittler zu entrichten sind. Diese haben sowohl Verwender als auch Kunde für die
Leistung eines Dritten zu entrichten. Deshalb liegt es nicht besonders nahe, diese
Kosten als Ansatzpunkt zu nehmen, um die Möglichkeit der Kenntnisnahme von
Allgemeinen Geschäftsbedingungen für unzumutbar zu halten. Namentlich, weil
der Verwender die Möglichkeit nun nicht kostenfrei verschaffe.[208] Anhaltspunkte für
die von *Borges* behauptete Wertung, wonach der Verwender sämtliche Drittkosten
zu tragen habe, finden sich nicht in § 305 Abs. 2 Nr. 2 BGB. Die Kostenfreiheit
wird verlangt, um zu verhindern, dass der Verwender dem Partner Hindernisse für
die tatsächliche Kenntnisnahme setzt. Wählt der Partner einen kostenpflichtigen
Kommunikationskanal, ist dies seine Sache. Dass der Verwender auf diesem zu
erreichen ist, kann ihm keine Nachteile bringen.[209]

Praktisch werden sich die Kosten ohnehin nicht beziffern lassen. Wird der Text
in einem speicherschonenden Format wie zum Beispiel HTML zur Verfügung gestellt, ist er selbst bei langsamen Verbindungen in Sekundenbruchteilen geladen.
Zum Lesen muss eine Verbindung (oder Sicherung auf einem Festspeicher) nicht
bestehen. Dafür reicht die Sicherung im Arbeitsspeicher. Soll also ein Preis für das
Laden der Allgemeinen Geschäftsbedingungen ermittelt werden, müssten die Zu-
gangskosten, die je nach Geschäftsmodell entsprechend Datenumsatz oder Nut-
zungszeit beziehungsweise als Festpreis für unbegrenzte Nutzung anfallen, auf
die geringe Zeitdauer oder Datenmenge für nur diesen Vorgang berechnet wer-

---

[208] So Borges, Verträge im elektronischen Geschäftsverkehr, S. 285.
[209] So aber Borges, Verträge im elektronischen Geschäftsverkehr, S. 285, weil der Verwender sich
des „Mediums WWW" bediene.

den. Regelmäßig dürfte dabei ein Betrag herauskommen, der unter einem Cent liegt.[210]

Zusätzliche Kosten können durch Medienbrüche entstehen. Dies ist wegen der geringen Kosten elektronischer Kommunikation weniger ein Problem von Vertragsschlüssen über Computernetze. Eher gibt es umgekehrt Fälle, in denen der Vertragsschluss unter Hinweis auf Allgemeine Geschäftsbedingungen im Internet erfolgt, zum Beispiel beim Teleshopping. Entstehen durch den Medienbruch Kosten für die Möglichkeit der Kenntnisnahme, ist sie schon deshalb nicht zumutbar. Unabhängig davon kann die Unzumutbarkeit auch mit dem Medienbruch selbst begründet werden, jedenfalls wenn wieder besondere Geräte (etwa videotextfähiger Fernseher, Mobiltelefon) erforderlich sind.[211] Deren Beschaffung oder Vorhaltung kann nicht erwartet werden, wenn ein ganz anderer Kommunikationskanal genutzt wurde. Sind keine Geräte erforderlich, kann anderes gelten. Das Zusenden der Druckfassung per Post bedeutet daher keine unzumutbare Kenntnisnahmemöglichkeit (hier wird allenfalls der Zeitpunkt der Kenntnisnahmemöglichkeit zu diskutieren sein.) Der Medienbruch stellt also eine Art „großen Bruder" des oben beschriebenen überraschenden Formatwechsels dar.

cc) Möglichkeit des Speicherns und Druckens

In der Literatur wird die Möglichkeit des Speicherns und Druckens einerseits als Argument[212], andererseits als Voraussetzung[213] für die Zumutbarkeit der Kenntnis-

---

[210] Beispielrechnung: Die sehr umfangreichen Allgemeinen Geschäftsbedingungen von eBay.de (http://pages.ebay.de/help/policies/user-agreement.html 06.04.2008) belegen als HTML-Code circa 75 KB, die Webseite komplett (mit Bildern und Navigationsleisten) circa 390 KB. Mit einem Modem (maximal 56 kbit/s) bei einer tatsächlich angenommenen Datenübertragungsrate von 25 kbit/s sind die Allgemeinen Geschäftsbedingungen mithin in circa 24 s, die ganze Webseite in circa zwei Minuten geladen. Die Rechnung ist extrem konservativ. Schon mit „langsamem" DSL bei maximal 1 Mbit/s (möglich sind 25 bei ADSL2+ beziehungsweise 210 bei VDSL, die Telekom vermarktet Anfang 2009 bis 16 beziehungsweise 50) können die Daten bei halber Auslastung in einer beziehungsweise ungefähr sechs Sekunden geladen werden. Die Zahlen verschieben sich schon bei besserer Auslastung der Leitung merklich; erst recht aber bei schnelleren Anschlüssen.

[211] Vergleiche von Münch MMR 2006, 202, 203 ff., der neben den Kosten auch mit dem Medienbruch argumentiert.

[212] Moritz/Dreier/*Holzbach/Süßenberger*, E-Commerce, Kapitel C Rn. 294.

[213] Wolf/Horn/Lindacher/*Wolf* § 2 Rn. 24.

nahme in den Diskurs eingebracht. Das Urteil des BGH vom 14.06.2006[214] lässt sich kaum als Stellungnahme für eine der Auffassungen heranziehen, dafür sind die wenigen Sätze, die das Urteil zur Einbeziehung im Internet enthält, schlicht zu allgemein.

Technisch kann der Verwender es nicht verhindern, dass der Kunde den Text speichert oder ausdruckt, weshalb eine Speicher- und Druckmöglichkeit kein Erfordernis sein kann.[215] Sie besteht immer.

Diskutabel ist, ob der Verwender eine (weitere) Druckversion zur Verfügung stellen muss, etwa weil die „Anschauversion" kein angenehmes Druckbild erwarten lässt. Dies ist allerdings eine Frage des Einzelfalles. Für sonstige Hindernisse, die es dem Kunden erschweren, gilt wie oben festgestellt der Code als Maßstab. Demnach kann sich aus dem Code ergeben, dass Hindernisse errichtet wurden. Genannt seien PDF-Dokumente, in denen die Bits für das Druck- und Kopierverbot gesetzt sind, transparente Bilder vor dem Text in HTML-Dokumenten oder Druck- und Kopiererschwerung durch neue Rechteverwaltungssoftware[216]. Verwiesen sei auch auf oben, C. III. 3. a), wo die Erschwerung des Druckens durch besondere Gestaltung im Code thematisiert wurde.

---

[214] BGH NJW 2006, 2976.

[215] Es wird vertreten, dass die Textform nach § 126b BGB bei einem bloßen Bereithalten zum Abruf nicht erfüllt sein könne, BT-Drucksache 14/2658 S. 40, rechte Spalte; OLG Hamburg JurPC Web-Dok. 50/2007, Abs. 30 ff. (http://www.jurpc.de/rechtspr/20070050.htm 20.07.2009); LG Kleve, JurPC Web-Dok. 40/2007, Abs. 24 (http://www.jurpc.de/rechtspr/20070040.htm 20.07.2009); OLG Naumburg JurPC Web-Dok. 79/2009, Abs. 44 ff. (http://www.jurpc.de/rechtspr/20090079.htm 20.07.2009); Spindler/Schuster/*Spindler/Weber* § 126b BGB Rn. 6. Daraus kann auch mit Hinblick auf die §§ 312c Abs. 2, 312e Abs. 1 Nr. 2 BGB kein Argument gegen das Genügen des Bereithaltens abgeleitet werden, weil diese Normen nicht die Einbeziehung betreffen. Werden die erforderlichen Informationen im gleichen Dokument mit den übrigen Informationen, insbesondere der *invitatio ad offerendum*, bereitgehalten, ist die vorgeschlagene Differenzierung zwischen einer Übertragung mittels SMTP (also elektronische Post) oder HTTP(S) aus technischer Perspektive nicht nachvollziehbar. Die Textform ist aber nicht Untersuchungsgegenstand dieser Arbeit, so dass eine vertiefte Betrachtung unterbleibt.

[216] Sogenanntes digital rights/restriction management (DRM), das auf Druck der Verwertungsindustrie in Zukunft in Betriebssystemen implementiert werden dürfte. Damit sollen Vervielfältigungen verhindert werden. Da ein Rechner nicht funktioniert, ohne die Möglichkeit, Daten zu kopieren, ist das Verfahren nicht trivial und selten wirksam.

dd) Keine oder nicht funktionierende Ausgabegeräte

Gerungen wird um die Folgen missglückter Speicherungs- und Druckversuche. In manchen Situationen steht ein Drucker oder Festspeicher nicht zur Verfügung, was Anlass gibt, zu fragen, ob hier nicht anderes gelten muss. Die Fragen lassen sich zusammen beantworten, geht es schließlich um die Abgrenzung von Risiko- oder Verantwortungsbereichen. Überwiegend wird es als Sache des Nutzers angesehen, entsprechende Geräte bereit und instand zu halten. Dagegen wird vorgebracht, dass der Verwender, der genauso die Vorteile der Computerkommunikation nutzt, für die Einhaltung der gesetzlichen Vorgaben zu sorgen habe. Die Risikoverteilung des § 305 Abs. 2 Nr. 2 BGB ließe sich jedenfalls mit der überwiegenden Auffassung nicht vereinbaren, weil der Verwender die Möglichkeit zur Kenntnisnahme verschaffen müsse.[217] Dem ist entgegen zu halten, dass der Verwender nicht für jedes Risiko aus dem Bereich des Vertragspartners einstehen muss. Dafür gibt das Gesetz nichts her. Mitnichten wird der Vertragspartner so gestellt, als träfe ihn keine Verantwortung oder kein Risiko. Der Gesetzeszweck wird nur erreicht, wenn die Bedingungen letztendlich tatsächlich zur Kenntnis genommen werden. Unterlässt der mündige Kunde dies, so hat es sein Bewenden. Allein die Möglichkeit der Kenntnisnahme ist zu verschaffen.[218] Von der allgemeinen Risikoverteilung wird daher nicht umfassend abgewichen. Deshalb kann es nicht ohne Einfluss bleiben, dass der Verwender nicht auf die Geräte des Kunden zugreifen kann und somit keinen Einfluss auf die Funktionsfähigkeit oder fehlerfreie Bedienung nehmen kann.

Weiter argumentiert *Borges*, dass es nicht einsichtig sei, weshalb der Händler online Allgemeine Geschäftsbedingungen unter geringeren Kosten einbeziehen könne als herkömmlich.[219] Dabei handelt es sich um ein rechtspolitisches und nicht um ein rechtsdogmatisches Argument. Hier ist schon nicht sicher, ob die Annahme stimmt und auch in Zukunft stimmen wird. Wie sich die Kosten für die Bereithaltung einer Onlinepräsenz entwickeln werden, ist nicht ausgemacht. Rechtspolitisch lässt sich entgegensetzen, dass die Preisvorteile des elektronischen Handels weitergegeben werden (können), dies mag für den Kunden mehr Vorteile haben als eine Druckfassung der Allgemeinen Geschäftsbedingungen.

---

[217] Borges, Verträge im elektronischen Geschäftsverkehr, S. 291.
[218] Überzeugend von Münch, Einbeziehung, S. 90.
[219] Borges, Verträge im elektronischen Geschäftsverkehr, S. 291.

ee) Sprache

Die Bedingungen können nicht zumutbar zur Kenntnis genommen werden, wenn der Adressat die Sprache nicht beherrscht, in der sie verfasst sind.[220] Von der Beherrschung der Verhandlungssprache kann jedoch ausgegangen werden.[221] Ratsam ist es daher, Angebot respektive *invitatio* und Allgemeine Geschäftsbedingungen in derselben Sprache bereitzuhalten. Nicht erforderlich ist dagegen ein Bereithalten der Geschäftsbedingungen in sonstigen Sprachen, denn das Angebot oder die Aufforderung zum Angebot richten sich nur an Personen, die die Angebotssprache beherrschen.

Das Sprachproblem taucht bereits beim Hinweis nach § 305 Abs. 2 Nr. 1 BGB auf und wird dort genauso behandelt wie eben beschrieben.[222]

ff) Nachträgliche Veränderung

Die Möglichkeit der nachträglichen Veränderung des Textes wird als Argument gegen die Einbeziehung nicht in Druckfassung vorliegender Allgemeiner Geschäftsbedingungen vorgebracht. Tatsächlich stellt dies kein dogmatisches Argument dar. Es handelt sich vielmehr um ein Beweisproblem, welches im Übrigen im herkömmlichen Geschäftsverkehr ebenso auftreten kann, wenn der Verwender behauptet, eine andere Druckfassung sei einbezogen worden.[223]

gg) Zusammenfassung und ein Ausblick

Die vorstehenden Ausführungen bestätigen die eingangs aufgestellte These. Es kann der Obersatz gebildet werden, wonach die Möglichkeit der Kenntnisnahme bei kostenfreiem Bereithalten der Informationen zum Abruf in dokumentierter Form beziehungsweise in einem dokumentierten Format gegeben ist. Die Kostenfreiheit

---

[220] Münchener Kommentar/*Basedow* § 305 Rn. 66.
[221] BGH NJW 1995, 190; Münchener Kommentar/*Basedow* § 305 Rn. 59 (für Deutsch als Verhandlungssprache); Staudinger/*Schlosser* (2006) § 305 Rn. 141; Erman/*Roloff* § 305 Rn. 33.
[222] Staudinger/*Schlosser* (2006) § 305 Rn. 105, 133.
[223] Vergleiche schon Mehrings BB 1998, 2373, 2379.

bezieht sich dabei auf das Bereithalten, nicht auf Zugangsvermittlung durch Dritte. Maßstab für die Frage der Zumutbarkeit der Kenntnisnahmemöglichkeit ist der Code sowie die Spezifikation des Formates. Für den Hinweis auf die Klauseln bestehen keine Abweichungen zum herkömmlichen Geschäftsverkehr.

Als Ausblick lässt sich auf die Zukunftstauglichkeit der entwickelten Auffassung hinweisen: Während des Entstehens dieser Arbeit erlebt der Markt für sogenannte Smartphones eine Belebung, teilweise getrieben durch den Markteintritt von Apple (mit dem iPhone). Solche Geräte sind Computer; sie besitzen einen Hauptprozessor, Speicher und weitere typische Merkmale. Genutzt werden können sie heute, je nach Ausstattung, neben der mobilen Telefonie und Kommunikation auch für Textverarbeitung, Mulimediaanwendungen oder Surfen im Internet. Damit können sie wie jeder größere Rechner genutzt werden, um über das Internet Verträge abzuschließen. Während eine Vielzahl der zitierten Auffassungen also nun Grund hat, neue Kriterien für kleinere Smartphonebildschirme oder Abgrenzungstheorien zum „M-Commerce" zu entwickeln[224] oder sich überlegen muss, ob ein iPhone an einen Drucker angeschlossen werden kann, stellt die hier vertretene Auffassung sachgerechte Kriterien bereit, die nicht mit jeder technischen Entwicklung überholt sind.

Gleiches gilt für den jüngeren Erfolg[225] einfacher, kleiner Mobilrechner, die oft als Netbooks bezeichnet werden. Deren Bildschirme sind zwar größer als jene der Smartphones[226], dürften dennoch regelmäßig zu Problemen führen, wenn es für die Einbeziehung auf die Anzahl der Bildschirmseiten ankommen sollte. Hat der Nutzer neben dem Netbook einen Rechner mit großem Bildschirm zur Verfügung, müsste ihm geraten werden, für Vertragsabschlüsse das Netbook zu nutzen, weil so die Einbeziehung gegnerischer Allgemeiner Geschäftsbedingungen eher schei-

---

[224] Ein Beispiel statt vieler: Münchener Kommentar/*Basedow* § 305 Rn. 65 differenziert zwischen „Internet-AGB" und dem „Ausnahmefall" M-Commerce mit „mobilen Endgeräte[n], die] meist klein und handlich gestaltet sind [und ...] dementsprechend über kleine Displays [verfügen]". Unter „M-Commerce" wird dort der Geschäftsverkehr über ortsunabhängig nutzbare Mobilfunknetze verstanden. Aber soll es auf das Netz ankommen? Auch angesichts dessen, dass ein Zugang zum Internet über diese Netze möglich ist? Es besteht also eine Vielzahl von Abgrenzungsmöglichkeiten.

[225] http://www.golem.de/0902/65326.html; http://www.heise.de/newsticker/meldung/132750 beide 20.07.2009.

[226] Die ersten Modelle hatten eine Bildschirmdiagonale von 7 Zoll, später folgten 8,9 und 10 Zoll, inzwischen sind auch 12 Zoll verfügbar.

tern würde. Hinzu kommt die gedachte Nutzung, nach der regelmäßig einen Drucker nicht verfügbar sein wird.

4. Einbeziehung in Peer-to-Peer-Märkten

Mit der technologieneutralen Auslegung des § 305 Abs. 2 BGB sind weitere Detaildiskussionen zur Einbeziehung Allgemeiner Geschäftsbedingungen in verteilten Märkten entbehrlich. Es kommt insbesondere nicht darauf an, ob ein Browser oder andere Software benutzt wird oder mit welcher Hardware am Markt agiert wird.

Dem technischen Paradigma der Ressourcenteilung folgend, liegt es nahe, dass die Allgemeinen Geschäftsbedingungen nicht von einem einzelnen Knoten oder allein dem Knoten des Vertragspartners bezogen werden.[227] Der Verwender kann die Klauseln auch durch Dritte zur Verfügung stellen lassen. Allerdings trägt er das Risiko, dass die Knoten nicht verfügbar sind, weil er in diesem Fall die Allgemeinen Geschäftsbedingungen nicht bereit hält.

IV. Der beiderseitige Einbeziehungsversuch

Entsprechend dem beschriebenen Untersuchungsgegenstand bleibt der beiderseitige Einbeziehungsversuch darzustellen. In der Praxis taucht diese Konstellation im Verkehr unter Unternehmern nicht selten auf. Dies gilt aber nicht nur für den Fall sich kreuzender Bestätigungsschreiben. Nun ist der gegenseitige Einbeziehungsversuch im Internet bei der Benutzung von Bestellformularen schwerer vorstellbar: Die abzugebende Willenserklärung wird oft so vorstrukturiert, dass ein Hinweis auf die eigenen Allgemeinen Geschäftsbedingungen schwer unterzubringen ist, insbesondere, falls ein Freitextfeld fehlt oder nicht genügend Speicherplatz gewährt. In den hier untersuchten Konstellationen in Peer-to-Peer-Märkten oder Dienstearchitekturen ist der Fall allerdings viel leichter vorstellbar, ja drängt sich geradezu auf.

---

[227] Im Client-Server-Ansatz können die Allgemeinen Geschäftsbedingungen auch auf andere Server ausgelagert werden, dafür besteht nur oft kein Bedürfnis.

Zu unterscheiden sind zwei Fragestellungen. Erstens ist zu klären, ob ein Vertragsschluss überhaupt gelingt und, zweitens, falls ja, wie sich widersprechende Klauseln zu handhaben sind.

1. Rechtsprechung

a) Vertragsschluss

In Rechtsprechung und Literatur besteht weitgehend Einigkeit, dass ein Vertragsschluss nicht an einer fehlenden Einigung der Parteien über ihre Allgemeinen Geschäftsbedingungen scheitern soll. Gleichwohl ist die Begründung dieses Ergebnisses nicht einheitlich.

Die Rechtsprechung stellte sich zunächst auf den Standpunkt, dass § 150 Abs. 2 BGB den Fall erfasse. Liegen Erklärungen vor, die sich allein hinsichtlich der Bezugnahme auf eigene Allgemeine Geschäftsbedingungen widersprechen und wird der Vertrag dennoch durchgeführt, setzen sich die Bedingungen dessen durch, der zuletzt eine entsprechende Erklärung abgegeben hat (sogenannte Theorie des letzten Wortes). Der Vertragspartner nehme dieses Angebot konkludent an. Alle zuvor getauschten Erklärungen stellten durch den abweichenden Verweis auf eigene Bedingungen eine Ablehnung mit neuem Antrag gemäß § 150 Abs. 2 BGB dar.[228]

Diese Auffassung motiviert den Vertragspartner immer noch eine Erklärung abzugeben, da er sich so potentiell mit seinen Bedingungen durchsetzen könnte. Die Rechtsprechung änderte die Linie daher später etwas ab: Zwar sei grundsätzlich die Norm des § 150 Abs. 2 BGB weiterhin Beurteilungsmaßstab; die Annahme, dass der Vertrag gemäß der letzten Erklärung zustande kommt, könne aber dann nicht aufrecht erhalten werden, wenn die Parteien zum Ausdruck bringen, dass sie zu anderen als den eigenen Bedingungen nicht abschließen wollen.[229] Dies können die Parteien auch durch eine Abwehrklausel in den eigenen Allgemeinen Geschäftsbedingungen tun.[230] Mithin gilt die Zweifelsregelung des § 154 Abs. 1

---

[228] BGH NJW 1963, 1248.

[229] BGH NJW 1973, 2106, 2107 = BGHZ 61, 282; BGH NJW 1980, 449; BGH NJW-RR 2001, 484, 485.

[230] BGH NJW 1985, 1838, 1839; BGH NJW 1991, 1604, 1606 = BGHZ 113, 251; BGH NJW-RR 2001, 484, 485.

Satz 1 BGB nicht für den Sonderfall der Einbeziehung Allgemeiner Geschäftsbedingungen. Unterlässt es aber eine der Parteien, ausdrücklich darauf hinzuweisen, dass fremde Bedingungen nicht akzeptiert werden beziehungsweise verwendet eine Partei keine sogenannte Abwehrklausel, bleibt es bei der oben skizzierten Theorie des letzten Wortes.[231]

b) Rechtsfolgen

Nach der nunmehr gefestigten Linie der Rechtsprechung gilt nicht das „letzte Wort" für den geschlossenen Vertrag, soweit beide Vertragspartner die gegnerischen Bedingungen deutlich genug ablehnen. Für den Vertrag gelten jedenfalls die kollidierenden Allgemeinen Geschäftsbedingungen nicht; an ihre Stelle tritt das Gesetz.[232] Die weiteren, sich nicht widersprechenden, Klauseln gelten allerdings nur, soweit sie eine identische Regelung beinhalten.[233] Reicht also die Klausel des einen Partners weiter als die eines anderen, wird sie insoweit nicht Teil des Vertrages.[234] Entsprechendes gilt von einer Bestimmung, die keine Entsprechung im Regelwerk des Partners hat.[235]

Fraglich ist, was unter identischen beziehungsweise inhaltlich übereinstimmenden Bedingungen zu verstehen ist. Sicher erfasst sind Klauseln, die eine sachliche Frage gleich regeln, etwa wenn Käufer und Verkäufer bei Sachmängeln eine kostenfreie Nachlieferung oder Nachbesserung in ihren jeweiligen Bedingungen vorsehen.[236] Unklar ist dagegen der Fall, dass zwar die Klauseln übereinstimmen, aber verschiedene Sachverhalte regeln: Typische Aufrechnungsverbote, soweit nach § 309 Nr. 3 BGB zulässig, betreffen zum Beispiel die Aufrechnungsberechtigung des Vertragspartners, nicht die eigene des Verwenders. Die Aufrechnungsberechtigung des Verwenders wird erst durch die gegnerische Klausel beschnitten, weshalb es sich insoweit um eine weiterreichende, ergänzende Klausel han-

---

[231] BGH NJW 1995, 1671 f.

[232] BGH NJW 1985, 1838, 1839; BGH NJW 1991, 1604, 1606; anders noch BGH NJW 1973, 2106, 2107 = BGHZ 61, 282, wonach weder die Bedingungen des einen noch des anderen Vertragsbestandteil werden.

[233] BGH NJW 1985, 1838, 1839; BGH NJW 1991, 1604, 1606; BGH NJW-RR 2001, 484, 485.

[234] BGH NJW 1991, 1604, 1606.

[235] BGH NJW 1985, 1838, 1839; BGH NJW-RR 2001, 484, 485.

[236] Vergleiche BGH NJW 1991, 1604, 1606.

delt und beide – möglicherweise wortlautgleiche – Klauseln nicht Vertragsbestandteil werden.

2. Literatur

a) Vertragsschluss

In der wissenschaftlichen Literatur wird ganz überwiegend ebenfalls davon ausgegangen, dass der Vertragsschluss nicht an der fehlenden Einigung über die Einbeziehung Allgemeiner Geschäftsbedingungen scheitern soll.[237]

Als dogmatische Begründung wird angeboten, §§ 154 Abs. 1, 155 BGB heranzuziehen: Bei bewusstem Dissens kommt der Vertrag nach § 154 Abs. 1 BGB hinsichtlich sich deckender Geschäftsbedingungen und Individualabreden zustande, bei unbewusstem Dissens folge gleiches aus § 155.[238] Eine Umkehrung des Prinzips des § 154 Abs. 1 BGB wird ebenso vertreten[239] wie eine Verdrängung dieser Vorschrift durch den in § 306 ausgedrückten allgemeinen Rechtsgedanken[240]. § 150 Abs. 2 BGB wird allenfalls in Ausnahmefällen bemüht.[241]

b) Rechtsfolge

In der Beurteilung der Rechtsfolge, also des Inhalts des geschlossenen Vertrages, fächert sich das Meinungsspektrum weiter auf. In der Tendenz ähneln die Auffassungen gleichwohl der Praxis der Rechtsprechung. So wird vielfach die sogenannte Kongruenzgeltung befürwortet, wonach inhaltlich übereinstimmende Klauseln der Vertragspartner gelten sollen.[242] Widersprechen sich die Klauseln, werden die-

---

[237] Beispielsweise Erman/*Roloff* § 305 Rn. 54; Jauernig/*Stadler* § 305 Rn. 23; Münchener Kommentar/*Basedow* § 305 Rn. 101 ff.; Ulmer/Brandner/Hensen/*Ulmer* § 305 BGB Rn. 188; Striewe JuS 1982, 728, 730.

[238] Münchener Kommentar/*Basedow* § 305 Rn. 102.

[239] Ulmer/Brandner/Hensen/*Ulmer* § 305 BGB Rn. 188.

[240] Erman/*Roloff* § 305 Rn. 54; Striewe JuS 1982, 728, 730.

[241] Ulmer/Brandner/Hensen/*Ulmer* § 305 BGB Rn. 189.

[242] Erman/*Roloff* § 305 Rn. 55; Münchener Kommentar/*Basedow* § 305 Rn. 102; Ulmer/Brandner/Hensen/*Ulmer* § 305 BGB Rn. 191.

se nicht in den Vertrag aufgenommen, statt dessen ist das Gesetzesrecht maßgeblich.[243] Dies ergäbe sich aus dem Rechtsgedanken des § 306 Abs. 2 BGB.[244]

Ergänzende Bestimmungen, denen sowohl ein Abbild als auch eine widersprechende Regelung in den Klauseln des Vertragspartners fehlt, sollen nicht Vertragsbestandteil werden, weil es am erforderlichen Einverständnis fehle.[245] Eine andere Auffassung widerspricht und will den mutmaßlichen Willen des Vertragspartners bestimmen: Eine unterbleibende Regelung in den eigenen Bedingungen indiziere nicht, dass es mit dem dispositiven Recht sein Bewenden haben müsse; vielmehr sei ein stillschweigendes Einverständnis anzunehmen bei den Vertragspartner begünstigenden Klauseln, die keinen Zusammenhang mit nicht einbezogenen kollidierenden Bestimmungen aufweisen.[246] Ein solches Einverständnis sei auch bei handelsüblichen ergänzenden Bestimmungen anzunehmen.[247]

Anders als nach Auffassung der höchstrichterlichen Rechtsprechung soll es für den Inhalt des Vertrages keine Rolle spielen, ob die Parteien Abwehrklauseln verwenden oder nicht.[248] Solche Klauseln widersprächen dem tatsächlichen Verhalten beider Parteien, das auf einen Vertragsschluss unter Ausklammerung der Frage der Geltung der Allgemeinen Geschäftsbedingungen gerichtet ist.[249]

3. Sonderfall des Eigentumsvorbehalts

Die Trennung von Verfügung und Verpflichtung führt zu einer Sonderstellung des Eigentumsvorbehalts: Ein einfacher Eigentumsvorbehalt kann auch erst im Verfügungsgeschäft vereinbart werden, unabhängig davon, ob entsprechende Allgemeine Geschäftsbedingungen wirksam in das Verpflichtungsgeschäft aufgenommen wurden.[250] Die strengen Anforderungen des Bundesgerichtshofs für den vertrags-

---

[243] Erman/*Roloff* § 305 Rn. 55; Ulmer/Brandner/Hensen/*Ulmer* § 305 BGB Rn. 193.

[244] Ulmer/Brandner/Hensen/*Ulmer* § 305 BGB Rn. 193.

[245] Erman/*Roloff* § 305 Rn. 55; Striewe JuS 1982, 728, 732.

[246] Ulmer/Brandner/Hensen/*Ulmer* § 305 BGB Rn. 194; Wolf/Ungeheuer JZ 1995, 77, 81.

[247] Ulmer/Brandner/Hensen/*Ulmer* § 305 BGB Rn. 194.

[248] Ulmer/Brandner/Hensen/*Ulmer* § 305 BGB Rn. 188; Erman/*Roloff* § 305 Rn. 54; Striewe JuS 1982, 728, 731.

[249] Erman/*Roloff* § 305 Rn. 54.

[250] BGH NJW 1982, 1749, 1750; NJW 1988, 1774, 1776 = BGHZ 104, 129; de Lousanoff NJW 1982, 1727, 1728; Erman/*Roloff* § 305 Rn. 54; Münchener Kommentar/*Basedow* § 305 Rn. 104;

widrigen einfachen Eigentumsvorbehalt[251] sind regelmäßig erfüllt, da sich der Wille des Verkäufers aus dessen Allgemeinen Geschäftsbedingungen ergibt, auch, wenn die entsprechende Klausel nicht einbezogen wird. An dieser Stelle kommt es also auch nach Auffassung der Rechtsprechung nicht auf Abwehrklauseln an.[252]

Der erweiterte und verlängerte Eigentumsvorbehalt kommt dagegen nicht ohne schuldrechtliche Vereinbarung aus. Erforderlich ist daher eine Kongruenz der Allgemeinen Geschäftsbedingungen[253] oder ein entsprechender Handelsbrauch[254]. Gegebenenfalls ist die Sache einfach bedingt übereignet.[255]

4. Stellungnahme

Der Rechtsprechung und überwiegenden Literatur ist zuzugeben, dass die Vertragspartner, die einen Vertrag durchführen, zum Ausdruck bringen, dass der Abschluss nicht an der bewusst und unbewusst fehlenden Einigung über die Einbeziehung Allgemeiner Geschäftsbedingungen scheitern soll.

Dabei ist es überzeugender, die Begründung auf den in § 306 BGB zum Ausdruck kommenden allgemeinen Rechtsgedanken zu stützen, als auf die Theorie des letzten Wortes (mithin § 150 Abs. 2 BGB). Für letzteren Ansatz spricht die saubere dogmatische Einordnung. Indessen bleibt das Recht der Allgemeinen Geschäftsbedingungen besonderes Recht und rechtfertigt eine Abweichung von der allgemeinen Vertragsdogmatik. Zudem zeigen die Parteien regelmäßig, dass die Vertragsdurchführung wichtiger ist, als der Wettlauf um das letzte Wort. Damit ist auch die Diskussion um die Abwehrklauseln entschieden: Sie sind für den Inhalt des Vertrages nicht relevant. Das Verhalten der Parteien widerspricht dem Inhalt der Abwehrklausel, die Vertragsdurchführung ist den Parteien wichtiger. Beharren sie dennoch auf der Abwehrklausel, setzen sie sich zu ihrem Verhalten in Widerspruch.

Ulmer/Brandner/Hensen/*Ulmer* § 305 BGB Rn. 197.

[251] Siehe BGH NJW 1982, 1749, 1750 mit weiteren Nachweisen.

[252] BGH NJW-RR 1986, 1378 f.

[253] BGH NJW 1985, 1838, 1839 f.; OLG Düsseldorf NJW-RR 1997, 946; de Lousanoff NJW 1985, 2921, 2923 f.; Münchener Kommentar/*Basedow* § 305 Rn. 104.

[254] BGH NJW-RR 2004, 555; Münchener Kommentar/*Basedow* § 305 Rn. 104.

[255] OLG Düsseldorf NJW-RR 1997, 946.

Dass kollidierende Bestimmungen nicht Vertragsbestandteil werden, ist richtig. Es liegt dann kein Einverständnis im Sinne des § 305 Abs. 1 BGB vor.

Hinsichtlich sich deckender Klauseln ist nicht einsichtig, weshalb dem Willen der Parteien nicht genüge getan werden solle in einer Privatrechtsordnung, die ihre Fundamente in der Privatautonomie sieht. Dabei decken sich Klauseln nicht nur, wenn sie einen inhaltlich identischen Wortlaut haben, sondern schon, wenn ihr Regelungsergebnis gleich ist. So ist die teilweise oder vollständige, deklaratorische Wiederholung des Gesetzes unschädlich, auch wenn sie nur auf einer Seite erfolgt. Ein einfaches Beispiel sind Haftungsklauseln, die sich regelmäßig reduzieren lassen auf die Verschuldensformen, für die nicht gehaftet werden soll und die Ausnahmefälle nach § 309 Nr. 7 BGB. Aus sprachlichen Gründen sind oft weitere gesetzliche Tatbestandsmerkmale wie die Voraussetzung des Schadenseintritts genannt oder die Haftung für grobes Verschulden wird explizit geregelt. Solche Klauseln kollidieren aber nicht mit einer spartanisch formulierten Variante, wenn letztendlich das gleiche Regelungsziel erreicht wird. In der Praxis sind Haftungsklauseln aber regelmäßig deswegen nicht deckungsgleich, weil sie einseitig den Verwender privilegieren.

Hinsichtlich erweiternder und ergänzender Bestimmungen, die keinen Spiegel oder Widerspruch in den Bedingungen des Vertragspartners haben, ist fraglich, ob die in Rechtsprechung und Literatur entwickelten Lösungen und Argumente hier dienstbar gemacht werden können. Anlass zur Stellungnahme für die Gerichte und Wissenschaftler waren entweder Fälle sich kreuzender Kaufmännischer Bestätigungsschreiben oder Sachlieferungen unter Unternehmern. Auf die Darstellung der ersteren Fälle konnte hier schon verzichtet werden, weil auf elektronischen Marktplätzen solche Bestätigungsnachrichten normalerweise technisch nicht vorgesehen sind. Für die Warenlieferungsgeschäfte repräsentieren die Fälle nicht den typischen Verhandlungsverlauf. In vielen Lieferbeziehungen ist durch das wirtschaftliche Machtverhältnis vorweggenommen, wessen Allgemeine Geschäftsbedingungen Vertragsgrundlage sein sollen. Den Fällen, die die Gerichte zu entscheiden hatten, lagen nicht selten Ausnahmekonstellationen zu Grunde.

Wird allerdings durch die Gestaltung des Marktplatzes durch Software jeder in die Lage versetzt, mit geringen Kosten Allgemeine Geschäftsbedingungen zu generieren und einen Einbeziehungsversuch zu unternehmen und werden die Nutzer bei Vertragsschlüssen auf die Rechtslage hingewiesen, dergestalt, dass bei

Durchführung des Geschäfts auch ein Vertrag geschlossen wurde, allerdings kollidierende Allgemeine Geschäftsbedingungen nicht einbezogen wurden[256], ist für jeden Nutzer klar, dass kollidierende Allgemeine Geschäftsbedingungen eher die Regel als die Ausnahme darstellen. Zudem soll die Software den Nutzer in die Lage versetzen, sich zumindest einmal (nämlich bei Erstellung der Klauseln) mit regelungsbedürftigen Fragen auseinanderzusetzen. Dabei sind ihm die Rechtsfolgen vor Augen. Sind nun dem Nutzer bestimmte Regelungsbereiche „egal", so dass er für diese Frage keine Klauseln erstellt, ist unklar, ob dann mit den gleichen Argumenten eine Lösung begründet werden kann wie in den Fällen, in denen die kollidierenden Allgemeine Geschäftsbedingungen eine Art „Unfall" darstellen. Konkret ist fraglich, ob dem Nutzer ein Einverständnis mit weitergehenden Klauseln des Vertragspartners unterstellt werden kann, wenn er zu bestimmten Regelungsbereichen selbst keine Klauseln entwirft. Er muss ja damit rechnen, dass der Vertragspartner zu diesen Fragen Abweichungen vom Gesetz vorschlägt.

Dass der Nutzer selbst keine Regelung anstrebt, kann zumindest auch dahin verstanden werden, dass er keinen Anlass sieht, vom Gesetz abzuweichen, weil die gesetzliche Regelung seinen Interessen entspricht. Ein unterstelltes Einverständnis mit erweiternden und ergänzenden Bestimmungen würde dieses Ziel verfehlen. Eine dahingehende Belehrung des Nutzers, dass er solche Bestimmungen konkludent akzeptieren würde, müsste ihn motivieren, das Gesetz deklaratorisch in seinen Vertragsentwurf aufzunehmen, um solche Erweiterungen und Ergänzungen abzuwehren; ein nicht überzeugendes Ergebnis.

Für erweiternde und ergänzende Bestimmungen ist folglich der Rechtsprechung und verbreiteten Literaturauffassung zu folgen. Mangels Einverständnis werden solche Bestimmungen nicht Vertragsbestandteil. Es gilt statt dessen das Gesetz, Rechtsgedanke des § 306 Abs. 2 BGB.

Abzulehnen ist die Auffassung, nach der die Vertragsparteien mit begünstigenden oder handelsüblichen Erweiterungen einverstanden wären. Es kann kaum unterstellt werden, dass eine Vertragspartei kein Interesse an sie begünstigenden Regelungen hat, allerdings sind solche Klauseln, die den Partner über die Regelungen des dispositiven Rechts hinaus begünstigen, nicht der Regelfall. Hinzu

---

[256] Die Software kann solche Informationen auch vor Vertragsabschluss bereitstellen. Dem Nutzer bleibt also unbenommen, auf den Vertragsabschluss zu verzichten oder einen Verhandlungsprozess über die kollidierenden Klauseln anzustoßen.

kommt, dass der Verwender kein Interesse an einer Einbeziehung nur der fremd-begünstigenden Klauseln haben dürfte, wenn beinahe alle sonstigen Bestimmungen nicht ihren Weg in den Vertrag finden. Die Begünstigungen sind Teil einer umfassenden Regelung und werden nur deshalb gewährt, weil der Vertragspartner an anderen Stellen im Vergleich zum Gesetz schlechter gestellt wird. Es ist auch der Rechtssicherheit dienlich, wenn alle nicht kongruenten Klauseln nicht gelten, als wenn dies für einzelne Klauseln gesondert festgestellt werden müsste. Zwar lässt sich ein gleiches Maß an Rechtssicherheit erzielen, wenn alle Klauseln, soweit sie sich nicht direkt widersprechen einbezogen werden, aber dies ist ja nicht die Lösung der angegriffenen Auffassung. Statt dessen müsste für die Klauseln gesondert deren Üblichkeit oder Günstigkeit ermittelt werden.

Von der rechtsdogmatischen Beurteilung zu trennen ist die Frage der Gestaltung des Programm- und Arbeitsablaufs von einzelnen Implementierungen. Der Ablauf kann so gestaltet werden, dass die Software in einen Verhandlungsprozess zwingt oder das Abschicken einer „Annahme" verweigert, wenn nicht identische Allgemeine Geschäftsbedingungen einbezogen werden sollen. Dann wird die hier erörterte Frage in der Praxis nicht auftauchen. Eine solche Bevormundung des Nutzers würde nicht in das Konzept passen, ihn mit rechtlichen Hinweisen Handlungsspielräume zu eröffnen. Zudem zeigt die Praxis, dass, selbst wenn im Ablauf Allgemeine Geschäftsbedingungen von Marktteilnehmern gar nicht vorgesehen sind, weil der Marktplatzbetreiber eine Marktordnung zur Verfügung stellt, die Nutzer versuchen, formularmäßige Abweichungen durchzusetzen.

D. Authentizität und Integrität elektronischer Erklärungen

Marktteilnehmer eines elektronischen Marktplatzes und damit potentielle Vertragspartner sind an einer verlässlichen Dokumentation der ausgetauschten Erklärungen interessiert: Es soll ersichtlich sein, wer welche Erklärungen abgegeben hat, um im Falle einer Streitigkeit oder eines Prozesses, Beweis führen zu können. Bevor im nächsten Kapitel der Beweis des Zugangs behandelt wird, ist an dieser Stelle daher ein Standardproblem elektronischer Dokumente im Zivilprozess anzusprechen. Es wird sich zudem zeigen, dass die technischen Verfahren für eine leichtere Beweisbarkeit des Zugangs nicht ohne die bekannten Verfahren zur Sicherstellung von Echtheit und Unversehrtheit elektronischer Dokumente auskommen.

Unter Authentizität wird hier verstanden, dass eine Erklärung ihrem tatsächlichen Urheber zugeordnet werden kann. Von Integrität wird gesprochen, wenn eine Erklärung nach einem bestimmten Zeitraum ohne Veränderungen vorliegt. Die Begriffe überschneiden sich teilweise. So kann ein nicht integeres Dokument nicht authentisch sein. Ein integeres Dokument kann allerdings sowohl authentisch als auch nicht authentisch sein.

Authentizität und Integrität elektronischer Dokumente lässt sich nur mit technischen Hilfsmitteln gewährleisten.[257] Bei Papierdokumenten kann unter Umständen eine Handschrift verglichen und zugeordnet werden. Zudem lässt sich feststellen, wann Schrift aufgebracht wurde und ob Radierungen oder andere Manipulationen erfolgt sind. Bei einfachen elektronischen Dokumenten bestehen solche Möglichkeiten nicht. Weder sind Original und Kopie zu unterscheiden, noch kann aus dem Dokument ermittelt werden, wer wann welche Veränderungen vorgenommen hat. Fortgeschrittene und „bessere" elektronische Signaturen ermöglichen, Dokumente hinsichtlich Authentizität und Integrität zu überprüfen. Gleiches lässt sich mit entsprechender Verschlüsselung erreichen. Zusätzlich sind die Erklärungen hier vor ungewollter Kenntnisnahme geschützt.

Fortgeschrittenen und qualifizierten Signaturen ist der Charme eigen, dass – eine sichere Infrastruktur vorausgesetzt – allein aus den Dokumenten selbst Aussagen zur Integrität und Authentizität möglich sind. Manipulationen sind mit mathematisch-naturwissenschaftlicher Gewissheit ausgeschlossen. Damit besteht ein

---

[257] Siehe Bergfelder, Beweis, S. 94 f. mit Nachweisen.

größeres Maß an Gewissheit als nach § 286 Abs. 1 ZPO üblicherweise zu fordern ist.[258] Daneben existieren weitere technische Lösungen, die geeignet sein können, ein Gericht von der Integrität und Authentizität streitgegenständlicher Erklärungen zu überzeugen. In zentralen Kommunikationssystemen mit Zugriffsschutz gegen Manipulationen unbefugter Dritter können über Protokollierungsinformationen (log-files) oder die abgelegte Kommunikation selbst und die Zugriffsinformationen Aussagen zu Authentizität, Integrität und zum Zugang getroffen werden. Für Peer-to-Peer-Märkte mit dezentraler Kommunikation kommen derartige Lösungen allerdings nicht in Betracht.

Anschließend werden Signaturen und die Authentizität und Integrität elektronischer Erklärungen an den Beispielen SESAM-Marktplatz und elektronische Post dargestellt.

I. Beispiel SESAM-Plattform

Ob Erklärungen über Peer-to-Peer-Netze oder auf andere Art verschickt werden, ist für deren Authentizität und Integrität nicht erheblich.

Da mit der SESAM-Plattform gerade eine vertrauenswürdige Kommunikation ermöglicht werden sollte, wurden verschiedene Möglichkeiten umgesetzt, eine Erklärung zu signieren. Dies sind die einfache, die fortgeschrittene und die qualifizierte Signatur. Daneben besteht die Möglichkeit, entsprechend zu verschlüsseln. Ob die Signatur- und Verschlüsselungsfunktionen in der entsprechenden Software implementiert sind oder vom Nutzer selbständig den Erklärungen zugefügt werden, ist für die rechtliche Beurteilung nicht erheblich.

1. Einfache Signatur

Die einfache Signatur fügt dem zu versendenden, unverschlüsselten Dokument einen Namenszusatz bei, vergleiche § 2 Nr. 1 SigG.[259] Dieser besteht aus nicht

---

[258] Regelbeweismaß ist die Überzeugung des Gerichts von der Wahrheit einer Tatsachenbehauptung mit einem für das praktische Leben brauchbaren Grad von Gewissheit, BGH NJW 1998, 2969, 2971; BGH NJW 1993, 935, 937; Saenger/*Saenger* § 286 Rn. 13 ZPO; Münchener Kommentar/*Prütting* § 286 Rn. 40 ZPO, strittig.

[259] Ausführlich Bergfelder, Beweis, S. 177 f.

verschlüsseltem ASCII-Code, der von jedem leicht gefälscht werden kann. Aus der Erklärung selbst lässt sich daher nicht sicher auf einen Absender schließen.

2. Fortgeschrittene Signatur oder Verschlüsselung

Die fortgeschrittene Signatur setzt neben dem Namenszusatz ein asymmetrisches Verschlüsselungsverfahren um. Diese Verfahren basieren auf zwei, von einander abhängigen, Schlüsseln. Einer wird veröffentlicht und dient regelmäßig der Verschlüsselung. Ein zweiter, geheimer Schlüssel ist für die Entschlüsselung erforderlich. Die Schlüssel sind dermaßen von einander abhängig, dass Ver- und Entschlüsselung nicht mit demselben Schlüssel möglich ist. Zur Entschlüsselung ist der jeweils andere Schlüssel erforderlich.

Tatsächlich ist die Verschlüsselung in asymmetrischen Verschlüsselungsverfahren sehr rechenintensiv. Soll ein gesamtes Dokument verschlüsselt werden, wird deshalb ein hybrides Verfahren verwendet. Das Dokument wird nicht mit einem Schlüssel des Schlüsselpaares verschlüsselt, statt dessen wird ein einmaliger Schlüssel für symmetrische Verschlüsselungsverfahren generiert und mit diesem das Dokument verschlüsselt, danach wird der Einmalschlüssel mit einem Schlüssel des Schlüsselpaares verschlüsselt und dem Dokument beigegeben. Wenn im weiteren Text von Verschlüsselung eines Dokumentes im asymmetrischen Verfahren die Rede ist, besteht die technische Umsetzung in dem soeben beschriebenen hybriden Verfahren.

Wenn der Absender den öffentlichen Schlüssel des Empfängers zum Verschlüsseln der Erklärung verwendet, lassen sich an Hand der Verschlüsselung selbst keine Aussagen über die Identität des Erklärenden treffen. Es ist allein sichergestellt, dass nur der Empfänger die Erklärung entschlüsseln kann. Daher ist eine Signatur erforderlich.

Eine Signatur wird mit der SESAM-Software erstellt, indem zunächst der Hashwert[260] eines Dokumentes berechnet wird. Dieser Wert wird mit dem geheimen Schlüssel des Absenders verschlüsselt[261] und dem Dokument beigegeben. Mit

---

[260] Zu Hash- oder Streuwertfunktionen siehe oben Kapitel B. I. 2. a.

[261] Da der Streuwert eine kurze Zeichenkette ist, wird dieser tatsächlich mit geheimen Schlüssel verschlüsselt. Das hybride Verfahren wird nur bei Verschlüsselung von Dokumenten benutzt.

dem öffentlichen Schlüssel kann die Signatur entschlüsselt werden. Die Identität des Schlüsselinhabers kann nur durch ein Zertifikat, das einen Zusammenhang zwischen öffentlichen Schlüssel und Schlüsselinhaber herstellt, § 2 Nr. 6 SigG, ermittelt werden. Das Zertifikat wird durch den Authentifizierungsdienst bereitgestellt.

3. Authentisierung der Teilnehmer

Es stehen verschiedene Möglichkeiten für die Authentisierung gegenüber dem Dienst bereit.[262]

Hinsichtlich der Identität der einzelnen Personen muss das Vertrauen wiederum in einer angepassten Form generiert werden, eine Authentisierung durch Nutzerkonto mit Passwort gegenüber dem Marktbetreiber ist nicht möglich. Die Grundidee besteht darin, Vertrauen aus der Offlinewelt zu übertragen und als Vertrauensanker für die Verbreitung zu nutzen. Kennen sich A und B persönlich und vertrauen einander, können sie dies auf dem Markt zum Ausdruck bringen und sich Ihre Identität gegenseitig bestätigen.[263] Ein Dritter, C, der jedenfalls A vertraut, kann sich nun auf die Identität des B verlassen und somit eventuell auch auf die des Vierten, D, die B bestätigt hat und so weiter. Ein Teilnehmer kann sich seine Identität von mehreren Vertrauensankern bestätigen lassen, um ein höheres Vertrauen zu erzeugen.[264]

Daneben besteht die Möglichkeit einer SMS/TAN-Authentisierung. Diese ermöglicht ein einfaches, einleuchtendes Verfahren, das bestehende Infrastrukturen nutzt.[265]

Das Verfahren funktioniert folgendermaßen: Der Teilnehmer übermittelt seine Rufnummer unter der er *short messages* empfangen kann an einen Authentifizierungsdienst, der das SMS/TAN-Verfahren unterstützt. Alternativ kann das elektro-

---

[262] Siehe dazu Conrad/Funk/Raabe/Waldhorst Pro-VE2007, 233, 237; Conrad/Funk/Raabe/Waldhorst JIM 2008, S. 9.

[263] In Betracht kommt, selbsterstellte Zertifikate wechselseitig zu signieren.

[264] Conrad/Funk/Raabe/Waldhorst Pro-VE2007, 233, 237.

[265] Nach der ersten Implementierung für den SESAM-Marktplatz wurde ein vergleichbares Verfahren von einer Bank umgesetzt, welches ein Gütesiegel durch den Technischen Überwachungsverein erhielt und in den Fachmedien positiv aufgenommen wurde, siehe http://www.heise.de/newsticker/meldung/72098 20.07.2009.

nische Postfach des Mobiltelefons angegeben werden.[266] Der Authentifizierungs-dienst erzeugt daraufhin eine zufällige und einmalige Transaktionsnummer (TAN), die deshalb nicht erraten werden kann und übermittelt diese per *short message* an den Teilnehmer.[267] Sobald der Teilnehmer die *short message* mit der Transaktions-nummer empfängt, muss er diese über das Peer-to-Peer-Netz an den Dienst zu-rücksenden. Der Dienst stellt dem Teilnehmer ein Zertifikat aus, wenn die empfan-gene und versendete Transaktionsnummer übereinstimmen. Dieses Zertifikat kann der Teilnehmer seinen Erklärungen beilegen.

Die Aussagen über die Identität des Teilnehmers beruhen also auf dem Zugriff auf ein (Mobil-)Telefon und gegebenenfalls dem Zusammenhang zwischen dem Zugriff und den Anschlussinhaberdaten, die bei Dritten zu erfahren sind. Beson-ders bei Zertifikaten deren Ausstellung nicht lange zurückliegt, kann auf diese Wei-se einfach und preiswert Vertrauen erzeugt werden.

Eine Authentisierung ist einmalig erforderlich und mit dem Erhalt des Zertifika-tes vollständig. Das Zertifikat kann als eine Art Ausweisdokument beschrieben werden, mittels dessen Aussagen über die Identität des Inhabers des Zertifikats getroffen werden können, § 2 Nr. 6 SigG. Es enthält den öffentlichen Schlüssel, mit dem beispielsweise ein mit dem geheimen Schlüssel chiffrierter Hashwert der Erklärung entschlüsselt werden kann, ohne dass zusätzliche Daten erforderlich wären. Dieser kann mit einem selbst errechneten Hashwert verglichen werden, um Aussagen über die Integrität der Erklärung treffen zu können. Kann erfolgreich entschlüsselt werden, lässt sich schließen, dass der Absender Zugriff auf den ge-heimen Schlüssel hat. Auf der SESAM-Plattform hat das Zertifikat die Funktion, die Authentizität des öffentlichen Schlüssels zu bestätigen. Es lassen sich also über die Kette Erklärung oder Teil derer oder Hash davon kann mit öffentlichen Schlüssel $S_{\text{öffentlich}}$ dechiffriert werden, sie wurde daher mit geheimen Schlüssel $S_{\text{ge-heim}}$ chiffriert, öffentlicher Schlüssel $S_{\text{öffentlich}}$ ist zertifiziert als solcher von X, X hat normalerweise ausschließlichen Zugriff auf S_{geheim}, folgern, dass X Urheber der Er-klärung ist.

---

[266] Für die SESAM-Demonstration wurde 01602098441@t-mobile-sms.de verwendet. Elektroni-sche Post an diese Adresse wird auf Kosten des Empfängers als *short message* an den ent-sprechen Anschluss weitergeleitet.

[267] Im Prototypen wird eine E-Mail abgesetzt an das zuvor genannte Postfach. Voraussetzung ist, dass der Anbieter die Weiterleitung als *short message* zur Verfügung stellt.

Mit dem Verfahren können auch Aussagen bezüglich der Integrität des Dokuments getroffen werden. Wurde das Dokument verändert, kann es nicht mehr entschlüsselt werden respektive ändert sich dessen Hashwert. Das Verfahren genügt den Anforderungen des § 2 Nr. 2 SigG.[268]

4. Qualifizierte Signatur

Das Verfahren bei der qualifizierten Signatur entspricht dem der fortgeschrittenen Signatur. Zusätzliche Voraussetzung ist, dass das Zertifikat von einem Zertifizierungsdiensteanbieter ausgestellt wird, der eine natürliche Person zuverlässig identifiziert. Es handelt sich um ein sogenanntes qualifiziertes Zertifikat. Außerdem wird die Signatur mit einer sogenannten sicheren Signaturerstellungseinheit erzeugt. Das Verfahren genügt den Anforderungen des § 2 Nr. 3 SigG.[269]

Hat sich der Zertifizierungsdiensteanbieter bei der zuständigen Stelle akkreditieren lassen, mithin nachgewiesen, dass er die Anforderungen des SigG und der SigV erfüllt, erhält er ein Gütezeichen, § 15 Abs. 1 Satz 3 SigG. Mit diesem Gütezeichen wird der Nachweis der umfassend geprüften technischen und administrativen Sicherheit qualifizierter elektronischer Signaturen erbracht, die auf qualifizierten Zertifikaten des akkreditierten Anbieters beruhen, sogenannte „qualifizierte elektronische Signaturen mit Anbieter-Akkreditierung", § 15 Abs. 1 Satz 4 SigG. Üblich geworden ist die Kurzform „akkreditierte Signatur".

Für qualifiziert elektronisch signierte Dokumente gilt die Privilegierung des § 371a Abs. 1 ZPO. Satz 2 der Norm statuiert einen Anscheinsbeweis für die Echtheit solcher Dokumente, die sich aus der Prüfung nach dem SigG ergebe.[270] Zur

---

[268] Aus der jüngeren Literatur ausführlich zu fortgeschrittenen Signaturen Bergfelder, Beweis, S. 178 ff. mit Nachweisen.

[269] Aus der jüngeren Literatur ausführlich zu qualifizierten elektronischen Signaturen Bergfelder, Beweis, S. 187 ff. mit Nachweisen.

[270] Weshalb für den Empfänger regelmäßig nur die akkreditierte Signatur mit ihrer Vermutung nach § 15 Abs. 1 S. 4 SigG den erhofften Anschein der Echtheit hat, Musielak/Huber ZPO § 371a Rn. 8 f.; Roßnagel NJW 2001, 1817, 1826; Roßnagel/Fischer-Dieskau NJW 2006, 806, 807. Die Norm verweist mit der Formulierung „elektronische Form" auf § 126a Abs. 1 BGB mithin vermeintlich auf die zusätzliche Anforderung der Namensunterschrift auf dem Dokument. Der Name des Signierenden ergibt sich indessen bereits aus dem Zertifikat, §§ 2 Nr. 3 a, Nr. 7; 7 Abs. 1 Nr. 1 SigG. Dessen Fehlen im Dokument berührt daher gegebenenfalls § 126a BGB, nicht aber die Rechtsfolgen des § 371a ZPO, ausführlich Nitschke, Softwareagenten, S. 231 ff.;

Erschütterung des Anscheins, der hier auf Gesetz und nicht typischen Geschehensablauf beruht[271], müssen Tatsachen vorgetragen werden, die die Abgabe der Erklärung durch den Signaturschlüsselinhaber in Zweifel ziehen.

Dieses Verfahren ist ebenfalls kein Spezifikum der SESAM-Plattform. Es sind allerdings hier die regelmäßig kostenpflichtigen Dienstleistungen Dritter und zusätzliche Geräte erforderlich. Die qualifizierte elektronische Signatur leidet unter mangelnder Akzeptanz und wird in Peer-to-Peer-Märkten, für die hauptsächlich ein Kostenargument angeführt wird, kaum den Durchbruch erleben.

5. Beweisführung und Zusammenfassung

Erklärungen, die in elektronischen Dokumenten vorliegen, werden im Wege des Augenscheins in den Prozess eingeführt und unterliegen der freien richterlichen Beweiswürdigung, §§ 371 Abs. 1 Satz 2, 286 ZPO.

Aus technischer Sicht wird immer eine Kopie übermittelt oder vorgelegt. Weder ist die Kopie vom Original zu unterscheiden noch kann festgestellt werden ob die Kopie einem behaupteten Original entspricht oder wann sie gefertigt wurde. Im Falle der einfachen elektronischen Signatur und keinerlei Verschlüsselung gilt also, dass sich aus technischer Perspektive keine Aussagen zur Authentizität und Integrität aus dem Dokument treffen lassen. Es wäre im Bestreitensfalle weiterer Tatsachenvortrag erforderlich. Bei der fortgeschrittenen und qualifizierten elektronischen Signatur oder einer entsprechenden Verschlüsselung lässt sich die Integrität zweifelsfrei feststellen. Bei der qualifizierten elektronischen Signatur besteht unter Umständen sogar ein Anschein für die Echtheit. Bei der fortgeschrittenen Signatur ist gegebenenfalls die Zuordnung des öffentlichen Schlüssels und Kontrolle des privaten Schlüssel zu beweisen, um dann auf die Echtheit des Dokuments schließen zu können. Der entscheidende Unterschied der fortgeschrittenen und qualifizierten Verfahren gegenüber den einfachen liegt darin, dass eben nur ein Schlüsselinhaber eine Signatur anbringen oder ein Dokument entschlüsseln kann.

Roßnagel/Fischer-Dieskau MMR 2004, 133, 138; Fischer-Dieskau MMR 2003, 701, 702.

[271] Musielak/*Huber* ZPO § 371a Rn. 7; Czeguhn JuS 2004, 124, 126.

II. Beispiel elektronische Post

Die elektronische Post erhält große Aufmerksamkeit in der Rechtswissenschaft und eignet sich gut zur Illustration der hier aufgeworfenen Fragen. E-Mails gibt es in der heutigen Form zwar schon seit den achtziger Jahren des 20. Jahrhunderts, als Massenkommunikationsmittel sind sie jedoch eine neuere Erscheinung, weshalb bisher, soweit ersichtlich, nur untergerichtliche Entscheidungen vorliegen. Dabei werden Anscheinsbeweise – etwa für die Authentizität – überwiegend abgelehnt und der Beweiswert von elektronischer Post gering angesetzt.[272]

1. Authentizität des Kommunikationsprotokolls

Elektronische Post sieht kein Verschlüsselungs- oder Signaturverfahren zwingend vor, schließt es für den Nachrichtenkörper aber auch nicht aus. Wie bereits ausgeführt ist Authentizität und Integrität daher bei unverschlüsselten oder nicht mindestens fortgeschritten signierten E-Mails technisch nicht sichergestellt, deshalb ist das Vertrauen in einen bestimmten Absender rechtlich nicht schutzwürdig.[273]

Benutzt der Absender eine (mindestens fortgeschrittene) Signatur oder ein (a)symmetrisches Verschlüsselungsverfahren mag ein Vertrauen in einen bestimmten Absender gerechtfertigt sein. Verschlüsselte Nachrichten sind authentisch, wenn der Schlüssel nicht allgemein zugänglich oder zu errechnen ist: Ohne Entschlüsselung kann die Nachricht nicht verändert (und erneut verschlüsselt) werden. Ohne Verschlüsselung oder Signaturen hat die eingehende Kopie der Erklärung[274] allenfalls geringen Aussagewert hinsichtlich des Absenders: Allein dessen IP-Adresse kann unter Umständen ermittelt werden. Normalerweise wird sie

---

[272] OLG Köln MMR 2002, 813 f.; LG Bonn MMR 2002, 255 ff.= CR 2002, 293, zustimmend Wiebe MMR 2002, 257 f. und Hoeren, CR 2002, 295 f.; AG Erfurt MMR 2002, 127 f., zustimmend Wiebe MMR 2002, 128 f.; AG Bonn NJW-RR 2002, 1363; anders AG Hannover CR 2000, 854 = MUM 2000, 412; das ebenfalls gern für die Gegenauffassung zitierte AG Ettlingen -2 C 259/00-, JurPC Web-Dok. 65/2002 (http://www.jurpc.de/rechtspr/20020065.pdf 20.07.2009), hat eine unstrittige E-Mail ausgelegt, siehe dort S. 4; zu ArbG Frankfurt, CR 2002, 615 vergleiche schon Roßnagel/Pfitzmann NJW 2003, 1209 Fn. 7.

[273] Vergleiche OLG Köln, 13.01.2006, 19 U 120/05, JurPC Web-Dok. 48/2006, Abs. 16 (http://jurpc.de/rechtspr/20060048.htm 20.07.2009); für nicht verifizierte Identitäten bei Auktionshäusern im Netz auch Borges NJW 2005, 3313, 3315.

[274] Das Original wird nie hergegeben, ist aber von der Kopie auch nicht zu unterscheiden.

vom Rechner des Empfängerpostfachs beim SMTP-Dialog[275], der einer Zustellung vorausgeht, festgestellt. Dies ist aber nicht zwingend, daher ist selbst diese Angabe vor Manipulationen nicht sicher. Die weiteren Angaben im SMTP-Dialog oder im Header (Kopf) der E-Mail sind ohne Nachweiswert. Eine Verschlüsselung ist nicht möglich. Die Angaben können etwa lauten:

```
MAIL FROM:<Sender@example.org>
RCPT TO:<Christian.Funk@ira.uka.de>
```
im SMTP-Dialog und
```
From: Absender@beispiel.de
To: Empfaenger@ira.uka.de
```
im Header.

Die Angaben sind frei wählbar. Das Empfängerpostfach muss für eine Zustellung freilich existieren. Die im Beispiel verwendeten abweichenden Adressen in Header und SMTP-Dialog können auch so genutzt werden, die meisten E-Mailprogramme werten nur den Nachrichtenkopf aus und zeigen dem Inhaber des Postfachs Christian.Funk@ira.uka.de eine E-Mail von Absender@beispiel.de an Empfaenger@ira.uka.de an, die tatsächlich (vermeintlich) von Sender@example.org verschickt wurde. Das Beispiel zeigt, welchen Wert Absenderangaben aus dem Kopf elektronischer Post haben. Dies ändert sich nicht bei Signaturen oder asymmetrischen Verschlüsselungen im Nachrichtenkörper, dort beruht das erzeugte Vertrauen auf der Annahme oder dem Nachweis, dass nur eine bestimmte Person über den Schlüssel oder die Signaturkarte Verfügungsgewalt hat und daher die E-Mail von ihr stammen müsse.

2. Beweiserleichterungen bei elektronischer Post?

Trotz der fraglichen Authentizität „einfacher" elektronischer Post, wird diese in der Praxis vielfältig eingesetzt, weshalb überlegt wird, wie die Beweispositionen des Absenders oder Empfängers verbessert werden kann.

---

[275] SMTP (Simple Mail Transfer Protocol) stellt ein Protokoll zum Austausch von elektronischer Post dar, siehe dazu RFC (Request for Comments) Nr. 821, 2821 und 5321 (http://www.ietf.org/rfc/rfc821.txt, http://www.ietf.org/rfc/rfc2821.txt und http://www.ietf.org/rfc/rfc5321.txt 20.07.2009).

3. Anscheinsbeweis für die Authentizität

In der Literatur finden sich Verfechter eines Anscheinsbeweises für die Tatsache, dass eine Nachricht auch vom angegebenen Absender stamme.[276] Dabei werden die Fälschungsmöglichkeiten eingeräumt[277], aber behauptet, dies könne vernachlässigt werden, weil es so selten vorkomme[278], für den weniger informierten Anwender aufwendig sei[279] und dieser durch Strafvorschriften abgeschreckt sei[280]. Außerdem sei die qualifizierte elektronische Signatur zu umständlich, teuer und nicht akzeptiert.[281]

4. Kritik

Für eine Stellungnahme sollen zunächst die Voraussetzungen eines Anscheinsbeweises dargestellt werden. Es handelt sich um eine nicht normierte Beweiserleichterung.

a) Allgemeine Voraussetzungen eines Anscheinsbeweises

Die Denkfigur des Prima-facie-Beweises wird auf Gewohnheitsrecht gestützt und erlaubt, bei typischen Geschehensabläufen ohne genaue Tatsachengrundlage aufgrund von Erfahrungssätzen auf einen ursächlichen Zusammenhang zu schließen.[282]

Feststehen muss ein typischer Geschehensablauf, mithin ein Sachverhalt, bei dem nach der Lebenserfahrung auf eine bestimmte Folge oder die Verursachung durch ein bestimmtes Verhalten geschlossen werden kann, weil er so sehr das

---

[276] Mankowski NJW 2002, 2822 ff.; derselbe CR 2003, 44 ff.; Hoeren NJW 2008, 2615, 2618; für passwortgeschützte Accounts bei Versteigerungsplatfformen genauso Winter, JurPC Web-Dok. 109/2002, Abs. 13 ff. (http://jurpc.de/aufsatz/20020109.htm 20.07.2009).

[277] Mankowski NJW 2002, 2822, 2823 f.

[278] Mankowski NJW 2002, 2822, 2823 f.; derselbe CR 2003, 44, 45.

[279] Mankowski NJW 2002, 2822, 2824 f.; derselbe CR 2003, 44, 45.

[280] Mankowski NJW 2002, 2822, 2825 f.; derselbe CR 2003, 44, 45.

[281] Mankowski NJW 2002, 2822, 2826 f.

[282] Zöller/*Greger* vor § 284 Rn. 29.

Gepräge des gewöhnlichen und Üblichen trägt, dass die besonderen individuellen Umstände in ihrer Bedeutung zurücktreten.[283] Erschüttert werden kann dieser vorläufige Beweis durch Vortragen und Beweisen von Tatsachen, die einen anderen als den erfahrungsgemäßen Ablauf der Dinge nahe legen. Die dogmatische Verortung des Prima-facie-Beweises ist nicht geklärt.[284] Er wird der Beweiswürdigung, folglich dem Prozessrecht, oder dem materiellen Recht zugeordnet.[285] Konsequenzen hat diese Zuordnung bei der Anwendung ausländischen Rechts: Handelt es sich um Prozessrecht, legt es der Richter bei der Tatsachenfeststellung zu Grunde, anderenfalls nur, wenn das ausländische Recht ein ergebnisgleiches Rechtsinstitut bereit hält.

Mit § 371a ZPO[286] hat der Gesetzgeber inzwischen den Anscheinsbeweis für die Echtheit eines elektronisch signierten Dokuments geregelt. Damit wurde das Institut formal anerkannt, die Frage der dogmatischen Zuordnung blieb jedoch offen.

b) Typizität

Die erste Voraussetzung für einen Anscheinsbeweis – die Typizität der authentischen elektronischen Nachricht – ist nicht erfüllt.[287] Die Mehrzahl der zugestellten Nachrichten besteht aus unerwünschter Werbung[288], die regelmäßig falsche Absenderangaben tragen. Dies wird von Befürwortern des Anscheinsbeweises eingeräumt.[289] Dies sei kein Problem, wird argumentiert, denn nicht existierende Absenderpostfächer seien durch erfolglose Kommunikationsversuche und falsche Ab-

---

[283] BGH NJW 1987, 1944 = BGHZ 100, 214; Zöller/*Greger* vor § 284 Rn. 29; Musielak/*Foerste* § 286 Rn. 23.

[284] Zöller/*Greger* vor § 284 Rn. 29; Musielak/*Foerste* § 286 Rn. 24.

[285] Vergleiche Zöller/*Greger* vor § 284 Rn. 29.

[286] Eingeführt durch das Gesetz über die Verwendung elektronischer Kommunikationsformen in der Justiz (Justizkommunikationsgesetz – JKomG) BGBl. I 2005, 837; zuvor fand sich eine Regelung in § 292a ZPO alte Fassung.

[287] Anders Hoeren/Sieber/*Geis* Teil 13.2 Rn. 7 (August 2005).

[288] Siehe beispielsweise die Meldung unter http://www.heise.de/newsticker/meldung/105882/ 20.07.2009 und http://www.bitkom.org/52966_52884.aspx 20.07.2009. Wie hier Klein JurPC Web-Dok. 198/2007, Abs. 59 (http://www.jurpc.de/aufsatz/20070198.htm 20.07.2009).

[289] Mankowski NJW 2002, 2822, 2823.

senderadressen durch retournierte Werbepost leicht aufzudecken.[290] Ausreichen würde schon der Nachweis einer Spam-Mail.[291]

Der Argumentation kann nicht gefolgt werden. Die Mehrzahl der versandten E-Mails bleibt nichtauthentische Werbung, auch wenn sie als solche vermeintlich leicht zu erkennen ist. Die Argumentation ist zudem zirkulär. Retournierte Werbung und erfolglose Kommunikation liegen ja wieder in Form von elektronischer Post vor, über die eine allgemeine Aussage getroffen werden soll. Mit diesen Nachrichten soll nun auf die Authentizität der vermeintlich ursächlichen Nachrichten geschlossen werden.

Typizität liegt nicht vor.

c) Fälschungsmöglichkeiten

Eine elektronische Nachricht, deren Beweis durch Vorlage oder Übermittlung der Datei erfolgt, § 371 Abs. 1 Satz 2 ZPO, kann schnell und einfach erzeugt oder verändert werden. Erforderlich ist nur ein Texteditor, der mit jedem Betriebssystem mitgeliefert wird.[292] Hinsichtlich Identität und Authentizität sind daher keine verlässlichen Aussagen möglich.[293]

Entscheidend ist dabei weniger die Frage, ob oder wie wahrscheinlich gefälscht wurde, sondern, dass ein Bezug zwischen elektronischem Dokument und Urheber oder Absender technisch nicht hergestellt werden kann. Verfehlt sind deswegen Ausführungen zur Passwortsicherheit, zur Wahrscheinlichkeit und zum Aufwand verschiedener Angriffsarten wie beispielsweise der Maskerade. Einer ausgedruckt oder elektronisch vorgelegten Datei, die eine E-Mail sein soll, kann nicht entnommen werden, ob sie tatsächlich vorher durch das Netz gegangen ist oder nur zum Zwecke der Vorlage erstellt wurde.[294] Um dies festzustellen, sind zusätzliche, oft

---

[290] Mankowski NJW 2002, 2822, 2823.

[291] Mankowski NJW 2002, 2822, 2823.

[292] Dies unterschätzt Mankowski, wenn er in NJW 2002, 2828, 2823 seine Ausführungen auf Maskeradeangriffe fokussiert und in CR 2003, 44, 48 lapidar schreibt, dies sei nicht wahrscheinlich und über den Täter werde der „Zorn der Gerechten ausbrechen".

[293] So auch Roßnagel/Pfitzmann NJW 2003, 1209, 1210; Degen NJW 2008, 1473, 1480; LG Hannover Urteil vom 11. Mai 2006, Az. 21 O 153/04 zitiert nach http://www.heise.de/newsticker/meldung/73403 20.07.2009; Bergfelder, Beweis, S. 346 f.

[294] Daher wäre ein Anscheinsbeweis selbst dann willkürlich, wenn es Erkenntnisse darüber gäbe,

nicht verfügbare, Informationen erforderlich. Wenn es auf diese ankommen soll, ist aber der Boden des Anscheinsbeweises schon verlassen. Nachrichten, die tatsächlich versandt wurden, können während oder nach dem Transport verändert worden sein, ohne dass dies erkennbar wäre.[295] Hier wären wieder zusätzliche Informationen erforderlich, etwa Aufzeichnungen der Mailserver der Übermittler. Diese Daten sind allerdings, wenn überhaupt erhoben, regelmäßig nicht bekannt oder nicht mehr vorhanden.[296] Zur Integrität sind Aussagen auch mit den Logdaten regelmäßig nicht möglich.

Die mangelnde Rechtssicherheit der Kommunikation über elektronische Post und damit einhergehend die befürchteten höheren Kosten für den elektronischen Handel sind der Preis für die niedrigen Transaktionskosten.[297] Dies gilt auch für das plakativ behauptete „Widerrufsrecht qua Beweislast"[298]. § 371a Abs. 1 Satz 2 ZPO legt eher einen Umkehrschluss nahe, als unvollständig zu sein.[299] Beruht er doch auf den „hohen Sicherheitsstandards qualifizierter elektronischer Signaturen"[300]. Der Gesetzgeber hat mit dieser Norm abschließend entschieden, unter welchen Umständen privaten elektronischen Dokumenten der Anschein der Echtheit zukommt. Die Annahme des Anscheins der Echtheit nicht qualifiziert elektronisch signierter E-Mails widerspricht dieser Wertungsentscheidung und ist daher auch aus diesem Grunde nicht möglich.

5. Zusammenfassung

Beweiserleichterungen in Form von Anscheinsbeweisen für die Authentizität und Integrität „einfacher" elektronischer Post sind nicht ersichtlich. Dies lässt sich verallgemeinern für sonstige elektronisch übermittelte Erklärungen für deren Echtheit

---

dass alle E-Mails authentisch wären, denn ob es sich bei dem Vorgelegten um eine E-Mail handelt ist nicht klar. Ein Ausweg bestünde allenfalls darin, allen elektronischen Dokumenten mit einem Namenszusatz oder ähnlichen den Anschein der Authentizität zuzusprechen.

[295] Roßnagel/Pfitzmann NJW 2003, 1209, 1210.

[296] Roßnagel/Pfitzmann NJW 2003, 1209, 1210; Bergfelder, Beweis, S. 341 f.

[297] Ähnlich Roßnagel/Pfitzmann NJW 2003, 1209, 1213 f.; zu den Konzepten Sicherheit durch Interaktion und Medienbruch Bizer DuD 26 (2002), 276, 278 ff.

[298] Mankowski CR 2003, 44.

[299] Spindler/Schuster/*Spindler/Weber* § 126a BGB Rn. 15; Klein JurPC Web-Dok. 198/2007, Abs. 59 (http://www.jurpc.de/aufsatz/20070198.htm 20.07.2009).

[300] BT-Drucksache 14/4987 S. 23, 25; vergleiche Roßnagel/Pfitzmann NJW 2003, 1209, 1213.

die Prüfung nach dem SigG keinen Anschein ergibt, § 371a Abs. 1 Satz 2 ZPO *e contrario.*

Soweit Erklärungen ohne Signaturen, die eine beweisrechtliche Privilegierung vorsehen, vorliegen, ist regelmäßig weiterer Tatsachenvortrag erforderlich. Dies wird mangels praktischer Akzeptanz der qualifizierten elektronischen Signatur die Regel sein.

Bei fortgeschrittener elektronischer Signatur steht zumindest die Integrität fest.[301] Für den Empfänger einer solchen Erklärung ist die Position recht komfortabel, wenn er die Schlüssel zuordnen kann.[302] Dem Urheber bleibt in diesem Falle praktisch nur die Behauptung, Dritte hätten auf seine Schlüssel Zugriff gehabt.[303] Der Absender einer Erklärung kann ebenfalls recht leicht die Integrität und Authentizität nachweisen. Regelmäßig muss er aber noch den Zugang der Erklärung beweisen. Die hier vorgestellten Verfahren allein können dabei keine Unterstützung bieten.

Bereits einleitend wurde die Erkenntnis festgehalten, dass alternative technische Mittel, die den Nachweis der Integrität und Authentizität unterstützen (zentrale Protokollierung), dem Peer-to-Peer-Paradigma widersprechen. In dezentralen Märkten sind daher fortgeschrittene und qualifizierte Signaturen das Mittel der Wahl, um den Nachweis der Integrität und Authentizität von Willenserklärungen zu ermöglichen.

---

[301] Für einen hohen Indizienbeweiswert auch Bergfelder, Beweis, S. 355 f.

[302] Ausführlich zum Beweiswert fortgeschrittener elektronischer Signaturen Bergfelder, Beweis, S. 354 ff.; skeptisch Roßnagel MMR 2003, 164, 168 f.

[303] Die technischen Schwächen fortgeschrittener Signaturen nach § 2 Nr. 2 SigG gegenüber akkreditierten Verfahren sind nicht Gegenstand dieser Arbeit, siehe dazu Bergfelder, Beweis, S. 354 ff. und Roßnagel MMR 2003, 164 ff. Für die hier beschriebenen Beispiele gilt immer die Annahme, dass die fortgeschrittenen Signaturen mit nach dem Stande der Technik sicheren Systemen erstellt werden.

E. Zugangsbeweis bei elektronisch übermittelten Erklärungen

Der Vertragsschluss auf elektronischen Marktplätzen ist wenig wert, wenn er nicht vor Gericht nachgewiesen werden kann. Dabei begegnen elektronische Dokumente ganz anderen Schwierigkeiten als eine papierne Vertragsurkunde mit handschriftlichen Namenszügen: Aus den digitalen Informationen selbst lässt sich kein Zusammenhang zu Urhebern oder Erklärenden herstellen.[304] Durch die fehlende Unterscheidbarkeit von Original und Kopie und durch fehlenden Einfluss auf fremde Rechner mutet der Nachweis des Zugangs von elektronischen Dokumenten als nicht zu leisten an.

Der Ausweg besteht regelmäßig darin, einen Dritten in die Verhandlungs- und Abschlussprozesse einzubeziehen. In Betracht kommen unter anderem Zertifizierungsdiensteanbieter bei der qualifizierten elektronischen Signatur oder der Betreiber des Marktplatzes selbst. Durch solche Dritte wird auch fehlendes Vertrauen generiert. Im ersteren Fall geht es um die Echtheit der Erklärung. Im zweiten Fall ist denkbar, dass der Betreiber als Zeuge für den Zugang elektronischer Erklärungen bereit steht oder entsprechende technische Lösungen anbietet oder anbieten lässt.

Für das hier beschriebene Szenario sind solche Ansätze nicht geeignet. Die qualifizierte elektronische Signatur ist in der Praxis nicht akzeptiert und wird kaum genutzt. In Peer-to-Peer-Märkten gibt es keinen dezidierten Betreiber, der den Marktplatz an- oder abschalten oder sonst kontrollieren könnte. Die Struktur eines solchen Systems erscheint von außen extrem intransparent. Da die Daten mehrfach und „zerstückelt" im Netz vorhanden sein können, erscheint es fast aussichtslos, einen zusammengehörenden Inhalt, also eine Erklärung, einer Person zuzuordnen. Hinzu kommt die Frage, wie ermittelt werden soll, wer wann Zugriff auf eine Erklärung hatte, die rechtliche von großer Bedeutung sein kann. Es sind ja nicht einmal einfache „logfiles" zentral vorhanden, die jeder Server sonst produziert.

Ein Marktplatz von solcher Undurchsichtigkeit kann keine Rechtssicherheit gewähren und wird niemanden motivieren, am Marktgeschehen teilzunehmen und Verträge abzuschließen. Er taugt nur, um etwas zu verschenken oder um Daten

---

[304] Siehe schon das vorgehende Kapitel.

ohne zusätzliche Gegenleistung verfügbar zu machen. Der Erfolg eines verteilten Marktes hängt ganz entscheidend von Vertrauen erzeugenden Lösungen ab, die sonst zentral angeboten werden. Es muss also ein Weg gefunden werden, derartige Mechanismen in den Peer-to-Peer-Markt einzubringen.

Die grundlegende Idee besteht darin, die anderen Marktteilnehmer zu nutzen, um das erforderliche Vertrauen zu generieren. Sie sollen die Rolle des Boten übernehmen und das Problem des Zugangs elektronischer Erklärungen und dessen Nachweises lösen. Die Marktteilnehmer können auch als Zertifizierer dienen und den Echtheitsnachweis mit Mitteln „unterhalb" der qualifizierten elektronischen Signatur ermöglichen wie im vorangegangenen Kapitel beschrieben.

Die folgende Darstellung erörtert zunächst die materiellrechtlichen Voraussetzungen der Wirksamkeit von Willenserklärungen. Besonderer Wert wird dabei auf den Zugang gelegt. Mit dem Aufkommen neuer Kommunikationsmittel hat sich das Meinungsspektrum in Wissenschaft und Rechtsprechung verbreitert. Die Arbeit verfolgt auch an dieser Stelle das Ziel, einen möglichst generischen Obersatz aus dem Gesetz zu gewinnen, der einerseits Rechtssicherheit gewährleistet, andererseits offen für weiteren technischen Fortschritt ist.

Anschließend wird eine Subsumtion für die Wirksamkeit elektronisch übermittelter Willenserklärungen vorgenommen. Dies erfolgt unter Berücksichtigung der wissenschaftlichen Diskussion am Beispiel der elektronischen Post, da diese sich gut eignet, die rechtlichen Probleme zu illustrieren. Der Peer-to-Peer-Markt SESAM dient als zweites Beispiel für eine Subsumtion.

Im nächsten Schritt wird der Beweis des Zugangs einer Willenserklärung behandelt.[305] Berücksichtigung finden neben der Beweislast Institute, die die Beweisführung erleichtern, denn dies ist das Ziel der technischen Unterstützung. Insbesondere wird der Meinungsstand zu den verschiedenen Einschreibearten dargestellt, da die vorgeschlagene technische Lösung diese Verfahren zum Vorbild hat. Auf Beweiserleichterungen bei elektronisch übermittelten Erklärungen wird gesondert eingegangen.

Sodann wird das „elektronische Einschreiben" für Peer-to-Peer-Märkte vorgestellt. Es folgt eine knappe technische Begutachtung und eine ausführliche rechtliche Untersuchung im Hinblick auf mögliche Erleichterungen bei der Beweisfüh-

---

[305] Die Abgabe birgt selten tatsächliche Herausforderungen und wird daher nicht behandelt.

rung. Die gewonnenen Ergebnisse sollen in eine Vertragsklausel überführt werden. Abschließend erfolgt eine Überprüfung der Klauselvorschläge auf Verstöße gegen Normen des Rechts der Allgemeinen Geschäftsbedingungen.

I. Wirksamkeit von Willenserklärungen

Willenserklärungen sollen rechtliche Wirkungen herbeiführen. Der Wille des Erklärenden muss daher nach außen in Erscheinung treten. Ein nur innerlich gebildeter, nicht kommunizierter Wille bleibt rechtlich ohne Bedeutung. Die Erklärung des Willens verfolgt zwei Zwecke. Einerseits manifestiert sich der Wille zur rechtlichen Gestaltung nach außen. Dies wird im Gesetz als „Abgabe" bezeichnet, § 130 Abs. 1 BGB. Andererseits muss die Person informiert werden, bei der die Rechtsfolgen der Willenserklärung eintreten sollen; in der Gesetzesterminologie „Zugang", § 130 Abs. 1 BGB.

Das Eintreten der mit der Willenserklärung bezweckten Rechtsfolge, beispielsweise die einseitige Gestaltung eines Rechtsgeschäfts im Falle der Kündigung, setzt deren Wirksamkeit voraus. Neben dem Eintritt der Rechtsfolge entfällt mit Wirksamkeit auch die Möglichkeit, die Willenserklärung zu widerrufen, § 130 Abs. 1 BGB.

Voraussetzung der Wirksamkeit ist in jedem Falle die Abgabe. Bei empfangsbedürftigen Willenserklärungen ist zusätzlich der Zugang erforderlich. Das ergibt sich für Erklärungen unter Abwesenden aus § 130 Abs. 1 Satz 1 BGB, ist aber darüber hinaus für sämtliche empfangsbedürftige Erklärungen Wirksamkeitsvoraussetzung.[306]

Für die Wirksamkeit einer nicht empfangsbedürftigen Willenserklärung genügt deren Abgabe.[307] Nicht empfangsbedürftig sind Willenserklärungen in einseitigen Rechtsgeschäften, beispielsweise Testamentserrichtung, § 2247 BGB oder Dereliktion, § 959 BGB.[308]

---

[306] Weiler JuS 2005, 788, 789.
[307] Weiler JuS 2005, 788, 789.
[308] Erman/*Palm* Einleitung Rechtsgeschäfte vor § 104 Rn. 11.

1. Abgabe

Wie erwähnt, bedarf jede Willenserklärung zu ihrer Wirksamkeit der Abgabe. Eine Erklärung wurde abgegeben, wenn der Erklärende seinen rechtsgeschäftlichen Willen so geäußert hat, dass an der Endgültigkeit keine Zweifel verbleiben.[309] Empfangsbedürftige Erklärungen müssen außerdem mit dem Willen des Erklärenden in den Verkehr gebracht werden.[310]

Von Interesse ist der Zeitpunkt der Abgabe. Grundsätzlich kommt es auf den Zeitpunkt der Abgabehandlung an. Es beeinflusst die Erklärung nicht, wenn der Erklärende nach der Abgabe stirbt oder geschäftsunfähig wird, § 130 Abs. 2 BGB.

Bei mündlichen Erklärungen ist deshalb der Zeitpunkt maßgebend, zu dem die Erklärung an den Empfänger so ausgesprochen wird, dass dieser sie vernehmen kann.[311]

Verkörperte Erklärungen sind in dem Moment abgegeben, in dem der Absender seine letzte Mitwirkungshandlung vollzogen hat.[312] Dies ist der Fall, wenn der Brief zu Post[313] oder der Sekretärin gegeben wird, die ihn frankiert und abschickt[314]. Bei der elektronischen Post bedarf es des willentlichen endgültigen Sendebefehls.[315]

Die Erklärung kann ohne den Willen des Urhebers in den Verkehr gelangen. Etwa wenn der Sekretär den Brief vom Schreibtisch nimmt und zur Post gibt, obwohl der Verfasser die Sache nochmals überdenken wollte[316] oder wenn der Sendebefehl bei elektronischer Post versehentlich ausgelöst wird[317]. Die rechtliche Beurteilung solcher Erklärungen ist uneinheitlich: Hat der Verfasser zu vertreten, dass die Erklärung in den Verkehr gelangt, wird angenommen, dass die Erklärung als abgegeben zu behandeln sei.[318] Dies wird in dem genannten Sekretärenbei-

---

[309] Larenz/Wolf, BGB AT § 26 Rn. 2; Palandt/*Heinrichs* § 130 Rn. 4.

[310] BGHZ 65, 13, 14; BGH NJW-RR 2003, 384.

[311] Larenz/Wolf, BGB AT § 26 Rn. 5.

[312] Ultsch NJW 1997, 3007.

[313] Larenz/Wolf, BGB AT § 26 Rn. 7.

[314] Larenz/Wolf, BGB AT § 26 Rn. 7 mit weiteren Beispielen in Rn. 7-10.

[315] Ultsch NJW 1997, 3007.

[316] Beispiel bei Larenz/Wolf, BGB AT § 26 Rn. 7, Münchener Kommentar/*Einsele* § 130 Rn. 14.

[317] Beispiel bei Ultsch NJW 1997, 3007 Fußnote 6.

[318] Münchener Kommentar/*Einsele* § 130 Rn. 14; Larenz/Wolf, BGB AT § 26 Rn. 7; Medicus, BGB AT Rn. 266, 607 f.

spiel vertreten, weil der Urheber die Abgabe durch den Sekretär zu vertreten habe.[319] Er hätte das Schriftstück wegschließen können. Er könne sich durch Anfechtung von der Erklärung lösen, hafte jedoch entsprechend § 122 BGB auf Schadensersatz.[320] Problematisch an dieser Auffassung ist, dass ein Verschulden beziehungsweise Vertretenmüssen mit einer rechtsgeschäftlichen Handlung gleichgesetzt wird. Richtigerweise ist die Erklärung in diesen Fällen nicht abgegeben.[321] Hat der Urheber nicht zu vertreten, dass die Erklärung in den Verkehr gelangt, etwa, weil sie ihm gestohlen wird, gilt die Erklärung unstreitig nicht als abgegeben.[322] Ob dem auf die Wirksamkeit der Erklärung vertrauenden Empfänger entsprechend § 122 BGB Ersatz zu leisten ist, wird wieder unterschiedlich beantwortet.[323] Dogmatisch sauberer erscheint es, Ersatzansprüche auf Verschulden bei Vertragsverhandlungen, mithin § 311 BGB, zu stützen, wenn ein Vertretenmüssen als Ausgangspunkt für die Haftung dient.[324]

2. Zugang

Empfangsbedürftige Willenserklärung bedürfen zur Wirksamkeit neben der Abgabe des Zugangs.

a) Der Begriff des Zugangs

aa) Empfangs- und Vernehmungstheorie

Der Begriff des Zugangs ist sowohl in seiner Bedeutung in § 130 Abs. 1 BGB als auch für nicht geregelte Tatbestände umstritten. Ausgangspunkt der heutigen Diskussion sind zwei verschiedene Grundsätze. Nach einem dieser Grundsätze bedeute Zugang, dass die Willenserklärung in den Bereich des Empfängers gelange,

---

[319] Münchener Kommentar/*Einsele* § 130 Rn. 14; Larenz/Wolf, BGB AT § 26 Rn. 7.

[320] Münchener Kommentar/*Einsele* § 130 Rn. 14; Larenz/Wolf, BGB AT § 26 Rn. 7.

[321] Motive I § 74, S. 157 („Selbstverständlich"); Larenz, BGB AT S. 419; Canaris JZ 1976, 132, 134; Ultsch NJW 1997, 3007 Fußnote 6; für abhanden gekommene Vollmachtsurkunden BGH NJW 1975, 2101, 2102 = BGHZ 65, 13 = JZ 1976, 132.

[322] Münchener Kommentar/*Einsele* § 130 Rn. 14; Larenz/Wolf, BGB AT § 26 Rn. 7.

[323] Dafür Larenz/Wolf, BGB AT § 26 Rn. 7, Canaris JZ 1976, 132, 134; dagegen Medicus, BGB AT Rn. 608.

[324] So Medicus, BGB AT Rn. 266, 608.

so dass dieser Kenntnis nehmen könne.[325] Diesen Grundsatz, die sogenannte „Empfangstheorie", legte der historische Gesetzgeber bei der Schaffung des § 130 BGB zu Grunde.[326] Die Einschränkung „dass dieser Kenntnis nehmen kann" findet sich wörtlich allerdings nicht in den zitierten Motiven wieder. Es überrascht nicht, dass über dieses Merkmal in der Wissenschaft Unsicherheit besteht.

Der zweite Grundsatz, wonach eine Erklärung durch Kenntnisnahme durch den Empfänger wirksam werde[327], wird als „Vernehmungstheorie" gekennzeichnet.

bb) Die unvollständige gesetzliche Regelung

Die gesetzliche Regelung des Zugangs ist lückenhaft. § 130 Abs. 1 BGB regelt das Wirksamwerden einer „Willenserklärung, die einem anderen gegenüber abzu-geben ist, ..., wenn sie in dessen Abwesenheit abgegeben wird". Das Gesetz schweigt zu der Frage, wie eine Erklärung unter Anwesenden wirksam wird. Dem Wortlaut lässt sich außerdem nicht zweifelsfrei entnehmen, ob unterschiedliche Ar-ten von Erklärungen differenziert behandelt werden können. Eine mündliche Erklä-rung, vor dem Briefkasten des abwesenden Empfängers aufgesagt, mag diesem, anders als ein eingeworfener Brief, wenig nützen.

Um die aufgeworfenen Fragen beantworten zu können, bedarf es Kriterien, an-hand derer die Reichweite des § 130 BGB und die in Betracht kommenden Grund-sätze bestimmt werden können.

In der Rechtsprechung und Wissenschaft wurden verschiedene Abgrenzungs-möglichkeiten entwickelt, um Rechtsfolgen für die Tatbestände bereitzustellen, die nicht von § 130 Abs. 1 BGB erfasst sind. Aus § 130 Abs. 1 BGB selbst lässt sich eine mögliche Kategorisierung in abwesende und anwesende Erklärende oder Er-klärungsempfänger ableiten.

Eine weitere Einteilung erfolgt nach Art der Erklärung: verkörperte und nicht verkörperte Erklärungen.[328] Hier wurde klassischerweise zwischen (fern)mündli-

---

[325] Erman/*Palm* § 130 Rn. 5.
[326] Motive I § 74, S. 157.
[327] Vergleiche Borges S. 229.
[328] Weiler JuS 2005, 788, 790.

chen und schriftlichen Erklärungen unterschieden. Inzwischen wurde dieses Kriterium in Reaktion auf neuere technische Entwicklungen angepasst.

Die genannten Klassifizierungen von Willenserklärungen führen also zu einer Tatbestandsmatrix mit insgesamt vier möglichen Kombinationen. Für diese Varianten sind hinsichtlich des Zugangs empfangsbedürftiger Willenserklärungen die Rechtsfolgen zu ermitteln, also entweder die Empfangstheorie oder die Vernehmungstheorie zugrunde zu legen. Dabei besteht nicht immer Einigkeit bezüglich der Rechtsfolge. Neben diesem Streit wird außerdem über die Klassifizierungen und deren Voraussetzungen sowie den tatsächlichen Inhalt der Zugangstheorien gestritten.

Im Folgenden werden getrennt nach Empfangs- und Vernehmungstheorie die Auffassungen zu deren Inhalt selbst sowie deren Reichweite, das heißt Anwendbarkeit hinsichtlich der vier Tatbestandskonstellationen, nachgewiesen.

cc) Empfangstheorie

(1) Obersatz

Für die Empfangstheorie werden verschiedene Obersätze vorgeschlagen. Die Rechtsprechung verwendet die Formel, wonach Zugang bedeute, dass die Willenserklärung in den Bereich des Empfängers gelangt, so dass dieser unter normalen Verhältnissen die Möglichkeit hat, Kenntnis von deren Inhalt zu nehmen.[329] In der Wissenschaft wird teilweise zusätzlich darauf abgestellt, dass die Kenntnisnahme nach der Verkehrsanschauung auch erwartet werden kann.[330]

(2) Bereich des Empfängers

Der Bereich des Empfängers schließt Empfangseinrichtungen ein, zum Beispiel Briefkasten, Postfach, Anrufbeantworter, Faxgerät und ein Postfach für elektronische Post (Mailbox).[331] Neben diesen Einrichtungen gehört der räumliche Macht-

---

[329] BGH NJW 1977, 194 = BGHZ 67, 271; Erman/*Palm* § 130 Rn. 5.

[330] Palandt/*Heinrichs* § 130 Rn 5.

[331] Münchener Kommentar/*Einsele* § 130 Rn. 17 f.; Palandt/*Heinrichs* § 130 Rn. 5.

bereich, etwa Wohn- und Geschäftsräume zu dem „Bereich" aus der Definition. Es werden auch Empfangspersonen dazugezählt.[332]

Zwar werden moderne Empfangseinrichtungen wie ein Rechner, der elektronische Post annimmt, vielfach zum (Macht-)Bereich des Empfängers gerechnet, gleichwohl wird zusätzlich eine Widmung zum Empfang verlangt.[333] Eine Widmung könne dabei schon in einer allgemeinen[334] Bekanntgabe oder einer solchen im Geschäftsverkehr[335] liegen.

(3) Anwendungsbereich der Empfangstheorie

Die Empfangstheorie wird für den Zugangsbegriff in § 130 BGB bemüht. Damit solle sie jedenfalls für Erklärungen unter Abwesenden gelten.[336]

Für Anwesende fehle eine Regelung, es sei zwischen verkörperten und nicht verkörperten Erklärungen zu unterscheiden: Für verkörperte Erklärungen sei die Empfangstheorie, mithin § 130 BGB entsprechend anzuwenden.[337]

Bei nicht verkörperten Erklärungen komme es auf die Vernehmung durch den Empfänger an.[338]

Zusammengefasst bedeutet dies, dass die Empfangstheorie bei Abwesenden und bei verkörperten Erklärungen unter Anwesenden gelte.

Nach anderer Auffassung solle unterschieden werden zwischen verkörperten (besser: gespeicherten) und nicht verkörperten (nicht gespeicherten) Erklärungen.[339] Auf An- und Abwesenheit komme es demnach nicht an. § 130 Abs. 1 BGB und damit die Empfangstheorie gelte demnach unmittelbar nur für die verkörperten Erklärungen.[340]

---

[332] BGH NJW 1951, 313.

[333] Münchener Kommentar/*Einsele* § 130 Rn. 18.

[334] Erman/*Palm* § 130 Rn. 6.

[335] Münchener Kommentar/*Einsele* § 130 Rn. 18.

[336] BGH NJW 1977, 194 = BGHZ 67, 271; BGH NJW 2004, 1320 mit Nachweisen; Erman/*Palm* § 130 Rn. 5, 9; Palandt/*Heinrichs* § 130 Rn. 5, so jetzt auch die amtliche Überschrift.

[337] BGH NJW 1998, 3344; Palandt/*Heinrichs* § 130 Rn. 13.

[338] BGH NJW 1989, 1728; BayObLG NJW-RR 1996, 524, 525; Palandt/*Heinrichs* § 130 Rn. 14.

[339] Medicus, BGB AT Rn. 291; Münchener Kommentar/*Einsele* § 130 Rn. 2.

[340] Münchener Kommentar/*Einsele* § 130 Rn. 2.

Für nicht verkörperte Erklärungen bedürfe es der Vernehmung durch den Adressaten.[341]

Nach einer weiteren Auffassung deckt sich der Anwendungsbereich des § 130 und der Empfangstheorie exakt, denn es komme allein auf die Ab- und Anwesenheit an; weitere Abgrenzungskriterien wie Verkörperung oder Speicherung werden abgelehnt.[342]

(4) Die Abgrenzungskriterien

Die zuvor beschriebenen Auffassungen kommen in der Praxis kaum zu unterschiedlichen Ergebnissen. Dies liegt an dem Verständnis der Begriffe An- und Abwesende sowie verkörpert und nicht verkörpert.

An- und Abwesende betrifft wörtlich das körperliche Zugegensein der Beteiligten. Diese Unterscheidung wird für eine direkte Kommunikation angegriffen: Die physische Präsenz sei bei Telefonaten oder anderer direkter Kommunikation kein sinnvolles Kriterium der Abgrenzung. Solche Kommunikation wird daher in die Fallgruppe „unter Anwesenden" einsortiert.[343] Argumentiert wird mit § 147 Abs. 1 Satz 2 BGB.[344] Indessen regelt die Norm die Dauer der Bindung an eine Erklärung, nicht deren Wirksamwerden.[345] Deshalb wird sich von anderer Seite auf die Kriterien der fehlenden Speicherung und einer Rückfragemöglichkeit berufen.[346] Nach nun nicht mehr vertretener Auffassung gelten für Telefonate dieselben Regeln wie für Erklärungen unter Abwesenden.[347]

---

[341] Medicus, BGB AT Rn. 291; Münchener Kommentar/*Einsele* § 130 Rn. 2; Flume, AT II S. 240 f.; Schack, BGB AT Rn. 187; Hübner Rn. 735.

[342] Staudinger/*Singer/Benedict* (2004) § 130 Rn. 17 ff.

[343] Medicus, BGB AT Rn. 288; Münchener Kommentar/*Einsele* § 130 Rn. 28; Erman/*Palm* § 130 Rn. 9.

[344] Heun CR 1994, 595, 597; Weiler JuS 2005, 788, 789 f.

[345] John AcP 184 (1984), 385, 393, Borges, Verträge im elektronischen Geschäftsverkehr, S. 236.

[346] John AcP 184 (1984), 385, 393; Medicus, BGB AT Rn. 288.

[347] Borges, Verträge im elektronischen Geschäftsverkehr, S. 236 Rn. 89 zitiert Rüthers/Stadler BGB AT, S. 152 (11. Aufl. 2001). Nunmehr differenziert Rüthers/Stadler BGB AT: Die auf dem Anrufbeantworter aufgezeichnete telefonische Nachricht folge den Regeln über Erklärungen unter Abwesenden (S. 167, Rn. 46), das Telefonat hingegen denen unter Anwesenden (S. 171, Rn. 54).

Im Ergebnis wird also überwiegend die direkte Kommunikation unter Abwesenden so behandelt, als fände sie unter Anwesenden statt.

Ein weiterer Ansatz versteht unter dem Begriff Abwesenheit einen Zustand, bei dem die sinnliche Wahrnehmung des Erklärenden ausgeschlossen ist.[348] Ist eine sinnliche Wahrnehmung wie bei Telefonie oder Videotelefonie möglich, bestünde keine Abwesenheit.

Soweit auf das Kriterium der Verkörperung zurückgegriffen wird, sollen verkörperte Erklärungen solche sein, die schriftlich oder in anderen dauerhaften Zeichen niedergelegte sind, nicht hingegen mündliche oder konkludente Willenserklärungen.[349]

Ähnliche Bedeutung hat das Kriterium der Speicherung. In seiner ursprünglichen Bedeutung verweist das Wort auf ein Sammeln und Aufbewahren von (körperlichen) Gegenständen, im Kontext der elektronischen Datenverarbeitung ist die Aufbewahrung oder Fixierung von Daten gemeint.[350] Eine Auffassung präzisiert auf die Speicherung in einer Datei.[351] Der Dateibegriff wird, soweit ersichtlich, nicht präzisiert. In der Informationstechnologie wird darunter ein strukturierter Bestand inhaltlich zusammengehörender Daten verstanden.

(5) Die Auffassung _Johns_

Einen im Detail von der Empfangstheorie abweichenden Ansatz bietet _John_. Zugang sei gegeben, wenn die Erklärung aus Sicht des sorgfältig Erklärenden für den Empfänger zugänglich und sicher gespeichert ist.[352] Ist eine Fristwahrung angestrebt, muss mit einer Kenntnisnahme vor Fristablauf gerechnet werden können.[353] Ohne Speicherung sei aus Sicht des sorgfältig Erklärenden eine Vernehmung im Rahmen eines direkten zweiseitigen Übermittlungskontaktes erforderlich.[354]

---

[348] Staudinger/_Singer/Benedict_ (2004) § 130 Rn. 18.

[349] Münchener Kommentar/_Einsele_ § 130 Rn. 2.

[350] Duden Universalwörterbuch, Speicher, speichern, Speicherung; Wahrig Wörterbuch, Speicher, speichern, Speicherung.

[351] Münchener Kommentar/_Einsele_ § 130 Rn. 18.

[352] John AcP 184 (1984), 385, 401 ff., 412.

[353] John AcP 184 (1984), 385, 408 ff., 412.

[354] John AcP 184 (1984), 385, 412.

(6) Die Auffassung *Burgards*

Ebenfalls auf die elektronische Übertragung zugeschnitten, verlagert die Auffassung *Burgards* einen zusätzlichen Bereich des Risikos auf den Empfänger. Die Möglichkeit der Kenntnisnahme gehöre nicht zum Tatbestand des § 130 Abs. 1 BGB. Sie stehe nämlich im Widerspruch zu der Risikoaufteilung in der genannten Norm.[355]

Zugang solle schon erfolgt sein, wenn die Erklärung in den Bereich des Empfängers gelangt, dass dieser unter normalen Umständen die Möglichkeit zur Speicherung hat.[356] Bei elektronisch übermittelten Erklärungen sei dies bei vollständigem Gelangen der Signale in das Empfangsgerät[357] beziehungsweise nach strengerer Auffassung schon bei dem Passieren der Schnittstelle von öffentlichem Netz zu den Computersystemen des Empfängers[358] der Fall. Diese Zugangsdefinition gelte für alle Arten von Willenserklärungen. Bei mündlich übermittelten komme es eben auf die Möglichkeit der „Speicherung" im Gedächtnis des Empfängers an.[359] Die Vernehmungstheorie sei unter keinen Umständen akzeptabel, sie verstoße gegen die Risikoverteilungsentscheidung des Gesetzgebers.[360]

(7) Die Auffassung *Singers* und *Benedicts*

Aus Sicht der Empfangstheorie argumentierend, sei die Erklärung zum Empfänger gelangt, wenn dieser sie als an ihn adressierte Willenserklärung sinnlich wahr-

---

[355] Burgard AcP 195 (1995), 74, 95 ff. insbesondere S. 98 f.
[356] Burgard AcP 195 (1995), 74, 134.
[357] Burgard AcP 195 (1995), 74, 104.
[358] So die Dosentheorie Heuns in CR 1994, 595, 598: „das Übermittlungsrisiko des Erklärenden endet entsprechend der gesetzlichen Definition des Netzmonopols in § 1 Abs. 2 Fernmeldeanlagengesetz an der Abschlußeinrichtung der jeweiligen Übertragungswege. Das ist die Schnittstelle (regelmäßig eine Dose), an welche der Empfänger seine Endeinrichtungen ... anschließt." Formal stellt sich Heun allerdings auf die Seite der Rechtsprechung und unterscheidet zwischen Erklärungen unter Abwesenden (Einwegkommunikation) und Anwesenden (Dialogkommunikation), wobei er einerseits die Empfangstheorie andererseits die Vernehmungstheorie anwenden will.
[359] Burgard AcP 195 (1995), 74, 92.
[360] Burgard AcP 195 (1995), 74, 94.

nimmt; sie also vor seine Augen, Ohren oder in seine Hände gelangt.[361] Dann sei die Möglichkeit der Kenntnisnahme gegeben. Der Empfänger kann seinen Wahrnehmungsbereich bewusst erweitern, indem er Empfangseinrichtungen konkret dem Absender gegenüber ausdrücklich oder konkludent widmet. Die Erklärung geht dann zu, wenn sie in der Empfangseinrichtung abrufbar gespeichert ist.[362] Auf einen Herrschafts- oder Machtbereich des Empfängers kommt es nach dieser Auffassung nicht an, statt dessen sei mit „Bereich" allenfalls ein Wahrnehmungsbereich umschrieben.

dd) Vernehmungstheorie

Über die richtige Formulierung der Vernehmungstheorie besteht weniger Streit. Die Vernehmung setze voraus, dass der Empfänger die Erklärung (akustisch) richtig verstanden hat.[363]

In der Literatur wird teilweise die Einschränkung vertreten, wonach es auf die Sicht des sorgfältigen Erklärenden ankomme: Lägen keine Anhaltspunkte vor, die Anlass zu Zweifeln geben können, dass der Adressat die Erklärung richtig und vollständig vernommen hat, sei diese wirksam.[364] Bei Zweifeln müsse der Erklärende sich versichern. Den Empfänger träfe dagegen die Obliegenheit, auf Schwerhörigkeit und dergleichen hinzuweisen (sogenannte eingeschränkte Vernehmungstheorie oder Wahrnehmungstheorie).[365]

Der Anwendungsbereich für die Vernehmungstheorie sei für den Tatbestand der nicht verkörperten Willenserklärung unter Anwesenden eröffnet, siehe oben.[366]

---

[361] Staudinger/*Singer/Benedict* (2004) § 130 Rn. 46 ff.

[362] Staudinger/*Singer/Benedict* (2004) § 130 Rn. 49 ff.

[363] Beispielsweise Münchener Kommentar/*Einsele* § 130 Rn. 2.

[364] Münchener Kommentar/*Einsele* § 130 Rn. 28; Palandt/*Heinrichs* § 130 Rn. 14; Erman/*Palm* § 130 Rn. 18.

[365] Münchener Kommentar/*Einsele* § 130 Rn. 28.

[366] Nach Auffassung von Münchener Kommentar/*Einsele* § 130 Rn. 30; Flume, AT II S. 240 f.; Schack, BGB AT Rn. 187; Hübner Rn. 735 gilt die Vernehmungstheorie für alle nicht verkörperten/gespeicherten Erklärungen.

ee) Tatsächliche Kenntnisnahme

Nicht gestritten wird über einen Fall. Nämlich die tatsächliche Kenntnisnahme einer Erklärung durch den Empfänger. Unabhängig von Verkörperung oder Speicherung wird eine Erklärung jedenfalls durch Kenntnisnahme wirksam.[367] Wird der zur Unzeit eingeworfene Brief noch in der Nacht gelesen, geht er zu dieser Zeit und nicht erst am nächsten Morgen zu.

ff) Kenntnisnahmemöglichkeit

Die Frage, ob als Tatbestand für das Wirksamwerden von Willenserklärungen auch die bloße zumutbare Kenntnisnahmemöglichkeit in Betracht kommt, diskutiert *Borges*.[368] In Betracht käme dies für nicht verkörperte oder gespeicherte Erklärungen. Als Beispiel wird eine Urkunde zu Einsicht angegeben, die der Adressat nicht liest.[369] Eine Kenntnisnahme ist nicht gegeben. Auch nicht ein Gelangen der Urkunde in den Bereich des Empfängers, da sie nicht dauerhaft zu Verfügung gestellt wird.

Wegen der Schwierigkeiten bei der Begründung der Zumutbarkeit der Kenntnisnahme lehnt *Borges* den Tatbestand jedoch ab; der Beispielsfall sei mit den Grundsätzen zur Zugangsvereitlung und zur Verletzung von Obliegenheiten zur Kenntnisnahme zu lösen.[370]

b) Systematisierung anhand von Risikozuweisungen (Stellungnahme)

Die eigene Stellungnahme hat ihren Ausgangspunkt in der gesetzlichen Regelung zu suchen. Es ist also § 130 Abs. 1 BGB auszulegen und zusätzlich zu ermitteln, wie die nicht geregelten Fälle zu beurteilen sind.

---

[367] Borges, Verträge im elektronischen Geschäftsverkehr, S. 235.
[368] Borges, Verträge im elektronischen Geschäftsverkehr, S. 237 f.
[369] Borges, Verträge im elektronischen Geschäftsverkehr, S. 237.
[370] Borges, Verträge im elektronischen Geschäftsverkehr, S. 237 f.

aa) Wortlautargument

Die Vielzahl der vertretenen Auffassungen zur Interpretation des Zugangsbegriffes illustrieren, dass die gesetzliche Regelung unscharf ist.

Aus dem Wortlaut des § 130 Abs. 1 BGB – zugehen – lässt sich ableiten, dass die Erklärung zum Adressaten gelangen muss, nicht aber, wohin beim Empfänger.

Aus der Gesetzessystematik lässt sich auf Grund der punktuellen Regelung keine Erkenntnis gewinnen.

bb) Telos und Historie

Das Wirksamwerden von Willenserklärungen betrifft sowohl Interessen des Erklärenden als auch des Empfängers. Eine Erklärung kann auf dem Weg zum Empfänger verloren gehen oder verfälscht werden, der Empfänger kann etwas anderes als das Gemeinte verstehen. Sinn und Zweck einer Zugangsregelung ist es, die beschriebenen Risiken angemessen zu verteilen.

Mit den skizzierten Grundpositionen sind folgende Risikozuweisungen vertreten: Die Empfangstheorie weist dem Erklärenden jedenfalls das Risiko zu, bis die Erklärung in den Bereich des Empfängers gelangt.

Nach überkommener Auffassung wird das Risiko nach Eintritt der Erklärung in den Machtbereich des Empfängers auf diesen übertragen.[371] Es sei also Sache des Empfängers, wenn beispielsweise Haushaltsangehörige oder Angestellte den Brief dem eigentlichen Adressaten vorenthalten.

Nach dem Konzept *Johns* ist für jede Art der Übermittlung die Sicht des sorgfältig Erklärenden maßgeblich, einmal für die Speicherung, das andere Mal für die Vernehmung. Der Unterschied zu objektiven Sichtweise besteht darin, dass alle objektiv erkennbaren, für den sorgfältig Erklärenden aber nicht erkennbaren Probleme bei der Speicherung und Vernehmung zulasten des Empfängers gehen.

Nach dem Ansatz *Burgards* (Möglichkeit der Speicherung genügt) findet der Risikoübergang mit vollständigem Gelangen der Erklärung in den Bereich des Empfängers statt, unter Umständen also bevor die Signale im Empfangsgerät gespei-

---

[371] Münchener Kommentar/*Einsele* § 130 Rn. 16; Weiler JuS 2005, 788, 789.

chert werden. Der Empfänger trägt somit das Risiko der Speicherung und des Abrufs.[372]

Wird auf die sinnliche Wahrnehmung abgestellt, geht das Risiko in dem Moment über, in dem es noch allein auf eine Handlung des Empfängers für die tatsächliche Kenntnisnahme ankommt. Nach dieser Auffassung genügt das Verbringen in einen Bereich des Empfängers nicht, solange es sich nicht um eigens gewidmete Empfangseinrichtungen handelt.

Die eingeschränkte Vernehmungstheorie weist das Risiko der tatsächlichen Kenntnisnahme, nämlich der richtigen Vernehmung, unter Umständen dem Empfänger zu, da es auf die Sicht des vernünftigen Erklärenden ankommt. Nach der „klassischen" Vernehmungstheorie liegt das Risiko immer beim Erklärenden.

(1) Richtige Risikoverteilung bei der Empfangstheorie

Bei der Empfangstheorie verkompliziert sich eine Stellungnahme, weil deren tatsächlicher Gehalt umstritten ist, siehe oben, E. I. 2. a) cc). Auch innerhalb der Auffassungen, die einen gleichen Obersatz vertreten, wird teilweise unterschiedlich beurteilt, wann eine Erklärung in den Bereich des Empfängers gelangt.

Für den klassischen Brief wird vielfach für richtig gehalten, dass das Risiko übergehe, wenn der Brief im Bereich des Empfängers ankommt. Dies kann zweifelhaft sein, wenn die Erklärung durch das Fenster der Wohnung oder des Autos geworfen wird oder sonst daran befestigt wird. Widmet der Empfänger dagegen einen Briefkasten, ist es sachgerecht ihn an die selbst getroffene Vorkehrung zu binden. Das Risiko geht dann bei Eintreffen des Briefs im Kasten über.

(2) Neuartige Risiken durch moderne Kommunikationsmittel

Bei modernen Kommunikationsmitteln wie Fax oder elektronische Post gibt es aber zusätzliche Risiken: Die Speicherung im oder der Ausdruck mit dem Empfangsgerät können überraschend fehlschlagen, selbst, wenn kein Bedienungsfehler vorliegt.

---

[372] Burgard AcP 195 (1995), 74, 101.

Wird mit dem Bereich des Empfängers argumentiert, fielen diese Risiken alle dem Empfänger zu, wenn sich die Geräte in diesem Bereich befinden. Diese Risikoverteilung wird nicht von allen Autoren akzeptiert, weshalb andere Abgrenzungskriterien vorgeschlagen werden, siehe dazu oben, E. I. 2. a) cc).

Wird die tatsächliche sichere Speicherung für das Wirksamwerden der Erklärung verlangt, wird das Risiko der misslungenen Speicherung beziehungsweise Verkörperung dem Erklärenden zugewiesen. Nach dieser Abgrenzung sind die genannten Faxe und E-Mails oder Anrufe, deren Aufzeichnung durch den Anrufbeantworter fehlschlägt, nicht zugegangen. Somit trägt der Erklärende ein Risiko, auf das er nicht in jedem Falle Einfluss hat, nämlich das der Funktionstüchtigkeit neuer, technisch komplizierter Empfangsgeräte.

Hier gilt es, die sachgerechte Risikoverteilung zu ermitteln und die Abgrenzungskriterien entsprechend zu formulieren. Die Frage lässt sich darauf reduzieren, ob die Möglichkeit der Kenntnisnahme tatsächlich bestehen muss. Bei dem Brief besteht sie, der Empfänger könnte ihn zur Kenntnis nehmen, wenn er um ihn wüsste. Bei den fehlgeschlagenen modernen Kommunikationsversuchen kann der „Empfänger" auch dann nichts zur Kenntnis nehmen, wenn er um die Kontaktaufnahme weiß.

(3) Historischer Gesetzgeber

Die Frage des sachgerechten Interessenausgleichs hat bereits den historischen Gesetzgeber beschäftigt. Er hatte einen Streit in der Wissenschaft über den richtigen Zeitpunkt für das Wirksamwerden von Erklärungen zu entscheiden. Es wurde zunächst die Unterscheidung zwischen Ab- und Anwesenden getroffen.[373] Für die Anwesenden glaubte man sich ganz einer Regelung entziehen zu können, weil es auf der Hand liege, dass es auf die Vernehmung ankomme.[374] Im Blick hatten die Verfasser hier wohl nur die mündliche Erklärung.[375]

Für Abwesende wurden damals in der Wissenschaft mehre Zeitpunkte für richtig gehalten. Nämlich der Zeitpunkt, in dem die Erklärung entsteht und Gestalt an-

---

[373] Motive I § 74, S. 156.

[374] Motive I § 74, S. 156: „Die Entscheidung ergibt sich insoweit der Regel nach aus der Natur der Sache".

[375] Borges, Verträge im elektronischen Geschäftsverkehr, S. 242.

nimmt („Äußerungstheorie"), der der Absendung („Übermittlungstheorie"), der des Empfangs („Empfangstheorie") und endlich der der Kenntnisnahme („Vernehmungstheorie"). Außerdem wurden vermittelnde Ansichten vertreten.[376] Gegen die Äußerungs- und Übermittlungstheorie werden die Verkehrsanschauung und Erwägungen zur materiellen Gerechtigkeit in Stellung gebracht.[377] Gegen die tatsächliche Vernehmung als maßgebliches Kriterium sprechen nach Auffassung der Kommission neben Beweisproblemen, dass es nicht im Belieben des Empfängers stehen könne, ob die Erklärung wirksam werde oder nicht.[378] Nicht erkennbar wird, zu welchem Zeitpunkt bei einer Speicherung das Risiko vom Erklärenden auf den Empfänger übergehen soll.

Den Verfassern des BGB schwebte vor, so wird behauptet, dass die tatsächliche Kenntnisnahme nur noch vom Willen des Empfängers abhängt.[379] Dies legt es nahe, dass dem Empfänger auch die Kenntnisnahme tatsächlich möglich sein sollte.[380] Dieser Befund ist nicht sicher zu belegen, da sich die historischen Quellen widersprechen.[381]

Der historische Gesetzgeber, der um die modernen Kommunikationsmittel nicht wissen konnte, liefert also auch kein sicheres abstraktes Kriterium, um die Frage zu entscheiden.

---

[376] Motive I § 74, S. 156, Vergleiche auch Medicus, BGB AT Rn. 268 ff.
[377] Motive I § 74, S. 157.
[378] Motive I § 74, S. 157.
[379] Borges, Verträge im elektronischen Geschäftsverkehr, S. 243
[380] Im Rahmen der Kritik an der Äußerungs- und Übermittlungstheorie heißt es in den Motiven I § 74, S. 157: „... es wird nicht genügend berücksichtigt, daß die Erklärung zu ihrem bezweckten vollen rechtlichen Erfolge erheischt, daß der andere Theil sie in Erfahrung bringt oder doch bringen kann.".
[381] Protokolle I S. 331: "Nach ihrer [der Kommisionsmehrheit] Auffassung des § 74 setzt das Zugehen der Willenserklärung nicht nothwendig voraus, daß der Empfänger in der Lage ist, von dem Inhalte der Willenserklärung Kenntniß zu nehmen; es genügt vielmehr, daß die Willenserklärung in den Bereich des Empfängers gelangt ist. Es kann also in der That eine Erklärung gegen ihn wirksam werden, ohne daß er von ihr Kenntniß zu nehmen vermag." einerseits und Motive I § 74, S. 157 (Fußnote zuvor) andererseits.

(4) Telos

Es spricht gleichwohl eine teleologische Betrachtung dafür, dass die tatsächliche Kenntnisnahme nur noch vom Willen des Betrachters abhängen soll. Vom Absender wird nicht erwartet werden können, mehr zu leisten, als den Empfänger gerade in diese Lage zu bringen, ansonsten lieferte er sich der Willkür des Adressaten aus. Aus Sicht des Empfängers weniger zu verlangen, hieße, dass er ständig seinen „Bereich" absuchen müsste, um Rechtswirkungen gegen sich zu kennen oder reagieren zu können. Unter Umständen motivierte eine solche Auslegung auch den Absender, bei der Herbeiführung des Zugangs kreativ zu werden, um sich rechtliche Vorteile zu verschaffen. Ob dies zu einem vertrauenswürdigen Privatrechtsverkehr führt, ist zweifelhaft. Letztendlich tauchen damit die Argumente des Gesetzgebers gegen die Vernehmungstheorie und die Übermittlungstheorie wieder auf.

Die Möglichkeit der tatsächlichen Kenntnisnahme zu verlangen, begründet sich in der Überlegung, dass der Empfänger sich auf ihn treffende Rechtswirkungen muss einstellen können. Andernfalls könnte auf den Zugang gleich ganz verzichtet werden.

Wird unter dieser Prämisse die Kenntnisnahme zumindest als Ideal akzeptiert[382] und deren Möglichkeit verlangt, ist es bedenklich, dem Empfänger das Risiko für die Speicherung oder Verkörperung aufzuerlegen.

Die Überlegung, dass allein der Empfänger die erforderlichen Geräte beherrsche[383] beziehungsweise den Verkehr mit ihnen eröffnet habe[384] genügt nicht, um eine solche Risikoverteilung zu begründen. Der Einfluss oder die Beherrschbarkeit ist für die Zuweisung von Risikosphären allerdings nicht ohne Bedeutung. Ob ein Anrufbeantworter, ein Faxgerät oder ein Rechner mit einer Mailbox funktionsbereit sind, kann der Empfänger überprüfen, nicht der Erklärende.

Nicht übersehen werden darf, dass sich die Argumentation ersichtlich an den Grundsätzen zur Verantwortlichkeit für eine geschaffene Gefahr orientiert. Der Empfänger schafft keine Gefahr, indem er eine Empfangseinrichtung bereithält.

---

[382] Medicus, BGB AT Rn. 276; Staudinger/*Singer/Benedict* (2004) § 130 Rn. 39; nach Flume, AT II S. 225, geht es idealiter um das „Verständnis" des Empfängers.
[383] Burgard AcP 195 (1995), 74, 94 ff., insbesondere 97.
[384] Burgard AcP 195 (1995), 74, 97.

Von gleichem Gewicht müsste der Einwand sein, der Empfänger erweitere die Möglichkeiten des Erklärenden. Hält der Empfänger moderne Kommunikationsmittel nicht bereit, besteht nur die Möglichkeit, den Empfänger aufzusuchen oder gegebenenfalls einen Brief zu senden, was dem Adressaten immer die tatsächliche Möglichkeit der Kenntnisnahme gewährt. Die Wahl der Kommunikationsmittel trifft der Erklärende, er kann sich für ein risikoarmes entscheiden. Es liegt daher auch in der Hand des Erklärenden, ob sich die Risiken moderner Kommunikationsmittel überhaupt verwirklichen können.

Der Hinweis auf die Rechtsprechung zur misslungenen Übermittlung von Schriftsätzen an ein Gericht per Fax[385] hilft nicht weiter: Dort wird oft der Zugang gerade nicht angenommen und statt dessen Wiedereinsetzung gewährt.[386] In diesen Fällen geht es um den Zugang zu Gerichten, ein Anspruch des Bürgers gegen den Staat, der auf Artikel 2 Abs. 1 GG und dem Rechtsstaatsprinzip fußt.[387] Dies ist nicht mit dem Wirksamwerden von Erklärungen im Rechtsverkehr zu vergleichen, selbst wenn Empfänger und Gericht gleichermaßen Macht über Empfangseinrichtungen haben. Dies zeigt sich deutlich in der neueren Entscheidung des Bundesverfassungsgerichtes vom 25.09.2000[388]: Abgestellt wird auf das, was der Betroffene getan haben muss, damit der Schriftsatz das Gericht erreichen kann; ihm würden dann auch Verzögerungen von neun Tagen durch die Deutsche Post AG nicht zu Last fallen. In seinem Verantwortungsbereich läge es allein, das zu befördernde Schriftstück so rechtzeitig und ordnungsgemäß zur Post zu geben, dass es nach deren organisatorischen und betrieblichen Vorkehrungen bei normalem Verlauf der Dinge den Empfänger fristgerecht erreichen könne.[389] In der Rechtsprechung zur Wiedereinsetzung steht also die Frage des Verschuldens des

---

[385] Burgard AcP 195 (1995), 74, 96 f.

[386] BGH NJW-RR 2001, 916; Musielak/*Grandel*, ZPO § 233 Rn. 49; Borges, Verträge im elektronischen Geschäftsverkehr, S. 245; die Rechtsprechung referierend aber ablehnend: Zöller/*Greger*, ZPO, 24. Auflage, 2004, § 233 Rn. 23 (Telefax), nunmehr offen gelassen Zöller/*Greger*, ZPO § 233 Rn. 23 (Telefax). Die Rechtsprechung wurde jüngst zu Gunsten der Prozessparteien verschärft: Es kommt für die Rechtzeitigkeit auf den Eingang der Signale, nicht den Ausdruck, bei Gericht an, BGH NJW 2006, 2263, 2264; BGH NJW 2006, 3500; BGH NJW 2007, 2045, 2046, in diesen Fällen ist die Übermittlung aber nicht misslungen.

[387] Vergleiche BVerfG NJW 1986, 244 f. = BVerfGE 69, 381; BVerfG (2. Kammer des Ersten Senats) NJW 1996, 2857; BGH NJW 1994, 2097; BGH NJW 1988, 2788 = BGHZ 105, 40.

[388] BVerfG (2. Kammer des Ersten Senats) NJW 2001, 1566.

[389] BVerfG (2. Kammer des Ersten Senats) NJW 2001, 1566 mit weiteren Nachweisen zur Rechtsprechung des BVerfG; zustimmend Zöller/*Greger* § 233 Rn. 23 (Postverkehr).

Absenders deutlich im Vordergrund. Die zitierte Rechtsprechung taugt nicht als Argument für die Zuweisung des Risikos der Speicherung an den Empfänger.[390]

Es bleibt also im Ergebnis festzuhalten, dass es angemessen ist, das Risiko der misslungenen Speicherung oder Verkörperung dem Erklärenden aufzubürden. Die Gefahr geht nicht vor tatsächlicher Speicherung oder Verkörperung in der Empfangseinrichtung über.[391]

cc) Zugang durch Möglichkeit der Kenntnisnahme

An dieser Stelle ist festgestellt, dass bei misslungener Speicherung der Tatbestand des Zugangs nicht erfüllt ist, denn die Möglichkeit der Kenntnisnahme besteht nicht. Zu beantworten bleibt, ob mit erfolgreicher Speicherung der Zugang bewirkt ist.

Empfangstheorie und damit Zugehen im Sinne des § 130 Abs. 1 BGB wurden dahingehend präzisiert, dass es für die tatsächliche Kenntnisnahme allein auf den Willen des Empfängers ankommen solle. Dieses Kriterium – allgemein als Kenntnisnahmemöglichkeit bezeichnet – bedarf weiterer Konkretisierung. Dabei kann auf den Einzelfall abgestellt werden. Dies führt allerdings zu wenig Rechtssicherheit. Deshalb liegt es nahe, einheitliche Kriterien aufzustellen.

Dies geschieht einerseits mit der Definition eines „Bereichs", sei dieser beschrieben durch räumliche Abgrenzung, Herrschaft, tatsächliche Verfügungsgewalt oder Besitz. Allerdings ist eine Erleichterung der Subsumtion durch dieses Kriterium nicht eingetreten. Gerade in den Fällen, in denen die richtige Risikoverteilung zwischen Empfänger und Absender strittig ist, blieb auch die Grenze zwischen den jeweiligen Bereichen unklar.[392] Zweifelhaft bleiben die Fälle, in denen Erklärungen durch Fenster in Wohnung oder Auto des Empfängers geworfen werden und an schwer bemerkbarer und unzugänglicher Stelle landen. Gleiches gilt für Erklärungen, die am Wagen, Haus oder Türen des Empfängers angebracht werden. Zudem wird dabei oft ein Besitzwillen des Empfängers fehlen.

---

[390] Vergleiche Borges, Verträge im elektronischen Geschäftsverkehr, S. 245.

[391] Genauso Borges, Verträge im elektronischen Geschäftsverkehr, S. 246.

[392] Staudinger/*Singer/Benedict* (2004) § 130 Rn. 41.

Weiter wurde auf Empfangseinrichtungen abgestellt. Dabei ist eine einheitliche Linie nicht zu erkennen. Was unter welchen Umständen Empfangseinrichtung sein soll, wird unterschiedlich beantwortet. Teilweise erfolgt eine Zuordnung der Empfangseinrichtung zum Bereich des Empfängers, manchmal wird auf eine erforderliche Widmung abgestellt. Gehört die Empfangseinrichtung zum Bereich des Empfängers, ist das Kriterium neben dem Bereich überflüssig. Unklar bleiben Fälle, in denen die Erklärung trotz vorhandener Empfangseinrichtung anders in den Bereich des Empfängers verbracht werden.[393] Fehlen Empfangseinrichtungen, soll es Fälle geben, in denen eine Obliegenheit zu deren Vorhaltung besteht.[394] Das widerspricht der Annahme, dass der Empfänger nicht gehalten sei, Vorkehrungen für den Zugang von Erklärungen zu treffen. Über diese Annahme besteht Konsens.[395] Bei den Ausnahmefällen, der Obliegenheit zur Vorhaltung von Empfangseinrichtungen, handelt es sich regelmäßig um bestehende Rechtsverhältnisse. Abgesehen davon, dass die Kriterien zur Bestimmung einer solchen Obliegenheit nicht vorhersehbar sind[396] und eine Rechtfertigung fehlt, müsste methodisch die Rechtsgrundlage solcher Obliegenheiten in dem bestehenden Rechtsverhältnis beziehungsweise den dieses betreffenden Normen zu suchen sein, nicht aber dem disponiblen § 130 Abs. 1 BGB.

Die aufgezählten Probleme verspricht die Auffassung, nach der es auf die sinnliche Wahrnehmung ankomme beziehungsweise der Bereich des Empfängers durch seinen Wahrnehmungsbereich beschrieben sei, vorhersehbar lösen zu können.

Dem ist zuzugeben, dass das Kriterium auf faktischen Gegebenheiten beruht und ohne unscharfe Einschränkungen wie die Verkehrsauffassung oder gewöhnliche Umstände auskommen will. Die Zweifelsfälle zur Abgrenzung der Bereiche des Empfängers lassen sich einheitlich beurteilen.

Unscharf ist die Abgrenzung an der Stelle, an der die sinnliche Wahrnehmung zweifelhaft sein kann, weil verschiedene Empfänger verschieden wahrnehmen können. Genannt seien Menschen mit Beeinträchtigung des Seh- oder Hörvermögens. Hier ist die Risikoverteilung beziehungsweise der richtige Beurteilungsmaß-

---

[393] Staudinger/*Singer/Benedict* (2004) § 130 Rn. 43.

[394] Eine Aufzählung findet sich bei Münchener Kommentar/*Einsele* § 130 Rn. 34 mit Nachweisen.

[395] BGH NJW 1977, 194, 195 = BGHZ 67, 271; BGH NJW 1996, 1967, 1968; Staudinger/*Singer/Benedict* (2004) § 130 Rn. 43.

[396] Ausführliche Kritik üben Staudinger/*Singer/Benedict* (2004) § 130 Rn. 88 ff.

stab noch nicht ausgearbeitet. Zu untersuchen ist auch, ob die Debatte um Zugangsvereitlungen sich nicht verlagert, falls der potentielle Empfänger Anstrengungen zur Wahrnehmungsvereitlung unternimmt. Und endlich ist das Kriterium deutlich von der Kenntnisnahme abzugrenzen, um tatsächlich den Boden der Empfangstheorie nicht zugunsten der Vernehmungstheorie zu verlassen.

Trotz dieser Bedenken vermittelt diese Auffassung klarere Kriterien zur Risikoabgrenzung. Insbesondere für die Einrichtung von Empfangseinrichtungen werden überzeugende Argumente genannt. Einerseits bleibt unberührt, dass der Empfänger nicht Vorkehrungen für den Empfang von Erklärungen treffen muss. Es ist Sache des Absenders, den Risikoübergang zu bewirken. Andererseits ist es sachgerecht dem Empfänger zu überlassen, ob er selbstbestimmt seinen Wahrnehmungsbereich ausweitet. Dies gilt für übliche Empfangseinrichtungen wie den Briefkasten. In Zeiten, in denen die Nutzung von vernetzten Rechnern und „informationstechnischen Systemen" derart verbreitet und bedeutsam ist, dass sie Teil der Persönlichkeitsentfaltung ist,[397] soll der Empfänger seine Sphäre auch in diese Netze verschieben können.

Damit ist auch das Wesen der Empfangseinrichtung konkretisiert: Eine Empfangseinrichtung ist das, was der Empfänger im Verhältnis zum Absender als solches widmet. Der Absender kann sich darauf einlassen oder dessen ungeachtet eine Erklärung anderweitig zur Wahrnehmung durch den Empfänger bringen. Aus der Widmung selbst erfolgt regelmäßig keine Bindung, so dass sie zurückgenommen, geändert oder (beispielsweise zeitlich) beschränkt werden kann. Freilich kommt es nach der Widmung auf die tatsächliche Wahrnehmung nicht mehr an, die Widmung hätte in diesem Fall keinen Sinn.

Die Widmung kann ausdrücklich oder konkludent erfolgen.[398] Konkludente Fälle können vorliegen, wenn eine Visitenkarte mit verschiedenen Kontaktmöglichkeiten übergeben wird oder bei einer geübten Praxis, etwa gegenseitig Faxe zu senden. Dagegen können öffentliche Verzeichnisse nicht als Widmung der enthaltenen Adressen an alle verstanden werden. Bei mehreren Adressen kann schon die gleichzeitige Erreichbarkeit dem Empfänger nicht unterstellt werden.[399] Zudem be-

---

[397] So der Befund des BverfG, 1 BvR 370/07 vom 27.2.2008, Rn. 170 ff. (http://www.bverfg.de/entscheidungen/rs20080227_1bvr037007.html 20.07.2009).

[398] Staudinger/*Singer/Benedict* (2004) § 130 Rn. 52.

[399] Staudinger/*Singer/Benedict* (2004) § 130 Rn. 52.

steht nicht die Möglichkeit, eine Einschränkung anzugeben und die Aktualisierung erfolgt teilweise in großen Zeitabständen wie einem Jahr.

Mit der Widmung bringt der Empfänger zum Ausdruck, dass er das Risiko für die tatsächliche Kenntnisnahme übernimmt, wenn die Erklärung in die Einrichtung gelangt ist. Der Zugang ist daher an dieser Stelle vollendet. Es kommt dabei auf die Speicherung in der Empfangseinrichtung an, siehe oben. Richtiger Maßstab ist auch hier der des objektiven Betrachters. Da gerade bei modernen Kommunikationsmitteln für den Absender kaum erkennbar ist, ob die Speicherung gelingt, liefe dessen Perspektive regelmäßig darauf hinaus, dass bei Fehlschlagen der Speicherung Zugang gleichwohl erfolgt sei. Tatsächlich ist die Erklärung im Risikobereich des Empfängers noch gar nicht angekommen. Auf die Möglichkeit der Speicherung abzustellen, ließe das Risiko noch eher übergehen und führte praktisch zur Pflicht, Empfangseinrichtungen vorzuhalten.[400] Der Empfänger verschiebt zwar seine Risikosphäre, will dafür aber nicht darauf verzichten, in der Lage zu sein, die Erklärung tatsächlich zur Kenntnis zu nehmen. Deshalb trägt er wie gezeigt nicht das Risiko, dass die Speicherung misslingt, obwohl er die Empfangseinrichtung nach dem Stand der Technik ohne Fehlbedienung zur Verfügung gestellt hat.[401]

Aus der Perspektive des § 130 Abs. 1 BGB ist der Absender nie auf den Zugang mittels einer nicht 100 % zuverlässigen Empfangseinrichtung angewiesen, da der Gesetzgeber die Möglichkeit der Zustellung nach § 132 BGB geschaffen hat.

dd) Abgrenzungskriterien

Zu klären bleibt, wie die ermittelte Risikoverteilung richtig auf die entsprechenden Tatbestände übertragen wird.

Die Unterscheidung von verkörperten und nicht verkörperten Erklärungen erweist sich für die modernen Kommunikationsmittel als nicht handhabbar. Wird die Erklärung durch eine Leitung übertragen, geschieht dies bei analoger Übertragung durch schwankende Spannung; bei digitaler Übertragung wird nur unterschieden zwischen Spannung liegt an oder nicht. In diesem Zeitpunkt ist die Erklärung nicht

---

[400] Staudinger/*Singer/Benedict* (2004) § 130 Rn. 51.
[401] Was nicht ausschließt, dass er dieses Risiko selbstbestimmt übernimmt. Unterstellt werden kann dies aber nicht.

im physikalischen Sinne verkörpert. Da die Erklärung vor der Übertragung serialisiert wird, ist eine Erklärung in ihrer Gesamtheit fast nie in der Leitung „vorhanden". Technisch gesehen geht es darum, einen Ausgangszustand an einer anderen Stelle wieder herzustellen. Dies entspricht aber nicht der Bewegung eines Körpers von einer Stelle an eine andere.[402]

Dieser Einwand trifft auch auf *ge*speicherte Erklärungen zu. In einer Leitung ist nichts gespeichert. Es lässt sich zwar ein Spannungszustand halten. Ein solcher einzelner Zustand kann aber eine ganze Erklärung nicht vollständig repräsentieren oder in eine solche Erklärung übersetzt werden. Selbst, wenn die Erklärung nur aus einem Ton oder einem Bit besteht, wäre nämlich der Anfang und das Ende der Erklärung nicht beschrieben.

Von diesem Ausgangspunkt gesehen, wäre es auch nicht vertretbar, Risikoübergang vor der Speicherung anzunehmen, denn eine gespeicherte Erklärung existiert gar nicht, da in der Leitung eine Speicherung nicht vorhanden ist. Existent ist allenfalls der Ausgangszustand – die gespeicherte Erklärung beim Absender.

Das Kriterium der *zu* speichernden Erklärung erscheint auf den ersten Blick sachgerecht zu sein, kommt es doch auf die Übertragung nicht mehr an. Bei der Ermittlung des Risikoübergangs oder der Vollendung des Zugangs wird dieses Kriterium ebenfalls zu Rate gezogen. Dann besteht die Gefahr des Zirkelschlusses. Denn beim Empfänger gespeicherte Erklärungen wären dann zugegangene Erklärungen.[403]

Im Ergebnis kann also für den Bereich moderner Kommunikationsmittel weder auf das Abgrenzungskriterium der Verkörperung noch der Speicherung zurückgegriffen werden. Sinnvollerweise sollte es dann ganz aufgegeben werden.

Als Kriterium bleibt das der An- und Abwesenden. Dieses Kriterium ist durch den Wortlaut des Gesetzes vorgegeben. Es bestimmt den Anwendungsbereich des § 130 Abs. 1 BGB, der nach dem Willen des historischen Gesetzgebers die Empfangstheorie wiedergibt.

Unter „Abwesenheit" wird regelmäßig das körperliche Zugegensein verstanden. Eine Auffassung will auf die Möglichkeit der sinnlichen Wahrnehmung abstellen,

---

[402] Anders Spindler/Schuster/*Spindler/Weber* § 130 BGB Rn. 2; wie hier, allerdings bezüglich der Sacheigenschaft von Software, Redeker, NJOZ 2008, 2917, 2919.

[403] Staudinger/*Singer/Benedict* (2004) § 130 Rn. 44.

demnach liege trotz körperlicher Distanz bei Sprach- oder Videotelefonaten keine Abwesenheit vor.

Diese Auffassung ist mit dem Wortlaut nicht vereinbar. Ihrer Wortbedeutung nach meint die Abwesenheit ein körperliches Nichtzugegensein an einem bestimmten Ort sowie – hier nicht einschlägig – die fehlende geistige Aufmerksamkeit.[404] Außer in der Bedeutung der geistigen Zerstreutheit ist immer ein örtlicher Bezug gegeben. Auch das Wort „Wesen" weist schon in seiner Herkunft einen Bezug auf einen Ort oder einen Gegenstand auf.[405] Trotz körperlicher Distanz Abwesenheit zu verneinen ist nach derzeitigem Wortgebrauch nicht möglich. Abwesenheit bedeutet daher, dass sich der Empfänger an einem anderen Ort als der Erklärende oder diesem zuzurechnende Personen befindet.

Über die Grenze des Wortlautes hinaus, vermögen auch teleologische Argumente nicht zu verhelfen. Sollen für bestimmte Abwesende die Regeln des § 130 nicht gelten, ist der methodisch richtige Weg eine teleologische Reduktion des § 130 Abs. 1 BGB. Dies wird auch verdeckt so gehandhabt, wenn es heißt, Erklärungen am Telefon seinen wie solche unter Anwesenden zu behandeln.

ee) Flüchtige Erklärungen

Für mündliche Erklärungen unter Anwesenden, ein Fall, der nicht unter den Tatbestand des § 130 Abs. 1 BGB fällt, wird richtigerweise eine Vernehmung für den Gefahrübergang gefordert. Dies entspricht dem Willen des historischen Gesetzgebers, der glaubte, der Fall sei so evident, dass eine Regelung entbehrlich sei. Für weitere Fälle eines direkten Übermittlungs- oder Wahrnehmungskontaktes wird mit der fehlenden Speicherung beim Empfänger und der Flüchtigkeit argumentiert. Wie bei der mündlichen Erklärung sei die Vernehmungstheorie daher sachgerecht. Mit dieser Argumentation kann in Fällen der Abwesenheit auch eine teleologische Reduktion des § 130 Abs. 1 begründet werden. Der Tatbestand ist für die moderne Kommunikation, von der der Gesetzgeber bis auf das Telefon nicht wusste, zu weit geraten. Zwar ist eine Wahrnehmung auch gegeben und damit Zugang nach § 130 Abs. 1 BGB. Eine angemessene Risikoverteilung erfordert aber zusätzlich die rich-

---

[404] Duden Universalwörterbuch, abwesend, Abwesenheit, absent, anwesend; Wahrig Wörterbuch, abwesend, Abwesenheit, anwesend.

[405] Duden Universalwörterbuch, Wesen.

tige Vernehmung. Durch die Flüchtigkeit der Erklärung besteht insbesondere nicht die Möglichkeit, die Erklärung wiederholt zur Kenntnis zu nehmen. Da der Erklärende einen rechtlichen Erfolg herbeiführen will, ist es sachgerecht, das Risiko so zu verteilen, dass im Zweifel er und nicht der Adressat nachfragen muss.

Entgegen den Vertretern der eingeschränkten Theorie kommt es auf den Horizont eines objektiven Betrachters an. Es stellt keine angemessene Verteilung von Verkehrsrisiken dar, in dem gern erwähnten Beispiel, den Schwerhörigen, der eine Erklärung nicht richtig versteht, die Folgen seiner Beeinträchtigung tragen zu lassen.

Nach § 131 Abs. 1 BGB gehen Willenserklärungen Nichtgeschäftsfähigen nicht zu. Diese können die Erklärung vielleicht vernehmen, ihnen fehlt aber die Einsicht, sie zu verstehen. Weshalb aber eine Erklärung wirksam werden soll, wenn der Empfänger sie schon nicht vernehmen kann, leuchtet nicht ein.[406] Schutzwürdig erscheint der Erklärende deswegen kaum, weil ihm die Wahl der Kommunikationsmittel gegeben ist.[407] Ob den Empfänger Obliegenheiten beispielsweise bei Geschäftsanbahnung treffen, ist eine zweite Frage. Innerhalb von Schuldverhältnissen, beruhen diese auf Vertrag oder § 311 Abs. 2 und 3 BGB, ist es möglich, Einzelfallgerechtigkeit durch die besonderen Vereinbarungen oder Normen betreffend das Schuldverhältnis zu erreichen. Auf diese Weise kann Schutzbedürfnissen nachgekommen werden. Die Risikoverteilung ist davon zu trennen.

Ist die Erklärung für den anwesenden Empfänger nicht flüchtig wie beispielsweise ein direkt überreichter Brief, gehen die Argumente für die Vernehmungstheorie ins Leere. Der Empfänger kann die Erklärung wiederholt zu Kenntnis nehmen und sich vergegenwärtigen. Für diese Fälle stellt die Empfangstheorie in der hier vertretenen Ausprägung eine sachgerechte Risikoverteilung dar. Methodisch kann dabei mit einem Analogieschluss zu § 130 Abs. 1 BGB argumentiert werden. Der historische Gesetzgeber glaubte, mit dem Tatbestandsmerkmal der Abwesenheit die flüchtige Kommunikation ausschließen zu können. Die technische Entwicklung hat ihn indessen widerlegt.

---

[406] Neuner, NJW 2000, 1822, 1825.

[407] Neuner, NJW 2000, 1822, 1825 f. "...weil er anstelle einer verkörperten Willenserklärung das wesentlich unsicherere Mittel der mündlichen Äußerung wählt.".

Als Definition für die flüchtige Erklärung bietet sich folgender Satz an: Flüchtig ist eine Erklärung, die als solche nicht wiederholt zur Kenntnis genommen werden kann.

ff) Zusammenfassung

Zusammenfassend ist daher festzustellen, dass eine Willenserklärung nach § 130 Abs. 1 BGB zugeht, wenn der abwesende Empfänger sie sinnlich wahrnimmt oder sie in einer dafür dem Absender gegenüber gewidmeten Einrichtung tatsächlich abrufbar gespeichert ist.

Bei flüchtigen Erklärungen bedarf es dagegen der Vernehmung. Für Abwesende ist § 130 Abs. 1 BGB insoweit teleologisch zu reduzieren. Für nichtflüchtige Erklärungen unter Anwesenden gilt die Regelung des § 130 Abs. 1 entsprechend.

c) Zeitpunkt des Zugangs

Zum Zeitpunkt des Zugangs werden verschiedene Auffassungen vertreten. Verkörperte/Gespeicherte Erklärungen sollen zu dem Zeitpunkt zugehen, zu dem nach den Gepflogenheiten des Verkehrs unter normalen Umständen mit der Kenntnisnahme zu rechnen sei.[408] Dieser Zeitpunkt könne für geschäftliche und private Zwecke unterschiedlich sein. Mit Kenntnisnahme sei bei zur Unzeit eintreffenden Briefen, Faxen, E-Mails und sonstigen zu speichernden Erklärungen nicht vor Geschäftsbeginn am nächsten Morgen zu rechnen. Erklärungen gingen aber auch zu, falls der Adressat urlaubsbedingt oder sonst abwesend ist: Damit müsse nicht gerechnet werden.[409] Wird die Erklärung tatsächlich eher zur Kenntnis genommen, ist sie zu diesem Zeitpunkt zugegangen[410], siehe schon oben, E. I. 2. a) ee).

Im Arbeitsrecht wurde angenommen, dass sich der Zeitpunkt des Zugangs bis zur Anfertigung einer Übersetzung verlagert, falls der Adressat der Sprache nicht

---

[408] BGH NJW 1977, 194 = BGHZ 67, 271; Dörner AcP 202 (2002), 363, 365; Erman/*Palm* § 130 Rn. 7; Münchener Kommentar/*Einsele* § 130 Rn. 19.

[409] Münchener Kommentar/*Einsele* § 130 Rn. 19.

[410] Medicus, BGB AT Rn. 276; John AcP 184 (1984), 385, 409 f.

mächtig ist, in der die Erklärung verfasst ist.[411] Dies ist eine vereinzelt gebliebene Auffassung.[412]

Eine Meinung[413], nach welcher Zugang sofort mit dem Eintreffen der Erklärung in den Machtbereich des Empfängers bewirkt sei und es auf den eventuell späteren Zeitpunkt der Kenntnisnahmemöglichkeit nur für die Wahrung von Fristen ankomme, hat sich nicht durchsetzen können[414]: Sie bevorteilt den Empfänger all zu sehr; die Widerrufsmöglichkeit des Erklärenden wird verkürzt, ohne dass ein schutzwürdiges Interesse des Empfängers besteht.

Richtig ist, dass Zugang nach § 130 Abs. 1 BGB zu dem Zeitpunkt gegeben ist, zu dem der Empfänger die Erklärung wahrgenommen hat. Gelangt die Erklärung in eine gewidmete Empfangseinrichtung, kommt es auf die Widmung an. Der Empfänger verschiebt seine Risikosphäre gewissermaßen auch zeitlich. Fehlt eine Präzisierung, geht die Erklärung sofort mit Speicherung in der Einrichtung zu. Ist die Widmung beschränkt, beispielsweise durch Angabe der Geschäftszeiten, erfolgt der Zugang außer bei früherer Wahrnehmung nicht vor Beginn der angegebenen Zeit. Fehlt eine Widmung dem Absender gegenüber gänzlich, kommt es auf die Wahrnehmung an.

Diese Auffassung hat den großen Vorteil, dass die Frage nach der Verkehrsauffassung entfällt. Wann gewöhnlicherweise mit Kenntnisnahme zu rechnen sei, wann Geschäftszeiten oder die Unzeit beginnen, ist nicht geklärt.[415] Wann die Erklärung im Einzelfall zuging, stünde also erst nach rechtskräftiger Entscheidung fest. Dieses Problem vermeidet die hier vertretene Auffassung.

d) Zugangsverzögerung

Unter dem Stichwort Zugangsverzögerung werden Fälle behandelt, in denen eine Erklärung den Empfänger nicht oder verspätet erreicht, weil ein Hindernis besteht,

---

[411] So für eine Analphabetin die der Sprache des Schreibens kaum mächtig war LAG Hamm NJW 1979, 2488; Vergleiche auch BAG NJW 1985, 823, 824.

[412] Kritisch Münchener Kommentar/*Einsele* § 130 Rn. 31 f. mit weiteren Nachweisen.

[413] Flume, AT II S. 230 ff.

[414] Medicus, BGB AT Rn. 275.

[415] Staudinger/*Singer/Benedict* (2004) § 130 Rn. 75; nach BGH NJW 2000, 1328, 1329 sind für Aktiengesellschaften Geschäftszeiten nicht ermittelbar.

beispielsweise ein Umzug oder eine Änderung von Fax- und Telefonnummer. Solchenfalls wird heute überwiegend angenommen, der Empfänger könne sich auf eine zu verantwortende Verspätung nicht berufen.[416] Eine Zugangsfiktion wird nicht angenommen, sie würde den Absender benachteiligen, denn er hätte nicht die Möglichkeit zu widerrufen oder weitere Zugangsbemühungen zu unterlassen. Außerdem ist die Willenserklärung ja tatsächlich noch nicht zugegangen. Deshalb muss der Erklärende den Zugang auch nochmals bewirken, falls er vollends misslang.[417]

Wird der Zugang verhindert, muss der „Empfänger" dennoch Zugang gegen sich gelten lassen, wenn ihm die Verhinderung zuzurechnen ist und der Erklärende mit dem Hindernis nicht zu rechnen brauchte beziehungsweise den Zugang erneut zu bewirken versucht, nachdem er von dem Hindernis erfahren hat.[418] Dem Empfänger ist nicht jedes Hindernis zurechenbar. Er darf beispielsweise den nicht ausreichend frankierten Brief zurückweisen. Auf welcher Basis die Zurechnung erfolgt, ist nicht geklärt: Einerseits soll zu vertreten sein, was aus der eigenen Sphäre kommt[419], andererseits wird ein Verschulden in einem Schuldverhältnis verlangt[420]. Ursachen, die Dritte setzen, dürften nach beiden Auffassungen nicht zulasten des anvisierten Empfängers gehen.[421]

In der Literatur wird die denkbare Alternative – Zugangsfiktion – nach wie vor vertreten.[422] Die überwiegende Auffassung führe zu einem hinkenden Rechtsverhältnis: Der Erklärende erhält Dispositionsfreiheit über eine Erklärung, die später eventuell doch wirksam sein soll.[423] Dies sei unbillig.

Diese Auffassung verdient keinen Beifall. Sie suggeriert eine Praktikabilität, die sie nicht zu bieten vermag. Sie müsste nämlich stets den Zeitpunkt ermitteln, zu welchem die Erklärung ohne Hindernis zugegangen wäre, auch wenn der Erklärende gar kein Interesse mehr am Zugang hätte. Es leuchtet nicht ein, weshalb der Absender an seine Erklärung gebunden sein soll, wenn diese den Adressaten

---

[416] BGH NJW 1952, 1169 = LM § 130 BGB Nr. 1; Medicus, BGB AT Rn. 278 ff.; Flume, AT II S. 238.
[417] Flume, AT II S. 238.
[418] Flume, AT II S. 238.
[419] Flume, AT II S. 238; Medicus, BGB AT Rn. 281.
[420] Larenz/Wolf, BGB AT § 26 Rn. 48.
[421] Vergleiche Medicus, BGB AT Rn. 281.
[422] Burgard AcP 195 (1995), 74, 114.
[423] Burgard AcP 195 (1995), 74, 113 f.

(noch) nicht erreicht hat.[424] Jedenfalls dann nicht, wenn die Kenntnisnahme oder deren Möglichkeit dem Empfänger zugestanden wird.[425] Die Argumentation *Burgards* ist freilich nicht unangreifbar: Das schwebende Rechtsverhältnis binde den Empfänger einseitig und den Erklärenden nicht.[426] Andererseits sei von Nachteil, dass der Zugang durch Tod oder Vollbeendigung des Empfängers doch noch vereitelt werden könne.[427] Das kann genauso gut als Ausgleich für die Dispositionsmöglichkeit gesehen werden, die *Burgard* dem Erklärenden nicht zubilligen will. Für die Zugangsfiktion fehlt zudem eine Rechtsgrundlage: § 130 Abs. 1 verlangt den Zugang, der nicht gegeben ist; für die Fiktion ist also eine Lücke überhaupt erforderlich. Das ist aber angesichts des § 132 BGB zweifelhaft.[428] Dass die überwiegende Auffassung unbillig sei, will sich nicht erschließen. An ihr ist festzuhalten.

Für die hier vertretene Auslegung des § 130 Abs. 1 BGB dürfte der Anwendungsbereich einer Rechtzeitigkeitsfiktion gering sein. Allenfalls, wenn eine gewidmete Empfangseinrichtung nicht zur Verfügung steht kommt die Fiktion in Betracht.

e) Vereitlung des Zugangs

Ähnliche Fragestellungen ergeben sich, wenn der potentielle Empfänger bewusst den Zugang gänzlich verhindert. Hier wird wegen des absichtlichen Vorgehens allerdings eine Zugangsfiktion entsprechend § 162 BGB für sachgerecht gehalten.[429] Beispiele aus der Praxis sind: Die Annahme eines Einschreibens wird grundlos verweigert, obwohl wegen vertraglicher Beziehungen mit Mitteilungen zu rechnen war[430]; der Zugang der erwarteten Kündigung wird verhindert, indem das dienstliche Faxgerät nicht mit Papier befüllt wird[431].

---

[424] Medicus, BGB AT Rn. 279.

[425] Was Burgard AcP 195 (1995), 74, 115 nicht tun will.

[426] Burgard AcP 195 (1995), 74, 113.

[427] Burgard AcP 195 (1995), 74, 113 f.

[428] Staudinger/*Singer/Benedict* (2004) § 130 Rn. 83.

[429] Medicus, BGB AT Rn. 282; Borges, Verträge im elektronischen Geschäftsverkehr, S. 255; Larenz/Wolf, BGB AT § 26 Rn. 46; nach BGH NJW 1983, 929, 930 beruht die Fiktion auf § 242 BGB.

[430] BGH NJW 1983, 929.

[431] LAG Hamm ZIP 1993, 1109, 1110; zustimmend Münchener Kommentar/*Einsele* § 130 Rn. 36.

Nach der hier vertretenen Auffassung liegt im ersten Fall bei Wahrnehmung der Erklärung Zugang tatsächlich vor, im zweiten Fall handelt es sich um eine Frage der Auslegung des Arbeitsvertrages; ohne solchen käme es auf die Widmung des Faxgerätes an.

II. Wirksamwerden elektronisch übermittelter Erklärungen

Bereits oben wurde das Wirksamwerden von Willenserklärungen beschrieben und anhand der als sachgerecht ermittelten Risikozuweisung die zutreffende Auffassung ermittelt. Die Anwendung der Kriterien auf elektronisch übermittelte Willenserklärungen ist daher Subsumtion.

In Wissenschaft und Praxis wird zuweilen für neue technische Erscheinungen weniger eine Subsumtion vorgenommen als vielmehr der Obersatz angepasst. Für elektronisch übermittelte Erklärungen ist deshalb vieles umstritten. Es wird neben der Subsumtion daher ein Überblick über den Meinungsstand zur elektronischen Post gegeben, stellt diese doch ein praktisch sehr relevantes Beispiel dar und ermöglicht eine Veranschaulichung.

Zur Begrifflichkeit sei angemerkt, dass diese im Schrifttum nicht einheitlich ist. Hier wird unter elektronisch übermittelter Erklärung verstanden, dass die Erklärung durch elektrische Impulse übertragen wird.[432]

Es wird auch der Begriff „elektronische Willenserklärung" für das gleiche Phänomen genutzt.[433] Dies kann missverständlich sein, weil Erklärungen auch elektronisch erstellt und nicht elektronisch übermittelt werden können.[434] Weiter existiert der Begriff Computererklärung für Erklärungen, die Datenverarbeitungsanlagen automatisch erstellen.[435] Auf die Art der Erstellung soll es hier nicht ankommen.

---

[432] Vergleiche Borges, Verträge im elektronischen Geschäftsverkehr, S. 192.
[433] Münchener Kommentar/*Einsele* § 130 Rn. 2.
[434] Vergleiche Borges, Verträge im elektronischen Geschäftsverkehr, S. 192.
[435] Vergleiche Borges, Verträge im elektronischen Geschäftsverkehr, S. 193.

1. Beispiel: elektronische Post

a) Abgabe

Die erforderliche Willensäußerung wird bei der E-Mail im willentlichen Auslösen des Sendebefehls gesehen.[436] Wie der Sendebefehl ausgelöst wird, ist ohne Belang.[437] Auch bei der elektronischen Post wird gestritten, ob deren versehentliches Versenden eine Abgabe darstellt.[438] Dies ist mit den oben[439] genannten Argumenten abzulehnen.

b) Zugang

aa) Klassifikation der elektronischen Post

Um Aussagen über den Zugang elektronischer Post treffen zu können, sehen sich die meisten Auffassungen der Schwierigkeit gegenüber, die Erklärungen in ihr System einzusortieren. Sind E-Mails verkörperte Erklärungen? Gehen sie gegenüber Abwesenden oder Anwesenden zu?

Überwiegend wird von verkörperten Erklärungen unter Abwesenden ausgegangen. Wird auf eine Rückfrage- oder Dialogmöglichkeit abgestellt, gehört die elektronische Post ebenfalls nicht in diese Kategorie. Dies ist bei E-Mailkommunikation nicht vorgesehen. Es gibt keine Beziehungen zwischen einzelnen E-Mails. Diese kann zwar der Benutzer herstellen, indem er eine Referenz angibt, technisch wird dadurch aber kein Zusammenhang hergestellt. Eine Referenz wird nicht überprüft, allenfalls vom E-Mailprogramm bei der Darstellung, sie kann daher auch ins Leere gehen. Es handelt sich folglich um Willenserklärungen unter Abwesenden beziehungsweise um indirekte Kommunikation.

Die Frage der Verkörperung wird bejaht, weil es sich regelmäßig um eine in einer Datei gespeicherte Erklärung handele.[440] Diese Subsumtion hat wenig Char-

---

[436] Ultsch NJW 1997, 3007; Erman/*Palm* § 130 Rn. 4.

[437] Auf den gebetsmühlenartig vorgetragenen „Mausklick" kommt es nicht an, wenn der Befehl auch anders ausgelöst werden kann.

[438] Dafür Palandt/*Heinrichs* § 130 Rn. 4; dagegen Ultsch NJW 1997, 3007; Erman/*Palm* § 130 Rn. 4.

[439] Kapitel E. I .1.

[440] Münchener Kommentar/*Einsele* § 130 Rn. 18; Ultsch NJW 1997, 3007.

me. Weshalb es darauf ankommen soll, ob die Erklärung in einer, keiner oder mehreren Dateien gespeichert ist, leuchtet nicht ein. „Datei" wird auch vorsorglich nicht definiert. Wird die E-Mail übermittelt, ist sie nicht in einer Datei im Sinne eines Bestandes strukturierter inhaltlich zusammengehörender Daten auf einem dauerhaften Speichermedium gespeichert. Dies geschieht erst im Postfach des Empfängerrechners. Andere Ansätze räumen die Schwierigkeiten ein, die die Subsumtion unter das Merkmal der Verkörperung bereitet[441] und stellen darauf ab, dass die E-Mail versetzt und wiederholt zur Kenntnis genommen werden kann; deshalb müsse sie als verkörpert betrachtet werden.[442] Für diese im Ergebnis richtige Wertung wird dabei der Obersatz an das gewünschte Subsumtionsergebnis angepasst.

Wurde die elektronische Post in die Fallgruppe verkörperte Erklärung unter Abwesenden einsortiert, wird regelmäßig der Zugang nach der Empfangstheorie angenommen.

Richtig ist, gemäß dem hier vertretenen Obersatz auf die Wahrnehmung oder die tatsächliche Speicherung in einer gewidmeten Empfangseinrichtung des Empfängers abzustellen. Regelmäßig wird körperliche Abwesenheit vorliegen, weshalb § 130 Abs. 1 BGB direkt anzuwenden ist.

bb) Machtbereich des Empfängers

Energie wird auf die Frage verwendet, ob das elektronische Postfach des Empfängers zu seinem Machtbereich im Sinne der Zugangsdefinition der Rechtsprechung und überwiegenden Lehre gehöre. Bejahendenfalls könne nämlich die Speicherung eben da für den Zugang genügen. Unerheblich sei dabei, ob sich das Postfach auf dem Rechner eines Anbieters, also eines Dritten, oder auf dem Rechner des Empfängers befinde.[443] Zwar gehöre der fremde Rechner nicht zum Machtbereich des Empfängers, das Postfach könne ihm aber zugerechnet werden.[444] Au-

---

[441] Glatt, Vertragsschluss, S. 35 f.

[442] Glatt, Vertragsschluss, S. 36; ähnlich Dörner AcP 202 (2002), 363, 366 für elektronische Erklärungen allgemein.

[443] Dörner AcP 202 (2002), 363, 366 f.; Borges, Verträge im elektronischen Geschäftsverkehr, S. 249; Rüthers/Stadler BGB AT, S. 166 f., Rn. 46.

[444] Borges, Verträge im elektronischen Geschäftsverkehr, S. 249 f.; nach Rüthers/Stadler BGB AT, S. 166, Rn. 46 gehört der fremde Rechner zum Machtbereich des Empfängers.

ßerdem wird ein Vergleich mit einem herkömmlichen Postfach bei der Post bemüht.[445]

Dabei wird verkannt, dass es für die Post ein nicht unerheblicher Aufwand wäre, das Postfach samt Inhalt zu vernichten; der Drittanbieter hat die Inbox für elektronische Post dagegen binnen Millisekunden gelöscht. Physischen Zugriff hat der Empfänger in der Regel ebenfalls nicht, weshalb die „Zurechnung" des elektronischen Postfachs bei einem Dritten über die Zuordnung zum Machtbereich des Empfängers unsauber wirkt.[446] Beim Postfach ist der Inhaber zumindest Mitbesitzer, falls die Post noch einen Schlüssel hat, sonst ist er gar alleiniger Besitzer, weshalb nach einigen Spielarten der Empfangstheorie eine Zugehörigkeit zum Bereich des Empfängers gegeben sein kann. Besitzer des Rechners des Drittanbieters auf dessen Festspeichern die Nachrichten liegen ist der Empfänger nicht. Das System muss auch den Zugriff jedes Mal zulassen.

Richtigerweise ist daher vom Standpunkt der Auffassungen, die einen Bereich des Empfängers definieren zu differenzieren zwischen dem Rechner im Machtbereich des Empfängers und solchen außerhalb des Machtbereichs. Bei ersteren käme es nach der Speicherung nur noch darauf an, wann mit der Kenntnisnahme zu rechnen ist. Bei Rechnern Dritter wäre die Erklärung noch nicht im Bereich des Empfängers angelangt. Mit diesem Kriterium kann ein Zugang also noch nicht begründet werden.

Die hier vertretene Auffassung vermeidet diese Probleme. Da es auf die Widmung und nicht den Bereich ankommt, ist eine einheitliche Behandlung möglich. Wenn der Empfänger eine Mailbox auf einem entfernten Rechner widmet, ist dies seine selbstbestimmte Entscheidung, an der er bis zu Entwidmung festgehalten werden kann.

---

[445] Borges, Verträge im elektronischen Geschäftsverkehr, S. 250; Rüthers/Stadler BGB AT, S. 166 f., Rn. 46.

[446] Nach Spindler/Schuster/*Spindler/Weber* § 130 BGB Rn. 4 hat der Empfänger alleinige Verfügungsgewalt über die Mailbox auf dem Rechner eines Zugangsanbieters. Da solche Systeme wörtlich verstanden überhaupt gar nicht existieren, stellt diese Aussage eine Wertung oder Fiktion dar.

cc) Empfangseinrichtung oder Widmung

Das Postfach, so wird vertreten, muss außerdem eine Empfangseinrichtung darstellen. Dies ist umstritten. Eine Auffassung nimmt an, dass das elektronische Postfach generell Empfangseinrichtung für rechtsgeschäftliche Erklärungen sei,[447] jedenfalls solange das Gegenteil nicht ausdrücklich bestimmt sei. Dagegen wird vorgebracht, dass eine Widmung des elektronischen Postfachs für den Verkehr erforderlich sei.[448] Dafür spräche die derzeitige Verkehrsauffassung. Bei Privatpersonen ist nicht ersichtlich, wann mit dem Abrufen der elektronischen Post zu rechnen ist. Gelegentlich wird behauptet, dies habe täglich zu erfolgen.[449] Gründe für diese Auffassung werden nicht genannt.[450] Selbst im geschäftlichen Verkehr kann nicht sicher davon ausgegangen werden, dass jeder überhaupt ein Postfach unterhält. Fast immer ist ein Postfach ohne Widmung oder Kommunikation gar nicht bekannt.[451] Derzeit kann in dem Einrichten eines elektronischen Postfachs nicht die Bereitschaft gesehen werden, dieses uneingeschränkt für rechtsgeschäftliche Erklärungen bereitzuhalten. Es handelt sich daher nicht um eine Empfangseinrichtung im Sinne dieser Auffassungen.

Unter welchen Umständen ein elektronisches Postfach für dem Empfang rechtsgeschäftlicher Erklärungen gewidmet ist, wird uneinheitlich beantwortet. So soll es für Unternehmer genügen, wenn die E-Mailadresse angegeben wird.[452] Andere Stimmen wollen die Bekanntgabe der Adresse in ihren Kontext betrachten.[453] Beispielsweise soll die im Rahmen einer Werbekampagne angegebene E-Mailadresse nicht automatisch zur Entgegennahme sämtlicher rechtsgeschäftlicher Erklärungen gewidmet sein.[454] Eindeutig ist der Fall, dass geschäftlicher Kontakt

---

[447] Mankowski NJW 2004, 1901, 1902; wohl auch Moritz/Dreier/*Holzbach/Süßenberger* Kapitel C Rn. 165 ff. im Verhältnis von Unternehmern untereinander.

[448] Borges, Verträge im elektronischen Geschäftsverkehr, S. 250 f.; Dörner AcP 202 (2002), 363, 367.

[449] Schack, BGB AT Rn. 186 „nicht häufiger als einmal täglich"; Dörner AcP 202 (2002), 363, 369.

[450] Kritisch auch Borges, Verträge im elektronischen Geschäftsverkehr, S. 272, wonach eine allgemeine Übung nicht erkennbar sei.

[451] Der Hinweis von Ultsch NJW 1997, 3007, 3008 Fußnote 28, wonach die Adressen leicht zu erraten wären, hilft nicht weiter, es gibt eine nicht überschaubare Zahl von Anbietern, das Schema Vorname.Nachname@domain.tld ist nicht bindend und bei häufigen Nachnamen ungeeignet.

[452] Dörner AcP 202 (2002), 363, 368 mit opt-out-Möglichkeit.

[453] Ausführlich Borges, Verträge im elektronischen Geschäftsverkehr, S. 251 ff.

[454] Beispiel von Borges, Verträge im elektronischen Geschäftsverkehr, S. 252.

durch elektronische Post aufgenommen wird, dann muss mit einer Antwort auf dem gleichen Wege gerechnet werden.

Richtigerweise kommt es ohne Widmung auf die Wahrnehmung der elektronischen Post an. Da die Widmung als Akt der Selbstbestimmung den Wahrnehmungsbereich des Empfängers verschiebt, kann es nicht auf die Verkehrsauffassung ankommen. Eine Widmung kann zudem nicht unterstellt werden. Soweit die Widmung auslegungsbedürftig ist, kann auf die geschilderten Ergebnisse in der Wissenschaft zurückgegriffen werden, etwa hinsichtlich des Kontextes der bekannt gegebenen Adresse.

Gewidmet wird der Rechner für die protokollgemäße Nutzung. Eine Erklärung, die anders auf den Rechner verbracht wird, geht – wenn überhaupt – mit Wahrnehmung zu. Die Widmung bestimmt weiter, bei welchen Kodierungen der Erklärungen die Möglichkeit der Kenntnisnahme besteht. Ohne weitere Angaben oder Anhaltspunkte führt die Verwendung von US-7-Bit-ASCII jedenfalls zum Zugang, da dies die ursprünglich einzig zulässige Kodierung[455] war. Heute kann dies auch für erweiterte Zeichensätze angenommen werden, die beispielsweise die Darstellung von Umlauten ermöglichen.[456] Für andere Kodierungen, etwa durch Textverarbeitungssysteme, ist dagegen eine Einbeziehung in die Widmung erforderlich. Entsprechend ist für Verschlüsselungen zu entscheiden.

Anzumerken bleibt, dass das Erfordernis der Widmung nur nach der hier vertretenen Auffassung einen sinnvollen Zweck verfolgt. Nach den Auffassungen, die einen Machtbereich definieren, handelt es sich nämlich um ein Korrektiv, um den Empfänger vor dem Wirksamwerden von Erklärungen über moderne Kommunikationsmittel zu schützen, weil der Machtbereich offenbar zu weit definiert wurde. Für Briefkästen wird eine Widmung oft nicht verlangt. Ist eine Empfangseinrichtung nicht gewidmet, wäre nach diesen Auffassungen mit einer Kenntnisnahme nicht zu rechnen, weshalb nach den meisten Formulierungen der Empfangstheorie Zugang nicht oder allenfalls mit tatsächlicher Kenntnisnahme eintritt. Die eigenständige Bedeutung der Widmung ist in diesem Falle nicht ersichtlich. Dies gilt erst recht, wenn eine „Widmung" unter Zuhilfenahme der Verkehrsauffassung fingiert wird.

---

[455] RFC 2822 Abs. 2.3, http://tools.ietf.org/html/rfc2822 20.07.2009.
[456] Die Kodierung ist geregelt in RFC 2045, http://tools.ietf.org/html/rfc2045 20.07.2009.

dd) Zugangszeitpunkt

Wurde eine Nachricht in dem Postfach des Empfängers gespeichert, soll sie in dem Moment zugehen, in dem normalerweise mit Kenntnisnahme zu rechnen sei, siehe oben, E. I. 2. c). Es wird angenommen, dass Verbraucher ihre E-Mails täglich abrufen.[457] Bei Unternehmern wird vertreten, dass elektronische Post im Moment der Speicherung in der Mailbox zugeht, weil diese innerhalb der Geschäftszeiten mehrfach am Tag überprüft werde.[458] Aussagen zur Abrufhäufigkeit sind dabei eher Vermutungen als empirisch unterlegt. Voraussagen sind derzeit nicht besonders sinnvoll, weil die Entwicklung noch nicht abgeschlossen ist, dies zeigt beispielsweise die steigende Nachfrage an mobilen Geräten mit Pushfunktion für E-Mail.

Wurde das Postfach nicht für den Empfang rechtsgeschäftlicher Erklärungen gewidmet, könne nicht mit der Kenntnisnahme gerechnet werden. Die Erklärung ginge dann allenfalls zu, wenn sie tatsächlich zu Kenntnis genommen würde.[459]

Tatsächlich kommt es auf Abrufhäufigkeit und Geschäftszeiten nicht an. Elektronische Post geht mit tatsächlich abrufbarer Speicherung zu, wenn eine Widmung des Postfachs vorliegt. Dabei kann die Widmung beschränkt sein. Gründe, für elektronische Post Sonderregeln aufzustellen, sind nicht ersichtlich. Ohne Widmung kommt es auf die sinnliche Wahrnehmung durch den Adressaten an.

(1) Exkurs: Arbeits- oder Festspeicher

Nimmt der Rechner elektronische Post entgegen, wird diese zunächst häppchenweise in den Arbeitsspeicher geladen und dann auf einen Festspeicher geschrieben. Auch wenn der Zeitraum zwischen diesen Schritten immer geringer wird, können Fehler auftreten, so dass auf dem Festspeicher keine oder nur unbrauchbare Daten zu finden sind. Daher stellt sich die Frage, ob auf die Speicherung im Arbeits- oder Festspeicher abzustellen ist. Die Sicherung im Arbeitsspeicher ist nicht

---

[457] Schack, BGB AT Rn. 186.

[458] Ultsch NJW 1997, 3007, 3008; Moritz/Dreier/*Holzbach/Süßenberger* Kapitel C Rn. 169; Borges, Verträge im elektronischen Geschäftsverkehr, S. 272; nach Dörner AcP 202 (2002), 363, 369 zweimal, nämlich zu Beginn und Ende der Geschäftszeit.

[459] Dörner AcP 202 (2002), 363, 368; Borges, Verträge im elektronischen Geschäftsverkehr, S. 253.

persistent. Anders als bei einem Festspeicher gehen die Daten ohne Energiezu-fuhr verloren. Es wird in der Wissenschaft eine sichere und zuverlässige Speiche-rung gefordert.[460] Es ist zweifelhaft, ob dies für eine Speicherung auf flüchtigen Medien angenommen werden kann. Der Zweck des Arbeitsspeichers liegt nicht im Sichern von Daten. Hinzu kommt, dass eine Erklärung kaum vollständig im Ar-beitsspeicher vorhanden sein wird, denn das System schreibt die ankommenden Datenpakete sofort auf den Festspeicher, um die Ressourcen des Arbeitsspei-chers nicht unnötig zu belasten. Tritt an dieser Stelle ein Fehler auf, erfolgt eine entsprechende Meldung an den Absender, der daraufhin die Daten erneut sendet. Es kommt daher auf den Festspeicher an. Das Risiko, dass eine Sicherung auf dem Festspeicher ohne Fehlbedienung oder Manipulation misslingt, trägt der Ab-sender auch dann, wenn die Erklärung oder Teile derselben bereits im Arbeitsspei-cher vorhanden waren.

Hat eine Empfangseinrichtung keinen Festspeicher oder ist dessen Nutzung für eingehende Erklärungen nicht vorgesehen, sind die Geräte in ihrer Funktionswei-se entsprechend gewidmet.

ee) Zugangsstörungen und -vereitlungen

Dominierten zu der Zeit, als elektronische Post für die breite Masse populär wur-de, Überlegungen zu überfüllten Postfächern und der Verantwortlichkeit dafür[461], dürfte sich dies heute zu einem theoretischen Problem verschoben haben: Selbst Anbieter von kostenfreien elektronischen Postfächern stellen heute ungleich mehr Speicherplatz zur Verfügung. Diese Fragen können mit den oben[462] dargestellten Grundsätzen gelöst werden. Allerdings ist eine Vereitlung ohne Widmung des Postfachs nicht möglich, der Empfänger muss es dann schon gar nicht bereit hal-ten.

---

[460] Siehe statt aller John AcP 184 (1984), 385, 403 ff.
[461] Ultsch NJW 1997, 3007, 3008.
[462] E. I. 2. e).

2. Willenserklärungen in Peer-to-Peer-Märkten am Beispiel der SESAM-Plattform

Die entwickelte Auffassung wird nunmehr auf Peer-to-Peer-Netze übertragen. Dies geschieht beispielhaft an der bereits vorgestellten SESAM-Plattform. Soweit die Aussagen nicht verallgemeinerungsfähig sind, wird darauf gesondert hingewiesen. Grundsätzlich kann auf die Ergebnisse zur elektronischen Post zurückgegriffen werden.

a) Abgabe

Abgegeben werden Erklärungen durch Aufrufen der Sendefunktion zur Übertragung der Erklärung an die jeweilige Person. Dies kann durch Klicken auf den entsprechenden Knopf in der graphischen Oberfläche erfolgen. Die Frage der versehentlichen Absendung ist nicht anders als für elektronische Post zu beantworten.

b) Zugang

Für die Übermittlung von Erklärungen in der SESAM-Plattform gibt es mehrere Methoden. Zu unterscheiden ist zwischen Empfängerrechnern, die erreichbar sind und solchen, die offline sind.

Es werden sogenannte Vertragscontainer benutzt, die eine oder mehrere Erklärungen enthalten können. Das marktweite konsistente Datenmodell[463] sorgt für eine Struktur der Erklärungen und ermöglicht den automatischen Abgleich sowie einfache, automatische rechtliche Prüfungen, etwa hinsichtlich der Wirksamkeit von Willenserklärungen.[464]

Zunächst werden dem Empfänger Vertragscontainer mit darin enthaltenen Erklärungen durch einen entfernten Diensteaufruf zugeleitet. Das heißt, dass ein direkter Kontakt zwischen den betroffenen Knoten besteht. Der Vertragscontainer

---

[463] Details bei Conrad/Funk/Raabe/Waldhorst Pro-VE2007, 233, 234 f.; Conrad/Funk/Raabe/Waldhorst JIM 2008, S. 4 f.

[464] Conrad/Funk/Raabe/Waldhorst Pro-VE2007, 233, 238 ff.; Conrad/Funk/Raabe/Waldhorst JIM 2008, S. 7 ff.

wird dann im Arbeitsspeicher des Empfängerknotens bereitgehalten und auf den Festspeicher geschrieben.

Für den Zugang kommt es dann auf die Wahrnehmung der Erklärung also solche oder die Widmung an. Wer auf einem Marktplatz mit elektronischen Erklärungsaustausch agiert, widmet seinen Rechner zum Empfang für Erklärungen gemäß den angebotenen Funktionalitäten jedenfalls den Marktteilnehmern gegenüber, denen er selbst Erklärungen schickt und allen gegenüber, wenn Angebotseinladungen eingestellt werden. Eine zeitliche Beschränkung der Widmung ist bei SESAM technisch nicht vorgesehen und daher nicht möglich. Zugang erfolgt daher mit Speicherung.

Die Widmung ist gegenständlich beschränkt auf Vertragsschlüsse, die auf dem Marktplatz möglich sind, andere Erklärungen können auf SESAM gar nicht abgegeben werden. Für andere Peer-to-Peer-Märkte, die beispielsweise Freitextnachrichten ermöglichen, sind dagegen zeitliche oder weitere Beschränkungen der Widmung denkbar.

Die referierten Auffassungen, die für den Zugangszeitpunkt für elektronische Post auf die Verkehrsauffassung zum Abruf abstellen, müssten an dieser Stelle wohl differenzieren zwischen dem Einsatz von Softwareagenten[465], die eingehende Erklärungen automatisch bearbeiten und der Marktteilnahme ohne Agenteneinsatz. Im ersteren Fall wird nach dieser Auffassung einiges für den sofortigen Zugang sprechen.

Für die Übermittlung von Vertragscontainern an Personen, deren Rechner offline sind, ist ein Archivdienst vorgesehen. Das Archiv ist als eine Art verteilter Festspeicher zu sehen. Die Daten liegen auf Knoten die online sind. Verschlüsselung verhindert dabei die Kenntnisnahme durch Unbefugte; allein der Empfänger kann entschlüsseln. Es gibt mehrere Instanzen der Daten auf verschiedenen Knoten, so dass ein Zugriff auch möglich ist, wenn einzelne Knoten vom Netz gehen. Nicht jeder kann das Archiv beschreiben, um ein Fluten mit unerwünschter Werbung zu verhindern. Daher wird jedem Angebot und jeder Annahme ein einmaliges, nicht zu erratendes Token mitgegeben. Wer dieses Token besitzt, kann einen Vertragscontainer in das Archiv für denjenigen schreiben, der das Token erzeugt und herausgegeben hat. Auf diese Weise können jedenfalls Erklärungen zum Zugang ge-

---

[465] Zum Zugang von Erklärungen beim Einsatz von Agenten siehe Sester/Nitschke CR 2004, 548, 551 sowie Nitschke in: Kirn/Herzog/Lockemann/Spaniol, Multiagent Engineering, S. 601 f.

bracht werden, wenn ein Kommunikationskontakt initiiert wurde (nicht hingegen schon nach Verbreitung von *invitationes*). Dass nicht irgendwelche Erklärungen zugestellt werden können, ohne dass ein Kommunikationskontakt bestand, schadet nicht. Es fehlt nämlich eine Widmung gegenüber dem Absender und niemand muss sich auf ein bestimmtes Kommunikationsmittel einlassen.

Das Archiv ist Teil der auf dem Marktplatz angebotenen Funktionalitäten. Eine Widmung liegt also bei Kommunikationskontakt vor. Mithin ist Zugang bei Speicherung im Archiv gegeben.

An dieser Stelle zeigt sich, dass die Selbstbestimmung des Empfängers die einzig richtige Grundlage für die Widmung sein kann. Peer-to-Peer-Systeme können grundsätzlich eine hohe Verfügbarkeit garantieren. Allerdings ist es nicht denkbar, Vertragsverhältnisse aller Teilnehmer untereinander zu begründen, da regelmäßig nicht jeder Knoten mit jedem Knoten Kontakt hat und Knoten kommen und gehen. Es wäre also gar nicht klar, wer mit wem Verträge geschlossen hat. Im Falle des Archivs führt dies dazu, dass der Empfänger bei einem, wenn auch sehr unwahrscheinlichen, Totalausfall zwar Zugang gegen sich gelten lassen müsste, aber keine vertragliche Handhabe gegen Inhaber der Knoten hätte, auf denen die Erklärung liegt, ihn die Erklärung abrufen zu lassen. Dieses Risiko kann dem Empfänger nur zugewiesen werden, wenn er es aus eigener Entscheidung übernommen hat.

III. Der Beweis des Zugangs

Das materielle Recht nützt dem Berichtigten nicht, wenn es nicht mit vertretbarem Aufwand durchzusetzen ist. Soll die Akzeptanz neuartiger elektronischer Handelsplätze nicht an dem sprichwörtlichen „Widerrufsrecht qua Beweislast" scheitern, gilt es, Verfahren bereitzustellen, die den Versendern und Empfängern den Nachweis über den Zugang (bestimmter) Erklärungen ermöglichen. Selbst bei der praktisch nicht akzeptierten qualifizierten elektronischen Signatur kann diesen Beweis nur der Empfänger, nicht aber der Absender führen.

Wie bereits zu Beginn des Kapitels skizziert, wird nach Klärung der materiellen Begriffe nunmehr zunächst wird die Beweislast und potentielle Erleichterungen an nicht elektronisch übermittelten Willenserklärungen dargestellt und anschließend für elektronisch übertragene Erklärungen erörtert.

1. „Herkömmlich" übermittelte Willenserklärungen

a) Die Beweislast und deren Verteilung

Die Beweislast für den Zugang einer Erklärung trägt derjenige, der sich darauf beruft.[466]

Der Begriff der Beweislast bezeichnet zum einen eine Entscheidungsregel falls ein Beweis misslingt (sogenannte objektive Beweislast oder Feststellungslast), zum anderen die Obliegenheit der Partei, für ihre bestrittenen Behauptungen Beweis anzubieten, um einen Prozessverlust zu vermeiden (sogenannte subjektive Beweislast oder Darlegungslast).[467]

Hier wird nur die objektive Beweislast behandelt. Sie beinhaltet das Risiko, das die Parteien im Prozess tragen, sollte der Beweis nicht gelingen und zugleich die Anweisung an das Gericht gemäß den Regeln der Beweislast zu entscheiden.[468]

Die Beweislast wird durch das Recht zugewiesen, beispielsweise durch materiell-rechtliche Normen. Die ausdrückliche Regelung ist selten. Deshalb ist oft auf die ungeschriebene Grundregel zurückzugreifen, wonach der Anspruchsteller die Beweislast für die rechtsbegründenden, der Anspruchsgegner für die rechtsvernichtenden und rechtshemmenden Tatbestandsmerkmale trägt.[469] Der Gesetzgeber beschränkt sich zumeist auf die Normierung von Ausnahmen zu dem Grundsatz. Beispielsweise ist für die Klage auf Kaufpreiszahlung der Vertragsschluss Voraussetzung. Verträge können nur Geschäftsfähige schließen. Die Geschäftsfähigkeit des Vertragspartners muss vom Kläger indessen nicht bewiesen werden. Sie wird vermutet. Der Gegner muss die Geschäftsunfähigkeit beweisen, falls er sich darauf beruft. Dies wird aus den Formulierungen in den §§ 104 ff. BGB geschlossen.[470] Derartige Ausnahmen lassen sich an Hand besonderer Formulierun-

---

[466] BGH NJW 1987, 2235, 2236 = BGHZ 101,49; BGH NJW 1978, 886 = BGHZ 70, 232.

[467] Musielak/*Foerste* ZPO § 286 Rn. 32 f.

[468] Musielak/*Foerste* ZPO § 286 Rn. 32.

[469] BGH NJW 1999, 352, 353; Musielak/*Foerste* ZPO § 286 Rn. 35; Zöller/*Greger* vor § 284 Rn. 17a.

[470] Beispiel von Musielak/*Foerste* ZPO § 286 Rn. 36.

gen im Gesetz erkennen. Nebensätze eingeleitet mit „es sei denn", „sofern nicht" und ähnlichen Formulierungen verteilen zugleich die Beweislast (zum Beispiel § 179 Abs. 1 BGB).

Die Grundregel zur Beweislast wird in einigen Fällen auch durch Richterrecht eingeschränkt. Grundlagen sind die Zuweisung von Risiken zu einer Sphäre[471], der Grundsatz prozessualer Waffengleichheit oder Gerechtigkeitserwägungen[472].

Für den Zugang von Willenserklärungen bestehen keine Ausnahmen von der Grundregel.

b) Beweiserleichterungen

Misslingt einer Partei der Beweis einer Tatsache, verliert sie als Konsequenz aus den Regeln der Beweislast den Prozess. Dieser Automatismus kann unbillig sein, wenn der Einblick in die Verhältnisse des Prozessgegners fehlt, aber erforderlich wäre oder wenn es sich um typischerweise auftretende Beweisprobleme handelt. Abhilfe schaffen Beweiserleichterungen. Solche sieht das Gesetz vor oder wurden von der Rechtsprechung entwickelt.

c) Gesetzliche Beweiserleichterungen

Gesetzliche Beweiserleichterungen sind etwa in den §§ 287 und 294 ZPO normiert. Für den Zugang von Willenserklärungen sind ausdrückliche gesetzliche Beweiserleichterungen dagegen nicht ersichtlich.

d) Anscheinsbeweis

Große praktische Bedeutung haben weitere, nicht normierte Beweiserleichterungen. Zu nennen ist der Anscheinsbeweis, der bereits im vorhergehenden Kapitel erörtert wurde. Für die allgemeinen Voraussetzungen sei auf die genannten Ausführungen verwiesen.

---

[471] Zum Beispiel BGH NJW 1969, 269, 274 f. = BGHZ 51, 91 zur Produzentenhaftung mit zustimmender Anmerkung von Diederichsen NJW 1969, 276.
[472] Vergleiche Musielak/Foerste ZPO § 286 Rn. 37.

Für den Zugang von Willenserklärungen wird ein Anscheinsbeweis, selbst wenn die Abgabe feststeht, nicht angenommen. Höchstrichterlich ist entschieden, dass nicht vom Anschein des Zugangs ausgegangen werden kann, wenn nachgewiesen wurde, dass ein einfaches Einschreiben abgesandt wurde.[473] Beim Einwurfeinschreiben liegen divergierende Entscheidungen vor.[474] Für den Zugang ist daher regelmäßig der Vollbeweis erforderlich. Zum Einwurfeinschreiben und Einschreiben mit Rückschein sogleich.

e) Einwurfeinschreiben

Beim Einwurfeinschreiben wird der Brief in den Briefkasten oder das Postfach des Empfängers eingelegt und dies durch den Postboten dokumentiert.

Ob bei Vorliegen einer ordnungsgemäßen Dokumentation ein Anschein für den Zugang gegeben ist, wird uneinheitlich beantwortet.

Zu unterscheiden ist hinsichtlich der Dokumentation zwischen dem Auslieferungsbeleg und Sendestatusauskünften des Zustellunternehmens. Auf dem Auslieferungsbeleg bestätigt der Postbote mit seiner Unterschrift den Einwurf einer bestimmten Sendung zu einem bestimmten Zeitpunkt. Der Absender kann vom Auslieferungsbeleg bei der Deutschen Post elektronische Abzüge erhalten. Der Absender kann daneben beim Dienstleister den Sendestatus erfragen, aus dem sich aber insbesondere eine Bestätigung durch einen bestimmten Postboten nicht entnehmen lässt. Der Einlieferungsbeleg trifft dagegen Aussagen über den Eingang der Sendung bei der Stelle des Postdienstleisters, die endlich die Zustellung vornehmen soll.

Da Einlieferungsbeleg und Sendestatusangabe eine Aussage zu dem Einwurf in den Briefkasten und damit zur abrufbaren Speicherung beim Empfänger nicht treffen, taugen sie auch nicht als Ansatzpunkt für einen Anschein des Zugangs.[475]

---

[473] BGH NJW 1957, 1230, 1231 = BGHZ 24, 308; BGH NJW 1996, 2033, 2035.

[474] OLG Düsseldorf NVersZ 2002, 357; AG Kempen NJW 2007, 1215 mit kritischer Anmerkung von Putz, NJW 2007, 2450 ff.; LG Potsdam NJW 2000, 3722 und AG Paderborn NJW 2000, 3722.

[475] OLG Düsseldorf NVersZ 2002, 357; AG Kempen NJW 2007, 1215; Reichert NJW 2001, 2523, 2524.

Bei Vorliegen eines ordnungsgemäß erstellten Auslieferungsbelegs[476] wird vertreten, dass sich daraus ein Anschein für den Zugang nicht ergebe, weil ein Verlust von Postsendungen während des Zustellvorgangs oder das Einstecken von Postsendungen in den falschen Briefkasten durch den Zusteller nicht auszuschließen sei.[477]

Dagegen wird vorgebracht, dass solche Fehler auch bei anderen Zustellverfahren, die durch das Gesetz privilegiert werden, wie das Einschreiben mit Rückschein oder die Zustellung durch den Gerichtsvollzieher nicht ausgeschlossen sind.[478] Ergänzt werden muss, dass ein Verlust allerdings nicht eintreten kann, da der Auslieferungsbeleg erst bei oder nach Einwurf erstellt wird. Durch das Ausfüllen des Belegs ist die Aufmerksamkeit des Boten besonders erforderlich, weshalb ein Einwurf in den falschen Kasten nicht sonderlich wahrscheinlich ist. Deshalb kann richtigerweise ein Anschein angenommen werden.[479] Zu beachten ist, dass dem Absender regelmäßig nur ein Datenauszug vom Auslieferungsbeleg zusteht, der als Augenscheinsobjekt in den Prozess einzuführen ist. Ein Urkundsbeweis kann nicht geführt werden.[480]

Welchen Inhalt das zugegangene Einschreiben hat, steht indessen nicht fest und ist vom Absender zu beweisen.

f) Einschreiben mit Rückschein

Durch die Reform[481] der Zustellungsvorschriften in der ZPO wurde mit § 175 eine Norm über die Zustellung durch Einschreiben mit Rückschein neu aufgenommen und eine alte Forderung der Wissenschaft und Praxis bedient.[482] Der Nachweis der

---

[476] Ein Fall eines nicht ordnungsgemäß erstellten Auslieferungsbelegs lag der Entscheidung des LG Potsdam NJW 2000, 3722 zugrunde, das deshalb einen Anschein für den Zugang ablehnte.

[477] AG Kempen NJW 2007, 1215; Friedrich VersR 2001, 1090, 1092.

[478] Putz, NJW 2007, 2450, 2451.

[479] AG Paderborn NJW 2000, 3722; AG Hannover NJOZ 2004, 67, 68; Reichert NJW 2001, 2523, 2524; Putz, NJW 2007, 2450, 2451; Palandt/*Heinrichs* § 130 Rn. 21; Jänich VersR 1999, 535, 537.

[480] Bauer/Diller NJW 1998, 2795 f.; anders Jänich VersR 1999, 535, 536 f. (Für den Fall, dass der Postmitarbeiter den Datenauszug überprüft.).

[481] Gesetz zur Reform des Verfahrens bei Zustellungen im gerichtlichen Verfahren (Zustellungsreformgesetz – ZustRG), BGBl. 2001 I, 1206; dazu Heß NJW 2002, 2417 ff.

[482] Heß NJW 2002, 2417, 2419; vergleiche daneben § 4 Abs. 2 Satz 1 VwZG.

Zustellung, und somit des Zugangs[483], wird durch den Rückschein geführt, § 175 Satz 2 ZPO. Dieser ist eine private Urkunde und begründet daher Beweis nicht für den Vorgang (so öffentliche Urkunden, § 415 ZPO) der Zustellung, sondern für seine eigene Authentizität, § 416 ZPO.[484] Die Norm schneidet dem Empfänger die Möglichkeit ab, den Zugang einfach zu bestreiten. Er muss statt dessen erfolgreich die Authentizität des Rückscheines angreifen.

Keine Hilfe schafft § 175 ZPO, wenn der potentielle Empfänger sich gegen die Zustellung wehrt, beispielsweise die Annahme verweigert oder das Einschreiben trotz Benachrichtigung nicht abholt. Es wird zwar vertreten, dass bei der Annahmeverweigerung § 242 BGB anzuwenden sei[485], jedenfalls, wenn die Allgemeinen Geschäftsbedingungen des Postunternehmens eingehalten sind; richtigerweise wird das Einschreiben indessen als unzustellbar an den Absender zurückgeschickt[486]. So verfährt die Deutsche Post.[487] Das Einlegen der Abholbenachrichtigung ersetzt oder fingiert den Zugang nicht.[488] Ob der Adressat das Einschreiben nicht abholt oder böswillig die Annahme verweigert, wird schwer zu beweisen sein.[489] Die Beweiserleichterung steht dem Absender folglich nur zur Seite, wenn er den Rückschein vorweisen kann. Mehr will Satz 2 des § 175 ZPO nicht regeln.

Die Norm regelt einen Ausschnitt des Zustellungsrechts. Die Besprechung an dieser Stelle ist dennoch berechtigt; denn die Neuregelung blieb nicht ohne Auswirkungen auf die Diskussion zum materiellen Recht. Willenserklärungen können im Geschäftsverkehr durch Einschreiben mit Rückschein versandt werde. Dabei ist zu unterscheiden, ob der Postbote das Einschreiben übergibt beziehungsweise ob der Adressat es abholt und demgegenüber die Nichtabholung oder Annahmeverweigerung. Übergibt der Postbote die Erklärung an den Empfänger oder eine Ersatzperson oder wird das Schreiben abgeholt, geht die Erklärung im Moment der Übergabe beziehungsweise Abholung zu.[490] Geht das Einschreiben als unzustellbar zurück, geht es nicht zu, weil der Adressat nicht Kenntnis nehmen konnte.

---

[483] BT-Drucksache 14/4554 S. 19.

[484] Heß NJW 2002, 2417, 2419; Hannich/Meyer-Seitz/*Häublein* § 175 Rn. 2.

[485] Larenz, BGB AT, § 26 Rn. 25.

[486] BT-Drucksache 14/4554 S. 19; Heß NJW 2002, 2417, 2419; Zöller/*Stöber* § 175 Rn. 3; Musielak/*Wolst* § 175 Rn. 2; Hannich/Meyer-Seitz/*Häublein* § 175 Rn. 4.

[487] Reichert NJW 2001, 2523, 2524.

[488] Benedict, NVwZ 2000, 167, 168; Ascheid/Preis/Schmidt/*Preis* 1. Teil, Kapitel D, Rn. 53.

[489] Reichert NJW 2001, 2523, 2524; Hannich/Meyer-Seitz/*Häublein* § 175 Rn. 6.

[490] Erman/*Palm* § 130 Rn. 8.

Gestritten wird, ob er sich aber so behandeln lassen müsse, als ob die Erklärung zugegangen wäre. Dies wird mit Bezug auf die §§ 242 und 162 BGB so vertreten, wenn das Schreiben trotz Benachrichtigung und Möglichkeit nicht abgeholt wurde.[491] Nach der Rechtsprechung kommt eine Zugangsfiktion dagegen nur in Betracht, wenn der Adressat den Zugang bewusst vereitelt oder wenn er mit einer Erklärung rechnen muss und sie trotzdem nicht abholt. Anderenfalls soll der Absender die Zustellung ein zweites Mal versuchen.[492] Es wurde bereits darauf hingewiesen, dass es dem Absender schwer fallen wird, zu beweisen, dass der Adressat böswillig die Annahme verweigert hat. Aus § 130 Abs. 1 BGB folgt auch keine Abholpflicht.

Kann der Absender den Rückschein vorweisen, soll ihm ein Anscheinsbeweis für den Zugang der Erklärung zur Seite stehen.[493] Dem ist zuzugeben, dass sich aus der Tatsache, dass ein Rückschein mit Unterschrift des Empfängers oder einer Ersatzperson existiert, regelmäßig auf den Zugang des Einschreibens schließen lässt.[494] Über den Inhalt des Schreibens ist damit noch nichts gesagt.[495] Welches Schreiben zuging, bleibt vom Absender zu beweisen.

g) Beweismaßreduzierung

Bewiesen ist eine Tatsache, wenn das Gericht sie nach seiner freien Überzeugung für wahr hält, § 286 ZPO. Weniger als die Überzeugung von der Wahrheit, beispielsweise ein Glauben, reicht nicht aus. Es wird aber auch kein Plus, etwa eine naturwissenschaftliche Gewissheit gefordert.[496] Dieser Ausgangspunkt wird für Beweiserleichterungen von einigen Autoren in Frage gestellt. Es soll ein geringerer Grad an Gewissheit ausreichen oder an die Überzeugung keine allzu hohe Anfor-

---

[491] Larenz, BGB AT § 26 Rn. 25; Münchener Kommentar/*Einsele* § 130 Rn. 38 f.; Erman/*Palm* § 130 Rn. 8.

[492] BGH NJW 1998, 976, 977 = BGHZ 137, 205.

[493] Palandt/*Heinrichs* § 130 Rn. 21.

[494] Vergleiche dazu BGH NJW 1957, 1230, 1231: "Wer jeden Streit darüber, ob ein abgesandtes Schriftstück auch angekommen ist, mit Sicherheit ausschließen will, kann förmlich zustellen oder wenigstens ein Einschreiben mit Rückschein schicken.".

[495] Erman/*Palm* § 130 Rn. 8.

[496] Zöller/*Greger* § 286 Rn. 18 f.

derungen zu stellen sein. Diese Lehren scheitern jedoch am klaren Wortlaut des § 286 ZPO.[497]

h) Beweislastumkehr

Die Umkehr der Beweislast stellt kein Fall der Beweiserleichterung dar. Sie ist eine Frage des materiellen Rechts und bedarf einer Grundlage im Gesetz oder Richterrecht. Für den Zugang von Willenserklärung sind keine Konstellationen ersichtlich, die zu einer Beweislastumkehr führen.

2. Elektronisch übermittelte Willenserklärungen

Für elektronisch übermittelte Willenserklärungen gelten hinsichtlich der Beweislast keine Besonderheiten. Wer sich auf den Zugang einer Erklärung beruft, muss diesen beweisen.

Es hat in der Vergangenheit nicht an Versuchen gefehlt, die Beweisposition des Versenders zu verbessern. Anscheinsbeweise für den Zugang einer Erklärung wurden für das Telex[498] und das Telefaksimile[499] in der Rechtsprechung abgelehnt (In jüngerer Zeit werden aber auch andere Positionen vertreten.[500]). Folgend werden derartige Beweiserleichterungen am Beispiel der elektronischen Post diskutiert.

a) Anscheinsbeweis für den Zugang elektronischer Post

Bei elektronischer Post einen Anschein für den Zugang zu begründen, drängt sich angesichts des Kommunikationsprotokolls und fehlender Authentizität und Integri-

---

[497] Zöller/*Greger* vor § 284 Rn. 28; Musielak/*Foerste* ZPO § 286 Rn. 18.

[498] OLG Karlsruhe NJW 1973, 1611.

[499] BGH NJW 1995, 665, 666 f.; OLG Dresden NJW-RR 1994, 1485; anders OLG München NJW 1994, 527.

[500] OLG Celle NJOZ 2008, 3072; AG Hagen JurPC Web-Dok. 129/2008, Abs. 21 (http://www.jurpc.-de/rechtspr/20080129.htm 20.07.2009) = MMR 2008, 859 (Leitsatz).

tät[501] nicht auf: Was soll der Anschein des Zugangs nützen, wenn nicht klar ist, ob die E-Mail authentisch und integer ist?

Unter Vermischung dieser Fragestellungen wird in der Literatur neuerdings verstärkt vertreten, dass Eingangs- beziehungsweise Lesebestätigungen und dergleichen einen Anscheinsbeweis für den Zugang der darin bestätigten Nachricht begründeten.[502] Diese sollen schwer zu manipulieren sein und würden teilweise von Dritten versandt.[503]

aa) Kritik

Wenn wie hier[504] ein Anscheinsbeweis für die Echtheit elektronischer Post abgelehnt wird, ist ein derartiger Anscheinsbeweis für ausgewählte Nachrichten nicht vertretbar. Voraussetzung für einen Anschein des Zugangs müsste zunächst die Authentizität und Integrität der Bestätigungsnachricht sein, denn aus einer falschen Bestätigung folgt typischerweise kein Zugang.

Bei den Bestätigungen handelt es sich um automatisch generierte E-Mails, die die „handelsüblichen E-Mail-Programme" selbständig verschicken und nicht etwa die Mailserver.[505] Sie sind daher wie sonstige elektronische Post zu behandeln.

---

[501] Ausführlich im vorgehenden Kapitel erörtert.

[502] Herwig MMR 2001, 145, 146 f.; Mankowski NJW 2004, 1901 ff.; Münchener Kommentar/*Einsele* § 130 Rn. 46; Spindler/Schuster/*Spindler/Weber* § 130 BGB Rn. 25; Hoeren/Sieber/*Geis* Teil 13.2 Rn. 11 (August 2005); „möglicherweise" auch Palandt/*Heinrichs* § 130 Rn. 21.

[503] Mankowski NJW 2004, 1901, 1905; Hoeren/Sieber/*Geis* Teil 13.2 Rn. 11 (August 2005).

[504] Siehe vorgehendes Kapitel.

[505] Das verkennt Mankowski NJW 2004, 1901, 1905: Das „handelsübliche E-Mail-Programm" fügt im Header die Zeile „Return-Receipt-To: ..." (Empfangsbestätigung) beziehungsweise „Disposition-Notification-To: ..." (Lesebestätigung) ein. Die erste Anweisung ist nicht standardisiert (siehe RFC 2076 Appendix A, page 23, verfügbar unter http://www.ietf.org/rfc/rfc2076.txt 20.07.2009) und wird daher nur von bestimmten Programmen ausgewertet. Die letztere Anweisung ist in RFC 2298 standardisiert (verfügbar unter http://www.ietf.org/rfc/rfc2298.txt 20.07.2009). Der Standard beschreibt indessen keinen Automatismus, sondern überlässt dem Nutzer ausdrücklich die Wahl, eine Bestätigung abzuschicken (Nr. 2.1). Die meisten E-Mailprogramme ermöglichen – wie im RFC vorgeschlagen – dem Nutzer, das Absenden von Bestätigungen generell zu unterlassen. Ob dies nur „Technik-Freaks" (Mankowski am angegeben Ort) können, kann hier nicht bewertet werden: Eine Definition dieses Maßstabs erfolgt nicht. Das Abstellen ist in den Konfigurationsmenüs des Programms ohne eine Barriere möglich. Jedenfalls sind alle Bestätigungen entweder einfache Textnachrichten oder einfache E-Mails. Ein Schluss

Selbst wenn Nachrichten von Dritten versandt werden sollten, ist aus einem vorgelegten Dokument nicht ableitbar, ob es tatsächlich versandt wurde oder für die Vorlage erstellt wurde.[506]

Es ist auch nicht möglich, nur für die „bestätigten Nachrichten" einen Anschein der Authentizität anzunehmen, für andere aber nicht. Es liegt dann ein Zirkelschluss vor. Es wäre ja die Echtheit der Bestätigungsnachricht nicht klar. Wie kann dann auf ihren Inhalt vertraut werden? Falls für die Bestätigungsnachricht selbst zusätzlich ein Anschein der Echtheit bestehen sollte, müsste es Kriterien geben, diese von anderen Nachrichten zu unterscheiden. Niemand will aber den Anschein der Echtheit vom Inhalt der Nachricht abhängen lassen. Dies ist auch technisch nicht möglich. Bestätigungen und sonstige Nachrichten unterscheiden sich technisch nicht. Aus einer vorgelegten „einfachen" Bestätigung ist technisch nicht deren Absenden bei einem bestimmten Ereignis (Zugang einer anderen Nachricht) ableitbar.

Soweit ersichtlich, wurde noch nicht versucht, den SMTP-Meldungen über eine erfolgreiche Annahme[507] Anscheinsbeweisqualität beispielsweise für den Zugang zuzumessen. Allerdings soll dies mit der DSN[508]-Erweiterung für SMTP möglich sein.[509] Da es sich bei SMTP (mit und ohne DSN) um ein Textprotokoll handelt, ist dies mit den bereits vorgetragenen Argumenten als nicht vertretbar abzulehnen. Ein technischer Zusammenhang zwischen nicht mindestens fortgeschritten elektronisch signiertem Dokument und Urheber lässt sich für Protokolle genauso wenig wie für E-Mails herstellen.

bb) Ergebnis

Beweiserleichterungen für den Zugang elektronischer Post sind nicht ersichtlich.

---

vom Vorliegen solcher Bestätigungs-E-Mails auf deren automatisches Absenden bei einem bestimmten Ereignis ist daher aus technischer Sicht nicht vertretbar.

[506] Siehe vorgehendes Kapitel.

[507] Siehe RFC 2821 Abschnitt 4.2 (http://tools.ietf.org/html/rfc2821 20.07.2009), insbesondere reply code 250.

[508] Delivery Status Notification – Benachrichtigung über den Zustellstatus, siehe dazu RFC 1891, verfügbar unter http://tools.ietf.org/html/rfc1891 10.08.2009.

[509] Herwig MMR 2001, 145, 146; Spindler/Schuster/*Spindler/Weber* § 130 BGB Rn. 25.

b) Zusammenfassung

Für den Zugang elektronisch übermittelter Erklärungen besteht kein Anlass, von der Grundregel der Beweislastverteilung abzuweichen.

Kann die Empfängerin als beweisbelastete Partei ein elektronisches Dokument vorlegen, dessen Authentizität und Integrität feststeht und das nicht von ihr selbst stammt, so wirft der Beweis des Zugangs regelmäßig keine Probleme auf: Ein Abhandenkommen[510] der Erklärung müsste nach der Grundregel der Beweislast normalerweise der Prozessgegner beweisen.

Ein Absender elektronischer Nachrichten kann unter Umständen eigene Erklärungen als authentisch und integer beweisen, regelmäßig aber nicht deren Zugang bei einem anderen, weshalb er an einem Verfahren zum Nachweis des Zugangs interessiert ist.

3. Das „elektronische Einschreiben"

Ein Vergleich der derzeitigen Möglichkeiten, Erklärungen gegenüber anderen abzugeben, zeigt, dass der Erklärende eine seinen Beweisinteressen angepasste Übermittlungsmöglichkeit wählen kann. Will er sicher gehen, den Zugang leicht beweisen zu können, kann er ein Einschreiben zum Einwurf oder mit Rückschein versenden oder die Erklärung durch einen Gerichtsvollzieher nach § 132 BGB zustellen lassen.

Eine vergleichbare Möglichkeit steht bei der elektronischen Übermittlung einer Erklärung nicht zur Verfügung. Insbesondere Signaturen nach dem Signaturgesetz erleichtern die Beweisführung hinsichtlich der Authentizität – für den Gegner. Auf den Zugang haben sie keinen Einfluss.

Angesichts der Probleme beim Beweis des Zugangs elektronischer Dokumente wäre eine ähnlich leicht nachzuweisende Art der Zustellung wünschenswert. Dabei sollten die Transaktionskosten gering bleiben, um die Akzeptanz zu erzeugen. Zu-

---

[510] Zu den materiellrechtlichen Fragestellungen siehe oben, E. I. 1.

dem ist die Gefahr von Angriffen auf elektronische Systeme zu beachten. Das Verfahren muss sicher sein vor Manipulationen, aber auch vor Spamming.

Für zentral betriebene elektronische Marktplätze drängt sich die Lösung auf: Der Marktbetreiber oder ein von diesem eingeführter Dritter dienen als Vertrauensanker. Es können verschiedene Mechanismen eingesetzt werden, um den Beweis des Zugangs von Erklärungen technisch zu unterstützen. Durch die zentrale Struktur hat der Betreiber Kontrolle über den Marktplatz und kann Anmeldemechanismen oder kontrollierbaren Nachrichtenverkehr über die Plattform umsetzen. In einer dezentralen Architektur entfallen diese Möglichkeiten.

Für den SESAM-Marktplatz wurde daher ein Konzept für ein „elektronisches Einschreiben" entwickelt, das die vorgenannten Kriterien erfüllt.[511] Es wird anhand eines Beispielsfalles dargelegt: A möchte B die Kündigung eines Stromlieferungsvertrags vor Ablauf der Kündigungsfrist zusenden.

a) Der Rückschein

Bestreitet B, die Kündigung erhalten zu haben, muss A den Vollbeweis für den Zugang erbringen. Um diese Schwierigkeit zu umgehen, möchte A einen „Rückschein" haben. Falls B nicht bereit ist, den „Rückschein" zu unterschreiben, also die Annahme verweigert, hat A ein Interesse an einer entsprechenden Bestätigung durch den Boten.

Im Überblick lässt sich die Idee für ein elektronisches Einschreiben auf einem Peer-to-Peer-Markt folgendermaßen umreißen: Die vertrauenswürdige zentrale Instanz wird ersetzt durch mehrere zufällig ausgewählte Marktteilnehmer (*witness peers* oder Protokollanten). Die Protokollanten werden für jede „Zustellung" neu ausgewählt. Technisch bewältigt werden muss das Zustellungsverfahren (in der Fachsprache „Kommunikationsprotokoll") und – anspruchsvoller – das Verfahren der Protokollantenauswahl.

---

[511] Conrad CoNext2006, S. 249 f.; Conrad/Funk/Raabe/Waldhorst Pro-VE2007, 233, 237 f.; Conrad/Funk/Raabe/Waldhorst JIM 2008, S. 10 ff.; eine Variante wird detailliert vorgestellt in Conrad, Verfahren, Kap. 5.

b) Das Kommunikationsprotokoll

Vor der Zustellung des Dokumentes D (hier der Kündigung) an den Empfänger B verschlüsselt A das Dokument mit einem zufälligen Schlüssel K (E_K(D)). Den Einmalschlüssel K verschlüsselt A wiederum mit dem öffentlichen Schlüssel[512] des Empfängers B (E_B(K)) und eine Kopie von K mit seinem eigenen, öffentlichen Schlüssel (E_A(K)).

Anschließend erzeugt der Absender A eine Zugangsprotokollierungsanfrage RLreq, welche folgende Daten enthält:

- H(D) – Hashwert des unverschlüsselten Originaldokumentes

- H(E_K(D)) – Hashwert des verschlüsselten Originaldokumentes

- E_B(K) – Verschlüsselter Einmalschlüssel

- E_A(K) – Verschlüsselter Einmalschlüssel

- Zertifikat Protokollierungsinitiator A

- Zertifikat Protokollierungsbetroffener B

Zusätzlich wird die Zugangsprotokollierungsanfrage von A signiert[513] RLreq$_A$(...).

Denkbar ist auch, dass A den Schlüssel K zuerst mit den öffentlichen Schlüssel des Empfängers B und zusätzlich mit seinem privaten Schlüssel[514] verschlüsselt, (E_A(E_B(K))). B müsste mit dem öffentlichen Schlüssel des A und seinem privaten Schlüssel entschlüsseln. Die Bindung zu A wäre stärker. Gleichwohl entsteht technisch gesehen kein Gewinn an Sicherheit, weil A die gesamte Anfrage signiert. Dadurch entsteht schon eine Beziehung zu A, die, wegen der Benutzung des gleichen Schlüssels, genauso stark ist.

---

[512] Gemeint ist immer ein Signaturprüfschlüssel im Sinne des § 2 Nr. 5 SigG.

[513] Es handelt sich mindestens um eine fortgeschrittene Signatur. Es sei erneut darauf hingewiesen, dass für die hier beschriebenen Beispiele immer die Annahme gilt, dass die fortgeschrittenen Signaturen mit nach dem Stande der Technik sicheren Systemen erstellt werden.

[514] Gemeint ist immer ein Signaturschlüssel im Sinne des § 2 Nr. 4 SigG.

A überträgt die Zugangsprotokollierungsanfrage RLreq und das verschlüsselte Dokument $E_{-K}(D)$ an den Protokollanten P.

Der Protokollant P leitet dann $E_{-K}(D)$ an den Empfänger B weiter und fordert diesen auf, den Besitz des verschlüsselten Protokollierungsgegenstandes $E_{-K}(D)$ zu bestätigen.

Folgt der Empfänger B dieser Aufforderung, so erzeugt dieser eine Besitzprotokollierungsantwort $OLres\_B(H(E_{-K}(D)))$, indem er den Hashwert des verschlüsselten Protokollierungsgegenstandes mit einer Signatur versieht, die einen Zeitstempel enthält. Danach sendet der Empfänger B diese Besitzprotokollierungsantwort an den Protokollanten P zurück.

Dieser prüft danach, ob die Signatur von B gültig ist und ob B einen gültigen Zeitstempel hinterlassen hat. Sind sowohl Signatur als auch Zeitstempel des B gültig, so überträgt der Protokollant P an B die Protokollierungsanfrage $RLreq\_A$. Diese enthält $E_{-B}(K)$[515], womit B das verschlüsselte Originaldokument entschlüsseln kann. (Durch die Verschlüsselung mit dem öffentlichen Schlüssel des B, kann nur mit dem privaten Schlüssel des B entschlüsselt werden; außer B und A kennt folglich niemand den Schlüssel, um das Dokument zur Kenntnis nehmen zu können.) Außerdem kann B $RLreq\_A$ entnehmen, wer derjenige war, der die Zugangsprotokollierung ausgelöst hat.

Danach erzeugt der Protokollant P eine signierte[516] Zugangsprotokollierungsantwort $RLres\_P$ mit folgenden Daten:

- $H(D)$ -- Hashwert des unverschlüsselten Originaldokumentes D

- $H(E_{-K}(D))$ -- Hashwert des verschlüsselten Originaldokument

- $E_{-A}(K)$, $E_{-B}(K)$ – Schlüssel

- $T_{-B}(H(E_{-K}(D)))$ -- Signatur mit Zeitstempel von B unter Hashwert verschlüsseltes Originaldokument

- Zertifikat Protokollierungsinitiator A

---

[515] Oder nach der Variante oben $E_{-A}(E_{-B}(K))$.

[516] Es sind Alternativen zur Signatur denkbar, Conrad, Verfahren, Kap. 5.8.3.3.3 schlägt einen Besitznachweis gemäß des in Kap. 5.7 entwickelten Verfahrens vor. Entscheidend ist, dass eine Beziehung der Zugangsprotokollierungsantwort zu P hergestellt werden kann.

– Zertifikat Protokollierungsbetroffener B

Diese Zugangsprotokollierungsantwort kann als eine Art Rückschein angesehen werden.

c) Die Auswahl der Protokollanten

Ein wichtiger Baustein für das „elektronische Einschreiben" in einer dezentralen Architektur ist die Auswahl der Protokollanten. Insbesondere muss sichergestellt sein, dass für den Absender nicht vorhersehbar ist, wer „Postbote" wird, um zu vermeiden, dass die „Postbotenrechner" vor Anstoßen der Übermittlung manipuliert werden oder dass kontrollierte Knoten in das Netz gesetzt werden, die danach „zufällig" als Protokollanten ermittelt werden.

Folgendes Verfahren bietet sich daher an: Es werden Absender und Empfänger in das Verfahren der Protokollantenauswahl einbezogen. A erfragt bei B eine einmalige Zeichenfolge (in der Kryptographie sogenanntes *nonce value*) mit einer signierten Anforderung, $S_A(N_A)$. Die Anfrage des A muss bereits eine einmalige Zeichenfolge von A enthalten[517], N_A. Mit seiner signierten Antwort stellt B eine einmalige Zeichenfolge zur Verfügung. Die Antwort enthält die ursprüngliche Anfrage, $S_B(S_A(N_A), N_B)$.

A errechnet nun die beteiligten Protokollanten mit folgender Formel:

Witness $ID_{W_i} = H(i, S_B(S_A(H(D), N_A)N_B))$

Dies bedeutet, dass ein Streuwert über die beiden einmaligen Zeichenfolgen und des Streuwerts des Dokumentes berechnet wird. Das Ergebnis hängt damit von den ausgetauschten Zeichenfolgen und dem Dokument ab. Von dem ersten Ergebnis können wieder Hashwerte berechnet werden, diese Iterationen sind in der Formel durch das *i* ausgedrückt. So wird eine gleichmäßige Verteilung erzielt.

Angenommen, die Teilnehmer des Netzes (*Peers*) sind in einem strukturierten Overlay-Netz organisiert und können über eine Identitätskennung (normalerweise ein Streuwert des öffentlichen Schlüssels) angesprochen werden, ergibt die Formel Identitätskennungen theoretisch existierender Peers. Regelmäßig sind aber

---

[517] Sinnvollerweise mit Bezug zum Dokument, indem dessen Hash enthalten ist, Conrad, Verfahren, Kap. 5.8.3.2.

nicht alle Kennungen belegt. In diesem Fall wird der Peer mit dem geringsten Abstand der Kennung zur errechneten Kennung als Protokollant ausgewählt.[518]

d) Gründe für das Verfahren

Das Verfahren wirkt auf den ersten Blick für den Juristen kompliziert. Seine Robustheit zeigt sich, wenn mögliche Angriffe oder böswilliges Verhalten durchgespielt werden.

Der Adressat B streitet den Zugang des Dokumentes D ab: A kann durch Unterschrift mit Zeitstempel $T_B(H(E_K(D)))$ beweisen, dass B das Dokument erhielt. Dass er es auch entschlüsseln und somit Kenntnis nehmen konnte, beruht auf der Annahme, dass P sich konform verhält, das heißt, auch den verschlüsselten Einmalschlüssel übermittelt hat.

A behauptet Zugang des Dokumentes D2, obwohl Dokument D1 zugegangen ist: B deckt zunächst K auf (durch entschlüsseln mit seinem geheimen Schlüssel), kann das Dokument entschlüsseln, hashen und den Hashwert mit dem ursprünglich mitgegebene Hashwert des unverschlüsselten Dokumentes vergleichen. Wenn $H(E_K(D2))$ ungleich $H(E_K(D1))$, welches in RLreq_A enthalten ist, passt $T_B(E_K(D1))$ nicht zu D2.

A behauptet, er habe das Dokument nicht erstellt und abgeschickt: Wenn die Protokollierungsanfrage mit dem öffentlichen Schlüssel des A entschlüsselt werden kann, muss sie vom Inhaber des privaten Schlüssels verschlüsselt worden sein. Die Anforderungen sind vergleichbar mit denen des § 371a Abs. 1 Satz 2 ZPO.

B will schon den Besitz der verschlüsselten Erklärung nicht bestätigen: In diesem Falle protokolliert P genau dies. B sieht sich dann den Rechtsfolgen der Annahmeverweigerung gegenüber.

---

[518] Conrad CoNext2006, S. 249, 250; Conrad/Funk/Raabe/Waldhorst JIM 2008, S. 11. Eine Variante wird in Conrad, Verfahren, Kap. 5.8.3.2 vorgestellt: Die Anforderung eines Zufallswertes beim Empfänger warnt diesen gegebenenfalls und er könnte das Netz verlassen, um den Zugang zu erschweren. Statt dessen könnte beim Empfänger ein Wert so erfragt werden, dass für den Empfänger nicht erkennbar ist, dass der Wert für die Auswahl von Protokollanten genutzt werden soll. Dies wäre durch den Zeitstempeldienst möglich, den alle Marktteilnehmer auf der Plattform anbieten, siehe Conrad, Verfahren, Kap. 5.6.

P verhält sich anders als erwartet: Normalerweise verhält sich P konform und übergibt den verschlüsselten Einmalschlüssel, den der Empfänger für die Kenntnisname benötigt. Etwas anderes wird nur vorkommen, wenn der gesamte Knoten entgegen den Regeln spielt. Dies kann passieren, wenn er gezielt zu diesem Zweck „übernommen" wurde, das heißt, ein Unbefugter, etwa der Absender, den Rechner kontrolliert.

Dies soll aber gerade durch die zufällige Auswahl der Protokollanten vermieden werden. Da der Absender den Zufallswert, den der Empfänger übermitteln muss, nicht kennt, kann er nicht vorausberechnen, wer als Protokollant in Frage kommt und diese Knoten gezielt platzieren oder korrumpieren. Allenfalls könnte der Absender (oder ein anderer Angreifer) so viele Knoten kompromittieren wie möglich und dann hoffen, dass zufälligerweise solche unter den errechneten Protokollanten sind. Dass keine manipulierten Knoten unter den errechneten „Postboten" sind, ist extrem unwahrscheinlich und bei Netzen mit vielen Teilnehmern fast ausgeschlossen (Gesetz der großen Zahlen).

Der Einsatz mehrerer Protokollanten hat den Nebeneffekt, dass das Dokument mehrfach zugestellt werden kann und somit die Anforderungen des Bundesgerichtshofes bei fehlgeschlagener Zustellung, nämlich der unverzügliche erneute Versuch der Zustellung, erfüllt sind, siehe dazu oben, E. I. 2. d).

e) Gutachterliche Bewertung des „elektronischen Einschreibens"

Von Interesse ist, ob bei Erklärungen, die nach dem beschriebenen Muster versandt wurden, bei Vorlage der von P signierten Zugangsprotokollierungsantwort (des „Rückscheins") eine für den Absender einfachere Beweisführung möglich ist. In Betracht kommt, dass der „Rückschein" zum Nachweis des Zugangs entsprechend § 175 Satz 2 ZPO genügt oder einen Anscheinsbeweis für den Zugang begründet. Denkbar wäre weiterhin eine Umkehr der Beweislast.

aa) Voraussetzungen für eine Analogie zu § 175 Satz 2 ZPO

Ein Analogieschluss zu § 175 ZPO setzt eine planwidrige Regelungslücke im Gesetz voraus.[519]

(1) Lückenfeststellung

Ob eine Lücke vorliegt, ist aus Sicht des Gesetzes, des Gesetzesplanes zu bestimmen. Die Gesetzeslücke[520] stellt eine Planwidrigkeit dar. Der Regelungsplan lässt sich mit der historischen und teleologischen Auslegung ermitteln. Abgegrenzt werden muss gegen „rechtspolitische Fehler", auch bewusste Lücke genannt.[521] Die Testfrage lautet daher, ob das Gesetz, gemessen an der eigenen Regelungsintention, unvollständig ist oder ob es rechtspolitischer Kritik nicht gewachsen ist.[522] Hier zeigt sich deutlich, dass die Feststellung von Lücken ein Werturteil bleibt.[523]

Der Zugang von Willenserklärungen, eingeschlossen elektronisch übermittelte, ist – wenn auch holzschnittartig – geregelt, § 130 Abs. 1 BGB. Es existiert zusätzlich eine Regelung über den Ersatz des Zugangs durch die Zustellung nach der ZPO, § 132 BGB. Letztere stellt dem Absender Instrumentarien für eine einfach zu beweisende Übermittlung seiner Erklärung bereit. Für die Verteilung der Beweislast beim Zugang von Willenserklärungen existiert ein anerkannter Rechtssatz. Eine Lücke drängt sich daher nicht auf. Für das Einschreiben mit Rückschein gibt es allerdings eine Sonderregelung im Zustellungsrecht. Eine solche Regelung fehlt im Recht des Zugangs.

---

[519] Schwintowski, Methodenlehre, S. 84 (unbewusste Regelungslücke).

[520] Zum Begriff der Rechtslücke unten im Text. Zippelius, Methodenlehre, S. 64 f., arbeitet mit den zur hiesigen Terminologie nicht äquivalenten Begriffen Formulierungslücke und Wertungsmangel. Die zippelius'sche Formulierungslücke wird von *Larenz* als Normlücke bezeichnet, Larenz, Methodenlehre, II. Teil. Kapitel 5. 2. a) S. 372. Wertungsmängel liegen nach Zippeluis vor, wenn eine Rechtsnorm aus Gründen der Gerechtigkeit korrekturbedürftig ist, Zippelius, Methodenlehre, S. 64 f.

[521] Larenz, Methodenlehre, II. Teil. Kapitel 5. 2. a) S. 373 f.; Canaris, Feststellung von Lücken, § 21, S. 33 f.

[522] Larenz, Methodenlehre, II. Teil. Kapitel 5. 2. a) S. 374.

[523] Canaris, Feststellung von Lücken, § 3, S. 16 f.

Eine „Lücke" kann sich auch aus allgemeinen oder übergeordneten Prinzipien ergeben.[524] Hervorzuheben ist der Gleichheitssatz, Artikel 3 GG, in dem das Prinzip der Gleichbehandlung des Gleichartigen in der Verfassung verankert ist. Fehlt eine Regelung für den Fall B, der dem geregelten Fall A gleichartig ist, stellt die fehlende Regelung eine Lücke dar.[525] Eine solche Lücke entsteht erst durch die Regelung des Falles A, ohne diese ermangelte es einem Grund zu Gleichbehandlung.[526]

§ 132 Abs. 1 BGB, der auf die Normen der ZPO zur Zustellung verweist, spart die Parteizustellung und die Zustellung durch Vermittlung der Geschäftsstelle aus.[527] Daraus folgt, dass eine erfolgreiche Zustellung nach § 175 ZPO nicht zur Fiktion des Zugangs nach § 132 Abs. 1 BGB führt. Nun stellt sich die Frage, weshalb die Vorgehensweise, die der Gesetzgeber für das förmliche Zustellungsverfahren nach der ZPO für gut und ausreichend befunden hat, im regelmäßig durch weniger Förmlichkeiten geprägten privaten Rechtsverkehr nicht zur gleichen Rechtsfolge führen soll, dem Genügen des Rückscheins für den Beweis des Zugangs. Das Ziel von Zustellung nach der ZPO und Zugang nach dem BGB sind gleich: Es soll dem Adressaten Gelegenheit zur Kenntnisnahme eines Schriftstücks gegeben werden.[528] Jedenfalls seit der Reform des Zustellungsrechts, ist die Beurkundung selbst nicht mehr Bestandteil der Zustellung[529], was die Institute ähnlicher werden ließ. Unterschiedlich ist die Motivation für die *ratio legis*: bei der Zustellung das Recht auf rechtliches Gehör, Artikel 103 Abs. 1 GG[530], bei dem Zugang die Überlegung, dass der Adressat sein Handeln mit eintretenden Rechtsfolgen soll abstimmen können[531]. Diesen Gründen kann, so gewollt, eine unterschiedliche Dignität beigemessen werden. Kommt die Tatsache der besonderen Förmlichkeit des Verfahrens nach der ZPO hinzu, kann eventuell auf das *argumentum a majore ad minus*[532] zurückgegriffen werden: Was für die Zustellung ge-

---

[524] Larenz, Methodenlehre, II. Teil. Kapitel 5. 2. a) S. 374 f.; Zippelius, Methodenlehre, S. 65 f.

[525] Larenz, Methodenlehre, II. Teil. Kapitel 5. 2. a) S. 374 f.

[526] Larenz, Methodenlehre, II. Teil. Kapitel 5. 2. a) S. 375.

[527] Münchener Kommentar/*Einsele* § 132 Rn. 2.

[528] Für die Zustellung: BT-Drucksache 14/4554 S. 15; BVerfG NJW 84, 2567, 2568 = BVerGE 67, 208; BGH NJW 1992, 2280, 2281 = BGHZ 118, 45; Zöller/*Stöber* vor § 166 Rn. 1; für den Zugang siehe oben im Text, E. I. 2. b) bb) (4).

[529] BT-Drucksache 14/4554 S. 15.

[530] BVerfG NJW 84, 2567, 2568 = BVerGE 67, 208; BGH NJW 1992, 2280, 2281 = BGHZ 118, 45.

[531] Zu Einzelheiten siehe oben im Text, E. I. 2. b) bb) (4).

[532] Larenz, Methodenlehre, II. Teil. Kapitel 5. 2. b) S. 389 nennt es der Analogie nahe verwandt.

nügt, muss für den Zugang erst recht ausreichen. Demnach genügte zum Beweise des Zugangs einer Erklärung der Rückschein des Einschreibens. Gleichwohl besteht ein Unterschied, dessen Bedeutung zu bewerten bleibt: Die Zustellung veranlasst die Geschäftsstelle, § 168 Abs. 1 Satz 1 ZPO, beim Zugang beauftragt der Erklärende selbst die Post, das Einschreiben gegen Rückschein auszuliefern. Diese Abweichung reicht freilich nicht aus, die Gleichartigkeit der Tatbestände zu leugnen: Die eigentliche Zustellung beziehungsweise den Zugang bewirkt weder die Geschäftsstelle noch der Absender sondern der Bote des Postunternehmens. Der Gesetzgeber vertraut darauf, dass sich der beauftragte Dienstleister und dessen Angestellten konform verhalten. Wer der Post den Auftrag gibt kann daher keine Rolle für die Frage spielen, welcher „Wert" dem unterschriebene Rückschein zukommt. Es scheint daher vertretbar, von einer Gesetzeslücke im Zugangsrecht auszugehen.

Die Begründung einer Lücke im Zugangsrecht hinsichtlich eines „elektronischen Einschreibens" kann nicht mit der vorgetragenen Begründung angenommen werden: Es fehlt eine solche Regelung im Recht der Zustellung, so dass eine Lücke nicht auf Grund der erforderlichen Gleichbehandlung gleichartiger Fälle vorliegen kann. Eine Lücke müsste daher mit anderen Erwägungen begründbar sein. Diese Frage ist erst zu beantworten, wenn eine Analogie zu § 175 ZPO für den Zugang (nicht elektronisch übermittelter Erklärungen) begründet ist, andernfalls kann sie dahinstehen.

(a) Keine bewusste Regelungslücke

Ausgeschlossen sein muss eine sogenannte bewusste Lücke (oder das beredte Schweigen des Gesetzgebers). Zweifel könnten hier auftauchen, weil es der Gesetzgeber im Zuge der Reform des Zustellungsrechts unterließ, § 132 BGB anzupassen oder sonst eine privatrechtliche Sondernorm zu schaffen, obwohl dies möglich gewesen wäre. Tatsächlich wurde § 132 sogar durch das Zustellungsreformgesetz geändert, Artikel 2 Abs. 25 ZustRG. Dabei handelte es sich aber um eine redaktionelle Folgeänderung[533], die durch den Verweis in § 132 BGB erforderlich wurde. Ansonsten ist in der Begründung des Gesetzentwurfes nicht zu erkennen, dass der Gesetzgeber für mögliche Auswirkungen auf das bürgerliche Recht

---

[533] BT-Drucksache 14/4554 S. 29 (zu Absatz 25).

sensibilisiert war. Es wird zwar regelmäßig von „Zugang" gesprochen, zum Bei-spiel „Der Zugang des zuzustellenden Schriftstückes an den Adressaten oder an einen Ersatzempfänger wird durch den Rückschein nachgewiesen." bei der Be-gründung zu § 175 ZPO.[534] Dabei ist nicht auszuschließen, dass der Gesetzgeber den bürgerlich-rechtlichen Zugang meinte. Gleichwohl wurde übersehen, dass eine Regelung in der Zivilprozessordnung wie geschehen nicht genügt.

Der Gesetzgeber hat nach der Verkündung des Zustellungsreformgesetzes mehrfach das Bürgerliche Gesetzbuch geändert. Dabei waren Vorschriften, die den Zugang regeln, nicht betroffen. Dass eine beweisrechtliche Privilegierung des-jenigen, der den Rückschein vorweisen kann, nicht gewollt ist, kann daher nicht unterstellt werden. Das Gesetz zur Anpassung der Formvorschriften des Privat-rechts und anderer Vorschriften zum modernen Geschäftsverkehr vom 13. Juli 2001[535] hätte Anlass geben können, über das „elektronische Einschreiben" nach-zudenken. Dieses konnte dem Gesetzgeber aber nicht bekannt sein. Im Übrigen liefen die Gesetzgebungsverfahren zur Zustellung und zur Formanpassung etwa zeitgleich.

Von einer bewussten Lücke ist nicht auszugehen.

(b) Keine Rechtslücke

Ist nicht ein Gesetz innerhalb seines Regelungsplanes unvollständig, sondern die Rechtsordnung, weil sie einen regelungsbedürftigen Sachverhalt von gesetzlicher Regulierung ausnimmt oder weil sie ein nach Bedürfnissen des Verkehrs oder Rechtsbewusstsein der Allgemeinheit verlangtes Rechtsinstitut oder -prinzip nicht enthält, wird von Rechtslücken gesprochen, soweit die Lücke nicht vom Gesetzge-ber bewusst gelassen wurde.[536] Zur Ausfüllung solcher Lücken ist nach Auffassung *Larenz'* wegen des Gewaltenteilungsgrundsatzes zuvörderst der Gesetzgeber be-rufen. Dies führe zu keiner Relativierung der Justizgewähr im Einzelfall. Mehr soll-ten die Gerichte jedoch nicht unternehmen.[537] *Larenz* steht dem Konzept der Rechtslücke kritisch gegenüber, sei diese Überlegung doch mit dem Konzept der

---

[534] BT-Drucksache 14/4554 S. 19.
[535] BGBl. 2001 I S. 1542.
[536] Engisch, Einführung, S. 178 ff.; Canaris, Feststellung von Lücken, §§ 24 ff., S. 35 ff.; siehe auch Larenz, Methodenlehre, II. Teil. Kapitel 5. 2. a) S. 375 f.
[537] Larenz, Methodenlehre, II. Teil. Kapitel 5. 2. a) S. 376.

Planwidrigkeit nicht zu vereinbaren: Es gebe keinen „Gesamtplan" für die Rechtsordnung.[538]

Anhaltspunkte, im Fehlen einer Regelung des Einschreibens mit Rückschein im materiellen Recht eine Rechtslücke zu sehen, könnten sich aus den unterschiedlichen Gesetzesmotiven für den Zugang einerseits und die Zustellung andererseits ergeben. Demnach würde dem materiellen Recht schlicht ein Rechtsinstitut fehlen, das der Gesetzgeber bereitzustellen hätte.

Dass Zugang und Zustellung die zur Gleichbehandlung erforderliche Gleichartigkeit besitzen, wurde gerade gezeigt. Gegen eine Rechtslücke spricht weiter, dass der Gesetzgeber dem Absender Mittel zur leichteren Beweisbarkeit des Zuganges an die Hand gegeben hat, nämlich § 132 BGB, mithin das Recht nicht völlig frei von solchen Normen und Instituten ist. Eine Rechtslücke ist nicht ersichtlich, die Rechtsfortbildung geriete hier auch nach *Larenz'* Auffassung nicht in Konflikte mit dem Gewaltenteilungsprinzip.

(c) Art der Lücke

Unterschieden werden können offene und verdeckte Lücken. Bei ersteren fehlt die Regelung für eine bestimmte Fallgruppe, bei der letzteren existiert ein Rechtssatz mit Rechtsfolge, dem eine Einschränkung für eine bestimmte Fallgruppe fehlt, für die die Anordnung nach Sinn und Zweck nicht passt.[539] Lücken können anfänglich existieren oder nachträglich entstehen. Nachträgliche Lücken entstehen beispielsweise durch neue Fragen oder Phänomene, die mit technischem oder wirtschaftlichem Fortschritt verbunden sind.[540] Sie entstehen durch eine wesentliche Änderung der Verhältnisse, so dass bestehende Regelungen unsachgemäß werden oder ganz fehlen, Vergleiche diesen Gedanken in § 313 BGB für das Vertragsrecht.

War dem Gesetzgeber bei der Normierung des § 175 ZPO das Einschreiben mit Rückschein bekannt, wird dies von dem hier skizzierten „elektronischen Einschreiben" nicht angenommen werden können. Es handelt sich bei der festgestell-

---

[538] Larenz, Methodenlehre, II. Teil. Kapitel 5. 2. a) S. 376.

[539] Larenz, Methodenlehre, II. Teil. Kapitel 5. 2. a) S. 377.

[540] Larenz, Methodenlehre, II. Teil. Kapitel 5. 2. a) S. 379; Schwintowski, Methodenlehre, S. 84 (unbewusste Regelungslücke).

ten Lücke für Einschreiben mit Rückschein deswegen um eine offene, anfängliche solche. Bei dem Zugang elektronisch übermittelter Willenserklärung wäre von einer nachträglichen Lücke auszugehen.

(2) Lückenschließung und Ergebnis

Offene Lücken werden durch Analogie gefüllt. Analogie bedeutet die Übertragung der Rechtsfolge für einen geregelten Tatbestand auf einen anderen ähnlichen, nicht geregelten Tatbestand. Diese Übertragung rechtfertigt sich aus dem Gebot der Gleichbehandlung der Tatbestände, wenn sie wegen ihrer Ähnlichkeit als gleichartig anzusehen sind.[541] Ähnlich sind Sachverhalte, wenn sie teilweise übereinstimmen. Anderenfalls sind sie gleich oder absolut ungleich. Unerlässlich ist die Übereinstimmung hinsichtlich der für die rechtliche Beurteilung maßgeblichen Punkte. Dafür sind die für die Wertung des Gesetztes maßgeblichen Punkte offenzulegen. Stimmt der nicht geregelte Sachverhalt in diesen Punkten mit dem geregelten überein und sind verbleibende Unterschiede nicht von Gewicht, ist der Analogieschluss möglich. Er bleibt dennoch Wertung.[542]

Wird mehreren Normen, die verschiedenen Tatbeständen die gleiche Rechtsfolge zuordnen, ein Rechtsprinzip entnommen und dieses auf einen nicht geregelten Tatbestand angewandt, kann von Rechts- oder Gesamtanalogie gesprochen werden. Die Übertragung einzelner Rechtsfolgen wird demgegenüber als Gesetzes- oder Einzelanalogie bezeichnet.[543]

Hier kann zum großen Teil auf die Ausführungen zur Lückenfeststellung verwiesen werden. Die Lücke wurde bereits mit der Ähnlichkeit der Zustellung und des Zugangs herausgearbeitet und aufgezeigt. Dieses Vorgehen ist nicht ohne Gefahr, fällt dabei Lückenfeststellung und Ausfüllung, die methodisch gern sauber getrennt werden, beinahe in einen Denkschritt.

Die entscheidende Wertung des Gesetzgebers ist im Vertrauen in die Postunternehmen zu sehen. Weist ein Bote einen ordnungsgemäßen Rückschein vor, ist davon auszugehen, dass dem Empfänger die Erklärung übergeben wurde. Es unterscheiden sich Zugang im Privatrecht und Zustellung im Prozessrecht hier da-

---

[541] Larenz, Methodenlehre, II. Teil. Kapitel 5. 2. b) S. 381.

[542] Larenz, Methodenlehre, II. Teil. Kapitel 5. 2. b) S. 381 f.

[543] Larenz, Methodenlehre, II. Teil. Kapitel 5. 2. b) S. 383.

durch, dass einmal der Absender selbst und im zweiten Fall die Geschäftsstelle die Post um die Zusendung ersuchen. Es wurde schon gezeigt, dass dieser Unterschied die Wertung des Gesetzgebers unberührt lässt.

Als Ergebnis lässt sich festhalten, dass alles dafür spricht, dass der Rückschein eines Einschreibens für den Beweis des Zugangs einer Willenserklärung entsprechend § 175 Satz 2 ZPO genügt.

Zweifelhaft bleibt dabei, wie sich eine Rechtsfolge einer Norm des Zivilprozesses in das Gefüge des bürgerlichen Rechts einordnen kann. Diese Frage soll nicht abstrakt erörtert, sondern auf die Rechtsfolge des § 175 Satz 2 ZPO bezogen werden. An dieser Stelle ist es daher erforderlich, den genauen Mechanismus des § 175 ZPO zu beschreiben, das heißt, zu klären, was bedeutet, dass der „Rückschein zum Nachweis genügt".

Der Rückschein wird als private Urkunde betrachtet; dies führt zur Anwendbarkeit des § 416 ZPO.[544] Demnach begründet der Rückschein den vollen Beweis, dass die enthaltene Erklärung vom Aussteller stammt, sofern er von ihm unterschrieben ist, vergleiche § 416 ZPO. Die Echtheit des Rückscheins kann dann nur durch eine prozessuale Erklärung zur Echtheit der Unterschrift angegriffen werden, § 439 Abs. 2 ZPO, andernfalls greift eine Anerkennungsfiktion, § 439 Abs. 3 ZPO. Für die im Rückschein bestätigte Tatsache, nämlich dass der Empfänger die Erklärung entgegengenommen hat, begründet der Rückschein keinen Beweis, weil es sich nicht um eine öffentliche Urkunde nach §§ 417 f. ZPO handelt. Diesen Mangel heilt § 175 Satz 2 ZPO. Handelte es sich beim Rückschein um eine öffentliche Urkunde, wäre § 175 Satz 2 ZPO wegen § 418 Abs. 1 ZPO überflüssig. § 175 Satz 2 ZPO enthält also eine gesetzliche Beweisregel, die eine Ausnahme zur freien richterlichen Beweiswürdigung nach § 286 Abs. 1 Satz 1 ZPO statuiert.

Nach § 286 Abs. 2 ZPO besteht die Bindung des Gerichts an Beweisregeln nur bei deren gesetzlicher Regelung. Daher ist schon methodisch fraglich, ob gesetzliche Beweisregeln durch Analogieschluss auf weitere Tatbestände ausgedehnt werden können. Selbst wenn dies hier für Zustellung und Zugang doch möglich sein sollte, bliebe die Übertragung auf das Zivilrecht nicht sinnvoll: Eine Beweisregel entfaltet nur im Prozessrecht einen sinnvollen Regelungsgegenstand, im bürgerlichen Recht wäre sie ein Fremdkörper. Die Beweiswürdigung oder das Be-

---

[544] Zöller/*Stöber* § 175 Rn. 4; Musielak/*Wolst* ZPO § 175 Rn. 2.

weismaß sind auch – anders als die materiellrechtliche Beweislastverteilung – nicht Dispositionsgegenstand der Parteien.[545]

Trotz Vergleichbarkeit und Lückenhaftigkeit des BGB ist eine analoge Anwendung des § 175 Satz 2 ZPO nicht möglich. Damit erübrigt sich die Frage nach einer Analogie zu § 175 Satz 2 ZPO mit Bezug auf das „elektronische Einschreiben".

bb) Anscheinsbeweis

In Betracht kommt, ein „Genügen" des Rückscheins mit der Figur des Anscheinsbeweises zu begründen. Bei Vorlage eines Rückscheins bestünde demnach der Anschein des Zugangs.

Dem Gegner bliebe die Möglichkeit, die Echtheit des Rückscheins anzugreifen oder den Anschein zu erschüttern. Im Ergebnis steht er damit kaum anders da als der Zustellungsadressat bei § 175 Satz 2 ZPO, dem der Beweis des Gegenteils nicht verwehrt ist. Bei Anscheinsbeweis ist die Position des Empfängers geringfügig besser. Er muss nicht den Vollbeweis des Gegenteils erbringen, sondern den Vollbeweis für Tatsachen, die die Typizität des Vorganges in Frage stellen.

Voraussetzung für den Anschein ist die Typizität, siehe oben, D. II. 4. a). Beim Einschreiben mit Rückschein muss also bei Vorliegen eines Rückscheins typischerweise die Sendung dem Empfänger zugegangen sein. Davon ist auszugehen, da der Gesetzgeber sich veranlasst sah, eine entsprechende Beweisregel aufzustellen, siehe oben.

Im Ergebnis begründet der Rückschein daher den Anschein des Zugangs.[546]

Für das „elektronische Einschreiben" in Peer-to-Peer-Märkten bleibt zu klären, ob die geringen Abweichungen, die die Übertragung des Rückscheinkonzeptes auf die digitale Welt erforderlich machte, die Annahme eines Anscheins für den Zugang hindern.

Eine Abweichung besteht darin, dass die Zusteller Peers und nicht Rechner eines Postdienstleisters sind (aber sein können). Schon für § 175 ZPO gibt es keine

---

[545] Musielak/*Foerste* ZPO § 286 Rn. 16.
[546] Genauso Palandt/*Heinrichs* § 130 Rn. 21.

Festlegung auf bestimmte Postdienstleister.[547] Es kommt daher auf die Zuverlässigkeit des Dienstleisters an, weniger, ob er sonst zusätzlich Postdienstleistungen erbringt. Die Zuverlässigkeit der P wird hier durch ein Auswahlverfahren sichergestellt, das Manipulationen und Einfluss auf die Auswahl der P ausschließt. Die zufällige Auswahl des oder der P ist sogar sicherer, als vorher festzulegen, der Rechner des Postunternehmens X übernehme alle Zustellungen. Dann müsste „nur" der Rechner von X übernommen werden, um Manipulationen vornehmen zu können. Bei zufälliger Auswahl besteht diese Gefahr nicht. Vorher steht nicht fest, welche Rechner angegriffen werden müssten. Hinzu kommt, dass auf dem Peer-to-Peer-Markt Postunternehmen eventuell gar nicht existieren. Davon kann der „Wert" des Rückscheins nicht abhängen; die P sind jedenfalls genau wie die Post Dritter. Das genügt.

Eine Besonderheit des „elektronischen Einschreibens" ist, dass P die Besitzprotokollierungsantwort $OLres\_B(H(E\_K(D)))$ zu einem Zeitpunkt erhält, in dem der Empfänger noch gar nicht zur Entschlüsselung des Dokumentes in der Lage ist. Dies ist ein potentieller Schwachpunkt des Verfahrens. Dem sind zwei Überlegungen entgegen zu halten.

Erstens ist es die sicherste Variante. Der Empfänger wird den Empfang des entschlüsselten Dokumentes nicht bestätigen, wenn er dies nicht will. Der Brief im Briefumschlag kann elektronisch ohne Verschlüsselung nicht nachempfunden werden, weil er dann eben keinen Umschlag hätte.

Zweitens ist das Einschreiben mit Rückschein auch nicht über jeden denkbaren Zweifel erhaben. Der Postbote wird das Einschreiben regelmäßig ohne die Unterschrift nicht hergeben. Dann könnte er aber theoretisch auch mit dem Einschreiben weglaufen oder ein hinzutretender Dritter eingreifen, nachdem der Adressat unterschrieben hat. Jedenfalls wird der Postbote nicht das Einschreiben übergeben, warten bis der Empfänger es geöffnet und gelesen hat um sich dann zu entscheiden, ob er denn jetzt den Empfang auch quittiere.

Den „Rückschein" erstellen hier auch die Protokollanten. Das Vertrauen beruht einmal auf dem konformen Verhalten des Postboten und hier auf dem der P. Deswegen ist davon auszugehen, dass P den Schlüssel hergibt und das Verfahren die entscheidenden Punkte adäquat in die digitale Welt überträgt. P selbst hat als Un-

---

[547] BT-Drucksache 14/4554 S. 19.

beteiligter, der er nach dem beschriebenen Auswahlverfahren ist, kein Interesse an nicht konformen Verhalten; als Marktteilnehmer ist er vielmehr an einem funktionierenden Marktplatz interessiert.[548]

Es erscheint daher vertretbar, das „elektronische Einschreiben" wie das Einschreiben mit Rückschein zu behandeln.

Diese vorläufige Annahme bleibt auf Wertungswidersprüche gegenzuprüfen. Dabei kommt § 371a Abs. 1 Satz 2 ZPO Bedeutung zu. Dieser Norm lässt sich im Umkehrschluss entnehmen, dass ohne qualifizierte Signatur[549], ein Anschein der Echtheit für elektronische Dokumente nicht zu begründen ist.

Für den Fall, dass der Empfänger qualifiziert signiert, ließe sich ein Wertungswiderspruch also nicht behaupten. Signiert er „nur" fortgeschritten, ist die Lage kompliziert: Für die Echtheit der Erklärung des Empfängers bestünde kein Anschein, falls die Gleichbehandlung richtig ist, bestünde aber ein Anschein für den Zugang.

Bereits zuvor wurde beschrieben, dass der unterschriebene papierne Rückschein eine private Urkunde darstellt und seine Echtheit daher vermutet wird. Eine analoge Behandlung des hier beschriebenen Verfahrens muss die gleichen Anforderungen an den digitalen „Rückschein" stellen.

Bei einem nicht akkreditiert oder sonst qualifiziert signierten „Rückschein" fehlt aber die Echtheitsvermutung sowohl für die Besitzbestätigung des Empfängers als auch für die Protokollierungsantwort des Protokollanten. In diesem Fall sind die Voraussetzungen des § 175 ZPO nicht sauber auf die elektronische Welt übertragen.

Es sind allerdings noch zwei Gesichtspunkte zu beurteilen. Dies betrifft die in § 174 Abs. 4 Satz 1 ZPO zum Ausdruck kommende Wertung sowie den im Zugangsrecht vielfach angenommenen Anscheinsbeweis bei Einwurfeinschreiben.

---

[548] Für Zweifelsfreiheit sei darauf hingewiesen, dass das gesamte Verfahren des „elektronischen Einschreibens" keine tatsächliche Interaktion des Rechnerinhabers P verlangt, die Klientensoftware bringt diese Funktion mit und wird automatisch konform handeln, soweit nicht Manipulationen vorgenommen wurden.

[549] Praktisch regelmäßig akkreditierte Signatur, siehe oben, D. I. 4.

In § 174 Abs. 4 Satz 1 ZPO, wonach eine elektronische Empfangsbestätigung zum Nachweise genügen kann, zeigt sich, dass der Gesetzgeber elektronischen Dokumenten als Bestätigung des Zugangs aufgeschlossen gegenüber steht. Satz 2 der genannten Norm verlangt aber regelmäßig („soll") eine qualifizierte elektronische Signatur. An dieser Stelle sind allerdings keine Kriterien ersichtlich, in welchen Fällen eine nicht qualifizierte Signatur reichen könnte. In Betracht kommt eine fortgeschrittene Signatur, wenn das Gericht selbst das Zertifikat ausgestellt hat und von der technischen Sicherheit der Signaturerstellung ausgehen kann.

Für das „elektronische Einschreiben" stellte sich die grundsätzliche Frage, ob für die Zumessung des Anscheins für den Zugang vom Erfordernis der qualifizierten Signatur abgerückt werden könnte, weil mit dem Protokollanten ein neutraler Dritter ebenfalls eine (mindestens fortgeschrittene) Signatur leistet. Ein solcher Schluss würde aber verkennen, dass die Zustellung gegen Empfangsbekenntnis ihrem Zweck nach nur gegenüber Personen möglich sein soll, bei denen auf Grund ihres Berufes von einer erhöhten Zuverlässigkeit ausgegangen werden kann.[550] Der Protokollant wird aus technischer Sicht zwar zuverlässig sein, einen besonderen Vertrauensbonus auf Grund seines Berufes genießt der Rechnerinhaber indessen regelmäßig nicht oder allenfalls zufällig aus Sicht des Auswahlverfahrens. Das Vertrauen in besondere Berufsgruppen war Anlass, ein einfaches Zustellverfahren ohne Beteiligung von Post oder Gerichtsvollzieher zu ermöglichen.[551] Bei der Reform des Zustellungsrechts sollten dann die Mittel moderner Bürokommunikation einbezogen werden.[552] Das führte in diesem speziellen Fall zur faktischen Gleichstellung von privater Urkunde und nicht qualifiziert signierten elektronischen Dokumenten. Allerdings ist für die Authentizität eines elektronischen Dokuments ohne Belang, ob es von einem Angehörigen einer bestimmten Berufsgruppe erstellt wurde. Ob dem Gesetzgeber die Konsequenz seiner Entscheidung klar war, kann bezweifelt werden.[553] Im Ergebnis bleibt das „soll" in

---

[550] BT-Drucksache 14/4554 S. 18 (zu Absatz 1).

[551] Zöller/*Stöber* § 174 Rn. 1.

[552] BT-Drucksache 14/4554 S. 18 (zu § 174).

[553] Dafür spricht zudem die überraschende Feststellung in der Begründung des Gesetzentwurfs in BT-Drucksache 14/4554 S. 19 „Im Allgemeinen kann eine einfache elektronische Signatur ausreichend sein, wenn beispielsweise bei Terminsladungen die Authentizität des elektronischen Dokumentes gesichert werden soll. Der Adressat kann in diesem Falle eindeutig feststellen, welche Stelle das elektronische Dokument abgesendet hat." (Die Ausführungen betreffen den Absatz 3, mithin nicht das Empfangsbekenntnis, sondern die Dokumente deren Empfang bestätigt werden soll. Mit der einfachen Signatur lässt sich trotzdem keine Authentizität sichern.)

§ 174 Abs. 4 Satz 3 ZPO eng auszulegen, es wird es kaum Fälle geben, in denen für ein Empfangsbekenntnis eine nicht qualifizierte Signatur ausreicht. Aus § 174 Abs. 4 ZPO lässt sich also ein Argument für die Privilegierung nicht qualifiziert signierter Empfangsbestätigungen im Zivilrecht nicht ableiten.

Beim Einwurfeinschreiben wird der Einwurf durch den Boten dokumentiert. Bei dem vorgestellten „elektronischen Einschreiben" liegt die Protokollierung des P vor, die ebenfalls das Verfahren dokumentiert. Insofern ist eine gewisse Vergleichbarkeit gegeben. Der Unterschied liegt dann bei der Interaktion von Empfänger und Zusteller sowie der sicheren Referenz auf ein bestimmtes Dokument, die das „elektronische Einschreiben" zusätzlich vorsehen. Diese Punkte erhöhen allerdings das Vertrauen in das „elektronische Einschreiben" gegenüber dem klassischen Einwurfeinschreiben.

Beim Einwurfeinschreiben wird ein Anschein des Zugangs angenommen, obwohl regelmäßig nur eine Reproduktion der Auslieferungsdokumente vorliegt. Eine solche Reproduktion stellt keine Urkunde dar, somit fehlen Vermutungen hinsichtlich ihrer Echtheit oder der Echtheit des reproduzierten Originals. Aus technischer Sicht hat sie den gleichen „Wert" wie eine einfache Signatur unter einem elektronischen Dokument: Nur mit der Reproduktion oder dem Dokument sind Aussagen zur Echtheit nicht möglich.

Wenn also die Annahme eines Anscheinsbeweises beim Einwurfeinschreiben richtig ist, müsste dies für das „elektronische Einschreiben" umso mehr gelten: Durch die fortgeschrittene Signatur besteht eine viel stärkere Bindung zum Aussteller als bei der Reproduktion, bei der keine Bindung besteht.[554]

Ob diese Argumentation geeignet ist, das Regelungsregime zu elektronischen Dokumenten zu durchbrechen, ist zweifelhaft. Der Gesetzgeber hat mit § 371a Abs. 1 ZPO eine abschließende Regelung hinsichtlich der der Echtheitsvermutung und der Gleichstellung mit Privaturkunden getroffen. Korrespondierend kann im Zivilrecht die gesetzliche Schriftform soweit überhaupt, nur durch eine qualifizierte Signatur ersetzt werden, § 126a Abs. 1 BGB. Die Anknüpfungspunkte für die Echtheitsvermutung und besondere beweisrechtliche Stellung sind einerseits die ei-

---

[554] Der Vollständigkeit halber: Wenn für die sogenannten Bestätigungsmails ein Anscheinsbeweis für den Zugang einer E-Mail gelten soll, ließe sich ebenfalls ein Erst-Recht-Schluss für das „elektronische Einschreiben" ziehen, nur ist wie oben, D. II. 4., gezeigt die Ausgangsthese nicht vertretbar.

genhändige Unterschrift andererseits die qualifizierte Signatur. Anlass, von diesen Kriterien abzuweichen, besteht durch die vertretenen Auffassung zum Einwurfein-schreiben nicht. Eher sind diese Auffassungen kritisch zu hinterfragen. Liegt das Auslieferungsdokument im Original und damit als private Urkunde vor, mögen die Auffassungen schlüssig sein; falls jedoch eine Reproduktion vorliegt, wird zu-nächst deren Integrität und Echtheit feststehen müssen, um einen Anscheinsbe-weis für den Zugang darauf stützen zu können.

Für das hier untersuchte „elektronische Einschreiben" bedeutet dies zunächst, dass eine Gleichbehandlung mit dem Einschreiben mit Rückschein oder dem Ein-wurfeinschreiben nur möglich ist, wenn die Besitzbestätigung des Empfängers oder die Protokollierungsantwort des Protokollanten qualifiziert elektronisch si-gniert sind.[555] Durch die geforderte qualifizierte elektronische Signatur wird die Echtheit der Erklärungen sichergestellt. Steht diese aus anderen Gründen fest, be-gründet der „Rückschein" in solchen Fällen konsequenterweise ebenfalls für den Anschein des Zugangs. Die Echtheit kann beispielsweise feststehen, wenn sie im Prozess ausdrücklich zugestanden oder nicht bestritten ist.

Noch nicht erörtert wurde, wie das Merkmal der Typizität für die Rechtfertigung des Anscheinsbeweises beim „elektronische Einschreiben" begründet werden kann.

Das Verfahren ist neu, es fehlt daher eine Erfahrung mit massenhaften Fällen. Allerdings ist das gar nicht erforderlich. Der für den Anscheinsbeweis erforderliche typische Geschehensablauf liegt vor, wenn ein allgemeiner Erfahrungssatz für eine aus allgemeinen Umständen gezogene tatsächliche Schlussfolgerung be-steht.[556] Dabei verlangt „Typizität" nicht, dass die Geschehensabläufe bei allen Sachverhalten einer Fallgruppe zwingend identisch sind. Sie müssen aber so häu-fig gleichartig sein, dass die Wahrscheinlichkeit, einen solchen Fall vor sich zu ha-

---

[555] Dass die Wertungen des Gesetzgebers richtig ermittelt wurden, bestätigt der Entwurf des Bun-desinnenministeriums für ein Gesetz zur Regelung von Bürgerportalen und zur Änderung weite-rer Vorschriften, der vom Kabinett am 04.02.2009 beschlossen wurde (verfügbar unter http://www.bmi.bund.de/cae/servlet/contentblob/327724/publicationFile/16674/Entwurf_Buerger-portalgesetz.pdf 20.07.2009). Der neue § 5a Abs. 3 VwZG soll lauten: „Zum Nachweis der elek-tronischen Zustellung genügt die elektronische Zugangsbestätigung. Für diese gilt § 371a Ab-satz 2 der Zivilprozessordnung." Die Zugangsbestätigung muss (durch den Dienstanbieter des Empfängers) elektronisch signiert sein, § 5 Abs. 8 Satz 3 Entwurf Bürgerportalgesetz.

[556] BGH NJW 1997, 528, 529.

ben, sehr groß ist.[557] Es muss also keine bestimmte Vielzahl von Fällen überhaupt erreicht werden. Es kommt darauf an, dass der Schluss tatsächlich gerechtfertigt ist, weil die Anzahl der „Ausreißer" vernachlässigt werden kann. Hinsichtlich der Lebenserfahrung oder des allgemeinen Erfahrungssatzes ist der Maßstab nicht auf den Durchschnittshorizont beschränkt, die Erfahrung eines Experten ist genauso maßgeblich.[558] Für das „elektronischen Einschreiben" wurde gezeigt, dass es so gestaltet ist, dass ein „Rückschein" normalerweise nur einem fehlerfreien Verfahren entspringen kann. Auch die Auswahl der Protokollanten lässt sich im Nachhinein nachvollziehen. Insofern ist der Schluss vom Vorliegen des „Rückscheins" auf den erfolgten Zugang möglich.

(1) Ergebnis

Beim elektronischen Einschreiben begründet der „Rückschein" den Beweis des ersten Anscheins für den Zugang, wenn die Besitzbestätigung des Empfängers oder die Protokollierungsantwort des Protokollanten qualifiziert elektronisch signiert sind beziehungsweise deren Echtheit aus anderen Gründen feststeht.

Hervorzuheben ist, dass der Nachweis, *welche* Erklärung zuging hier leicht zu führen sein wird, weil sich mit den im Rückschein enthaltenen Hashwerten ein Zusammenhang zu der Erklärung herstellen lässt.

cc) Beweislastumkehr

Gerechtfertigt wird eine Beweislastumkehr gern mit dem Argument, dass die zu beweisenden Tatsachen aus der Sphäre des Beweisgegners kämen, in die der Beweisbelastete keinen Einblick hätte.[559] Ob eine Erklärung mit Einschreiben mit Rückschein oder anders zugestellt wird, ändert nichts am Zugang des Erklärenden zu den Beweistatsachen. Für den Zugang elektronisch übermittelter Erklärungen gilt nichts anderes. Hinzu kommt, dass der Zugang sich nicht in eine der bisher zur

---

[557] BGH NJW 1997, 528, 529.

[558] Vergleiche beispielsweise die Fälle BGH NJW 1997, 528 und NJW 2001, 1140.

[559] Zu den Einzelheiten siehe Oberheim, Zivilprozessrecht, § 27a Rn. 57 ff. mit Nachweisen.

Beweislastumkehr entwickelten Fallgruppen[560] einordnen lässt. Eine Beweislastumkehr ist daher nicht zu begründen.

f) Regelung in Allgemeinen Geschäftsbedingungen

Es bietet sich an, die Funktion des „Rückscheins" für den Beweis des Zugangs in einer Klausel im Vertrag zu regeln. Zwar ist die Wiederholung geltenden Rechts in Allgemeinen Geschäftsbedingungen nicht in jedem Falle sinnvoll, hier handelt es sich aber um Rechtssätze, deren Herleitung auch auf umstrittenen Annahmen beruht. Eine Regelung ist daher sinnvoll, auch, um die Bedeutung des „elektronischen Einschreibens" den Parteien vor Augen zu führen.

Eine an § 175 ZPO orientierte Klausel könnte lauten:

Ein Erklärung kann durch ein elektronisches Einschreiben übermittelt werden. Zum Nachweis des Zugangs genügt der vom Zusteller oder Empfänger oder beiden qualifiziert elektronisch signierte Rückschein.

Der nicht qualifiziert elektronisch signierte Rückschein genügt, wenn seine Echtheit nicht bestritten oder gerichtlich festgestellt wurde.

Hier muss durch Auslegung gewonnen werden, dass das „Genügen des Rückscheins" einen Anscheinsbeweis statuiert. Mit Blick auf § 305c Abs. 2 BGB empfiehlt sich daher stattdessen eine eindeutige Formulierung:

Der vom Zusteller oder Empfänger oder beiden qualifiziert elektronisch signierte Rückschein begründet den Beweis des ersten Anscheins für den Zugang einer durch elektronisches Einschreiben übermittelten Erklärung. Gleiches gilt für den nicht qualifiziert elektronisch signierten Rückschein, wenn seine Echtheit nicht bestritten oder gerichtlich festgestellt wurde.

---

[560] Eine Übersicht gibt Oberheim, Zivilprozessrecht, § 27a Rn. 60 ff.

Was unter dem „elektronischen Einschreiben" und dem „Rückschein" zu verstehen ist ergibt sich hierbei normalerweise aus dem Zusammenhang, wenn auf dem Marktplatz diese Funktionalität angeboten wird. Es könnte aber folgende Definition genutzt werden:

Das elektronische Einschreiben ist ein Verfahren bei dem ein zufällig ausgewählter Dritter (Zusteller) eine Erklärung des Absenders dem Empfänger gegen Bestätigung übergibt und die Bestätigung signiert und an den Absender weiterreicht (Rückschein).

Statt einer Definition kann die Klausel auch ohne die Begriffe „Rückschein" und „elektronisches Einschreiben" formuliert werden:

Bestätigt der Empfänger einer Erklärung den Empfang gegenüber einem zufällig ausgewählten Dritten (Zusteller) mit qualifizierter elektronischer Signatur oder bestätigt der Zusteller die Übermittlung mit qualifizierter elektronischer Signatur, begründet jede dieser Bestätigungen den Beweis des ersten Anscheins für den Zugang der Erklärung.

Gleiches gilt für nicht qualifiziert elektronisch signierte Bestätigungen, wenn deren Echtheit nicht bestritten oder gerichtlich festgestellt wurde.

Der Zusteller war zufällig ausgewählt, wenn das Ergebnis der Auswahl durch den Erklärenden allein nicht reproduzierbar berechnet werden konnte.

aa) Rechtliche Bedenken

Zu klären bleibt, ob die Klausel gegen Vorschriften des Rechts der Allgemeinen Geschäftsbedingungen verstößt.

bb) § 305c Abs. 1 BGB

Klauseln, die nach den Umständen, insbesondere nach dem äußeren Erscheinungsbild des Vertrags, so ungewöhnlich sind, dass der Vertragspartner des Verwenders mit ihnen nicht zu rechnen braucht, werden als sogenannte überraschende Klauseln nicht Vertragsbestandteil, § 305c Abs. 1 BGB.

Dabei ist zunächst die Unüblichkeit der Klausel zu untersuchen, das bedeutet eine Abweichung von dem, was Kunden des angesprochenen Verkehrskreises bei den jeweiligen Verträgen normalerweise oder auf Grund der besonderen Umstände des Einzelfalles erwarten durften.[561]

An dieser Stelle können weder die Umstände der Einzelfälle noch die Verträge, deren Bestandteil die Klausel werden soll, antizipiert werden. Möglich ist dagegen der Einwand, dass derjenige, der auf einem Marktplatz handelt, auch damit rechnen muss, dass die gebotenen Möglichkeiten genutzt werden. Es erfolgt zudem keine Festlegung auf diese Art der Übermittlung, so dass die Auswahl unter den angebotenen Kommunikationsmitteln verbleibt. Insofern handelt es sich im Zweifel nicht um eine überraschende Klausel nach § 305c Abs. 1 BGB.

cc) § 308 Nr. 6 BGB

Nach der Vorschrift des § 308 Nr. 6 BGB sind Zugangsfiktionen in Allgemeinen Geschäftsbedingungen regelmäßig unwirksam.

Zugangsfiktionen liegen vor, wenn das tatsächliche Ereignis des Zugangs durch eine anderes ersetzt wird[562], beispielsweise die Abgabe der Erklärung.

Die vorgeschlagene Klausel ersetzt und vermutet den Zugang nicht und befreit den Erklärenden nicht einmal von dessen Beweis. Der Beweis wird allerdings erleichtert. § 308 Nr. 6 BGB ist nicht einschlägig.

---

[561] Ulmer/Brandner/Hensen/*Ulmer* § 305c Rn. 14; Münchener Kommentar/*Basedow* § 305c Rn. 5 f.
[562] Ulmer/Brandner/Hensen/*Schmidt* § 308 Nr. 6 Rn. 5.

dd) § 309 Nr. 12 BGB

Das Ändern der Beweislast zum Nachteil des Kunden ist nach § 309 Nr. 12 BGB in Allgemeinen Geschäftsbedingungen nicht zulässig. Die Norm untersagt dabei nicht nur ein Abweichen von der gesetzlich festgelegten Beweislastverteilung „sondern schon jeden Versuch, die Beweisposition des Kunden zu verschlechtern"[563].

Die Beweislastverteilung wird mit der Klausel nicht angetastet. Insbesondere findet eine Umkehr der Beweislast nicht statt, siehe oben, E. III. 3. e) cc).

Der Erklärende muss nach wie vor den Beweis über den Zugang erbringen. Dies wird ihm durch den „Rückschein" erleichtert. Es wird vertreten, dass § 309 Nr. 12 BGB auch schon einschlägig sei, wenn dem Verwender die Beweisführung erleichtert wird.[564] Entscheidend muss aber sein, dass hier eine Verschiebung von Positionen nicht erfolgt. Dem Empfänger wird ja der Einwand, P habe sich nicht konform verhalten gar nicht abgeschlossen. Zudem sind sowohl Verwender als auch Empfänger Adressaten der Klausel, falls sie das „elektronische Einschreiben" verwenden, was sie wiederum können, nicht aber müssen. Es gibt also keinen Automatismus, aus der Klausel selbst folgt kein Anscheinsbeweis, erforderlich ist zunächst die bewusste Entscheidung, das hier vorgestellte Verfahren einzusetzen.

In Betracht kommt, dass der Empfänger durch die Besitzbestätigung unter Verstoß gegen § 309 Nr. 12 Buchstabe b BGB eine Tatsache bestätigt. § 309 Nr. 12 BGB am Ende sieht jedoch eine Ausnahme für gesondert qualifiziert elektronisch signierte Empfangsbekenntnisse vor, die folglich zulässig sind. Der Wortlaut ermöglicht es, eine Bestätigung über den Erhalt einer Erklärung als „Empfangsbekenntnis" zu werten. Die Systematik verweist auf § 368 Satz 1 BGB. Der Begriff taucht dort in der Legaldefinition für die Quittung auf, dem Empfangsbekenntnis, das für den Empfang von Leistungen ausgestellt wird. Das schließt ein Empfangsbekenntnis für den Zugang einer Erklärung ebenfalls nicht aus. Die Ausnahmeregelung ist hier also einschlägig. Falls die Besitzbestätigung des Empfängers nur eine fortgeschrittene Signatur trägt, greift die Ausnahme aber nicht.

---

[563] BGH NJW 1987, 1634 = BGHZ 99, 374.

[564] Ulmer/Brandner/Hensen/*Hensen* § 309 Nr. 12 Rn. 8; Hensen beruft sich dabei auch auf die Entscheidung BGH NJW 1987, 1634, in der aber maßgeblich nur auf eine Verschlechterung der Position des Kunden abgestellt wird, S. 1635.

Allerdings kommt es darauf im Ergebnis nicht an, die Bestätigung erfolgt nicht in den Allgemeinen Geschäftsbedingungen und nicht gegenüber dem Verwender, sondern gegenüber dem Zusteller, so dass der Tatbestand der Norm schon nicht erfüllt ist.

Eine Änderung der Beweislast durch den Verwender zum Nachteil des Kunden im Sinne des § 309 Nr. 12 BGB ist nicht gegeben.

ee) § 309 Nr. 13 BGB

Nach Nummer 13 des § 309 BGB können in Allgemeinen Geschäftsbedingungen Erklärungen und Anzeigen an den Verwender nicht wirksam an besondere Zugangserfordernisse gebunden werden. Besondere Zugangserfordernisse sind solche, die von den gesetzlichen des § 130 BGB abweichen.[565] Dies wird jedenfalls für ein Einschreiben angenommen[566] und muss auch für das „elektronische Einschreiben" gelten, da die Einbeziehung Dritter nicht gesetzliche Voraussetzung des Zugangs ist.

Die Klausel schreibt aber besondere Zugangserfordernisse nicht vor, sondern regelt die Rechtsfolge beim freiwilliger Einsatz solcher Mittel. § 309 Nr. 13 BGB ist nicht verletzt.

ff) § 307 BGB

Als letzte Norm bleibt die Generalklausel des § 307 BGB zu prüfen. An dieser Stelle kann auf die Ausführungen zum Analogieschluss und zur Begründung des Anscheinsbeweises verwiesen werden, aus denen sich eine Kongruenz der Regelung mit den Vorstellungen des Gesetzgebers ergibt. Eine unangemessene Benachteiligung wider Treu und Glauben ist nicht ersichtlich.

---

[565] Münchener Kommentar/*Kieninger* § 309 Nr. 13 Rn. 5.
[566] BGH NJW 1985, 2585, 2587; Münchener Kommentar/*Kieninger* § 309 Nr. 13 Rn. 5.

IV. Zusammenfassung

In diesem Kapitel wurde gezeigt, wie ein technisches Verfahren ohne zentrale Instanz aussehen kann, das in einigen Fällen einen Anschein für den Zugang einer bestimmten Erklärung begründet, in den übrigen Fällen dem Absender gleichwohl die Beweisführung signifikant erleichtert.

Zudem konnte gezeigt werden, dass vergleichbare technische Hilfsmittel nicht ersichtlich sind, insbesondere, dass einfachen Zugangsbestätigungsnachrichten kein brauchbarer Beweiswert zukommt und diese keinen Anschein des Zugangs begründen.

Zuvor wurde begründet, dass eine Willenserklärung nach § 130 Abs. 1 BGB zugeht, wenn und sobald der abwesende Empfänger sie sinnlich wahrnimmt oder sie in gewidmeten Empfangseinrichtungen tatsächlich abrufbar gespeichert ist.

F. Typische Regelungsmaterien in Allgemeinen Geschäftsbedingungen

Im folgenden Kapitel soll ermittelt werden, welche Regelungsmaterien praktisch typischerweise in Allgemeinen Geschäftsbedingungen aufgegriffen werden. Dabei wird zunächst auf die Erkenntnisse der Anleitungsliteratur zurückgegriffen und dann einige Beispiele aus der Praxis angeführt. Die Auswahl der Praxisbeispiele dient der Veranschaulichung und erhebt nicht den Anspruch auf Vollständigkeit[567], da sie ohne soziologische Methodik erfolgt.

Die Ermittlung typischer Regelungsgegenstände dient einer weiteren thematischen Eingrenzung. Der zweite große Themenkomplex dieser Arbeit, die Formalisierung von Allgemeinen Geschäftsbedingungen oder Vertragsklauseln für die eingangs motivierten Zwecke, bedarf zunächst der Vergegenwärtigung eines Untersuchungsgegenstandes. Hier geht es darum, seinen Mindestgehalt zu ermitteln.

Die Formalisierung von Vertragsklauseln ist Voraussetzung, um den vielen „kleinen" Marktteilnehmern Werkzeuge anbieten zu können, die die Erstellung von angepassten Vertragsentwürfen und deren Prüfung auf Rechtmäßigkeit und Kollision mit gegnerischen Klauseln ermöglichen. Gemäß den eingangs angestellten Überlegungen sind Peer-to-Peer-Märkte besonders für Transaktionen geringen Umfangs attraktiv. Der Markt muss dabei aber so gestaltet sein, dass eine Teilnahme nicht etwa Rechtsberatungskosten erzeugen würde. Dies soll mit den erwähnten Werkzeugen geschehen.

---

[567] Wieviel Klauselwerke im Rechtsverkehr verwendet werden, ist nicht bekannt, Ulmer/Brandner/Hensen/*Ulmer* Einl. Rn. 6.

I. Ermittlung typischer Regelungsgegenstände

Für die Untersuchung wurden Beispiele aus der Anleitungsliteratur und Praxis zu Kaufverträgen über den Fernkauf von Waren an Verbraucher[568] und zur Benutzung einer elektronischen Handelsplattform[569] herangezogen.

Aus den untersuchten Mustern lassen sich wiederkehrende Regelungsbedürfnisse erkennen. Fast alle Klauselsets beinhalten Regelungen zum Geltungsbereich der Bedingungen. Dabei werden die Vertragspartner zumindest teilweise genannt, nämlich regelmäßig der Verwender. An dieser Stelle werden auch die Abwehrklauseln gegen fremde Allgemeine Geschäftsbedingungen sowie die Normierung des Verfahrens zu Änderung der Klauseln (regelmäßig Zustimmungsfiktion nach Zeitablauf, Formfragenregelung) untergebracht.

Klauseln zur Gewährleistung und Haftung des Verwenders tauchen ebenso regelmäßig auf.

---

[568] Aus der Anleitungsliteratur: Weitnauer/*Huber* Formularbuch E-Commerce, F. 1, S. 293; Beck-OF/*Rücker/Thalhofer* 9.2.3 Webshop-AGB; Hoffmann-Becking/Rawert/*Meyer-Sparenberg* III. A. 15. Aus der Praxis: Quelle (http://www.quelle.de 20.07.2009): Allgemeine Geschäftsbedingungen Stand 13.03.2007, http://www.quelle.de/is-bin/INTERSHOP.enfinity/WFS/Quelle-quelle_de-Site/de_DE/-/EUR/Q_ViewStatic-ViewPage?ProductSKU=static1021&Linktype=AD 28.11.2007; für „SMS-Bestellweg" und „Mobile-Shop" gelten gesonderte Bedingungen, siehe Internetauftritt am angegebenen Ort; Apple (http://www.apple.com/de/ 20.07.2009): „Geschäftsbedingungen", http://store.apple.com/Catalog/de/Images/salespolicies_consumer.html 28.11.2007, für bestimmte Produkte gelten gesonderte Bedingungen, siehe am angegebenen Ort; Amazon (http://amazon.de/ 20.07.2009): Allgemeine Geschäftsbedingungen, http://amazon.de/gp/help/customer/display.html/303-2007312-0910659? ie=UTF8&nodeId=505048 29.11.2007, für „Marketplace, Auktionen und zShops" gelten gesonderte Bedingungen, siehe am angegebenen Ort.

[569] Aus der Anleitungsliteratur: Weitnauer/*Rasmussen-Bonne* Formularbuch E-Commerce, F. 2, S. 325 (für ein Unternehmermarktplatz). Aus der Praxis: eBay (deutschsprachiger Auftritt, http://www.ebay.de/ 20.07.2009): Allgemeine Geschäftsbedingungen für die Nutzung der deutschsprachigen eBay-Websites, http://pages.ebay.de/help/policies/user-agreement.html? _trksid=m40 01.12.2007, neben den genannten Regelungen sollen noch eine Vielzahl verlinkter „eBay-Grundsätze" gelten, siehe die Allgemeine Geschäftsbedingungen für die Nutzung der deutschsprachigen eBay-Websites sowie http://pages.ebay.de/help/policies/index.html 01.12.2007; Amazon mit der „Amazon.de Marketplace-, Auktionen- und zShops-Plattform": Teilnahmebedingungen Amazon Services Europe S.a.r.l., in der Fassung vom 13.12.2005, http://amazon.de/gp/help/customer/display.html?nodeId=3367031 01.12.2007.

Viele Verwender wählen ein Recht und den Gerichtsstand. Dies geschieht meist in sogenannten Schlussbestimmungen, die auch salvatorische Klauseln enthalten.

In den vorgestellten Beispielen tauchen die Punkte Forderungsabtretung (insbesondere deren Beschränkung) nur vereinzelt auf. Für die Aufrechnung und Zurückbehaltung gilt der gleiche Befund. Indessen zeigt eine Durchsicht sämtlicher Formularvorschläge im Formularbuch von Weitnauer, dass für diese Bereiche nicht selten ein Regelungsbedürfnis vorhanden ist.

Ein Sonderproblem des elektronischen Geschäftsverkehrs stellt wie gezeigt die Zuordnung von (Willens-)Erklärungen zu deren Urheber oder gar der Nachweis des Zugangs von Informationen dar. Die technischen Hilfsmittel, etwa Signaturen, sind in der Praxis besonders in der nichteinfachen Form kaum verbreitet und tauchen daher in den Beispielen nicht auf. Das Thema wird allenfalls durch die Klauseln aufgegriffen, die Pflichten hinsichtlich der Nutzerkonten statuieren. Für den Fall, dass doch Signaturen oder besondere Zugangssysteme verwendet werden können, wären Regelungen sinnvoll. Solche Klauseln wären dann auch für sämtliche Vertragstypen im elektronischen Geschäftsverkehr von Nutzen.

Sehr viele Vertragstypen kennzeichnet der Austausch einer typisierenden Leistung gegen Geld. Dementsprechend wird die Geldleistung und beispielsweise deren Fälligkeit reguliert.

Die bisher aufgezählten Klauseltypen können als domänenneutral beschrieben werden: Sie könnten immer einbezogen werden. Die Klauseln zur Geldleistung mag schon als Grenzfall gelten: Für Tauschgeschäfte taugt sie nicht.

Andere Klauseln der vorgestellten Beispiele beschreiben letztendlich die (Nichtgeld-)Leistung genauer und sind daher domänenspezifisch.

Dabei ist nicht zu übersehen, dass es für bestimmte Bereiche kleinste gemeinsame Nenner zu geben scheint. In den Beispielen wird deutlich, dass die potentiellen Verkäufer gern in den Allgemeinen Geschäftsbedingungen darauf hinweisen, dass sie nur zum Angebot einladen. Weitere Typisierungen für verschiedene Domänen zu erstellen ist indessen nicht Gegenstand dieser Untersuchung. Gleiches gilt für die Frage, ob eine solche Typisierung neben Sachbereichen noch nach personellen Anwendungsbereichen (zum Beispiel hinsichtlich Verbraucher und Unternehmer) vorzunehmen wäre.

Abschließend bleibt festzustellen, dass die Bereiche

- Vertragspartner (Verwender)
- Abwehrklausel
- Änderungsklausel
- Haftung
- Gewährleistung
- Rechtswahl
- Gerichtsstand
- Salvatorische Klausel

und mit gewissen Einschränkungen

- Forderungsabtretung (Zulässigkeit, Beschränkungen), Aufrechnung, Zurückbehaltung
- Zahlungsbedingungen/Fälligkeit

domänenunabhängige typische Regelungsmaterien darstellen.

Einen weiteren Hinweis über typische Regelungsmaterien gibt das Gesetz selbst: In den §§ 308 f. BGB sind Klauseln beschrieben, die immer oder regelmäßig unwirksam sind. Einige dieser Bestimmungen lassen aber Ausnahmen zu oder beziehen sich nur auf eine bestimmte Grenze, deren Überschreiten nicht möglich ist. Solche Bestimmungen sind etwa § 308 Nr. 5 (Fingierte Erklärungen), § 309 Nr. 3 (Aufrechnungsverbot), Nr. 7 (Haftungsausschluss bei Verletzung von Leben, Körper, Gesundheit und bei grobem Verschulden) BGB. Sie verbieten Klauseln nur in bestimmten Konstellationen. Wird die gesetzliche Grenze nicht überschritten, ist die Klausel im Umkehrschluss wirksam (soweit nicht gegen andere Vorschriften verstoßen wird). Es liegt also nahe, dass Verwender Klauseln aufstellen, die das gerade noch Erlaubte beinhalten.

Allerdings führt die Betrachtung nicht zu weiteren Regelungsmaterien: Hinsichtlich § 308 Nr. 5 (Fingierte Erklärungen) sind bereits die Änderungsklauseln benannt, die eine Erklärungsfiktion enthalten, die den Anforderungen der Nr. 5 entsprechen, indem sie eine Erklärungsfrist einräumen und die Verpflichtung des Verwenders enthalten, auf die Fiktion bei Fristablauf jedes Mal hinzuweisen.

Hinsichtlich § 309 Nr. 3 (Aufrechnungsverbot) und Nr. 7 (Haftungsausschluss bei Verletzung von Leben, Körper, Gesundheit und bei grobem Verschulden) wurde bereits bei der Untersuchung der Praxis und Literatur festgestellt, dass diese Themen – bis zum rechtlich Möglichen – geregelt werden.

II. Zusammenfassung

Abschließend lässt sich festhalten: Ein informationstechnisches System, mit dem Vertragsbedingungen erstellt oder kontrolliert werden können, muss in der Lage sein, für mindestens die genannten Regelungsgegenstände Klauseln bereitstellen zu können. Nach dargelegter Auffassung des Autors sind in diesen Mindestkanon der Zugang und die Zuordnung von Informationen aufzunehmen.

Zu beachten ist, dass die Personalien der Vertragspartner nicht Gegenstand der Regelungen des Rechts der Allgemeinen Geschäftsbedingungen sind. Eine Rechtswahl erfordert einen selbständigen Vertrag[570] (was nicht ausschließt, dass das Zustandekommen des Vertrages durch eine erfolgreiche Rechtswahl bedingt ist) und ist daher keine Klausel des übrigen Vertrages. Sie kann dennoch Allgemeine Geschäftsbedingung im Sinne der §§ 305 ff. BGB sein. Salvatorische Klauseln sind in Allgemeinen Geschäftsbedingungen regelmäßig nach § 307 Abs. 1 BGB unwirksam, sie verstoßen gegen § 306 Abs. 1 und 2 BGB.[571] Gleichwohl muss ein System solche Klauseln bereithalten können, denn ob es sich um Allgemeine Geschäftsbedingungen oder einen Individualvertrag handelt kann bei der Möglichkeit von Verhandlungen nur für den konkreten Fall nach Vertragsabschluss festgestellt werden.[572]

Diese Liste taugt daher als *ein* Maßstab an dem bestehende Formalisierungsansätze hinsichtlich ihrer Tauglichkeit für das hier motivierte Vorhaben gemessen werden können.

---

[570] Kegel/Schurig, S. 656.

[571] Ulmer/Brandner/Hensen/*Schmidt* § 306 BGB Rn. 39; Weitnauer/*Burmeister* Formularbuch E-Commerce, C. 3 Nr. 11, S. 215.

[572] Ob bei geringwertigen Transaktionen der Aufwand für Verhandlungen lohnt, selbst, wenn diese automatisiert wären, ist zweifelhaft. Oft wird es sich daher um Allgemeine Geschäftsbedingungen im Sinne der Begriffsdefinition in Kapitel C handeln.

Nicht aufgenommen wurde das Thema Datenschutz. Zwar tauchen Klauseln zu diesem Gegenstand vermehrt in Allgemeinen Geschäftsbedingungen auf, ordnungsrechtlich vorgeschriebene Informationserteilung oder Einwilligungsbeschaffung zu behandeln würde den Rahmen dieser Untersuchung indes sprengen.

G. Formale Beschreibung Allgemeiner Geschäftsbedingungen

Die Formalisierung rechtlicher Normen oder Vorgänge ist seit längerem Forschungsgegenstand. Deshalb ist zunächst abgrenzend in den Begriff einzuführen. Sodann werden sich anbietende Möglichkeiten der Formalisierung beschrieben.

Bevor der Stand der Forschung zu den hier interessierenden Fragen genauer dargestellt werden kann, ist es erforderlich, ein Anforderungsprofil für die angestrebte Formalisierung zu zeichnen. Es muss vor Sichtung der Literatur und Praxis nämlich klar sein, mit welchem Zwecke dies geschieht. Die Darstellung des Forschungsstandes erfolgt dann im Hinblick auf Eignung für die gewünschte Formalisierung Allgemeiner Geschäftsbedingungen.

I. Begriff der Formalisierung

Der Begriff der Formalisierung ist schillernd und wird in den verschiedenen Wissenschaften und Teildisziplinen nicht einheitlich verwendet.[573]

Lexikalische Definitionen betonen die Verallgemeinerung[574], die der Formalisierung innewohnt. Dies kann mit dem Begriff der Objektivierung in Deckung gebracht werden. Am anderen Ende des Spannungsfeldes der Formalisierung steht der Begriff der Entfremdung.[575] Die Objektivierung wird dabei bei formalwissenschaftlicher, die Entfremdung bei sozialwissenschaftlicher Betrachtung im Vordergrund stehen.

Im weiteren Sinne wird der Formalisierungsbegriff mit formalen Sprachen in Verbindung gebracht.[576] Demnach handele es sich um die Beschreibung rechtlich

---

[573] Fiedler/Barthel/Voogd, Untersuchungen zur Formalisierung, S. 21; Reisinger, Rechtsinformatik, S. 208.

[574] Meyers Lexikon online, Stichwort Formalisierung 2), Stand: 27.02.2007, http://lexikon.meyers.de/meyers/Formalisierung 04.01.2008 (seit 23.03.2009 nicht mehr verfügbar).

[575] Fiedler/Barthel/Voogd, Untersuchungen zur Formalisierung, S. 21; Zur Objektivierung und Entfremdung siehe Fiedler/Barthel/Voogd, Untersuchungen zur Formalisierung, S. 4 ff.

[576] Siehe Meyers Lexikon online, Stichwort Formalisierung, Stand: 27.02.2007, http://lexikon.meyers.de/meyers/Formalisierung 04.01.2008 (seit 23.03.2009 nicht mehr verfügbar).

relevanter Inhalt unter Verwendung künstlicher Sprachen, konkret mittels eines Kalküls, also mittels logischer Formeln.[577]

Reisinger grenzt die Formalisierung von der Symbolisierung und Axiomatisierung ab. Formalisierung bedeute die Darstellung rechtlich relevanter Bedeutungsinhalte mittels Formeln, also durch formallogische beziehungsweise mathematische Ausdrücke[578], das heißt mittels eines Kalküls[579]. Ausgangspunkt ist eine Beschreibung eines Objektbereichs in nichtformalisierter Sprache, die durch Übersetzung der Aussagen in Aussagen eines Kalküls übertragen wird; als Interpretation der formalisierten Sprache wird dabei der Objektbereich zu Grunde gelegt.[580] Die Symbolisierung dagegen bedeute nur die Ersetzung ursprünglicher Zeichen in der nichtformalisierten Sprache durch andere, meist einfachere, Zeichen.[581] Axiomatisierung bezeichnet ein System von Aussagen oder Normen (Ausdrücken) unter denen ein Ableitungszusammenhang besteht. In solchen Systemen besteht eine Teilmenge von Aussagen, sogenannte Axiome, aus denen sich alle weiteren mit Regeln schließen lassen.[582]

Mit Bezug auf die computergestützte Rechtsfindung wird die Formalisierung als notwendiger Prozess verstanden, dem die Modellbildung vorgelagert ist.[583] Ein Modell stellt ein regelmäßig verkürzendes Abbild eines Originales für einen bestimmten Zweck dar (allgemeiner Modellbegriff nach *Stachowiak*).[584] Da künstliche Sprachen normalerweise nicht die Ausdrucksmächtigkeit der natürlichen Sprache besitzen, stellt die Überführung rechtlich relevanter Ausgangsobjekte wie Sachverhalt oder Normen, eine Verkürzung des Originales für einen bestimmten Zweck – sei es die rechnergestützte Rechtsfindung – dar und ist somit Modellierung. Ein Erkenntnisgewinn mit der Einführung des Modellbegriffes ist daher allenfalls hinsichtlich der Abschichtung der Methoden der Modellbildung[585] zu erwarten.

---

[577] Rödig in: Kaufmann, EDV und Recht, S. 49, 52.
[578] Reisinger, Rechtsinformatik, S. 208.
[579] Reisinger, Rechtsinformatik, S. 209.
[580] Reisinger, Rechtsinformatik, S. 209, 212.
[581] Reisinger, Rechtsinformatik, S. 209.
[582] Reisinger, Rechtsinformatik, S. 209 f.; Ring, Rechtsfindungssysteme, S. 49; Rödig in: Kaufmann, EDV und Recht, S. 49, 52 ff.
[583] Fiedler/Barthel/Voogd, Untersuchungen zur Formalisierung, S. 22 f.
[584] Stachowiak, Allgemeine Modelltheorie, S. 128 ff.
[585] Ausführlich zur Modellbildung Fiedler/Barthel/Voogd, Untersuchungen zur Formalisierung, S. 45 ff.

Im Zusammenhang mit der Formalisierung des Rechts fällt bei der definitorischen Diskussion neben der Modellierung der Begriff der Standardisierung. Hierbei ist gemeint, dass erstrebt wird, den Sprachgebrauch zu präzisieren und zu vereinheitlichen und für zukünftige Fälle festzuschreiben, so dass der Sprachgebrauch im Wiederholungsfall identisch ist.[586] Es handelt sich damit um eine Anforderung an die Modellbildung, letztendlich an die Formalisierung.

Es zeigt sich, dass der Formalisierungsbegriff durch den Zweck der angestrebten Formalisierung determiniert wird. Die Untersuchung des Begriffes führt hier also nicht zu einer weiteren Eingrenzung des Bearbeitungsgegenstandes. Für die vorliegende Arbeit bedeutet dies, dass unter Formalisierung die Überführung von Normen, hier Vertragsklauseln oder Allgemeiner Geschäftsbedingungen, in eine Form, die rechnergestützte Systeme verarbeiten können und die dem zu entwickelnden Anforderungsprofil genügen, verstanden werden muss. Das hier verfolge Anliegen kann entsprechend den vorgestellten Begriffsverständnissen auch als Axiomatisierung oder Modellierung beschrieben werden.

II. Möglichkeiten der Formalisierung

An dieser Stelle sollen zur weiteren thematischen Eingrenzung beispielhaft praktische Möglichkeiten der Formalisierung benannt werden.

---

[586] Fiedler/Barthel/Voogd, Untersuchungen zur Formalisierung, S. 50 f.

1. Logische Formel

Bereits bei der Begriffsbestimmung wurde auf logische Formeln hingewiesen. Die Normen werden dabei als Ausdrücke notiert. Für logische Operatoren werden regelmäßig bestimmte Zeichen verwendet. Für die Verarbeitung im Rechner taugt eine solche Notation oft nicht. Es ist eine weitere Überführung in eine verarbeitbare Notation erforderlich. Solche Notationen orientieren sich aber zum Teil an denen der Logik wie beispielsweise die Programmiersprache Prolog. Wichtig ist daneben die Tatsache, Rechner oft nur Teilmengen des Ausdrucksumfangs von Logiken in vorhersagbarer Zeit verarbeiten können. Es existieren Beschreibungssprachen (dazu sogleich), die von vornherein eine entsprechend beschränkte Ausdrucksmächtigkeit anbieten.

2. Im Code

Es besteht zudem die Möglichkeit, die Normen mit den Mitteln einer Programmiersprache zu beschreiben. Zum Beispiel gibt es für die Sprache Java für diesen Zweck vorgefertigte Klassen, die CDL (Contract Definition Language).

3. Auszeichnungs- und Beschreibungsmuster

Auszeichnungsmuster oder -sprachen dienen der Beschreibung von Daten. Der natürlichsprachliche Text der Norm kann so annotiert werden, dass für den Rechner eine Verarbeitung denkbar ist, indem Eigenschaften, Klassifizierungen, Verfahren und dergleichen einzelnen Wörtern, Wortgruppen, Sätzen oder Abschnitten zugeteilt werden. Bekannte Auszeichnungssprachen sind XML[587] und HTML[588].

Daneben existieren verschiedene Beschreibungs- und Modellierungssprachen, mit denen sich Modelle oder Wissen beschreiben lässt.

Der Vorteil der Annotation von Informationen oder der Modellierung in speziellen Sprachen gegenüber der Modellierung in einer Programmiersprache besteht darin, dass eine Auswertung oder Darstellung mit verschiedenen Anwendungspro-

---

[587] Extensible Markup Language (erweiterbare Auszeichnungssprache).
[588] Hypertext Markup Language (Hypertext-Auszeichnungssprache).

grammen, Programmiersprachen oder Entwicklungswerkzeugen möglich ist. Nachteile sind beispielsweise ein erhöhter Rechenaufwand, ein heutzutage an Bedeutung verlierendes Argument. In Vorwegnahme des zugleich zu beschreibenden Anforderungsprofils, liegt die Verwendung solcher spezialisierter Sprachen nahe.

III. Anforderungsprofil

Das Anforderungsprofil für die Formalisierung ergibt sich aus der Zielstellung. Folgende Anwendungsmöglichkeiten sollen umgesetzt werden können:

1. Unterstützung bei der Erstellung Allgemeiner Geschäftsbedingungen durch Prüfung auf Stimmigkeit und Widerspruchsfreiheit.

2. Inhaltskontrolle, also die automatisierte Untersuchung, ob Klauseln gegen die gesetzlichen Vorgaben insbesondere der §§ 307 ff. BGB verstoßen.

3. Die Überprüfung Allgemeiner Geschäftsbedingungen oder einzelner Klauseln von Vertragschließenden auf Kollisionslagen.

4. Maßstab für die Richtigkeit der Prüfungsergebnisse der Nummern 1. bis 3. ist allein die juristische Methodik.

5. Eignung der Klauseln für automatisierte Verhandlungen.

6. Hohe Wiederverwertbarkeit und möglichst Unabhängigkeit von bestimmten Plattformen und Anwendungsprogrammen.

7. Mit dem anzuwendenden Verfahren müssen mindestens die herausgearbeiteten typischen Regelungsmaterien formal dargestellt werden können.

IV. Umsetzungsmöglichkeiten für Endanwendungsprogramme oder Dienste

Die Erstellung von Anwendungsprogrammen oder Diensten, die die hier angedachten und vorgeschlagenen Funktionalitäten bereitstellen, ist nicht Gegenstand dieser Arbeit. Daher wird an dieser Stelle nur kurz in die existierenden Konzepte eingeführt.

Die Aufgaben, die eine Anwendung übernehmen soll, sind Beurteilung von Allgemeinen Geschäftsbedingungen aus verschiedenen rechtlichen Blickwinkeln, mithin Aufgaben von Juristen. Solche Systeme, die Wissen eines bestimmten Fachbereichs verarbeiten und wie Experten dieses Gebietes auf Anfragen begründete Problemlösungen anbieten, werden Expertensysteme genannt.[589]

Ein einheitliches Entwurfsmuster für Expertensysteme gibt es nicht. Typischerweise sind Expertensysteme jedoch modular aufgebaut. Insbesondere findet eine Unterscheidung zwischen dem Wissen, das in einer Wissensbasis bereitgehalten wird und der Inferenzmaschine statt.[590] Letztere[591] soll aus dem Wissen Schlüsse ziehen und enthält dafür Regeln.[592] Es existieren mehrere Strategien zur Wissenserzeugung, beispielsweise den Einsatz klassischer logischer Kalküle oder Regelabarbeitung in nichtmonotonen[593] Systemen und so weiter. Die Trennung von Wissensbasis und Inferenzkomponente ermöglicht die Nutzung verschiedener Wissensbasen mit derselben Inferenzmaschine oder die Anpassung des Wissens (beispielsweise an eine geänderte Rechtslage), ohne in das übrige System eingreifen zu müssen.[594]

Das Wissen wird in der Wissensbasis nicht als bloße Datenanhäufung, sondern strukturiert gespeichert. Zwischen einzelnen Daten werden Beziehungen gebildet, zum Beispiel in der Form von Unter- und Oberbegriff.[595]

Zu den genannten Komponenten kommen je nach Bedarf eine Dialogkomponente zur Interaktion mit dem Nutzer, eine Wissenserwerbskomponente, die dem Experten oder einem Mittler, dem sogenannten Wissensingenieur, die Einpflegung

---

[589] Aus der juristischen Literatur: Bohrer, Entwicklung eines internetgestützten Expertensystems, S. 2 mit Nachweisen; Kowalski, Lösungsansätze, S. 39; Bund, Einführung, S. 291; Günther JurPC 1989, 309, 310 allerdings kritisch zum Begriff überhaupt; aus der informatischen Literatur: Jackson, Expert Systems S. 2.

[590] Bund, Einführung, S. 291 f.

[591] Synonyme für die Inferenzmaschine bei Bohrer, Entwicklung eines internetgestützten Expertensystems, S. 17 und Bund, Einführung, S. 295.

[592] Bund, Einführung, S. 291.

[593] Im Sinne des Begriffsverständnisses der Logik; neue Informationen können gewonnene Ergebnisse folglich in Frage stellen.

[594] Bohrer, Entwicklung eines internetgestützten Expertensystems, S. 18.

[595] Details bei Bund, Einführung, S. 293 und Bohrer, Entwicklung eines internetgestützten Expertensystems, S. 16.

neuen Wissens ermöglicht sowie eine Erklärungskomponente zur Kontrolle der gezogenen Schlüsse.[596]

Aus Sicht der Expertensystemtechnik betrifft das in dieser Arbeit verfolgte Ziel also hauptsächlich den Aufbau einer Wissensbasis. Darüber hinaus geht die Anforderung, dass die formal beschriebenen Klauseln in Verhandlungsprozessen eingesetzt werden können.

Bereits an dieser Stelle zeigt sich, dass eine Formalisierung durch Beschreibung mit einer Programmiersprache die Anforderung kaum erfüllen kann: Einerseits steht eine Verquickung von Wissen und Programmcode zu befürchten[597], andererseits ist zweifelhaft, ob eine Wiederverwertbarkeit und Unabhängigkeit von bestimmten Plattformen und Anwendungsprogrammen erreicht werden kann. Zwar erlaubt modernes objektorientiertes Programmieren eine weitgehende Modularisierung durch die Nutzung und Erzeugung von Bibliotheken[598], für die Beschreibung von Allgemeinen Geschäftsbedingungen gemäß Nummer sechs des Anforderungsprofils taugt dieses Vorgehen aber kaum.

---

[596] Für weitere Details sei auf die fundierte Darstellung der Expertensystemtechnik aus neuerer Zeit in der juristischen Literatur von Bohrer, Entwicklung eines internetgestützten Expertensystems, S. 15 ff. verwiesen.

[597] Beispielhaft Bohrer, Entwicklung eines internetgestützten Expertensystems, S. 90 ff., 98.

[598] Die Trennung von Datenmodell und Funktionalität, Anwendungslogik ist Stand der Technik, anders offenbar Psczolla, JurPC Web-Dok. 17/2009, Abs. 8 (http://jurpc.de/aufsatz/20090017.htm 20.07.2009) (zur Frage der räumlichen Abgrenzbarkeit von Teilen einer Software, was soll unter der strittigen Prämisse, dass Software eine Sache sei, indessen „räumlich abgrenzbar" sein, wenn nicht das Datenmodell?).

V. Stand der Forschung

Ein Vorgehen für die Formalisierung Allgemeiner Geschäftsbedingungen zu entwickeln, ohne den erreichten Forschungsstand zu berücksichtigen, widerspricht wissenschaftlichem Vorgehen. Es war daher zunächst zu überprüfen, ob sich die gestellten Anforderungen mit vorhandenen Lösungen aus Wissenschaft und Praxis umsetzen lassen. Gemäß den selbst gesetzten Vorgaben, war ein Schwerpunkt auf die Beschreibungssprachen zu legen. Dabei darf nicht übersehen werden, dass deren mathematische Grundlagen regelmäßig in der Logik zu finden sind. Auf Logik, formale Beweisführung und dergleichen wird dennoch nur eingegangen, soweit für die Darstellung unbedingt erforderlich.

1. Notiz zur Logik

Den Logikern der Neuzeit gelang es, die Logik als mathematischen Kalkül zu verstehen (Boole) und ein vollständiges System einer Prädikatenlogik zu entwickeln. Frege stellte eine Prädikatenlogik zweiter Stufe vor und entwickelte die Idee der formalen Sprache und des formalen Beweises. Ohne diese Grundlagen ist die Informatik nicht denkbar.

In der theoretischen Informatik, spezieller der Künstlichen Intelligenz, werden verschiedene Logiken eingesetzt, um Wissen zu repräsentieren und daraus Schlüsse zu ziehen, als Beispiele sind die Prädikatenlogik oder Modallogiken zu nennen. Ohne eine zugrunde liegende Logik lässt sich Wissen für Rechner nicht repräsentieren. Es fehlte in diesem Fall die Möglichkeit, überhaupt „Berechnungen" anzustellen.

Eine abstrakte Einführung in die verschiedenen Logiken würde den Rahmen dieser Arbeit sprengen. Es wird auf die Literatur verwiesen.[599]

Für die Repräsentation juristischen Wissens wird in der Forschung auf Teilmengen oder Erweiterungen bestimmter Logiken zurückgegriffen. Für die tatsächliche Implementierung stehen dann Auszeichnungs- und Beschreibungsmuster zur Verfügung, die diese Teilmengen oder Erweiterungen darstellen können. Insofern wird

---

[599] Aus der juristischen Literatur beispielsweise Joerden, Logik S. 5 ff.; Kowalski, Lösungsansätze S. 66 ff, 89 ff. Aus der informatischen Literatur einführend Schöning, Logik, S. 13 ff.

bei den im Folgenden zu besprechenden Auszeichnungs- und Beschreibungsmustern auf die Logik zurück zu kommen sein.

2. Auszeichnungs- und Beschreibungsmuster

Dieser Teil will einen Überblick über den Stand der Forschung hinsichtlich der Formalisierung Allgemeiner Geschäftsbedingungen durch die Verwendung von Auszeichnungs- und Beschreibungsmustern liefern.

Zunächst ist es erforderlich, den Blickwinkel etwas zu weiten, denn, soweit ersichtlich, wird das Phänomen Allgemeine Geschäftsbedingungen oder Nebenabreden als solches nicht in der relevanten Forschung wissenschaftlich bearbeitet. Dies mag auch daran liegen, dass der hier aufgesetzte nationale Blickwinkel auf das Vertragsrecht nicht in allen Rechtsordnungen der großen Volkswirtschaften ein Abbild hat. Für technische und informatische Forschung sind dagegen nationale Grenzen regelmäßig ohne Belang. Forschungsfelder von Interesse für die vorliegende Arbeit sind daher hier sogenannt *e-Business* und *electronic contracts/contracting*.

Unter e-Business soll hier die integrierte Ausführung digitalisierbarer ökonomischer Prozesse[600] verstanden werden. Es handelt sich folglich um mehr als den Vertragsschluss mit Fernkommunikationsmitteln, zu dem viele Marktteilnehmer inzwischen bereit sind. Typisch für dieses Feld sind große Anwendungen und Lösungen. Es liegen inzwischen reichlich praktische Erfahrungen vor, die vornehmlich wirtschaftswissenschaftliche Erkenntnisse mit Mitteln der Informatik umsetzen.

Das zweite benannte Feld, hier *electronic contracting* genannt, beschäftigt die Informatik ebenfalls seit längerer Zeit und erfreut sich derzeit im Zusammenhang mit Fragen semantischer Beschreibung von Informationen wieder großer Popularität. Gemeint ist die Formalisierung und die formale Beschreibung von Verträgen oder Vertragsinformation. Dabei können die Forschungsthemata nach ihren Zielsetzungen weiter aufgegliedert werden. Untersucht werden einerseits der automatische, halbautomatische oder maschinell unterstützte Abschluss von Verträgen, die Überwachung der Erfüllung oder Durchführung (*monitoring*) und die Vertragsverwaltung (*management*).

---

[600] Vergleiche Thome Informatik Spektrum 2002, 151 ff.

a) Elektronische Geschäftssysteme

aa) EDI

Ein eingeführtes und verbreitetes Verfahren im elektronischen Geschäftsverkehr stellt der Elektronische Datenaustausch (Electronic Data Interchange, EDI) dar. Darunter wird eine Mehrzahl von Standards und Verfahren zum Austausch elektronischer geschäftlicher Informationen, zum Beispiel Bestellungen von Gütern, verstanden. Es findet sich auch eine engere Definition, wonach EDI den automatisierten Austausch von Dokumenten in elektronischer standardisierter Form direkt zwischen Computeranwendungen verschiedener Einheiten beschreibt.[601] Die Anfänge des EDI lassen sich heute kaum auf ein singuläres Datum oder Ereignis zurückführen. Gern wird die Bildung des Ausschusses zur Koordination des Datentransports der Vereinigten Staaten (United States Transportation Data Coordinating Committee [TDCC]) 1968 herangezogen.[602] Es bestand das Bedürfnis, den in den 60iger Jahren des 20. Jahrhunderts aufkommenden elektronischen Datenaustausch zu vereinheitlichen. Der genannte Ausschuss entwickelte Standards für die Transportbranche (in den Bereichen Luftfracht, Straßen- Zug- und Schiffsverkehr).[603] Im Lauf der Zeit wurden mehrere Standards für spezifische Bedürfnisse geschaffen. Heute sind ANSI ASC X12[604] in den USA und UN/EDI-FACT[605] in Europa verbreitet. Diese Standards beschreiben den Aufbau der einzelnen auszutauschenden Nachrichten. Dabei gibt es auf die Bedürfnisse einzelner Branchen zugeschnittene Einzelstandards.

EDIFACT, das vom UN/CEFACT[606] entwickelt wird, ist beispielsweise als Datenformat zur Abwicklung der Belieferung von Kunden mit Elektrizität zwingend vorgeschrieben, siehe Beschluss[607] zur Festlegung einheitlicher Geschäftsprozes-

---

[601] Clarke, http://www.anu.edu.au/people/Roger.Clarke/EC/EDIIntro.html 20.07.2009.

[602] Clarke, http://www.anu.edu.au/people/Roger.Clarke/EC/EDIIntro.html 20.07.2009.

[603] Chiu, ebXML, S. 27.

[604] American National Standards Institute Accredited Standards Committee X12.

[605] United Nations Electronic Data Interchange For Administration, Commerce and Transport.

[606] United Nations Centre for Trade Facilitation and Electronic Business – Zentrum der Vereinten Nationen für Handelserleichterungen und elektronische Geschäftsprozesse.

[607] http://www.bundesnetzagentur.de/media/archive/6853.pdf 20.07.2009, bislang existierten selbstregulative Regelungen in Kapitel 5 ("Kunden- und Lieferantenprozesse") der VDN-Richtlinie "Datenaustausch und Mengenbilanzierung" (DuM).

se und Datenformate zur Abwicklung der Belieferung von Kunden mit Elektrizität der 6. Beschlusskammer der Bundesnetzagentur vom 11. Juli 2006 (Az. BK6-06-009). Es hatte sich unter anderem gegen XML durchsetzen können, hauptsächlich, weil für letzteres kaum praktische Erfahrungen im Energiemarkt vorhanden waren.[608]

EDIFACT stellt Regeln für die Syntax und Semantik des Datenaustausches zur Verfügung.[609]

Es existieren verschiedene Versionen, Verzeichnisse genannt. In diesen Verzeichnissen sind Nachrichtentypen definiert, die Geschäftsaktivitäten oder -prozesse betreffen, beispielsweise eine Bestellung oder Rechnungsstellung. Die Nachrichten werden mit Kurzbezeichnern aus sechs Großbuchstaben versehen, zum Beispiel INVOIC für Rechnungsstellung. Die Verzeichnisse sind auf der Internetpräsenz des UNECE[610] allgemein zugänglich. Außerdem sind Dokumente der ISO[611] und des DIN[612] erhältlich.

Eine EDIFACT-Nachricht besteht aus einem Umschlag, der codiert den Absender und Empfänger bezeichnet, dem Nachrichteninhalt und Prüfsegmenten. Der Nachrichteninhalt besteht aus Segmenten und Datenelementen. Einzelne Codeteile bestehen dabei aus Bezeichnern, Elementen und Trennzeichen. Beispielsweise identifiziert das Segment

```
BGM+E01::260+MKIDI5422+9'
```

ein Dokument als die Anmeldung von Lieferstellen durch die Verwendung des von

---

[608] Begründung des Beschlusses BK6-06-009,
http://www.bundesnetzagentur.de/media/archive/6853.pdf, S. 41 f.
[609] Begründung des Beschlusses BK6-06-009,
http://www.bundesnetzagentur.de/media/archive/6853.pdf, S. 40.
[610] http://www.unece.org/trade/untdid/directories.htm 20.07.2009.
[611] ISO 9735, Dokumente kostenpflichtig verfügbar unter http://www.iso.org 20.07.2009.
[612] DIN 16560, DIN 16557 zu erwerben unter http://www.din.de 20.07.2009.

Ediel[613] vergebenen Codewertes E01. Das Dokument hat die Belegnummer MKI-DI5422.[614] Zu weiteren Einzelheiten sei auf die Webpräsenzen[615] verwiesen.

Die Übertragung der Nachrichten ist von deren Struktur zu trennen. Dafür enthält EDIFACT keine Regeln. Für den Einsatz von EDI wird umfangreich auf entsprechende Diensteanbieter zurückgegriffen, die proprietäre Netzwerke zum Senden und Speichern der EDI-Nachrichten bereitstellen und Nutzungsentgelte verlangen.[616] Diese Infrastruktur wird als *value added network* (VAN) bezeichnet. Andere Transportwege sind denkbar, zum Beispiel auf Datenträgern oder über das Internet mittels SMTP, FTP oder sonstiger Protokolle. Die Nutzung des Internets als Übertragungsmedium nimmt zu.[617] ERP[618]-Softwaresysteme beinhalten teilweise EDI-Dienste.

Beurteilung der Tauglichkeit für die angestrebte Formalisierung

Typisches Einsatzgebiet des EDI ist die Abwicklung umfangreicher industrieller Bestellvorgänge und ähnlicher logistischer Aufgaben. Die Einführung von EDI in Unternehmen ist aufwändig und kostenintensiv, weshalb es bei kleineren und mittleren Unternehmen kaum eingesetzt wird.[619] Typischerweise wird der elektronische Datenaustausch innerhalb bestehender Geschäftsbeziehungen gemeinsam mit dem Partner eingeführt. Regelmäßig sind überdies individuelle Anpassungen beziehungsweise die Entwicklung eigener Erweiterungen erforderlich.[620] Die Anbahnung von Geschäftsbeziehungen ist nicht das ins Auge gefasste Ziel von EDI. Dementsprechend sind die Funktionalitäten für Allgemeine Geschäftsbedingungen mager ausgebildet. Es existieren Rahmenverträge. Die Einsatzszenarien geben

---

[613] Ediel steht für *EDI for the Electricity industry*, Elektronischer Datenaustausch für die Elektrizitätsindustrie.

[614] Beispiel aus UTILMD (UN/EDIFACT D.04B) ÜBERMITTLUNG VON STAMMDATEN ZU KUNDEN, VERTRÄGEN UND ZÄHLPUNKTEN (des VDEW), Stand: 4.0 (2006-07-24), abrufbar unter http://fdf.vdew.net/wysvde/dataforum.nsf/0/5A9D5ACE43499B13C125727300535BFE/$file/Energie%20Spezial%20UTILMD_4.0.pdf, S. 16 20.07.2009.

[615] http://www.unece.org/trade/untdid/directories.htm und http://www.x12.org 20.07.2009.

[616] Chiu, ebXML, S. 27.

[617] Clarke, http://www.anu.edu.au/people/Roger.Clarke/EC/EDIIntro.html 20.07.2009.

[618] Enterprise Resource Planning – Ressourceneinsatzplanung bei Unternehmen.

[619] Chiu, ebXML, S. 29.

[620] Chiu, ebXML, S. 30.

daher wenig Anlass, eine umfassende Integration von Werkzeugen für die Geschäftsanbahnung und Einbeziehung allgemeiner Geschäftsbedingungen anzuregen.

bb) ebXML

Da EDI wie beschrieben praktisch auf bestimmte Anwendungsbereiche beschränkt blieb und insbesondere komplex und kostenintensiv zu implementieren ist, entstand das Bedürfnis, ein Verfahren zu entwickeln, um die kostengünstige Nutzung des Internets für den elektronischen Geschäftsverkehr zu verwerten. Beispielhaft zu nennen ist *Electronic Business eXtensible Markup Language* (auch: *Electronic Business using eXtensible Markup Language* oder *Electronic Business XML*, kurz: ebXML), eine Sammlung verschiedener XML-Standards auf Initiative von OASIS[621] und UN/CEFACT für elektronische Geschäftsprozesse, insbesondere über das Internet. Dadurch soll neben der Popularität von XML als standardisierte, freie Auszeichnungssprache, insbesondere der Handel über das Internet und der Markteintritt kleiner und mittelständischer Unternehmen und Entwicklungsländer gefördert werden.[622]

(1) Überblick

Die Konzepte für ebXML wurzeln in früheren Arbeiten zu *object oriented* EDI und UML/UMM[623]- und XML-Technologien. Es ging darum, EDI, das Internet und XML zusammenzuführen.[624] Heute gibt es ein modulares System mit einer Vielzahl von Spezifikationen, die größtenteils bei unabhängigen Organisationen als Standards anerkannt sind.

Überblicksartig lässt sich das architektonische Konzept folgendermaßen beschreiben: Es gibt, erstens, einen einheitlichen Mechanismus zur Beschreibung

---

[621] Organization for the Advancement of Structured Information Standards – Organisation für die Förderung strukturierter Informationsstandards.

[622] http://www.ebxml.org 20.07.2009.

[623] UML steht für Unified Modelling Language, einer standardisierten Sprache für Softwaremodellierung; UMM für UN/CEFACT's Modeling Methodology, eine Modellierungsmethodik auf UML-Basis.

[624] Vergleiche Chiu, ebXML, S. 19 f.

des Geschäftsprozesses und seines Modells. Geschäftsprozess (*Business Process*[625]) bedeutet eine Abfolge von Aktivitäten, um ein gewünschtes Resultat zu erzielen, hier spezieller der Dokumentenaustausch zwischen Geschäftspartnern in verschiedenen Rollen.[626] Hinzu kommt, zweitens, eine Möglichkeit, die Modelle der Geschäftsprozesse und weiterer Metainformationen zu registrieren und zu speichern. Dadurch können die Modelle wiederholt und gemeinsam genutzt werden. Drittens, die Verfügbarkeit von Informationen über die Teilnehmer, insbesondere die unterstützten Geschäftsprozesse, samt Schnittstellen (*interfaces*), die Nachrichten/Erklärungen (*Business Messages*) mit Schnittstellen sowie die technische Konfiguration und die benutzten Protokolle. Viertens, die Informationen über Teilnehmer können registriert und auf diese Weise gefunden werden. Das System umfasst, zum fünften, einen Mechanismus, der die Durchführung des vereinbarten Geschäftsarrangements beschreibt, die sogenannte Vereinbarung über das Protokoll für die Zusammenarbeit (*Collaboration Protocol Agreement, CPA*). Weiter gibt es, sechstens, einen Nachrichtendienst für den sicheren und zuverlässigen Nachrichtenaustausch. Es muss, siebtens, einen Mechanismus geben, den erwähnten Nachrichtendienst an die vereinbarten Geschäftsprozesse anzupassen.[627] Detaillierter Betrachtung sind die folgenden Bestandteile würdig.

(2) Informationen über Geschäftsprozess und -partner, CPP und CPA.

Wer elektronisch Handel treiben will, muss sagen wie er sich dies vorstellt. Das gilt jedenfalls dann, wenn der Rechner nicht nur das Telefon, den Boten oder den Brief ersetzen, sondern einige Aufgaben automatisiert erledigen soll. Dies können die Interessierten mittels Zusammenarbeitsprotokollprofilen (*Collaboration Protocol Profile, CPP*) tun. In solchen Dokumenten können die eigenen unterstützten Geschäftsprozesse und technische Fähigkeiten und Details der eigenen Anlagen sowie Anforderungen an den potentiellen Geschäftspartner hinsichtlich Geschäftsprozess und Schnittstellen beschrieben werden.[628] Sinnvollerweise wird das

---

[625] Soweit ersichtlich gibt es keine deutschsprachige Literatur zum Thema, weshalb an einigen Stellen die Begriffe aus den Originaldokumenten angegeben werden.

[626] Chiu, ebXML, S. 81.

[627] Siehe ebXML Technical Architecture Specification v1.0.4 (http://www.ebxml.org/specs/ebTA.pdf 20.07.2009) S. 7 f.; Chiu, ebXML, S. 72 ff.

[628] ebXML Technical Architecture Specification v1.0.4 (http://www.ebxml.org/specs/ebTA.pdf 20.07.2009) S. 16; Chiu, ebXML, S. 87 f.

CPP bei einer Registratur registriert, um dessen Auffinden zu ermöglichen. Finden sich nun zwei oder mehr Interessierte, können sie an Hand der CPP ihre „Kompatibilität" überprüfen und gegebenenfalls an einander anpassen. Dies tun sie, indem sie ein CPA aushandeln. Dieses wird in der technischen Beschreibung als Schnittmenge (*intersection*) zweier CPP bezeichnet, auf das sich die Geschäftspartner geeinigt hätten, die ebXML nutzen wollen.[629] Ein solches CPA enthält Vereinbarungen über den Nachrichtendienst und den Geschäftsprozess mit Schnittstellen und Anforderungen, optional auch über Sicherheitsaspekte. Es besteht die Möglichkeit, das CPA registrieren zu lassen, quasi als Vorlage für Dritte. Für CPP und CPA gibt es eine Spezifikation[630], die ISO-zertifiziert[631] ist. Außerdem werden eine *Document Type Definition* (DTD)[632] und ein *XML-Schema*[633] zur Verfügung gestellt, damit die Dokumente einer einheitlichen Syntax und Grammatik folgen. Die CPP und CPA sind folglich für Menschen und Maschinen lesbar.

(3) Geschäftsprozess

Der Geschäftsprozess beschreibt ausführlich, wie sich die potentiellen Partner ihren Handel vorstellen. Es handelt sich um ihre Rollen (zum Beispiel Käufer, Verkäufer), Aufgaben, Verantwortlichkeiten et cetera in einer Art Choreographie beziehungsweise einem Arbeitsablauf in einzelnen Transaktionen. Die Transaktionen ihrerseits lassen sich durch den Austausch von Geschäftsdokumenten (*Business Documents*) beschreiben.[634] Das übergeordnete Informationsmodell (*Information Meta Model*) gewährleistet dabei eine einheitliche Modellierung der Daten. Die Geschäftsprozesse und -dokumente lassen sich, soweit möglich, aus bereitgestellten Kernkomponenten *(Core Components)* zusammensetzen.[635] Es existiert eine Spe-

---

[629] ebXML Technical Architecture Specification v1.0.4 (http://www.ebxml.org/specs/ebTA.pdf 20.07.2009) S. 16.

[630] Collaboration-Protocol Profile and Agreement Specification v1.0 (http://ebxml.org/specs/ebC-CP.pdf 20.07.2009), daneben Collaboration-Protocol Profile and Agreement Specification Version 2.0 http://www.oasis-open.org/committees/download.php/204/ebcpp-2.0.pdf 20.07.2009).

[631] ISO/TS 15000-1:2004 (http://www.iso.org/iso/en/CatalogueDetailPage.CatalogueDetail?CS-NUMBER=39972&ICS1=35&ICS2=40&ICS3=, 20.07.2009, kostenpflichtig).

[632] http://ebxml.org/specs/cpp-cpa-v1_0.dtd 20.07.2009.

[633] http://ebxml.org/specs/cpp-cpa-v1_0.xsd 20.07.2009.

[634] Siehe ebXML Technical Architecture Specification v1.0.4 (http://www.ebxml.org/specs/ebTA.pdf 20.07.2009) S. 19.

[635] Siehe ebXML Technical Architecture Specification v1.0.4 (http://www.ebxml.org/specs/ebTA.pdf

zifikation (*Business Process Specification Schema*[636]), die die Erstellung von Beschreibungen des Geschäftsprozesses in XML ermöglicht.

Das technische Grundgerüst[637] für einen Geschäftsprozess besteht aus einzelnen, wiederverwendbaren Bausteinen. Zwei oder mehrere potentielle Partner interagieren mit einander durch festgelegte Rollen, sogenannte Geschäftszusammenarbeit (*Business Collaboration*). Die Rollen interagieren innerhalb dieser *Business Collaboration* durch Geschäftstransaktionen (*Business Transactions*). Eine Zusammenarbeit besteht regelmäßig aus einer Vielzahl von Transaktionen. Ein Partner kann eine oder auch mehrere Rollen übernehmen (etwa Käufer und Transportunternehmer), nicht aber gegensätzliche (Verkäufer und Käufer). Abhängig von der Anzahl der Rollen (nicht notwendig der Partner) wird unterschieden zwischen einer Zusammenarbeit zwischen zwei (*Binary Collaboration*) und mehreren Rollen (*Multiparty Collaboration*). Eine *Multiparty Collaboration* setzt sich allerdings immer aus mehreren *Binary Collaborations* zusammen. Interagieren die Rollen A, B und C, muss es immer eine Zusammenarbeit A-B, B-C und A-C geben. Die Zweierkollaborationen selbst bestehen aus Geschäftsaktivitäten (*Business Activities*). Darunter sind selbst wieder Zweierkollaboration oder Geschäftstransaktionen zu verstehen. Die Spezifikation zählt als Beispiel für eine *Binary Collaboration* das Aushandeln eines Vertrages, für eine Geschäftstransaktion eine Angebotsplatzierung auf.[638] Durch die Möglichkeit der Verschachtelung wird die modulare Struktur der Zusammenarbeit als wiederholt verwendbares Protokoll zwischen zwei Rollen deutlich. Ähnlich wiederverwendbar (zum Beispiel durch Referenzierung) sind die Geschäftstransaktionen. Diese lassen sich allerdings anders als die Kollaborationen nicht weiter aufzuspalten. Sie stellen sich als kleinste Einheit einer Vereinbarung zwischen Geschäftspartnern da. Dabei gibt es jeweils eine anfordernde respektive fragende und eine reagierende beziehungsweise antwortenden Rolle. Eine Geschäftstransaktion kann nur erfolgreich als Ganzes abgeschlossen werden oder fehlschlagen (*success* oder *failure*). Es handelt sich hierbei um eine Maßnah-

---

20.07.2009) S. 19.

[636] Business Process Specification Schema v1.01 (Spezifikation: http://ebxml.org/specs/ebB-PSS.pdf, Schema: http://ebxml.org/specs/ebBPSS.xsd, DTD: http://ebxml.org/specs/ebB-PSS.dtd 20.07.2009).

[637] Business Process Specification Schema v1.01 (http://ebxml.org/specs/ebBPSS.pdf 20.07.2009) S. 10 ff.; Chiu, ebXML, S. 99 ff.

[638] Business Process Specification Schema v1.01 (http://ebxml.org/specs/ebBPSS.pdf 20.07.2009) S. 12.

me, um die Konsistenz der Daten zu sichern. Würde etwa in Datenbanken nur ein Teil der Anweisungen einer Transaktion ausgeführt, kann die Konsistenz der Daten nicht mehr garantiert werden. Ob die in der Spezifikation[639] selbst und der technischen Literatur[640] gezogene Schlussfolgerung, aus einer abgearbeiteten Transaktion könne ein rechtswirksamer Vertrag entstehen, zutrifft, ist eine andere Frage.

Der Austausch von Dokumenten innerhalb einer Transaktion wird als Dokumentenfluss (*Business Document Flow*) bezeichnet. Zu Einzelheiten sei auf die Literatur[641] verwiesen.

(4) Kernkomponenten und zugehörige Bibliothek

Die Kernkomponenten vermeiden Redundanzen bei der Implementierung. Sie enthalten Informationen über einen wirtschaftlichen Sachverhalt. Sie können bei der Erstellung von Geschäftsdokumenten wie Bausteine für ein Haus verwendet werden. Kernkomponenten können auch selbst aus mehreren Kernkomponenten bestehen, die auch aus der Kernbibliothek stammen können. Sie sind normalerweise eindeutig identifizierbar, daher, wenn registriert, von jedermann nutzbar. Es existiert eine ISO-zertifizierte[642] Spezifikation[643].

(5) Die Registratur

Die Registratur (*Registry*) bietet eine Reihe Dienste zum Informationsaustausch an.[644] Über Schnittstellen können die einzelnen Rechner die Dienste abrufen. Die Registratur ist vom Speicher (*Respository*) der einzelnen Elemente zu trennen wie beispielsweise der Katalog einer Bibliothek von ihren Büchern. Regelmäßig wird

---

[639] Business Process Specification Schema v1.01 (http://ebxml.org/specs/ebBPSS.pdf 20.07.2009) S. 12.

[640] Chiu, ebXML, S. 109.

[641] Chiu, ebXML, S. 109 ff.

[642] ISO/TS 15000-5:2005 http://www.iso.org/iso/en/CatalogueDetailPage.CatalogueDetail?CS-NUMBER=41022&ICS1=35&ICS2=40&ICS3=, kostenpflichtig, 20.07.2009.

[643] Core Components Technical Specification. Version 2.01 http://www.unece.org/cefact/ebxml/CCTS_V2-01_Final.pdf 20.07.2009.

[644] Für Einzelheiten siehe ebXML Technical Architecture Specification v1.0.4 (http://www.ebxml.org/specs/ebTA.pdf 20.07.2009) S. 25 ff. und Chiu, ebXML, S. 85 f.

ein Marktplatzbetreiber die Registratur samt Speicher bereitstellen, wie die Bibliothek Katalog und Bücher bereitstellt, um im Bilde zu bleiben. Im Peer-to-Peer-Paradigma wird die gemeinsame Bereitstellung sinnvoll sein. Die Spezifikationen[645] zur Registratur sind teilweise ISO-zertifiziert[646].

(6) Nachrichten

Geschäftsnachrichten und -informationen müssen sicher und verlässlich ausgetauscht werden. Dies soll der Nachrichtendienst (*Message Service*) sicherstellen. Eine Nachricht ist ähnlich einer E-Mail aufgeteilt in (Brief-)Kopf (*Header*) und den eigentlichen Inhalt (*Payload*).[647] Für den Inhalt gibt es keine Restriktionen. Es können also auch Urlaubsbilder und ähnliches verschickt werden. Für den Transport kann ein bekanntes Transportprotokoll, etwa SMTP, FTP, HTTP oder ein sonstiges verwendet werden; ein ebXML-eigenes existiert nicht.[648] Der Nachrichtendienst beherrscht Sicherheitsfunktionen. Zu nennen sind Identifikation, das heißt, Sender und Empfänger sind verifizierbar, Zugangskontrolle, Verschlüsselung, Signaturen, Nichtabstreitbarkeit (*Non-repudiation*), Protokollierung (*Logging*). Es kann sowohl die Authentizität, Integrität und Vertraulichkeit der Nachrichten sichergestellt werden (Verschlüsselung) als auch die Nichtabstreitbarkeit des Versandes und Empfangs. Die technischen Details sind mit ISO-Zertifikat[649] spezifiziert[650].

---

[645] Registry Services Specification v1.0 (http://ebxml.org/specs/ebRS.pdf 20.07.2009); Registry Services Specification v2.0 (http://ebxml.org/specs/ebrs2.pdf 20.07.2009); Registry Information Model v1.0 (http://ebxml.org/specs/ebRIM.pdf 20.07.2009); Registry Information Model v2.0 (http://ebxml.org/specs/ebrim2.pdf 20.07.2009).

[646] ISO/TS 15000-4:2004 Registry services specification (ebRS) (http://www.iso.org/iso/en/CatalogueDetailPage.CatalogueDetail?CSNUMBER=39975&ICS1=35&ICS2=40&ICS3=, kostenpflichtig, 20.07.2009); ISO/TS 15000-3:2004 Registry information model specification (ebRIM) (http://www.iso.org/iso/en/CatalogueDetailPage.CatalogueDetail?CSNUMBER=39974&ICS1=35&ICS2=40&ICS3=, kostenpflichtig, 20.07.2009).

[647] ebXML Technical Architecture Specification v1.0.4 (http://www.ebxml.org/specs/ebTA.pdf 20.07.2009) S. 28 ff.; Chiu, ebXML, S. 84 f.

[648] ebXML Technical Architecture Specification v1.0.4 (http://www.ebxml.org/specs/ebTA.pdf 20.07.2009) S. 28 ff.

[649] ISO/TS 15000-2:2004 (http://www.iso.org/iso/en/CatalogueDetailPage.CatalogueDetail?CSNUMBER=39973&ICS1=35&ICS2=40&ICS3=, kostenpflichtig, 20.07.2009).

[650] Message Service Specification v1.0 (http://ebxml.org/specs/ebMS.pdf 20.07.2009); Message Service Specification v2.0 (http://ebxml.org/specs/ebMS2.pdf 20.07.2009).

(7) Derzeitiger Stand der Entwicklung

Die Spezifikationen werden regelmäßig an neue Technik und Anforderungen angepasst. Für den Nachrichtendienst existiert ein Entwurf[651] für die Version 3 der Spezifikation. Ein Nachfolger des *Business Process Specification Schema* wurde ver-
abschiedet.[652] Überarbeitet werden auch CPA und CPP.[653] Für die Registratur ist
eine dritte Version der Spezifikation bereits veröffentlicht.[654]

(8) Bewertung

Für die Beantwortung der Frage, ob die für ebXML entwickelten Konzepte genutzt
werden können, um Allgemeine Geschäftsbedingungen maschinenlesbar gemäß
dem oben[655] beschriebenen Anforderungsprofil auszuzeichnen, ist es zunächst
sinnvoll, sich das typische Einsatzgebiet und das Entwicklungsziel von ebXML erneut zu vergegenwärtigen. Auch hier werden Bestellvorgänge, logistische Aufgaben abgebildet. Es handelt sich um ein Hilfsmittel für die Umsetzung von Geschäftsprozessen, mithin um eine technische Lösung für betriebswirtschaftliche
Aufgabenstellungen. Der Unterschied zu EDI besteht vorwiegend im adressierten
Nutzerkreis und technischen Umsetzungsmitteln.

Trotz Fehlens eines expliziten Konstruktes, um Verträge zu repräsentieren[656],
erscheint es durchaus möglich, einige der in Allgemeinen Geschäftsbedingungen
wiederkehrend geregelten Bereiche mit den Möglichkeiten von ebXML zu be-

---

[651] OASIS ebXML Messaging Services 3.0: Part 1, Core Features vom 28.03.2007 (http://www.oa-
sis-open.org/committees/download.php/23262/ebms_core-3.0-spec-cd-04.pdf 20.07.2009) und
OASIS ebXML Messaging Services 3.0: Conformance Profiles vom 14.06.2006 (http://www.oa-
sis-open.org/committees/download.php/18768/ebms_conformance-3.0-profile-cd-01.pdf
20.07.2009).

[652] ebXML BPSS (ebBP) v2.0.4 OASIS Standard (Spezifikation und Schema in verschiedenen Formaten unter http://docs.oasis-open.org/ebxml-bp/2.0.4/OS/ abrufbar, 20.07.2009).

[653] Informationen über den Stand der Arbeiten auf http://www.oasis-open.org/committees/tc_home.-
php?wg_abbrev=ebxml-cppa 20.07.2009.

[654] Als Archiv mit weiterem Material erhältlich unter http://docs.oasis-open.org/regrep/v3.0/re-
grep-3.0-os.zip 20.07.2009.

[655] Kapitel G. III.

[656] Cole/Milosevic ITVE2001, 119, 123.

schreiben, insbesondere die für CPP, CPA und den Geschäftsprozess mit seinen einzelnen Bestandteilen entwickelten Datenmodelle haben Überschneidungen mit den zuvor benannten Themenkomplexen. Indessen wären die Datenmodelle nicht ausreichend, etwa Haftungsbeschränkungen, Rechtswahl und dergleichen zu beschreiben und müssten erweitert werden.[657]

Dies wird gleichwohl nicht sinnvoll sein. Zu unterschiedlich sind die Betrachtungsweisen. EbXML wurde wie schon erwähnt aus wirtschaftlicher Perspektive entwickelt. Beispielsweise an den Konzepten der Geschäftszusammenarbeit (*Business Collaboration*) und ihren an den einzelnen Rollen orientierten *Binary Collaboration* und *Multiparty Collaboration* wird klar, dass sich diese Betrachtungsweise nicht mit denen eines Vertragsjuristen decken, der die beteiligten Rechtssubjekte mit ihren Verpflichtungen im Blick hat, weniger ihre wirtschaftlichen Rollen. Die Konstruktion der *Multiparty Collaboration* findet zudem in juristischen Denkkonzepten keinerlei Entsprechung.

Hinzu kommt, dass ebXML in der Gesamtschau die Perspektive des bereits geschlossenen Rahmenvertrags einnimmt: Die Geschäftsanbahnung und insbesondere die Aushandlung „juristischer" Details ist nicht das Ziel von ebXML-Umsetzungen.

Zugleich ist an dieser Stelle klar, dass sich der Befund für EDI und ebXML verallgemeinern lässt, wonach schon durch die abweichende Zielstellung von Vertrags- und Geschäftsprozessmodellierung es schlecht vorstellbar ist, dass Ergebnisse des einen unmittelbar und ohne Anpassungsaufwand für das andere nutzbar gemacht werden können. Eine Untersuchung weiterer elektronischer Geschäftssysteme wie etwa OBI, BizTalk, RosettaNet, tpaML, mySAP.com et cetera unterbleibt daher an dieser Stelle.

---

[657] Es gibt Vorschläge, ebXML um Fähigkeiten für „*contracts*" zu erweitern, Cole/Milosevic IT-VE2001, 119, 122 ff., die nach eigener Aussage allerdings nicht vollständig und domainenunabhängig sind (Cole/Milosevic ITVE2001, 119, 127) und sich an Prinzipien des *common law* orientieren (siehe Cole/Milosevic ITVE2001, 119, 123 ff.: Für *consideration* hält das deutsche Recht keine vergleichbaren Anforderungen bereit, gleichwohl ist eine Repräsentation als „*mandatory association*" zwischen den Klassen „*Legally Valid Contract*" und „*Value Exchanges*" vorgesehen, es würden also beispielsweise Änderungsverträge oft als nicht wirksam beurteilt.).

b) Weitere Beispiele

Einführend wurde festgestellt, dass in der Forschung die Formalisierung von vertraglichen Informationen mit dem Zweck, Systeme für den automatisierten Vertragsschluss, die Überwachung und Verwaltung zu entwickeln, untersucht wird. Es
sollen nunmehr einige Ergebnisse herausgegriffen werden und die Methoden der
Formalisierung dargestellt werden.

aa) Halbautomatischer Vertragsschluss über Dienste im Netz

Vorgestellt wurden Szenarien für den halbautomatischen Vertragsschluss über
Dienste im Netz (Web Services).[658] Halbautomatisch bedeutet dabei, dass zunächst ein Rahmenvertrag geschlossen wird.[659] In dem Szenario werden Kreditin-
formationen, das meint hier Informationen über die Solvenz Dritter, mittels eines
Dienstes bereitgestellt.[660] Der Interessent muss zunächst einen Rahmenvertrag
akzeptieren. Die Informationen können dann angefordert werden. Dabei sind einzelne Parameter verhandelbar, beispielsweise die Zeiträume innerhalb derer der
Dienstanbieter seine Informationen aktualisiert, die Lieferzeit, die Einstandspflicht
des Anbieters für die Richtigkeit der zur Verfügung gestellten Informationen oder
das Recht, die erworbenen Informationen an Dritte weiterzugeben. Diese Klauseln
wurden formalisiert, so dass Softwareagenten über sie autonom verhandeln können.

Für die hier interessierende Formalisierung wird ein ontologiebasierter[661] Ansatz
gewählt. Zum Einsatz kommt OWL[662] sowie für Datentypen, die OWL nicht bereitstellt, SWRL[663]. Dadurch kann ein regelbasierter Ansatz mit OWL kombiniert werden.[664]

---

[658] Lamparter/Luckner/Mutschler, Semi-Automated Management; Lamparter/Luckner/Mutschler,
Formal Specification; Lamparter/Mutschler/Luckner/Stockmar/Laborde, Modeling Perspective.

[659] Lamparter/Mutschler/Luckner/Stockmar/Laborde, Modeling Perspective S.3 (Nr. 3.2).

[660] Lamparter/Mutschler/Luckner/Stockmar/Laborde, Modeling Perspective S.2 (Nr. 2);
Lamparter/Luckner/Mutschler, Formal Specification S. 1 f. (Nr. 2); Lamparter/Luckner/Mutschler,
Semi-Automated Management Nr 2.

[661] Eine Einführung zu Ontologien wird weiter unten im Text gegeben, G. V. 3. b).

[662] Web Ontology Language, Details dazu weiter unten im Text, G. V. 3. b) ii).

[663] Semantic Web Rule Language.

[664] Details bei Lamparter/Luckner/Mutschler, Formal Specification S. 3 f. (Nr. 4.1); Lamparter/Luck-
ner/Mutschler, Semi-Automated Management Nr. 5.1.

Die Ontologie wurde nicht von Grund auf neu erstellt. Statt dessen wurde auf DOLCE[665], einige DOLCE-Module sowie weitere domänenunabhängige Ontologien zurückgegriffen und genutzt, um die Vertragsontologie zu entwickeln.

Ausgehend von der Definition, wonach ein Vertrag eine rechtlich durchsetzbare Vereinbarung sei, in welcher zwei oder mehr Parteien bestimmte Verpflichtungen um bestimmter Rechte willen eingehen, werden sodann eine *Service Task*, die die Dienstleistung repräsentiert und eine *Compensation Task*, die die Gegenleistung darstellt modelliert. Mittels der Ontologien können Beziehungen zwischen Klassen oder Objekten hergestellt werden, beispielsweise die Beziehung `verpflichtet_zu` zwischen den Objekten Anbieter und *Service Task*. Auf diese Weise können die Sachverhalte, der Anbieter ist zu einer bestimmten Leistung mit bestimmten Eigenschaften verpflichtet, während der Kunde zu einer Kompensation mit bestimmten Geldeinheiten einer bestimmten Währung unter Zahlungsbedingungen angehalten ist, modelliert werden.[666]

Der Vollständigkeit halber sei erwähnt, dass in dem vorgestellten Beispiel eine automatische Überprüfung des *status quo* der Vertragsabwicklung möglich ist, das System kann etwa überprüfen, ob (rechtzeitig) erfüllt wurde. Der Ansatz umfasst also auch die automatische Überwachung der Erfüllung (*monitoring*) und die Verwaltung (*management*).

Beurteilung

Das vorgestellte Beispiel ist insbesondere aus methodischer Sicht interessant, da der ontologiebasierte Ansatz erst in jüngerer Zeit verfolgt wird.

Allerdings taugt der Ansatz allenfalls als Ausgangspunkt der vorliegenden Arbeit, denn der Schwerpunkt liegt auf der formalen Beschreibung der Hauptleistung und ihrer Gegenleistung für die aufgrund des angestrebten halbautomatischen Vertragsschlusses überhaupt nur eine Formalisierung erarbeitet wird.[667] Im Bei-

---

[665] Discriptive Ontology for Linguistic and Cognitive Engineering, Nachweise dazu bei Lamparter/Luckner/Mutschler, Formal Specification S. 4 (Nr. 4.2), siehe auch unten im Text, G. V. 3. b) jj) (2).

[666] Details bei Lamparter/Luckner/Mutschler, Formal Specification S. 5 ff. (Nr. 5); Lamparter/Luckner/Mutschler, Semi-Automated Management Nr. 6.

[667] Lamparter, Policy-based Contracting, S. 122.

spiel unterbleibt eine Formalisierung der typischerweise in Allgemeinen Geschäftsbedingungen geregelten Fragen; es fehlt daher ein Ansatz für ein solches Vorhaben.

bb) Automatische Vertragsgenerierung

Innerhalb einer Geschäftsbeziehung oder eines Verhandlungsprozesses kann es
zu einzelnen Abreden kommen, für die das Bedürfnis entsteht, sie in einem Ver-
tragsdokument zusammenzufassen. So lässt sich das Szenario umreißen, für das
Hoffner und *Field* eine technische Lösung entwickelt haben[668] und die sie an Hand
eines Vertrages über Übersetzungsdienstleistungen[669] demonstrieren.

Ausgangspunkt ist dabei, dass ein oder mehrere Dienste auf verschiedene Art,
zu verschiedenen Bedingungen angeboten werden können. So können sich die
Bedingungen, Garantien und die Preisgestaltung, Produktkonfigurationen oder die
rechtlichen Anforderungen der Zielländer unterscheiden. Statt eine Vielzahl von
Vertragsmustern vorzuhalten, sei es sinnvoller, an die jeweilige Situation angepasste Verträge automatisch zu erstellen.[670]

Die Verträge sollen aus Absprachen (*agreements*) erzeugt werden, die sich im
Laufe einer Verhandlung ergeben. Die Absprachen werden als Übereinkünfte, die
rechtlich bindend sein können, aber nicht müssen, gesehen. Als Vertrag bezeichnen die Autoren hingegen solche Dokumente, die alle Eventualitäten erfassen
(„*gaps and holes closed*") und als rechtlich verbindliche Einheit angesehen werden.[671]

Um zu den einzelnen Übereinkünften im Verhandlungsprozess zu gelangen,
werden verschiedene Wege vorgeschlagen. Es kann eine *matchmaking engine*
eingesetzt werden. Dies ist ein Automat, der Übereinstimmungen und gegebenenfalls Ähnlichkeiten zwischen verschiedenen Informationen, etwa einer *invitatio ad
offerendum* und einer Suchanfrage, ermittelt. In Betracht kommen daneben direkte
Verhandlungen nach einen Protokoll.[672] Protokoll ist hier im Sinne der Informatik zu

---

[668] Hoffner/Field IJCIS 2005, 217 ff.

[669] Hoffner/Field IJCIS 2005, 217, 232 ff.

[670] Hoffner/Field IJCIS 2005, 217, 218.

[671] Hoffner/Field IJCIS 2005, 217, 219.

[672] Hoffner/Field IJCIS 2005, 217, 221.

verstehen, das heißt Regeln über das Format, die Abfolge, den Inhalt und die Bedeutung von auszutauschenden Nachrichten. Benutzen beide Nachrichtensender
dasselbe Protokoll, können die Rechner die Nachrichten „verstehen". Die einzelnen Übereinkünfte liegen hier also in einer strukturierten Form vor.

Für die Umwandlung in Vertragsdokumente werden drei Ansätze vorgestellt:
monolithische Vertragsmuster und als Gegenstück die Verwendung kleinerer Muster, zum Beispiel einzelner Sätze oder Klauseln oder ein hybrider Ansatz, die die
Vorteile beider Verfahren verbindet.[673]

Für Erstellung der Vertragsentwürfe wird die Verwendung einer symmetrischen
matchmaking engine vorgeschlagen.[674] Klassischerweise hält diese eine *invitatio
ad offerendum* oder Werbeinformationen für einen konfigurierbaren Dienst im Netz
bereit und gleicht sie mit einer Suchanfrage ab. Die Werbeinformationen und Anfragen enthalten Angaben zu ihrem Typ, variable oder statische Eigenschaften zur
Beschreibung des Anbieters und des Dienstes sowie Regeln, die überprüfen, ob
die Anforderungen des anderen zu den eigenen passen. Die *matchmaking engine*
ist in der Lage, zur Laufzeit Informationen zu beziehen, beispielsweise Eigenschaften eines Dienstes, die in der Werbeinformation variabel angegeben sind,
beim Anbieter zu spezifizieren. Am Ende des Abgleichprozesses wirft der Automat
nach Auffassung von *Hoffner* und *Field* ein Angebot aus.[675]

Die Autoren verwenden den beschriebenen Abgleichsautomaten für die Erzeugung von Verträgen dergestalt, dass statt Werbeinformationen und Suchanfragen
nunmehr Vertrags- oder Klauselmuster und die Vorstellungen der Parteien in Form
der erreichten Übereinkünfte übergeben werden.[676] Die Muster nehmen die Stellung der Werbeinformationen ein, können daher variable Felder enthalten und
bringen Regeln mit, um die Informationen der Anfrage (also der Übereinkünfte) zu
bewerten. Die Autoren heben weitere Ähnlichkeiten zum klassischen Einsatzsze-
nario einer *matchmaking engine* hervor: Eine Klausel enthält strukturierte Informationen, die ihren Inhalt beschreiben, gleichzeitig müssen Informationen vorliegen,
die die Übereinkunft der Parteien beschreiben. Es handelt sich um einen symmetrischen Informationsaustausch. Nicht jede Klausel passt in jeden Vertrag. Daher

---

[673] Hoffner/Field IJCIS 2005, 217, 224.
[674] Nämlich die *Web Service Matchmaking Engine*, Hoffner/Field IJCIS 2005, 217, 227.
[675] Hoffner/Field IJCIS 2005, 217, 228.
[676] Hoffner/Field IJCIS 2005, 217, 228 f.

ist eine Sprache erforderlich, die die Umstände beschreibt, bei denen eine bestimmte Klausel eingesetzt werden kann. Die Klauseln müssen konfigurierbar sein, damit sie an bestimmte Verhältnisse angepasst werden können. Außerdem müssen die ausgewählten Klauseln sortiert und in einem Dokument zusammengeführt werden.[677]

Die Hauptprobleme für den Durchbruch der Technologie werden in deren Komplexität gesehen, so dass nicht mit der Umsetzung in einer Einzelanwendung sondern innerhalb einer großen Lösung (eines Workflow- und Dokumentenverwaltungssystems) zu rechnen sei. Entscheidend sei auch die Entwicklung von Werkzeugen für die Erstellung der Klauseln mit ihren dynamischen Bestandteilen und der Regeln zu ihrer richtigen Auswahl.[678]

Beurteilung

Der beschriebene Ansatz teilt eine Vielzahl der Visionen oder Ideen, die Grundlage dieser Untersuchung sind. Gleichwohl liegt die Schwerpunkt auf alternativen Einsatzmöglichkeiten des Abgleichsautomaten, die hier interessierenden Fragen der Klauselformalisierung werden ohne neuen Impuls gerade nicht im Detail beleuchtet, sondern allenfalls ein grundlegendes Entwurfskonzept vorgestellt.

cc) Business contract language (BCL)

Die *Business contract language* wurde in Forschungsprojekten am inzwischen aufgelösten australischen Distributed Systems Technology Centre der Universität Queensland und an der Universität Kent entwickelt.[679] Entwicklungsziel war, die verhaltensrelevanten Regelungen, also Pflichten, in Verträgen ausdrücken und überwachen zu können.[680] Ein Schwerpunkt lag in der Überschreitung von Unternehmensgrenzen. Mit den Konzepten der BCL können daher sämtliche wirtschaft-

---

[677] Hoffner/Field IJCIS 2005, 217, 230 f.

[678] Hoffner/Field IJCIS 2005, 217, 242.

[679] Linington/Milosevic/Cole/Gibson/Kulkarni/Neal Data & Knowledge Engineering 2004, 5, 16; Neal/Cole/Linington/Milosevic/Gibson/Kulkarni EDOC03 S. 50 ff.

[680] Linington/Milosevic/Cole/Gibson/Kulkarni/Neal Data & Knowledge Engineering 2004, 5, 16.

liche Aktivitäten über Organisationsgrenzen hinweg beschrieben und beurteilt werden.[681]

Die Sprache erlaubt die Strukturierung von Vertragsdefinitionen. Dafür nutzt sie das Konzept der *communities*[682] der Open Distributed Processing Enterprise Language (ODP). Eine *community* beschreibt in ODP eine Konfiguration von Objekten, die Entitäten repräsentieren und zweckgerichtet zusammenarbeiten.[683] Neben den für diesen Bereichen üblicherweise verwendeten Konzepten Pflicht, Erlaubnis, Verbot (*obligation, permission, prohibition*) kann die BCL auch mit Ereignissen umgehen.[684] Andere Formalisierungsvorschläge legen den Schwerpunkt auf eine der Möglichkeiten. Insoweit ist die vorgestellte Sprache mächtiger.

Die *Business contract language* steht in einer XML-basierten Syntax zu Verfügung. Für Entwicklungs- und Entwurfszwecke gibt es eine für Menschen einfacher zu lesende Variante.[685]

Für BCL werden mehrere konkrete Anwendungen berichtet. So wird gezeigt, dass die Sprache taugt, Netzdienstgütevereinbarungen (sogenannte *Web Service Level Agreements*) zu formalisieren und deren Einhaltung zu überwachen.[686] BCL kommt in Vertragsverwaltungssystemen zum Einsatz, die auf der *Business Contract Architecture* basieren.[687] Auch wenn dies bei der Entwicklung nicht im Vordergrund stand, taugt die BCL für teilautomatisierte Vertragsverhandlungen, wie eine Untersuchung zeigte.[688] *Linington* nutzt BCL, um aus einem Vertrag beziehungsweise dessen Datenmodell direkt ein Modell für eine automatische Überwachung der Einhaltung des Vertrages zu entwickeln.[689] Letztendlich wird damit der Weg

---

[681] Milosevic/Gibson/Linington/Cole/Kulkarni WEC04 S. 62, 65.

[682] Siehe dazu Linington/Milosevic/Cole/Gibson/Kulkarni/Neal Data & Knowledge Engineering 2004, 5, 8 ff; Marjanovic/Milosevic EDOC01 S. 59, 60; Neal/Cole/Linington/Milosevic/Gibson/Kulkarni EDOC03 S. 50, 58.

[683] Linington IJCIS 2005, 77, 87; Milosevic/Gibson/Linington/Cole/Kulkarni WEC04 S. 62, 64 f.

[684] Linington/Milosevic/Cole/Gibson/Kulkarni/Neal Data & Knowledge Engineering 2004, 5, 16; Governatori/Milosevic EDOC05 S. 46, 51f.

[685] Linington/Milosevic/Cole/Gibson/Kulkarni/Neal Data & Knowledge Engineering 2004, 5, 17.

[686] Linington/Milosevic/Cole/Gibson/Kulkarni/Neal Data & Knowledge Engineering 2004, 5, 19 ff.

[687] Milosevic/Gibson/Linington/Cole/Kulkarni WEC04 S. 62, 68 f. mit Nachweisen zur Business Contract Architecture.

[688] Hanson/Milosevic EDOC03 S. 40, 43 f.

[689] Linington IJCIS 2005, 77 ff.

geebnet, um aus einem Vertrags selbst die Softwareinfrastruktur zur dessen Überwachung zu generieren.

Beurteilung

Die BCL schlägt eine Brücke zwischen dem Denken in Geschäftsprozessen und der automatischen Überwachung der Vertragsabwicklung.[690] Dafür genügt offenbar, dass Repräsentationen für an ein Verhalten anknüpfende Pflicht, Erlaubnis und Verbot sowie für ein Ereignis verarbeitet werden können. Damit sind die typischerweise in Allgemeinen Geschäftsbedingungen angesprochenen Fragen nicht zu beschreiben. Statt dessen werden – wie auch die Beispielsverträge zeigen[691] – Hauptleistungsverpflichtung und ihre Modalitäten beschrieben, die einem „Monitoring" zugänglich sind, die oft sogenannten „nonfunctional proberties" gehören aber nicht dazu. Insoweit gilt das bereits zum halbautomatischen Vertragsschluss gesagte.

dd) DocLog

Bereits früh wurde gesehen, dass elektronischer Handel über Ländergrenzen hinweg besondere juristische Herausforderungen für kleine und mittelständische Unternehmen mit sich bringt. Für solche Unternehmen mit wenig Erfahrung im internationalen Handel wurde die Entwicklung von automatischen Expertensystemen vorgeschlagen, die beispielsweise in Vertragsverhandlungen die passenden INCOTERMS ermittelt oder einzelne INCOTERMS dem Laien erklären kann.[692] Ein solches System wurde mit INCAS entwickelt.[693]

Mit der Entwicklung von DocLog wurde ein umfassenderer Ansatz verfolgt. Einerseits soll die Sprache, ähnlich INCAS, einem Expertensystem ermöglichen, automatisch über Klauseln und Verträge zu schlussfolgern, andererseits sollen automatisierte Vertragsverhandlungen ermöglicht werden.[694] Drittens soll die Sprache

---

[690] Fortführend auch der Ansatz bei Governatori/Milosevic/Sadiq EDOC06 S. 221 ff.

[691] Es wird immer wieder auf denselben Vertrag zurückgegriffen, abgedruckt beispielsweise bei Governatori/Milosevic EDOC05 S. 46, 47.

[692] Tan/Thoen DEXA00 S. 1069.

[693] Zu INCAS (INCoterms Expertsystem) siehe Tan/Thoen Decision Support Systems 2000, 389 ff.

[694] Tan/Thoen DEXA00 S. 1069 ff.

die natürlichsprachlichen Informationen und Texte enthalten, so dass auch Menschen die Dokumente verstehen und interpretieren können.[695]

DocLog wird daher durch drei Schichten (*layers*) beschrieben, die datenorientierte, textorientierte und semantische Ansätze vereinen.[696] Die Datenschicht (*Data Layer*) stellt die Informationen in einer Art bereit, die Transaktionssysteme wie zum Beispiel ERP-Systeme interpretieren können.[697] Die natürlichsprachliche Schicht (*Natural Language Layer*) enthält in natürlicher Sprache den Vertragstext. Dieser wird mit XML ausgezeichnet und kann daher in elektronischen Vertragsschluss- und -verwaltungssystemen genutzt werden.[698] Die Auszeichnung erfolgt auf den Ebenen Klausel (mit dem Element CLAUSE), Absatz oder Paragraph (SECTION) und Vertrag (TEXT). Verschachtelungen sind möglich. Dadurch können etwa mit dem Element TEXT nichtauthentische Übersetzungen beigegeben werden.[699] Der Inhalt der beiden beschrieben Schichten kann extrahiert werden. So können beispielsweise eine EDI-Nachricht und ein Textverarbeitungsdokument separat gespeichert werden.[700]

Der semantische Ansatz wird in der „halbformalen" Schicht (*Semi-Formal Layer*) umgesetzt und erlaubt einfache, automatische Schlüsse. In Anlehnung an *van Kralingen*[701] werden Vertragsbestimmungen (Normen) klassifiziert und unterschieden und folgende Elemente zur Beschreibung genutzt: Norm identifier (zur Referenzierung), Norm type (zu Unterscheidung von Verhaltens- und Kompetenznorm), Promulgation (Normquelle), Scope (Anwendungsbereich der Norm), Condition of Application (Tatbestand), Subject (Adressat), Counterparty (Berechtigter), Legal Modality ([nicht] sollen, können, dürfen) und Act identifier (zur Referenzierung von Handlungen).[702]

Die Autoren zeigen folgendes Beispiel[703] für eine Lieferverpflichtung des Verkäufers (der EDI-Code ist ausgelassen):

---

[695] Tan/Thoen DEXA00 S. 1069, 1070.
[696] Tan/Thoen DEXA00 S. 1069, 1070.
[697] Tan/Thoen DEXA00 S. 1069, 1070.
[698] Tan/Thoen DEXA00 S. 1069, 1070.
[699] Tan/Thoen DEXA00 S. 1069, 1071.
[700] Tan/Thoen DEXA00 S. 1069, 1070 f.
[701] van Kralingen LEGONT97 S. 15, 16 ff.
[702] Tan/Thoen DEXA00 S. 1069, 1072; siehe dazu auch van Kralingen LEGONT97 S. 15, 17 f.
[703] Tan/Thoen DEXA00 S. 1069, 1072.

```
<CONTRACT>
    <DATA>. . .</DATA>
    <TEXT language="English authentic="yes">
        <SECTION id="1" name="delivery">
            <CLAUSE id="1.1">The seller has to deliver the
            goods</CLAUSE>
        </SECTION>
    </TEXT>
    <SEMIFORMAL>
        <NORM ID="1" type="conduct" promulgation="contract"
        modality="obligation">
        <SUBJECT>Seller</SUBJECT>
        <COUNTERPARTY>Buyer</COUNTERPARTY>
        <ACT id="1" promulgation="contract" scope=
        "contract">
        <AGENT>Seller</AGENT>
        <ACTTYPE>Deliver</ACTTYPE>
        </ACT>
        </NORM>
    </SEMIFORMAL>
</CONTRACT>
```

Beurteilung

DocLog ist vor allen Dingen interessant, weil anders als in den bisher vorgestellten Beispielen nicht vom speziellen Anwendungsfall argumentiert wird. Statt dessen wird ein abstraktes Konzept für eine Sprache zur Beschreibung von Vertragsklauseln entwickelt. Problematisch ist allerdings, dass die grundlegenden Formalisierungskonzepte der Theorie der Gesetzesformalisierung entnommen werden.[704] Van Kralingen unterscheidet Verhaltens- und Kompetenznormen, wobei erstere das geforderte Verhalten von Personen oder Institutionen beschreiben, letztere das Procedere zu Änderung bestehender und Schaffung neuer Normen.[705] Er behauptet aber nicht, damit ein Rechtssystem umfassend beschrieben zu haben und

---

[704] Van Kralingen LEGONT97 S. 15, 16 ff. und ihm folgend Tan/Thoen DEXA00 S. 1069, 1072 sprechen von „norms", Normen. Indessen ergibt sich aus dem Zusammenhang bei van Kralingen, dass gesetzliche Normen Vorbild der Ausführungen sind.

[705] van Kralingen LEGONT97 S. 15, 16.

behandelt auch Definitionsnormen, Rechtsinstitute und dergleichen.[706] Für DocLog wird allerdings nur die Unterscheidung in Verhaltens- und Kompetenznorm übernommen.

Methodisch ist es nicht falsch, mit Mitteln der Gesetzesformalisierung zu arbeiten. Gleichwohl bereitet es Schwierigkeiten, beispielsweise die Rechts- oder Forumswahl sowie die Abwehrklauseln mit dem weiter eingeschränkten Instrumentarium von DocLog zu beschreiben: Nach den Konzepten *van Kralingens* käme die Sichtweise in Betracht, ein Gericht als Adressat dieser Norm zu sehen, dem ein Verhalten abverlangt wird (hier zum Beispiel die Beurteilung des Falles nach einem bestimmten Recht oder die Klageabweisung wegen Unzuständigkeit und so weiter). Dieses Vorgehen ist nicht elegant. Es ist auch juristisch falsch, weil die Parteien nicht das Prozessrecht abändern können, sondern allenfalls Vereinbarungen treffen können, die das Prozessrecht unter Umständen erlaubt. Der Normbefehl an den Richter ergibt sich weiterhin aus dem Prozessrecht.

Die weiteren Klauseln lassen sich mit entsprechendem Aufwand als Verhaltensnormen erfassen. Allerdings wird dies nur für die Leistungsbeschreibungen noch übersichtlich bleiben. Die übrigen Klauseln wären als Modifikation der Leistungsbeschreibung darzustellen. Im Ergebnis würde also nicht, wie es dem Vorstellungsmodell des Juristen entspricht, Hauptleistungen und gesondert Nebenabreden modelliert, sondern umfangreiche Hauptleistungen, die kaum noch zu überschauen sind. Kompliziert wird dabei, die für das Recht der Allgemeinen Geschäftsbedingungen relevanten Regelungsteile zu identifizieren, um sie einer automatischen Inhaltskontrolle zu unterziehen. Das Konzept stößt auch da an Grenzen, wo Allgemeine Geschäftsbedingungen eine gesetzliche Norm abändern, ohne aber die (Verhaltens-)Norm ausdrücklich zu wiederholen.

Zu allem kommt ein praktisches Problem: Außer dem Aufsatz konnte eine Dokumentation nicht gefunden werden.

ee) ecXML

Mit ecXML wird eine weitere Sprache zur Formalisierung von Verträgen eingeführt. Damit wird es ermöglicht, den Stand in der Vertragsabwicklung zu einem bestimm-

---

[706] van Kralingen LEGONT97 S. 15, 16.

ten Zeitpunkt automatisch zu ermitteln.[707] Die Sprache stellt eine XML-Formalisierung des *Event Calculus* dar.[708] *Event Calculus* wiederum ist eine Sprache, um Ereignisse und deren Auswirkungen darzustellen und darüber Schlussfolgerungen anzustellen.[709]

Im Beispiel wird ein einfacher Vertrag über die Bereitstellung eines elektronischen Postfachs formalisiert. Der Vertrag enthält Bestimmungen über die Pflichten zur Bereitstellung des Postfachs einer bestimmten Größe, Rechtsfolgen falls der Dienst nicht erreichbar sei, falls der Speicherplatz des Postfachs innerhalb eines Toleranzbereichs oder darüber hinaus überschritten wird sowie zur Zahlung, Fälligkeit und Rechtsfolgen bei Zahlungsverzug.[710] Weitere Bestimmungen sind nicht enthalten.

Mittels ecXML kann der Vertrag im Kontext vertragsbezogener Ereignisse maschinenlesbar dargestellt werden.[711] Mit der Entwicklung von ecXML ging die Implementierung einer Architektur mit einer Inferenzmaschine einher, so dass maschinell Schlussfolgerungen über die Vertragsabwicklung gezogen werden können, beispielsweise kann eine Pflichtverletzung festgestellt werden, falls nicht (rechtzeitig) gezahlt wird.[712]

Beurteilung

Die Kritik an dem Ansatz folgt aus seinem gewählten Fokus. Für den gewünschten Zweck, die Überwachung, eignet sich diese Art der Formalisierung. Für den hier angestrebten Zweck taugt sie schon deshalb nur bedingt, weil die Klauseln deren Einhaltung nicht automatisch überwacht werden kann, schwer zu beschreiben sind.

---

[707] Farrell/Sergot/Sallé/Bartolini IJCIS 2005, 99 ff.

[708] Farrell/Sergot/Sallé/Bartolini IJCIS 2005, 99, 105.

[709] Kowalski/Sergot New Generation Computing 1986, 67 ff.

[710] Siehe Farrell/Sergot/Sallé/Bartolini IJCIS 2005, 99, 104.

[711] Die kommentierte Notation des Beispielvertrages findet sich bei Farrell/Sergot/Sallé/Bartolini IJCIS 2005, 99, 112 ff.

[712] Siehe Farrell/Sergot/Sallé/Bartolini IJCIS 2005, 99, 118 ff.

ff) RuleML

Vergleichbare Ziele lassen sich ebenfalls mit anderen Ansätzen erreichen. So wird vorgeschlagen, Verträge mit einer regelorientierten Sprache zu formalisieren, nämlich einer Erweiterung von RuleML.[713] RuleML[714] ist eine XML-Sprache, die Regeln darstellen kann.[715]

Der Ansatz geht davon aus, dass Verträge aus Definitionsklauseln und „normativen Klauseln" bestünden. Letztere regelten die Handlungen der Parteien für die Vertragserfüllungen.[716] Solche Klauseln werden mittels nichtmonotoner Logiken[717] in Regeln überführt, die dann in RuleML notiert werden können. Dazu werden allerdings einige Erweiterungen von RuleML vorschlagen.[718] Es soll weiter statt auf *courteous logic programming* auf *defeasible logic* für die Umsetzung zurückgegriffen werden. Dies ermögliche durch Prioritäten- und Hierarchieprädikate Regelkollisionen aufzulösen.[719]

Im natürlichsprachlichen Beispielsvertrag[720] ist eine Rechtswahlklausel zugunsten des australischen Rechts sowie eine Gerichtsstandsvereinbarung enthalten. Wie eine solche mit dem vorgestellten Ansatz formalisiert wird, blieb unklar.

Beurteilung

Wie andere vorgestellte Ansätze basiert auch dieser auf der Zielstellung, Verträge und deren Erfüllung einem automatischen „Monitoring" zuzuführen.[721] Außen vor bleiben daher Überlegungen, Klauseln zu beschreiben, für die eine Überwachung durch ein Softwaresystem für den elektronischen Geschäftsverkehr in Betracht

---

[713] Governatori IJCIS 2005, 181 ff.

[714] Rule Markup Language – Auszeichnungssprache für Regeln.

[715] Details zu RuleML bei Governatori IJCIS 2005, 181, 200 ff.

[716] Governatori IJCIS 2005, 181, 185.

[717] Konkret sind dies *defeasible logic*, Governatori IJCIS 2005, 181, 185 ff., deontische Logik, Governatori IJCIS 2005, 181, 191 ff., und logische Ansätze zur Konfliktauflösung, Governatori IJCIS 2005, 181, 193 ff.

[718] Governatori IJCIS 2005, 181, 207 ff.

[719] Governatori IJCIS 2005, 181, 185 mit Nachweisen.

[720] Siehe Governatori IJCIS 2005, 181,183 f.

[721] Governatori IJCIS 2005, 181.

kommt, so etwa für die im Beispielsvertrag enthaltenen Klauseln zur Wahl des Rechts und eines Gerichtsstandes.

Hinzu kommt ein methodisches Problem. In der juristischen Methodik werden Kollisionen zwischen Normen durch Auslegung der Normen aufgelöst. Daneben stehen weitere methodische Mittel zur Verfügung wie die Argumentation mit dem Rang der Rechtsnormen oder in Normen zu Ausdruck kommender Wertungen vorrangigen Rechts. Die Auflösung von „Kollisionen" rechtlicher Normen ist also auch vom Sachverhalt abhängig. Normen abstrakt vom Sachverhalt ein Hierarchieprädikat mitzugeben, kann daher zu falschen Ergebnissen führen.

gg) IBM WSLA Language

Die *Web Service Level Agreement Language*[722] wurde bei IBM entwickelt. Sie wird hier stellvertretend für den Bereich der *Service Level Agreements* (kurz SLA, Dienstgütevereibarung) vorgestellt.

Die *Web Service Level Agreement Language* stellt ein Schema für die formale Beschreibung von Dienstgütevereinbarungen speziell für *Webservices* bereit. Die Sprache basiert auf XML-Schema.[723] Ziel war es, ein System zu entwickeln, das die maschinelle Verhandlung, den Abschluss und die automatisierte Überwachung von Dienstgütevereinbarungen für Netzdienste ermöglicht.[724] Die WSLA Language stellt ein Baustein in diesem System dar. Es ist gleichwohl möglich, dass die Dienstgütevereinbarung manuell und ohne Rechner verhandelt wird[725] und dass einzelne Aufgaben wie die Dienstgüteüberprüfung auf Dritte verlagert werden[726]. Ein Automatisierungsvorteil kann dabei dennoch durch den Einsatz der WSLA Language erzielt werden.

Die Sprache ermöglicht die Beschreibung der involvierten Parteien und ihrer Rollen, des zu erbringenden Netzdienstes[727] und des geschuldeten Gütegrades.

---

[722] Spezifikation: Ludwig/Keller/Dan/King/Franck WSLASPECV1, siehe dazu auch Keller/Ludwig RC22456 S. 13 ff.

[723] Keller/Ludwig RC22456 S. 13.

[724] Keller/Ludwig RC22456 S. 9 ff.

[725] Ludwig/Keller/Dan/King/Franck WSLASPECV1 S. 12.

[726] Ludwig/Keller/Dan/King/Franck WSLASPECV1 S. 10.

[727] Zur Beschreibung eines Netzdienstes und seiner Funktionalitäten kann auf die Web Services

Weiter können sonstige Pflichten, etwa in bestimmten Fällen eine Mitteilung zu senden, und Gewährleistungs- und Strafmechanismen beschrieben werden. Damit sind die in der Praxis typischerweise behandelten Regelungsgegenstände solcher Dienstgütevereinbarungen erfasst.[728] Weitere Fragestellungen wie Form oder Rechtswahlvereinbarungen sind nicht Gegenstand der Spezifikation. Offenbar bestand in den untersuchten Vereinbarungen kein dahin gehendes Regelungsinteresse.

Beurteilung

Die WSLA Language zielt wie andere, hier daher nicht detailliert vorgestellte Sprachen[729], auf die Beschreibung von Dienstgütevereinbarungen sowie deren automatisierte Überwachung ab. Die bisherige Infrastruktur sieht die einzelnen Dienste immer noch als Teil eines Gesamtpaketes, über das ohnehin eine „vollständiger" Vertrag abzuschließen ist. Deshalb fehlen Klassen, Konzepte, um die hier ermittelten typischen Regelungsmaterien zu beschreiben. Dieses Problem besteht bei allen SLA-Beschreibungssprachen.

Grundsätzlich ist die Herausforderung für die Beschreibung von Dienstgütevereinbarungen eine vergleichbare: Rechtliche Normen sollen für Rechner auswertbar zur Verfügung gestellt werden. Indessen sind aber keine Ansätze ersichtlich, die den vorgestellten Forschungsergebnissen neue Methodiken hinzufügen würden.

c) **Erster Standardisierungsversuch:** *OASIS LegalXML eContracts*

Die Standardisierungsorganisation OASIS betreibt das Projekt OASIS LegalXML. Eine Ausprägung davon, OASIS LegalXML eContracts, betrifft Verträge und deren Klauseln. Ziel ist es, für die effiziente Erstellung, Pflege, Verwaltung, den Aus-

---

Description Language (WSDL), ein Standard des World Wide Web Consortiums, zurückgegriffen werden, Ludwig/Keller/Dan/King/Franck WSLASPECV1 S. 8.

[728] Keller/Ludwig RC22456 S. 6.

[729] Beispielhaft genannt seien WS-Agreement (Web Services Agreement, Spezifikation vom 14.03.2007 verfügbar unter http://www.ogf.org/documents/GFD.107.pdf 20.07.2009) und ContractLog, dazu Paschke/Bichler/Dietrich RuleML 2005, 209 ff.

tausch und die Veröffentlichung von Vertragsdokumenten und Vertragsklauseln, XML-Standards für die Auszeichnung von Vertragsdokumenten zu entwickeln.[730]

Bisher existiert ein Entwurf vom 21.06.2006 (eContracts Version 1.0 Committee Draft 1.0[731]), der unverändert in der Spezifikation vom 27.04.2007 mündete (eContracts Version 1.0 Committee Specification 1.0[732]). Nach der Selbsteinschätzung der Beteiligten, wird das XML-Schema eher in Back-end-Systemen und solchen zur automatisierten Verarbeitung eingesetzt werden, denn durch Anwälte und andere mit Vertragsgestaltung befassten Personen.[733] Zwar soll sich das *eContracts Schema* auch für tagtäglich mit Vertragsgestaltung befasste Personen besonders eignen, allerdings wird davon ausgegangen, dass diese auch in Zukunft unstrukturierte Texte mit Textverarbeitungsprogrammen erzeugen, selbst, wenn diese Textverarbeitungsprogramme zwischenzeitlich mit XML umgehen können.[734] Anders ausgedrückt, halten die Ausschussmitglieder bei OASIS Anwälte und Juristen nicht für besonders effizient in ihrer Arbeitsweise beim Erstellen von Verträgen.

Kanzleien und Anwälte erzeugen weitere Dokumente, zum Beispiel Gutachten und Prozessschriftsätze, deren Erstellung nach Auffassung der eContracts-Ausschussmitglieder dem Vertragsentwurf ähnelt. Daher wird davon ausgegangen, dass die eContracts-Objekte[735] auch für andere Standardisierungsbemühungen Pate stehen können.[736] Tatsächlich betreibt OASIS mit weiteren LegalXML-Projekten die Standardisierung des prozessualen Dokumentenaustauschs (LegalXML Electronic Court Filing), des interjustiziellen Dokumentenaustauschs (LegalXML Integrated Justice) und der technischen Voraussetzungen für *„self-proving electronic legal information"* (LegalXML eNotarization, gemeint sind Dokumente besonde-

---

[730] http://www.oasis-open.org/committees/tc_home.php?wg_abbrev=legalxml-econtracts 20.07.2009.

[731] http://docs.oasis-open.org/legalxml-econtracts/CD1/legalxml-econtracts-specification-1.0.html, ebenda auch als PDF- und XML-Dokument verfügbar, 20.07.2009.

[732] http://docs.oasis-open.org/legalxml-econtracts/legalxml-econtracts-specification-1.0.html, ebenda auch als PDF- und XML-Dokument verfügbar, 20.07.2009.

[733] eContracts Version 1.0 (http://docs.oasis-open.org/legalxml-econtracts/legalxml-econtracts-specification-1.0.html), Nr. 1.2.

[734] eContracts Version 1.0 (http://docs.oasis-open.org/legalxml-econtracts/legalxml-econtracts-specification-1.0.html), Nr. 1.2.

[735] Zum Objektbegriff in der Informatik vergleiche statt aller Hesse/Braun, Tagungsband der GI/OCG-Jahrestagung 2001, Band 2, S. 776 ff.

[736] eContracts Version 1.0 (http://docs.oasis-open.org/legalxml-econtracts/legalxml-econtracts-specification-1.0.html), Nr. 1.2.

rer Dignität, etwa Führerschein, notariell beglaubigte Verträge).[737] Es ist nicht beabsichtigt, dass der Standard für Vertragsauszeichnungen sich mit solchen zum elektronischen Handel oder Geschäftsverkehr überschneidet.[738] Ersterer soll allein natürlichsprachliche Vertragsdokumente auszeichnen, eine Funktionalität, die andere Standards bisher nicht bieten.

aa) Kurzübersicht Funktionalitäten

Das eContracts-Schema ermöglicht, Teile eines Vertrages wie Absätze und Sätze (im Original: *paragraphs and clauses*) einzeln zu speichern und immer wieder zu verwenden. Diese Objekte werden in Containern gespeichert und können dann als Einzelobjekte oder Objektlisten für Speicherung und Abfrage verarbeitet werden. Für die wiederholte und gemeinsame Nutzung der Inhalte wird XInclude[739] verwendet.[740]

Für das Kernschema[741] wurde Einfachheit angestrebt. So besteht es aus nur 51 Elementen. Die meisten Inhalte werden mit wenigen Elementen ausgezeichnet werden können. Dieser Weg wurde gewählt, um die Konvertierung vorhandenen Materials zum eContracts-Schema und das spätere Einfügen von einzelnen Teilen an beliebigen Stellen in der Dokumentenhierarchie zu erleichtern.[742] Durch die Definitionen der Dokumentstruktur im Kernschema wird eine höchste Flexibilität für die Wiederverwendung, die verlässliche automatische Verarbeitung und Übertragung in andere Formate angestrebt.[743] Das Kernschema stellt eingebettete Daten-

---

[737] Siehe die Übersicht unter http://www.oasis-open.org/committees/tc_cat.php?cat=lawgov 20.07.2009.
[738] eContracts Version 1.0 (http://docs.oasis-open.org/legalxml-econtracts/legalxml-econtracts-specification-1.0.html), Nr. 1.2.
[739] XInclude (XML Inclusion) ist eine Technologie des *World Wide Web Consortium* zum Verweisen auf andere XML- oder Textdateien oder Teile davon in XML-Dokumenten. Beim Auflösen wird der Verweis durch den Inhalt seines Ziels ersetzt, siehe http://www.w3.org/TR/xinclude/ 20.07.2009.
[740] eContracts Version 1.0 (http://docs.oasis-open.org/legalxml-econtracts/legalxml-econtracts-specification-1.0.html), Nr. 1.3.1.
[741] eContracts Core Schema 1.00, http://docs.oasis-open.org/legalxml-econtracts/CS01/XMLSchema/eContracts-Core.xsd 20.07.2009.
[742] eContracts Version 1.0 (http://docs.oasis-open.org/legalxml-econtracts/legalxml-econtracts-specification-1.0.html), Nr. 1.3.2.
[743] eContracts Version 1.0 (http://docs.oasis-open.org/legalxml-econtracts/legalxml-econtracts-spe-

werte bereit, um Variablen in Vertragsentwürfen auszutauschen oder Datenwerte aus XML-Dokumenten auslesen zu können. Bisher steht dafür als Datentyp nur *String*, das heißt eine Zeichenkette (aus Buchstaben, Ziffern, Sonder- und Steuerzeichen), zur Verfügung. Hier ist eine künftige Erweiterung um mächtigere Typen zu erwarten.[744]

Metadaten, das sind zum Beispiel Beschreibungen, können auf Ebene des gesamten Vertrages bis auf Satzebene angebracht werden. Die üblicherweise für Dokumentenverwaltung, -zusammenführung und Veröffentlichung erforderlichen Felder werden bereitgestellt, etwa Identifikatoren, Autor, Version, Datum sowie Regelungsgegenstand und die engere Einordnung bestimmter Inhalte.[745] Weiter sind Auszeichnungen für die optische Darstellung möglich, dies betrifft Absätze, Abschnitte, automatische Nummerierung und die Erzeugung von Ausdrucken oder anderen Formaten wie PDF, HTML und so weiter.[746]

Das *eContracts Reference Schema* ermöglicht bedingte Verarbeitungsanweisungen auf Elementebene umzusetzen.[747] Dies ermöglicht es beispielsweise, Einfluss auf die Ausgabe je nach Eintritt bestimmter Bedingungen zu nehmen, etwa Klauseln, die nur gegenüber Unternehmern wirksam einbezogen werden können, gegenüber Verbrauchern gar nicht erst anzuzeigen. Diese Funktionalität ist im Kernschema angelegt, aber nicht aktiviert. Die Aktivierung erfolgt, nach Wahl des Nutzers, im Referenzschema. Hintergrund dieses Vorgehens ist eine bisher fehlende vereinheitlichte Art des Umgangs der Anwendungen mit Bedingungen.[748]

---

cification-1.0.html), Nr. 1.3.3.

[744] eContracts Version 1.0 (http://docs.oasis-open.org/legalxml-econtracts/legalxml-econtracts-specification-1.0.html), Nr. 1.3.4 und Nr. 1.3.8.

[745] eContracts Version 1.0 (http://docs.oasis-open.org/legalxml-econtracts/legalxml-econtracts-specification-1.0.html), Nr. 1.3.6.

[746] eContracts Version 1.0 (http://docs.oasis-open.org/legalxml-econtracts/legalxml-econtracts-specification-1.0.html), Nr. 1.3.7.

[747] eContracts Version 1.0 (http://docs.oasis-open.org/legalxml-econtracts/legalxml-econtracts-specification-1.0.html), Nr. 1.3.5.

[748] Zu Einzelheiten siehe eContracts Version 1.0 (http://docs.oasis-open.org/legalxml-econtracts/legalxml-econtracts-specification-1.0.html), Nr. 5.2.5.

bb) Im Detail

Für die Schematisierung von Vertragsdokumenten kommen verschiedene Ansätze in Betracht. Dies sind präsentationsorientierte Schemata wie Office Open XML, OpenDocument, XHTML 1.0 oder generisch strukturierte Auszeichnungen wie in DocBook[749], DITA[750], XHTML 2.0. Das eContracts-Schema orientiert sich an letzteren.[751] Es ist abstrakt gehalten, um eine große Bandbreite von Vertragsdokumenten auszeichnen zu können und größte Flexibilität bei automatisierter Verarbeitung, Langzeitspeicherung und wiederholter Nutzung zu gewährleisten. Die Elemente des Schemas beschreiben Bestandteile, die den meisten Verträgen gemein sind, das sind etwa Präambeln, die die Vertragsparteien bezeichnen, Absätze, Klauseln, Unterschriftenfelder. Allerdings wird kein Vokabular bereitgestellt, um den Vertragsgegenstand zu beschreiben. Für diese Auszeichnungen können Metadaten genutzt werden oder nutzerspezifische Auszeichnungen.[752] Sollte das eContracts-Schema Verbreitung finden, so steht zu erwarten, dass domänenspezifische Erweiterungen entstehen. Ob diese frei oder unter kommerzieller Lizenz verfügbar sein werde, ist eine andere Frage.

Das eContracts-Schema setzt auf bestehenden XML-Standards auf. Es besteht daher keine Abhängigkeit von (Zusatz-)Implementierungen bestimmter Hersteller. Bereitgestellt werden XML-Schema im XSD-Format[753], Dokumenttypdefinition[754] und das allein verbindliche Schema im Relax-NG-Format[755]. Relax NG[756] ist eine standardisierte[757], freie und einfache Schemasprache für XML. Einige Funktionali-

---

[749] DocBook ist ein offenes, auf XML basierendes, präsentationsneutrales Format für technische Artikel, Bücher und Dokumentationen. Für Spezifikation, Schemata und DTD siehe http://www.oasis-open.org/docbook/ 20.07.2009.

[750] Darwin Information Typing Architecture ist ein offenes, auf XML basierendes Format. Für Spezifikation, Schemata und DTD siehe http://www.oasis-open.org/committees/tc_home.php?wg_abbrev=dita und http://www-128.ibm.com/developerworks/xml/library/x-dita6/x-dita_downloads.html (beide 20.07.2009).

[751] eContracts Version 1.0 (http://docs.oasis-open.org/legalxml-econtracts/legalxml-econtracts-specification-1.0.html), Nr. 3.1.

[752] eContracts Version 1.0 (http://docs.oasis-open.org/legalxml-econtracts/legalxml-econtracts-specification-1.0.html), Nr. 3.1.

[753] http://docs.oasis-open.org/legalxml-econtracts/CS01/XMLSchema/ 20.07.2009.

[754] http://docs.oasis-open.org/legalxml-econtracts/CS01/DTD/ 20.07.2009.

[755] http://docs.oasis-open.org/legalxml-econtracts/CS01/RelaxNG/ 20.07.2009.

[756] Regular Language Description for XML New Generation.

[757] Spezifikation vom 3. Dezember 2001: http://relaxng.org/spec-20011203.html = http://www.oasis-

täten im Kernschema können mit Relax NG, nicht aber DTD repräsentiert werden[758], deshalb ist nur das Relax-NG-Schema verbindlich.

cc) Beurteilung

Ob eContracts für die Formalisierung vertraglicher Abreden taugt, ist zweifelhaft.

In der Spezifikation selbst wird mehrfach darauf hingewiesen, dass primäre Adressaten Betreiber großer Backend-Systeme seien.[759] Das Schema sei auch kein Standard für den Austausch von Vertragsdokumenten in XML.[760]

Der Technische Ausschuss bei OASIS war mit der hier aufgeworfenen Frage gleichwohl befasst. In der Spezifikation sind die Szenarien, die für die Standardisierung in Betracht gezogen wurden, dokumentiert. Sie wurden in sieben Fällen zusammengefasst.[761] Fall vier betrifft die Repräsentation der Vertragssemantik für die maschinelle Verarbeitung der Klauseln. Es wird festgestellt, dass es weder einen Standard für eine deontische Vertragssprache für eine Vielzahl von Vertragsdomänen gäbe noch ein standardisiertes Verfahren, um die Beziehung zwischen einer deontischen Vertragssprache und der natürlichen Sprache zu handhaben.[762] Deontische Vertragssprache wird verstanden als formale Sprache, die vertragliche Rechte und Pflichten definiert und von Computern interpretiert werden kann.[763]

---

open.org/committees/relax-ng/spec-20011203.html; ISO-Spezifikation: ISO/IEC FDIS 19757-2:2002(E), verfügbar unter http://www1.y12.doe.gov/capabilities/sgml/sc34/document/0362_files/relaxng-is.pdf; weitere Spezifikationen und Dokumente unter http://relaxng.org und http://www.oasis-open.org/committees/tc_home.php?wg_abbrev=relax-ng (alle 20.07.2009).

[758] Ein Beispiel findet sich unter Nr. 3.3 der eContracts Version 1.0 (http://docs.oasis-open.org/legalxml-econtracts/legalxml-econtracts-specification-1.0.html).

[759] Siehe etwa eContracts Version 1.0 (http://docs.oasis-open.org/legalxml-econtracts/legalxml-econtracts-specification-1.0.html), Nr. 3.6 und Nr. 1.2.

[760] eContracts Version 1.0 (http://docs.oasis-open.org/legalxml-econtracts/legalxml-econtracts-specification-1.0.html), Nr. 3.6.

[761] eContracts Version 1.0 (http://docs.oasis-open.org/legalxml-econtracts/legalxml-econtracts-specification-1.0.html), Appendix A.1.-7.

[762] eContracts Version 1.0 (http://docs.oasis-open.org/legalxml-econtracts/legalxml-econtracts-specification-1.0.html), Appendix A.4.

[763] eContracts Version 1.0 (http://docs.oasis-open.org/legalxml-econtracts/legalxml-econtracts-specification-1.0.html), Appendix A.4.

Weiter wurde eine Analyse potentieller Anwendungsbereiche erstellt. Dafür war es erforderlich, die Charakteristika von Vertragsdokumenten einordnen zu können. Es wurden zunächst vier Domänen ermittelt.[764] Für die Domäne Vertragsentwurf und -verhandlung, unter der der Ausschuss die regelmäßige Vorbereitung von Verträgen für bestimmte Transaktionen etwa durch Anwälte versteht[765], wird davon ausgegangen, dass sich das eContracts-Schema für den Entwurf und den Austausch der Dokumente zwischen den Vertragspartnern eignet, aber in absehbarer Zukunft dafür nicht eingesetzt werden wird.[766] Es wird eher erwartet, dass dafür weiterhin Textverarbeitungsprogramme genutzt werden und Dokumente in den entsprechenden Formaten oder gedruckt oder als PDF ausgetauscht werden.[767] Eine Erweiterung solcher Formate, die ja oft auf XML basieren, kam schon deshalb nicht in Betracht, weil der Ausschuss sich nicht im Klaren war, ob die Erweiterung für OpenDocument oder Office Open XML hätte erfolgen sollen. Außerdem hätten Anwälte kein Interesse an der Auszeichnung ihrer Dokumente.[768] Für die Entwicklung eines Metadaten- oder eingebetteten Auszeichnungsmodells für OpenDocument oder Office Open XML oder beide fehlten kommerziell praktikable Anforderungen.[769] Für die Domäne Vertragsentwurf und -verhandlung eignet sich nach Auffassung des Ausschusses eine Spezifikation am besten, die sich mit der Vorbereitung, Pflege und Nutzung natürlichsprachlicher Präzedenzen befasst.[770]

Für die Domäne *form contracts*, die Verträge beinhaltet, bei denen die Geschäftsbedingungen nicht oder kaum verhandelt werden und online mit einem

---

[764] eContracts Version 1.0 (http://docs.oasis-open.org/legalxml-econtracts/legalxml-econtracts-specification-1.0.html), Appendix A.8.

[765] eContracts Version 1.0 (http://docs.oasis-open.org/legalxml-econtracts/legalxml-econtracts-specification-1.0.html), Appendix A.8.3.1.

[766] eContracts Version 1.0 (http://docs.oasis-open.org/legalxml-econtracts/legalxml-econtracts-specification-1.0.html), Appendix A.8.3.3.

[767] eContracts Version 1.0 (http://docs.oasis-open.org/legalxml-econtracts/legalxml-econtracts-specification-1.0.html), Appendix A.8.3.3.

[768] eContracts Version 1.0 (http://docs.oasis-open.org/legalxml-econtracts/legalxml-econtracts-specification-1.0.html), Appendix A.8.3.3.

[769] eContracts Version 1.0 (http://docs.oasis-open.org/legalxml-econtracts/legalxml-econtracts-specification-1.0.html), Appendix A.8.3.3.

[770] eContracts Version 1.0 (http://docs.oasis-open.org/legalxml-econtracts/legalxml-econtracts-specification-1.0.html), Appendix A.8.3.3.

Klick vereinbart werden[771], gilt gleiches. Hier sah der Ausschuss kein Bedürfnis und hielt eine Spezifikation natürlichsprachlicher Präzedenzen für geeignet.[772]

Auch für die Vertragsverwaltungsdomäne sah sich der Ausschuss letztendlich nicht in der Lage, eine deontische Vertragssprache zu entwickeln.[773] Es bleibt also allein die Präzedenzendatenbank als Domäne, für die die eContracts-Spezifikation große Vorteile bringen soll.[774]

Zusammenfassend lässt sich daher festhalten, dass eContracts Legal XML nicht für die semantische Auszeichnung von vertraglichen Rechten und Pflichten konzipiert ist, soweit es um eine maschinelle Erfassung dieser Rechte und Pflichten geht. Andererseits steht erstmals ein domänenunabhängiges Auszeichnungsschema für Verträge überhaupt zur Verfügung, das zudem noch auf nutzerspezifische Erweiterungen angelegt ist. Insofern ist zumindest diskutabel, ob semantische Auszeichnungen im Sinne der oben erwähnten deontischen Vertragssprache nicht auf dem eContracts-Schema basieren sollten.

3. Exkurs: grundlegende Technologien

Bei der Vorstellung der Beispiele wurde an allen Ansätzen Kritik geäußert. Daraus folgt indessen nicht, dass die grundlegenden Technologien, auf die ja immer wieder und unabhängig von der rechtlichen Domäne zurückgegriffen wird, für das Vorhaben ohne Relevanz wären. Diese hier zu besprechenden Technologien sind XML und Ontologien.

Eine Darstellung erfolgt erst an dieser Stelle aus zwei Gründen: Die Einführung in die Anwendungsbeispiele sollte nicht unübersichtlich werden und das Verständnis der vorgestellten Methoden war auch ohne vertiefte Kenntnisse von XML oder

---

[771] eContracts Version 1.0 (http://docs.oasis-open.org/legalxml-econtracts/legalxml-econtracts-specification-1.0.html), Appendix A.8.4.1.

[772] eContracts Version 1.0 (http://docs.oasis-open.org/legalxml-econtracts/legalxml-econtracts-specification-1.0.html), Appendix A.8.4.3.

[773] eContracts Version 1.0 (http://docs.oasis-open.org/legalxml-econtracts/legalxml-econtracts-specification-1.0.html), Appendix A.8.5.3.

[774] Siehe eContracts Version 1.0 (http://docs.oasis-open.org/legalxml-econtracts/legalxml-econtracts-specification-1.0.html), Appendix A.8.2.

Ontologien möglich. Für eine bewertende Stellungnahme sind Grundkenntnisse allerdings erforderlich.

a) XML

Fast alle der oben beschriebenen Beispiele nutzen die *Extensible Markup Language* (erweiterbare Auszeichnungssprache), kurz XML. Bei XML handelt es sich um eine Beschreibungs- beziehungsweise Auszeichnungssprache zur Darstellung von hierarchisch strukturierten Daten. Sie beruht auf einer „Empfehlung"[775] des *World Wide Web Consortium* und gilt als wichtige Technologie des Internet.

Es werden Etiketten, sogenannte *Tags*[776], benutzt, um Dokumenten eine logische Struktur zu verleihen. Streng genommen handelt es sich bei XML um eine Sprache zur Definition von Auszeichnungssprachen.[777] Es wird nämlich nicht eine Menge zulässiger Tags definiert wie etwa in HTML oder den oben beschriebenen besonderen Auszeichnungssprachen. Statt dessen können Sprachen für verschiedene Zwecke definiert werden. XML ermöglicht auch, Daten einfach zu speichern, zu verarbeiten oder zu verbreiten, ja selbst komplexe Datenmodelle zu serialisieren. Dadurch gewährleistet die Sprache Universalität und Interoperabilität.

Ein XML-Dokument besteht aus Textzeichen (verschiedene Codierungen sind möglich) und enthält keine Binärdaten. Üblicherweise beginnen die Dokumente mit einem Verweis auf die verwendete XML-Version. Zu Einzelheiten des Prologs sei auf die Spezifikation und die Literatur[778] verwiesen.

---

[775] Extensible Markup Language (XML) 1.0 (Fourth Edition) . W3C Recommendation 16 August 2006, edited in place 29 September 2006; verfügbar unter http://www.w3.org/TR/2006/REC-xml-20060816/ 20.07.2009 (Es ist eine Übersetzung einer älteren Version (vom 06.10.2000) verfügbar: http://www.edition-w3c.de/TR/2000/REC-xml-20001006/ 20.07.2009.); Extensible Markup Language (XML) 1.1 (Second Edition) W3C Recommendation 16 August 2006, edited in place 29 September 2006; verfügbar unter http://www.w3.org/TR/2006/REC-xml11-20060816 20.07.2009 (Übersetzung der Vorveröffentlichung verfügbar unter http://www.w3.org/TR/2002/CR-xml11-20021015 20.07.2009).

[776] Englisch für Etikett, Kennzeichnung, Marke.

[777] Hitzler/Krötzsch/Rudolph/Sure, Semantic Web S. 18; Notholt JurPC Web-Dok. 57/2005, Abs. 23 (http://www.jurpc.de/aufsatz/20050057.htm 20.07.2009).

[778] Zum Beispiel Hitzler/Krötzsch/Rudolph/Sure, Semantic Web S. 19. Fensel/Lausen/Polleres/de Bruijn/Stollberg/Roman/Domingue, Enabling Semantic Web Services S. 17.

Interessanter sind die möglichen Ausdrücke um Daten auszuzeichnen oder zu annotieren.

Am häufigsten werden Elemente benutzt. Sie müssen in Tags eingeschlossen sein, zum Beispiel folgendermaßen: `<Rechtswahl>namibisches Recht</Rechtswahl>`. Für Elemente, die keinen Inhalt enthalten, könnte verkürzend `<Rechtswahl />` geschrieben werden (selbstschließendes Tag). Neben Text können weitere Elemente enthalten sein, etwa:

```
<Rechtswahl>
    <Formstatut>deutsches Recht</Formstatut>
    <Vertragsstatut>namibisches Recht</Vertragsstatut>
</Rechtswahl>
```

Ein (Wurzel-)Element muss jedes XML-Dokument mindestens haben. Die Bezeichner für die Tags (XML-Namen) können relativ frei gewählt werden.[779]

Neben Elementen können Attribute genutzt werden. Diese können innerhalb des Starttags oder selbstschließenden Tags den Elementen Werte zuweisen. Mehrere Attribute sind zulässig wie in dem folgenden Beispiel:

```
<Rechtswahl Formstatut="deutsches Recht" Vertragsstatut="namibisches Recht" />
```

Das Beispiel zeigt in Zusammenschau mit dem vorherigen Beispiel auch, dass es verschiedene Möglichkeiten der Modellierung gibt. Regelmäßig ist aber die weitere Verschachtelung mit Elementen, dem Definieren von Attributen vorzuziehen.[780] Attributnamen können wie Elementbezeichner relativ frei vergeben werden, lediglich `xml:lang` ist bereits definiert, um die Sprache des Elementinhaltes zu benennen. Es gelten dabei die häufig genutzten Länderkürzel: `xml:lang="de"`.

Aus den zulässigen Ausdrücken ergibt sich, dass das Datenmodell von XML als Baumstruktur angesehen werden kann.[781] Es besteht daneben die Möglichkeit, die Struktur von XML-Dokumenten mittels einer Dokumenttypdefinition (DTD) oder eines XML-Schema-Dokumentes vorzugeben.

---

[779] Zu Beschränkungen siehe Hitzler/Krötzsch/Rudolph/Sure, Semantic Web S. 20.

[780] Details bei Hitzler/Krötzsch/Rudolph/Sure, Semantic Web S. 21.

[781] Hitzler/Krötzsch/Rudolph/Sure, Semantic Web S. 21.

In Dokumenttypdefinitionen beziehungsweise einem Schemadokument werden Vorgaben für ein XML-Dokument beschrieben, etwa welche Tags und Attribute erlaubt sind oder wie diese zu verschachteln sind. Erst dadurch entstehen spezialisierte XML-Dialekte wie die zuvor beschriebenen. Mit Softwarewerkzeugen können XML-Dokumente auf Gültigkeit in Bezug auf eine Dokumenttypdefinition oder ein Schemadokument überprüft werden. Zu den Details zu DTD und XML-Schema sei auf die Literatur[782] verwiesen.[783]

Zusammengefasst bietet XML Maschinenlesbarkeit und durch die Standardisierung Interoperabilität und erfüllt damit einen Teil der hier gesetzten Anforderungen. XML bietet allerdings keine Semantik: Für den Rechner stellt es keinen Unterschied dar, ob das Tag mit Rechtswahl oder xyz bezeichnet ist und er kann, anders als der Jurist, auch keinen Zusammenhang zwischen der Bedeutung von Formstatut und Vertragsstatut herstellen. Für solche Zwecke wird auf Ontologien zurückgegriffen.

b) Ontologien

Ontologie wird heute folgendermaßen definiert: „An ontology is a formal explicit specification of a shared conceptualization for a domain of interest.".[784] Übersetzt kann eine Ontologie als formale explizite Spezifikation einer Begriffsbildung für ein Fachgebiet definiert werden. Formale explizite Spezifikation deutet dabei auf eine logikbasierte Repräsentation hin. Es kann daher auch von einem Modell eines Wissensgebietes gesprochen werden.[785]

---

[782] Hitzler/Krötzsch/Rudolph/Sure, Semantic Web S. 22 ff., Fensel/Lausen/Polleres/de Bruijn/Stollberg/Roman/Domingue, Enabling Semantic Web Services S. 17 ff.

[783] Zu weiteren, hier nicht erörterten Fragen wie Namensräume, sei auf Hitzler/Krötzsch/Rudolph/Sure, Semantic Web S. 25 ff. verwiesen. Einführend auch Muller JurPC Web-Dok. 19/2002 (http://www.jurpc.de/aufsatz/20020019.htm 20.07.2009); Ebenhoch JurPC Web-Dok. 110/2001 (http://www.jurpc.de/aufsatz/20010110.htm 20.07.2009); Erbguth JurPC Web-Dok. 40/1998 (http://www.jurpc.de/aufsatz/19980040.htm 20.07.2009 zum „Vorgänger" SGML).

[784] Heute übliche Definition, siehe beispielsweise Staab/Studer, Handbook, S. VII; Benjamins/Casanovas/Breuker/Gangemi Law and the Semantic Web, 1, 9; die auf Gruber Knowledge Acquisition 1993, 199 und International Journal Human-Computer Studies 1995, 907 f. zurückgeht.

[785] Notholt JurPC Web-Dok. 65/2005, Abs. 55 f. (http://jurpc.de/aufsatz/20050065.htm 20.07.2009).

Ontologien beinhalten Regeln zur Inferenz, also zum Schließen von Wissen sowie zu Integrität, das heißt zur Überprüfung ihrer Widerspruchsfreiheit.

Ontologien dienen der Wissensrepräsentation in der künstlichen Intelligenz und weiteren Anwendungsfeldern. Zuletzt stieg die Popularität des Begriffes im Zusammenhang mit dem Semantischen Netz[786]. Ontologien sind auch Datenmodelle für Applikationen. Sie stellen derzeit die Spitze der Evolution der Datenmodellierung dar. Während in den 70er Jahren des letzten Jahrhunderts die erforderlichen Daten noch in Maschinensprache zur Verfügung gestellt werden mussten, nähert sich die Datenmodellierung nun immer weiter der Vorstellungswelt des Nutzers an. Dadurch werden die Datenmodelle komplexer und der Entwicklungsaufwand verschiebt sich von der Applikationsentwicklung zur Datenmodellierung. Ontologien sind daher nicht für jede Art von Datenmodell das Mittel der Wahl.

Folgende Elemente stellen Ontologien zur Verfügung, um Wissen zu repräsentieren.

aa) Individuen

Individuen (auch Fakten oder Instanzen) sind Daten, die Objekte, das heißt Entitäten der realen Welt, repräsentieren wie beispielsweise eine bestimmte Person oder ein bestimmtes Vertragsmuster, aber auch Wörter oder Zahlen.

bb) Begriffe

Begriffe (auch Klassen oder unglücklich übersetzt: Konzepte) fassen eine Menge von Individuen zusammen. Eine solche Menge kann leer sein, Individuen oder andere Klassen (zusätzlich) beinhalten (Beispiel: „Menschen" kann „Frau" und „Mann" beinhalten.). Es können Unterklassen (auch: Subklassen) und somit Oberklassen definiert werden. Eine solche Beziehung besagt, dass jedes Individuum einer Unterklasse zugleich ein solches der Oberklasse ist. Die Individuen der Unterklasse haben (zumindest zum Teil) die Eigenschaften der Individuen der Oberklasse (sogenannte Vererbung). Es können ganze Klassenhierarchien gebildet

---

[786] Zum Semantischen Netz Notholt JurPC Web-Dok. 65/2005, Abs. 2 ff. (http://jurpc.de/aufsatz/20050065.htm 20.07.2009).

werden. Regelmäßig ist die Definition von Begriffen oder Klassen als gleich oder disjunkt möglich, so dass sie dieselben oder keine gemeinsamen Individuen haben.

cc) Eigenschaften

Individuen werden über ihre Eigenschaften zu einander in Beziehungen gesetzt. Deshalb wird auch der Begriff Relation verwendet. Natürlichsprachlich lassen sich solche Beziehungen mit Prädikaten wiedergeben, beispielsweise Frau X *hat* Mutter Y oder Frau X *wohnt_in* Stadt Dresden. Beschrieben werden immer Beziehungen zwischen zwei Individuen. Mathematisch lassen sich Relationen als Menge der verknüpften Paare deuten, weshalb Eigenschaften zugleich Klassen sind. Damit sind wieder Hierarchien möglich, beispielsweise kann *hat_Vater* eine Untereigenschaft von *stammt_ab_von* sein.

Der Definitionsbereich und Wertebereich von Eigenschaften kann eingeschränkt werden. Dabei bezieht sich ersteres auf das Subjekt, letzteres auf das Objekt der Aussage. Die Einschränkung verhindert, dass ungewollte Aussagen möglich sind wie etwa Vertrag X *hat_Vater* Frau Y.

dd) Axiome

Axiome sind frei formulierbare Aussagen, die mit den beschriebenen Mitteln nicht möglich sind. Dies trifft etwa für Beziehungen zu, die sich aus zwei Beziehungen ergeben (etwa Schwägerschaft).

ee) Typische Schlussfolgerungsaufgaben

Unter Schlussfolgern einer Aussage wird in diesem Zusammenhang immer verstanden, dass diese Aussage eine logische Konsequenz aus dem modellierten Wissen darstellt.[787] Typische Anfragen an Ontologien sind solche nach Klasseneigenschaften wie Äquivalenz, Disjunktheit, Unterklasseneigenschaft oder Konsistenz von Klassen oder nach der globalen Konsistenz der Ontologie. Mit der letzte-

---

[787] Hitzler/Krötzsch/Rudolph/Sure, Semantic Web S. 176

ren Anfrage lassen sich Fehler bei der Erstellung der Ontologie auffinden. Praktisch relevanter sind die Abfrage von Individuen einer Klasse oder der Zugehörigkeit eines Individuums zu einer bestimmten Klasse.[788] Für solche Anfragen lassen sich die Klassen auch ad hoc definieren.

Damit ist auch die juristische Subsumtion, also die Frage, ob der Sachverhalt ein Fall des gesetzlichen Tatbestandes ist, mit Ontologien abbildbar. Voraussetzung ist allerdings, dass sowohl der gesetzliche Tatbestand als auch der Sachverhalt vollständig modelliert sind, so dass im Sachverhalt verwendete Individuen oder Klassen als Instanzen oder Unterklassen des gesetzlichen Begriffes erfragt werden können. Eine solche Modellierung kann extrem aufwendig sein.

ff) Vorteile

Mit den beschriebenen Mittel lässt sich Wissen auf eine Art darstellen, die recht nahe an der Vorstellungswelt des Menschen liegt. Damit wird der Weg geebnet, dass Wissen ohne oder mit geringer Hilfe von Modellierungsexperten von Fachexperten modelliert wird, entsprechende Werkzeuge vorausgesetzt.

Zudem lässt sich Wissen komplex und umfassend darstellen. Die Verkürzung die bei der Modellbildung notwendig auftritt, kann weiter zurückgedrängt werden. Ontologien sind grundsätzlich auf Wiederverwertung und Erweiterung oder Bearbeitung angelegt.

---

[788] Hitzler/Krötzsch/Rudolph/Sure, Semantic Web S. 154 f.

gg) Nachteile

Die Nachteile von Ontologien als Datenmodelle für Anwendungen sind die direkten Spiegelbilder ihrer Vorteile. So wird die große Ausdrucksmächtigkeit mit einem erhöhten Modellierungsaufwand erkauft. Eine höhere Ausdrucksmächtigkeit führt oft zu einer längeren Laufzeit der Algorithmen für eine automatische Schlussfolgerung.[789] Es kann daher zu Performanzproblemen kommen. Zudem bestehen im Bereich des Schlussfolgerns Grenzen. Für einige zugrunde liegenden Logiken ist die Entscheidbarkeit nicht gegeben. Das bedeutet, dass für die Berechnung eines Schlusses kein Algorithmus bekannt ist, dessen Terminierung stets garantiert ist.[790] Allerdings betrifft dies Bereiche, die praktisch kaum relevant sind.[791]

hh) Sprachen

Es gibt mehrere Sprachen, um Ontologien zu erstellen und abzuspeichern. Verbreitet sind F-Logic (frame logic), KIF (Knowledge Interchange Format), RDF (Resource Description Framework) Schema, DAML+OIL (Darpa Agent Markup Language plus Ontology Inference Layer) und OWL (Web Ontology Language).

An dieser Stelle wird allein auf OWL eingegangen. Zum einen erfährt OWL eine steigende Verbreitung, ist frei und spezifiziert[792]. Zum anderen OWL ist für das semantische Netz entwickelt worden. Daher ermöglicht die Sprache, Wissen verteilt zu speichern. Sie bietet sich deshalb für Peer-to-Peer-Systeme besonders an.

ii) OWL

Die Web Ontology Language wurde vom World Wide Web Consortium entwickelt und ist heute de facto der Standard[793] für Ontologien. Hintergrund war, dass einige Anwendungen für das Semantische Netz nicht mit den bereits zur Verfügung gestellten Standards RDF und RDF Schema umzusetzen waren.[794] OWL baut daher

---

[789] Hitzler/Krötzsch/Rudolph/Sure, Semantic Web S. 68.
[790] Hitzler/Krötzsch/Rudolph/Sure, Semantic Web S. 153.
[791] Hitzler/Krötzsch/Rudolph/Sure, Semantic Web S. 152 für OWL Full.
[792] http://www.w3.org/2004/OWL/ 20.07.2009.
[793] So LKIF-Core S. 1.
[794] OWL Web Ontology Language Use Cases and Requirements, W3C Empfehlung vom 10. Fe-

auf RDF auf, indem Konstrukte aus dieser Sprache übernommen werden. Für die Standardisierung[795] von OWL war DAML+OIL zunächst Ausgangspunkt.[796]

OWL basiert auf der Prädikatenlogik erster Stufe[797] und existiert in drei Ausprägungen: OWL Lite, OWL DL (Description logic, Beschreibungslogik) und OWL Full.[798]

Die Untersprachen sind in der jeweils höheren vollständig enthalten.[799] Dabei ist OWL Full die ausdrucksmächtigste Variante. Allerdings ist eine Entscheidbarkeit nicht gegeben und aktuelle Softwarewerkzeuge unterstützen OWL Full nicht vollständig.[800] Weit verbreitet ist OWL DL, das noch entscheidbar ist und von vielen Werkzeugen vollständig unterstützt wird.[801] Jedes OWL-Full-Dokument ist ein gültiges RDF-Dokument und umgekehrt; für OWL DL bestehen dagegen Einschränkungen, so dass zwar jedes OWL-DL-Dokument gültiges RDF darstellt, die Umkehrung aber nicht gilt.[802] Gleiches gilt für RDF-Schlussfolgerungen. Mithin kann auf RDF-Werkzeuge zurückgegriffen werden.

---

bruar 2004, verfügbar unter http://www.w3.org/TR/2004/REC-webont-req-20040210/ 20.07.2009, Hitzler/Krötzsch/Rudolph/Sure, Semantic Web S. 125 f. Nach Fertigstellung der Arbeit erschien die Spezifikation für OWL 2, verfügbar unter http://www.w3.org/TR/2009/REC-owl2-overview-20091027/ 30.01.2010. OWL 2 bietet einige Erweiterungen, größtenteils aber „semantic sugar". OWL 2 ist vollständig abwärtskompatibel, weshalb alle Ausführungen weiterhin richtig bleiben, siehe Abschnitt 3. unter http://www.w3.org/TR/2009/REC-owl2-overview--20091027/.

[795] Die Spezifikationen sind unter http://www.w3.org/2004/OWL/#specs 20.07.2009 verlinkt. Zu dem verdrehten Akronym siehe Hitzler/Krötzsch/Rudolph/Sure, Semantic Web S. 125, Fußnote 1.

[796] Antoniou/van Harmelen in Staab/Studer, Handbook, S. 67.

[797] Hitzler/Krötzsch/Rudolph/Sure, Semantic Web S. 125.

[798] OWL Web Ontology Language Overview. W3C Recommendation 10 February 2004, Nr. 1.3, http://www.w3.org/TR/2004/REC-owl-features-20040210/ 20.07.2009.

[799] OWL Web Ontology Language Overview. W3C Recommendation 10 February 2004, Nr. 1.3, http://www.w3.org/TR/2004/REC-owl-features-20040210/ 20.07.2009.

[800] Hitzler/Krötzsch/Rudolph/Sure, Semantic Web S. 127, 152; Antoniou/van Harmelen in Staab/Studer, Handbook, S. 67, 70.

[801] Hitzler/Krötzsch/Rudolph/Sure, Semantic Web S. 127, Antoniou/van Harmelen in Staab/Studer, Handbook, S. 67, 71.

[802] Antoniou/van Harmelen in Staab/Studer, Handbook, S. 67, 70 f.

(1) RDF

Da OWL-Sprachelemente teilweise solche aus RDF sind, erfolgt an dieser Stelle eine knappe Einführung.

RDF wurde vom World Wide Web Consortium entwickelt, um Quellen oder „Ressourcen" im World Wide Web zu beschreiben.[803] Dabei geht es nicht um die Darstellung von Informationen für den Menschen, sondern um deren Bedeutung. RDF gilt daher als Schlüsseltechnologie des semantischen Netzes.[804]

RDF-Dokumente formalisieren gerichtete Graphen. Dafür werden drei Elemente benutzt; es entstehen sogenannte Tripel. Es gibt ein zu beschreibendes Subjekt (auch Ressource), ein Objekt und ein Prädikat (auch Eigenschaft) zur Beschreibung der Beziehung zwischen Objekt und Subjekt.[805]

Abbildung 1: RDF-Graph

Knoten (Subjekte und Objekte) und Kanten (Prädikat) werden mit einem URI (Uniform Resource Identifier, Einheitlicher Ressourcenbezeichner) bezeichnet. URI ist der Oberbegriff für URL (Uniform Resource Locator, Einheitlicher Ressourcenanzeiger).[806] Tatsächlich werden in der Praxis URL verwendet, auch, wenn die Quelle nicht verfügbar ist. In Abbildung 1 könnte daher an Stelle von „Subjekt" http://example.org/Subjekt stehen und so weiter. Die Verwendung von URI dient der eindeutigen Identifizierung der Ressourcen. Objekte in RDF-Graphen können Literale sein[807], dabei handelt es sich um Bezeichner für Datenwerte eines be-

---

[803] Sezifikationen verlinkt unter http://www.w3.org/RDF/ 20.07.2009.

[804] McBride in Staab/Studer, Handbook, S. 51.

[805] Resource Description Framework (RDF): Concepts and Abstract Syntax W3C Recommendation 10 February 2004, Nr. 3.1, http://www.w3.org/TR/2004/REC-rdf-concepts-20040210/ 20.07.2009.

[806] Siehe Hitzler/Krötzsch/Rudolph/Sure, Semantic Web S. 26 ff.

[807] Hitzler/Krötzsch/Rudolph/Sure, Semantic Web S. 38 f.

stimmten Typs (etwa Zeichenketten, natürliche Zahlen et cetera). In diesem Fall ist das Objekt eines Graphen nicht durch ein URI bezeichnet.

Das Objekt eines Tripels kann Subjekt eines weiteren Tripels sein, solange es kein Literal ist.

Zur Speicherung oder Niederschrift von RDF-Daten existieren mehrere Möglichkeiten. Für Menschen relativ leicht lesbar ist N3 (Notation 3) und den daraus entwickelten N-Triple und Turtle.[808] In N3 werden die Tripel nacheinander niedergeschrieben. Der um gültige Bezeichner erweiterte Beispielsgraph aus Abbildung 1 könnte so notiert werden:

```
@prefix ex: <http://example.org/>
ex:Subjekt ex:Praedikat ex:Objekt
```

Verbreiteter ist inzwischen eine XML-Serialisierung. Dies liegt daran, dass beinahe jedes Programmierwerkzeug die Verarbeitung von XML unterstützt. Das Beispiel aus Abbildung 1 kann in RDF/XML folgendermaßen kodiert werden:

```
<?xml version="1.0" encoding="utf-8"?>
<rdf:RDF  xmlns:rdf="http://www.w3.org/1999/02/22-rdf-syntax-
          ns#"
          xmlns:ex ="http://example.org/">

    <rdf:Description rdf:about="http://example.org/Subjekt">
     <ex:Praedikat>
      <rdf:Description rdf:about="http://example.org/Onjekt">
      </rdf:Description>
     </ex:Praedikat>
    </rdf:Description>
</rdf:RDF>
```

---

[808] Details dazu bei Hitzler/Krötzsch/Rudolph/Sure, Semantic Web S. 40 ff.; Berners-Lee http://www.w3.org/DesignIssues/Notation3.html 20.07.2009; http://www.w3.org/2000/10/swap/Primer 20.07.2009.

Mit ex: und rdf: werden Namensräume zu Beginn deklariert. Dies ist nicht zwingend, aber üblich und ermöglicht unter anderem das Abkürzen der URI.

Soll der Graph um ein Literal erweitert werden, kann dies als Inhalt des Prädikatselements geschrieben werden. Folgendes Beispiel

```
<?xml version="1.0" encoding="utf-8"?>
<rdf:RDF   xmlns:rdf="http://www.w3.org/1999/02/22-rdf-syntax-
           ns#"
           xmlns:ex ="http://example.org/">

  <rdf:Description rdf:about="http://example.org/Subjekt">
   <ex:Praedikat>
    <rdf:Description rdf:about="http://example.org/Onjekt">
     <ex:Name>Objektname</ex:Name>
    </rdf:Description>
   </ex:Praedikat>
  </rdf:Description>
</rdf:RDF>
```

beschreibt den Graph aus Abbildung 2.

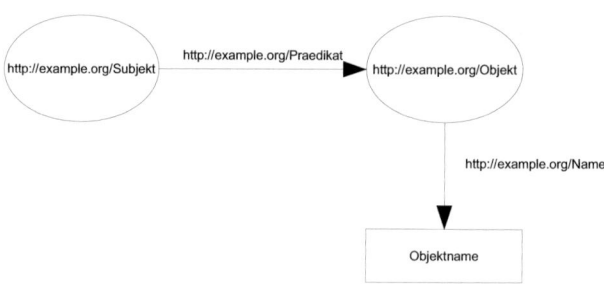

Abbildung 2: Graph mit Literal

Zu weiteren Details sei auf die Spezifikationen und die Literatur[809] verwiesen.

RDF-Graphen repräsentieren eine Aussage. In ihrer Struktur, Subjekt Prädikat Objekt, ähneln sie der natürlichen Sprache und damit der Vorstellungswelt des Menschen.

Es können auch Aussagen über Knoten ohne oder mit unbekanntem Bezeichner, sogenannte blank nodes - leere Knoten,[810] oder über Aussagen selbst, reification - Zitierung,[811] getroffen werden.

(2) RDF Schema

Mit den beschriebenen Mitteln lassen sich Aussagen mit RDF formalisieren. Auf die Einführung des Ontologiebegriffes zurückgreifend, wird regelmäßig über Individuen eine Aussage getroffen. Mit RDF selbst ist es nicht möglich, die Bedeutung von Subjekten, Prädikaten und Objekten oder deren Beziehung darzustellen. Für die Beschreibung solchen terminologischen Wissens (Schemawissen) ist ein Vokabular erforderlich. Ein solches allgemeines Vokabular wird mit RDF(S) (kurz für RDF Schema) bereitgestellt.[812]

Beispielsweise ermöglicht RDF(S), Ressourcenbezeichner als Klassenbezeichner zu typen, also Klassen zu erzeugen. Weiter können Klassenhierarchien und Zugehörigkeit von Individuen definiert werden. Die Prädikate der RDF-Tripel können der Klasse der Eigenschaften (proberty) zugeordnet werden. Auch hier können Hierarchien angelegt werden, beispielsweise die Relation *ist_Vater_von* als Untereigenschaft von *stammt_ab_von* definiert werden. Eigenschaften können eingeschränkt werden, so dass im Beispiel kein Individuum der Klasse „Frau" die Beziehung *ist_Vater_von* zu einem anderen Individuum haben kann oder dass auf

---

[809] Hitzler/Krötzsch/Rudolph/Sure, Semantic Web S. 40 ff.; McBride in Staab/Studer, Handbook, S. 51, 55 f.; Notholt JurPC Web-Dok. 65/2005, Abs. 30 ff. (http://jurpc.de/aufsatz/20050065.htm 20.07.2009).

[810] Hitzler/Krötzsch/Rudolph/Sure, Semantic Web S. 56 ff.; McBride in Staab/Studer, Handbook, S. 51, 54; Notholt JurPC Web-Dok. 65/2005, Abs. 35 ff. (http://jurpc.de/aufsatz/20050065.htm 20.07.2009).

[811] Hitzler/Krötzsch/Rudolph/Sure, Semantic Web S. 79 ff.; Notholt JurPC Web-Dok. 65/2005, Abs. 38 ff. (http://jurpc.de/aufsatz/20050065.htm 20.07.2009).

[812] Spezifikation: RDF Vocabulary Description Language 1.0: RDF Schema W3C Recommendation 10 February 2004, http://www.w3.org/TR/2004/REC-rdf-schema-20040210/ 20.07.2009.

der anderen Seite des Paares nur ein Individuum der Klasse Mensch stehen kann. Für weitere Details sei auf die Spezifikation und die Literatur[813] verwiesen.

(3) Zusätzliche Funktionen von OWL

RDF(S) hat semantische Grenzen, die mit OWL überwunden werden können. Beispielsweise können in RDF(S) keine negativen Aussagen modelliert werden. Zwar können entsprechende Bezeichner gewählt werden wie etwa ex:Nichtjurist, allerdings sind damit keine logischen Schlüsse möglich. Wenn ein Individuum ex:Hans der Klasse ex:Nichtjurist und der Klasse ex:Jurist zugeordnet wird, führt dies nicht zu einem Widerspruch und es kann auch nicht definiert werden, dass ex:Nichtjurist und ex:Jurist keine gemeinsamen Elemente beinhalten dürfen.[814]

Mit RDF(S) können Eigenschaft zudem keine Kardinalitäten zugewiesen werden. Kardinalitäten beschreiben, wie häufig ein Individuum eine Eigenschaft definieren darf. Dies lässt sich an dem erwähnten Beispiel der Relation *ist_Vater_von* verdeutlichen. Sowohl aus biologischem als auch aus juristischem Blickwinkel kann jedem Menschen höchstens ein Vater zugeordnet werden. Diese Einschränkung ist mit RDF(S) nicht möglich.

Mit OWL lassen sich diese Einschränkungen überwinden. Es ist zunächst möglich, wieder Klassen, Individuen und Eigenschaften sowie Hierarchien zu definieren. Dabei gibt es vordefiniert die allgemeine Klasse owl:Thing, die alles enthält, sowie die leere Klasse owl:Nothing. Dies ermöglicht zum Beispiel die angesprochene Konsistenzprüfung: Wenn eine Klasse oder ein Individuum als Element von owl:Nothing errechnet wird, liegt ein Modellierungsfehler vor.

OWL erlaubt die Anwendung der logischen Konstruktoren Konjunktion, Disjunktion und Negation auf Klassen.

Die bereits angesprochen Kardinalitäten sind ein Fall der möglichen Einschränkungen von Eigenschaften (im OWL-Kontext auch Rollen genannt). Es lassen sich zudem Rolleneigenschaften wie Transitivität, Symmetrie, Funktionalität und inver-

---

[813] McBride in Staab/Studer, Handbook, S. 51, 56 ff.; Hitzler/Krötzsch/Rudolph/Sure, Semantic Web S. 66 ff.; Notholt JurPC Web-Dok. 65/2005, Abs. 43 ff. (http://jurpc.de/aufsatz/20050065.htm 20.07.2009).
[814] Hitzler/Krötzsch/Rudolph/Sure, Semantic Web S. 118 f.

se Funktionalität definieren.[815] An dieser Stelle kann wie zuvor eine Kommentierung der Spezifikation nicht erfolgen, für Details sei auf dieselbe und die Literatur[816] verwiesen.

jj) Methodik der Modellierung

Um tatsächlich Allgemeine Geschäftsbedingungen oder Begriffe aus diesen in einer Ontologie zu repräsentieren, stellt sich zunächst die Frage, wie der methodische Weg vom Original zum Modell aussieht.

An dieser Stelle lässt sich kein Königsweg darstellen[817], da die Methodik des *ontology engineering* aktueller Forschungsgegenstand in der Informatik ist.[818] Untersuchungsgegenstände sind die Neuerstellung von Ontologien, die Zusammenführungen bestehender Wissensbasen, die Umwandlung bestehender Wissensbasen, Entwurfsmuster sowie die Verwendung von Basisontologien. Auf Methoden im Zusammenhang mit bestehenden Ontologien wird hier nicht eingegangen.

(1) Ontologiebau ohne Vorarbeiten

Zur Neuerstellung von Ontologien werden verschiedene Methoden vorgeschlagen.[819] Meist werden Handlungsanweisungen gegeben, in welcher Reihenfolge bei der Erstellung der Ontologie vorzugehen ist. Beispielsweise wird vorgeschlagen, zunächst ein Begriffsglossar zu erstellen, es zu einer Taxonomie zu erweitern, drittens die Binärbeziehungen zwischen den Begriffen zu beschreiben und so weiter.[820]

---

[815] Details bei Hitzler/Krötzsch/Rudolph/Sure, Semantic Web S. 149 ff.

[816] Hitzler/Krötzsch/Rudolph/Sure, Semantic Web S. 125 ff.; Notholt JurPC Web-Dok. 65/2005, Abs. 57 ff. (http://jurpc.de/aufsatz/20050065.htm 20.07.2009); Antoniou/van Harmelen in Staab/Studer, Handbook, S. 67 ff.

[817] Siehe auch Goos, Informatik 2, S. 144, wonach Analysieren und Entwerfen menschliche Tätigkeiten ohne feste Regeln seien.

[818] Uschold/Grüninger KER 1996, 93, 107 stellten 1996 fest, dass es weder eine Methodik noch Forschung dazu gäbe.

[819] Siehe die Übersicht und Bewertung der Methoden bei Fernández López, IJCAI-99, 4-1, 4-4 ff. sowie Sure/Staab/Studer in Staab/Studer, Handbook, S. 117 ff, 128 f.

[820] Beispiel von Corcho/Fernández-López/Gómez-Pérez/López-Cima Law and the Semantic Web, 142, 145 ff.

Zum Sammeln der Begriffe (Klassenbezeichner) werden grundverschiedene Ansätze gewählt: einmal vom speziellsten zum abstraktesten (bottom-up) oder vom abstraktesten zum speziellsten (top-down) oder ein Mittelweg, bei dem sowohl abstraktere als auch speziellere Begriffe gesammelt werden (middle-out).[821] Dabei hat jeder Weg Vor- und Nachteile.[822] Eine vertiefende Diskussion unterbleibt hier, es handelt sich zum einen auch um eine Geschmacksfrage, zum anderen hängt die Vorgehensweise vom zu formalisierenden Wissen ab. In einem Aufsatz zur Methodik, der sich an Juristen wendet, wird der Mittelweg vorgeschlagen.[823]

Die entscheidende Frage lautet, wie reproduzierbare Ergebnisse erzielt werden können. Zu diesem Problem ist die untersuchte Literatur wenig hilfreich. Namentlich kommt es auf das Definieren der Begriffe und Relationen an. Ausgangspunkt dafür ist das Wissen des Fachexperten. Für eine juristische Ontologie empfiehlt es sich daher, auf die Begriffsbildung der Rechtswissenschaft und -praxis zurückzugreifen. Vollständigkeit und Fehlerfreiheit lässt sich dabei durch wiederholte Überprüfung erreichen.

(2) Ontologiebau mit Hilfe von Basisontologien

Ein weiterer Ansatz für die Neuerstellung von Ontologien besteht in der Zuhilfenahme von Basisontologien[824]. Solche Ontologien enthalten sehr abstrakte Begriffe und dienen damit als Grundgerüst für die Erstellung einer Ontologie für einen speziellen Bereich. Es gibt sowohl fachspezifische Basisontologien als auch solche mit weiterem Fokus, die als Ausgangspunkt für spezielle Ontologien oder besondere Basisontologien gedacht sind.

---

[821] Uschold/Grüninger KER 1996, 93, 113 ff.; Fernández López, IJCAI-99, 4-1, 4-3.
[822] Siehe Uschold/Grüninger KER 1996, 93, 113 ff., die den Mittelweg für richtig halten.
[823] Corcho/Fernández-López/Gómez-Pérez/López-Cima Law and the Semantic Web, 142, 145 ff.
[824] Übliche Begriffe sind auch upper ontology, top-level ontology, foundation ontology.

Aus dem juristischen Bereich sind die „OWL Ontology of Basic Legal Concepts (LKIF-Core)"[825] des Estrallaprojektes und die auf DOLCE+ basierende Core Legal Ontology[826] zu erwähnen.[827]

Die Core Legal Ontology geht von den Grundbegriffen Entity (Entität, Seiendes), Qualitiy (Qualität, hier etwa die Beschaffenheit einer Entität beschreibend), Event (Ereignis), Object (Objekte, beispielsweise physische und soziale), Abstract (Entitäten, die nicht in Raum und Zeit lokalisiert werden können, zum Beispiel Naturkonstanten) aus. Es zeigt sich, dass mit sehr generischen Begriffen gearbeitet wird. Diese Grundklassen sind durch die Basisontologie DOLCE[828] vorgegeben.[829] Weiter wird die Erweiterung DnS (Descriptions and Situations)[830] verwendet (zusammen DOLCE+). Vereinfacht gesagt, können Sachverhalte als Situationen und Normen als Beschreibungen modelliert werden und ein Abgleich erfolgen.[831] Zielstellung ist also, die juristische Subsumtion abzubilden.

Für Norm wird in der Core Legal Ontology das im Folgenden noch zu beschreibende Hohfeldsche Verständnis zu Grunde gelegt.[832] Allgemeine Geschäftsbedingungen würden demnach kaum als Normen, sondern als „Regulations" modelliert werden. Inwieweit so eine Subsumtion möglich bleibt, wurde nicht untersucht.

Für den hier interessierenden Kontext wäre die Vorstrukturierung durch die Ontologie hinsichtlich der Begriffe überschaubar. Die Klasse LegalContract hat nämlich keine Unterklassen. Der Hauptgewinn läge daher in der Vorgabe einer Modellierungsmethode, insbesondere für ein Vorgehen „top-down". Die Methodik, mithin das Konzept der zu Grunde liegenden Ontologie DOLCE darzustellen, würde den Rahmen dieser Arbeit sprengen, es wird auf die bereits zitierte Literatur verwiesen.

---

[825] LKIF-Core S. 1 ff.; Hoekstra/Breuker/Di Bello/Boer LOAIT2007, 43 ff.; die Ontologie ist verlinkt unter http://www.estrellaproject.org/lkif-core/ 20.07.2009; LKIF steht für Legal Knowledge Interchange Format – Austauschformat für Rechtswissen.

[826] Gangemi/Sagri/Tiscornia Law and the Semantic Web, 97 ff.; Gangemi LOAIT2007, 65, 76.

[827] Ein einfacher Ansatz für eine Vertragsontologie findet sich zudem bei Yan/Zhang/Yan EDOC2006, 409 ff.

[828] DOLCE steht für Descriptive Ontology for Linguistic and Cognitive Engineering. Siehe dazu WonderWeb D17 S. 8 ff. DOLCE ist verfügbar unter: http://www.loa-cnr.it/DOLCE.html 20.07.2009.

[829] In concreto DOLCE ultralite.

[830] Siehe dazu Gangemi/Mika ODBASE2003, 689 ff.

[831] Gangemi/Sagri/Tiscornia Law and the Semantic Web, 97, 106 ff.

[832] Gangemi/Sagri/Tiscornia Law and the Semantic Web, 97, 111 ff., 120.

Die Zielstellung, eine Modellierungsmethode vorzugeben, ist auch der LKIF-Core eigen.[833] Tatsächlich unterscheidet sich die LKIF-Core deutlich von der Core Legal Ontology. Nach Auffassung der Autoren der LKIF-Core liegt dies daran, dass zwar beiderseits ein common-sense view (vernünftige/durchschnittliche Betrachtung) Ausgangspunkt war, dieser aber einerseits auf empirischen Studien andererseits auf willkürlicher subjektiver Intuition beruhte.[834]

Hinsichtlich der Formalisierung Allgemeiner Geschäftsbedingungen ist hier einerseits festzustellen, dass die Klasse norm:Contract keine Unterklassen hat. Ein Vertrag beinhaltet Normen. Der Normbegriff entspricht nicht dem hier zu Grunde gelegten von Tatbestand mit Rechtsfolge. Statt dessen werden die in der Deontik entwickelten Begriffspaare verwendet,[835] demzufolge qualifiziere eine Norm etwas (als erlaubt, nicht erlaubt und so weiter). Es gibt ein eigenes Normmodul.[836]

Beide Basisontologien nutzen typische Modellierungsmethoden wie beispielsweise Rollen. So wird ein bestimmter Student oder Stellvertreter nicht als Individuum oder Begriff modelliert sondern als Rolle, die gespielt wird. Es handelt sich hier um Eigenschaften, die einer bestimmten Person nur zeitweise anhaften, daher müssen sie auch nur dynamisch zugeordnet werden können. So kann eine Person als Individuum in einem Fall Verbraucher, in einem anderen Unternehmer sein, ohne dass sie neu ausgeprägt werden müsste.

Aus juristischer Perspektive ist die Verwendung von Basisontologien mit Vorteilen und Nachteilen behaftet. Durch das starre Begriffskorsett wird einerseits der Annahme, wonach Gesetzesbegriffe sachlich übereinstimmend zu verstehen seien[837] (systematische Auslegung) genüge getan. Andererseits ist diese Annahme nicht ohne Ausnahme und gilt zunächst für ein Gesetz. Gleichlautende Begriffe haben in unterschiedlichen Materien wie etwa dem Zivilrecht und dem Strafrecht abweichende Bedeutung. Eigene Begriffshierarchien neben den gesetzlichen aufzubauen, erscheint da nicht besonders sinnvoll (dies ist aber der Weg, den die Core Legal und die LKIF-Core gehen). Eher müsste der Einsatzbereich für Basisontologien weiter eingegrenzt werden, etwa auf bestimmte Rechtsgebiete oder die Basi-

---

[833] LKIF-Core S. 4 f., weitere Anwendungsfelder auf S. 18 ff.
[834] LKIF-Core S. 38.
[835] Details zum Normbegriff der LKIF-Core in LKIF-Spec S. 17 ff.
[836] LKIF-Core S. 61 ff.
[837] Larenz, Methodenlehre S. 325.

sontologie bildet nur ein gemeinsames Dach für verschiedene spezielle Ontologien.

c) Zusammenfassung

Im Exkurs wurden aktuelle semantische Technologien vorgestellt, die für die Repräsentation von Wissen eingesetzt werden können und in einer Vielzahl der vorgestellten Beispiele genutzt werden. Sie erfüllen insbesondere die Anforderung 6 des hier zugrunde gelegten Profils.

Es bleibt eine Systematisierung der Kritik am methodischen Vorgehen der Beispiele zu leisten, um Vorgaben für einen gegebenenfalls erforderlichen eigenen Vorschlag zu entwickeln.

VI. Zusammenfassung der Ansätze und Kritik

1. Systematisierung der vorgestellten Ansätze

Bereits bei der Darstellung der in der informatischen Wissenschaft entwickelten Formalisierungsansätze wurden zu Grunde liegende logische und juristische Konzepte erwähnt. An dieser Stelle erfolgt nun eine Systematisierung. Die Ansätze lassen sich gegebenenfalls nach ihrem Ausgangspunkt kategorisieren und weiterentwickeln. Eine solche Weiterentwicklung kann dann die einzelnen, bereits angesprochenen, Kritikpunkte berücksichtigen.

Einige der Veröffentlichungen[838] berufen sich auf die Erkenntnisse eines viel zitierten[839] Aufsatzes *Hohfelds*[840] aus dem Jahre 1913. Soweit *Hohfeld* nicht zitiert wird, beruhen die Überlegungen doch erkennbar auf dessen Ideen oder deren Weiterentwicklungen.

---

[838] Nämlich Lamparter/Luckner/Mutschler, Semi-Automated Management; Sergot TOCL 2001, 581 ff.; Daskalopulu/Sergot arXiv:cs/0106005v1 S. 1, 13; Daskalopulu, Tools S. 37 ff. und 71 ff.

[839] Shapiro Yale Law Journal 1991, 1449 ff.

[840] Hohfeld Yale Law Journal 1913, 16 ff.

Hohfeld tritt für eine präzise juristische Begriffsbildung ein, da er sich davon eine Lösung juristischer Fragestellungen und Probleme erhofft.[841] Er entwickelt ein Modell juristischer Relationen, um bestimmten Begriffen eine größere Schärfe zu vermitteln.[842] Dafür werden Begriffspaare gebildet, nämlich Gegensätze und Korrelate (*Jural Opposites, Jural Correlatives*). Dies sind: *rights* und *no-rights*[843], *privilege* und *duty, power* und *disability, immunity* und *liability* (Gegensätze) sowie *right* und *duty, privilege* und *no-right, power* und *liability, immunity* und *disability* (Korrelate).[844]

Mit diesen Begriffspaaren als kleinsten gemeinsamen rechtswissenschaftlichen Nenner[845] lassen sich die rechtlichen Beziehungen in sämtlichen Sachverhalten beschreiben. Zur Veranschaulichung sei ein Beispiel aus *Hohfelds* Feder wiedergegeben[846]: A schickt einen Brief an B, in welchem er sein Grundstück B zum Verkaufe für 10.000 Dollar anbietet. Der Brief geht B zu. Daraus folge für B *power*, etwa durch Aufgabe der Annahme zur Post[847], A und B vertraglich zu binden. Dem korreliere *liability* des A für eine angemessene Zeit beziehungsweise solange er sein Angebot nicht widerrufe. Angenommen, das Grundstück habe einen Wert von 15.000 Dollar, betrage der Wert der rechtlichen Relation 5.000 Dollar.

Als *power* wird aber auch die Beziehung beschrieben, womöge derer Grundstücke im Wege der Zwangsvollstreckung veräußert werden.[848]

In einem weiteren Beispiel[849] habe X gegenüber Y *right*, dass Y sich vom Grundstück des X fernhalte. Dann bestünde für Y *duty*, das Grundstück nicht zu betreten. X hat *privilege*, sein Grundstück zu betreten, also keine *duty*, fernzublei-

---

[841] Hohfeld Yale Law Journal 1913, 16, 20 ff., speziell für *agency* S. 47; dagegen ohne klares methodisches Ziel: Sator AIL 2006, 101 ff.

[842] Hohfeld Yale Law Journal 1913, 16, 28 ff.

[843] Eine Übersetzung unterbleibt hier, da für einige Begriffe nach Auffassung des Autors eine Entsprechung in der deutschsprachigen Rechtswissenschaft nicht existiert und daher ohnehin neu eingeführt werden müsste.

[844] Hohfeld Yale Law Journal 1913, 16, 30.

[845] So Krogh/Herrestad Artificial Intelligence and Law 1999, 81, 91.

[846] Hohfeld Yale Law Journal 1913, 16, 49.

[847] Auf die Besonderheiten amerikanischen Bundes- oder einzelstaatlichen Rechts wird hier nicht eingegangen.

[848] Hohfeld Yale Law Journal 1913, 16, 47.

[849] Hohfeld Yale Law Journal 1913, 16, 32 f.

ben. Dem korreliere des Y *no-right*, dass X sein (eigenes) Grundstück nicht betrete.

Hohfelds Konzepte kehren in weiterentwickelter Form[850] in der Logik normativer Aussagen (deontische Logik) wieder. Auf deontische Logik berufen sich beinahe alle zitierten Aufsätze aus der Informatik. Aus informatischer Sicht wird die Deontik zur Erfassung normativer Probleme erforscht und entwickelt.[851] Stark vereinfacht dargestellt, werden über, insbesondere auf Handlungen und Unterlassungen bezogene, Begriffspaarbildungen (wie etwa erlaubt – verboten, also des Sollens) logische Schlüsse gezogen.[852] Klassischerweise wird ein deontischen Sechseck aus drei Begriffen und ihren Negationen (das sind: geboten, verboten, indifferent und ungeboten, relativ erlaubt, pflichtig) gebildet.[853] Die vorgestellten Ansätze aus der Informatik gehen darüber hinaus.[854]

Zusammenfassend und vereinfachend ist zu konstatieren, dass die Formalisierungsansätze aus der informatischen Literatur – ausgehend von der Prämisse, dass eine Repräsentation in einem logischen Modell erforderlich ist – Verträge regelmäßig als eine Anhäufung (korrelierender) Rechte und Pflichten erkennen.

Sodann besteht die Herausforderung darin, diese in einem logischen Modell abzubilden, das heißt, ein passendes logisches Modell zu wählen oder ein gewähltes Modell mit mathematischen Methoden anzupassen. Zum Ausgangspunkt werden, neben anderen, oft deontische Modelle genutzt, die zu verschiedener Komplexität fortentwickelt werden.[855]

---

[850] Zu den Schwächen in Hohfelds Theorie siehe zum Beispiel Sergot TOCL 2001, 581, 585 mit Nachweisen.

[851] Sergot TOCL 2001, 581 ff.

[852] Einführend McNamara, "Deontic Logic", The Stanford Encyclopedia of Philosophy, Frühling 2006, mit umfangreichen Nachweisen und Joerden, Logik S. 199 ff.; aus der Informatik siehe schon Lee Decision Support Systems 1988, 27, 36 f.; aktuell auch Sergot TOCL 2001, 581 ff. und Daskalopulu, Tools S. 71.

[853] Siehe Joerden, Logik S. 201 f., 210 ff.

[854] Sergot TOCL 2001, 581, 583 nennt 26 (nach Kanger), 35 (nach Lindahl) und 127 (eigene Analyse) Beziehungen. Zu Erweiterungen aus ethischer Sicht Joerden, Logik S. 217 ff. McNamara, "Deontic Logic", The Stanford Encyclopedia of Philosophy, Frühling 2006, nennt folgende Begriffe: *permissible (permitted), impermissible (forbidden, prohibited), obligatory (duty, required), gratuitous (non-obligatory), optional, ought* sowie *must, supererogatory (beyond the call of duty), indifferent / significant, the least one can do, better than / best / good / bad, claim / liberty / power / immunity.*

[855] Siehe beispielsweise Sergot TOCL 2001, 581 ff.; Lee Decision Support Systems 1988, 27 ff.;

2. Abgleich mit der juristischen Methodik und Kritik

Als Gegenüberstellung zu dem Vorgesagten soll knapp die juristische Methode zur Ermittlung von Rechtsbeziehungen für Sachverhalte vergegenwärtigt werden.[856]

Den Ausgangspunkt stellt entweder eine (gesuchte) Rechtsfolge oder ein gesetzlicher Tatbestand dar. Beides findet sich in Normen, die das eine dem anderen zuordnen (Geltungsanordnung). Sie lassen sich daher als *Regel* verstehen nach dem Muster, wenn Tatbestand ist, soll Rechtsfolge sein. Dabei gibt es Normen, die einen Tatbestand umfassend beschreiben und eine Rechtsfolge anordnen (vollständiger Rechtssatz)[857] und Normen, die den Tatbestand oder die Rechtsfolge von anderen Normen modifizieren oder Begriffe definieren (unvollständige Rechtssätze)[858]. Die weiteren Unterscheidungen von Rechtssätzen in verweisende, erläuternde und dergleichen ist aus der hier eingenommenen Perspektive der Regel allenfalls von phänomenologischem Interesse: Es handelt sich ja ebenfalls um eine Regel.

Das Gesagte gilt sowohl für das Gesetz als auch den Vertrag: Die Sollensanordnungen ergeben sich aus einer Anwendung mehrerer Regeln. Unterschiede mag es in der hier ausgelassenen Frage der Methode zur Ermittlung der Bedeutung der Regeln, also der Auslegung gesetzlicher oder vertraglicher Normen geben.

Für einen konkreten Sachverhalt lassen sich die Rechtsbeziehungen dann durch einen Syllogismus bestimmen: Wenn der konkrete Sachverhalt ein Fall des gesetzlichen Tatbestandes ist, soll die Rechtsfolge gelten.[859] Sicher verdunkelt dieses Schema, dass die Schwierigkeit bei der Subsumtion liegt, also der Frage, ob der Sachverhalt ein Fall des Tatbestandes ist.[860]

Tan/Thoen IJEC 1998, 87 ff.; Tan/Thoen Accting, Mgmt. and Info. Tech. 1998, 23 ff.
[856] Eine Methodendiskussion ist nicht Gegenstand dieser Arbeit. Es wird auf die Methodik Larenz' zurückgegriffen, Larenz, Methodenlehre, S. 189 ff.
[857] Larenz, Methodenlehre S. 250 ff.
[858] Larenz, Methodenlehre S. 257 ff.
[859] Larenz, Methodenlehre S. 27 ff.
[860] Joerden, Logik S. 321 f.; Larenz, Methodenlehre S. 273 ff.

Die Besonderheit eines Vertrages mit Allgemeinen Geschäftsbedingungen liegt darin, dass sich ein Obersatz aus verschiedenen Rechtsquellen zusammensetzen kann. Die vertragliche Regel ergänzt das Gesetz oder weicht davon ab. Das Verhältnis von Gesetz und Vertrag (mit Allgemeinen Geschäftsbedingungen) wird wiederum vom Gesetz ausgestaltet.

Im Folgenden stellt sich die Frage, ob die skizzierte juristische Methodik einen Widerhall in den beschriebenen Formalisierungsansätzen findet.

Zweifel bestehen bereits beim *Hohfeldschen* Ausgangspunkt.[861] Rechtsmethodisch ist die Arbeit auf den anglo-amerikanischen Rechtskreis zugeschnitten. Deshalb ist die Übertragbarkeit auf den deutschen oder kontinentaleuropäischen Rechtskreis zweifelhaft. Dies lässt sich am Beispiel der Beziehung Y zum Grundstück des X verdeutlichen, siehe das Beispiel oben. Die deutsche Eigentumsdogmatik kennt die Ausschlussrechte des Eigentümers hinsichtlich Dritter, also hier des X, der das Betreten seines Grundstücks dem Y verbieten kann. Eine rechtliche Beziehung zu Y besteht aber nicht hinsichtlich X' Befugnissen am Betreten des eigenen Grundstück. Eine solche zu entwickeln bringt auch keinen Erkenntnisgewinn, vor dem Hintergrund, dass das Gesetz die Beziehungen der Beteiligten vollständig regelt. Offenbar besteht in einem auf Vollständigkeit angelegten normen- und kodifikationenbasierten Rechtssystem weniger ein Bedürfnis nach einem *Hohfeldschen* Relationenmodell als es im fallbasierten amerikanischen Rechtssystem der vorigen Jahrhundertwende der Fall war.

Von diesem Befund zu trennen ist die Frage, ob das nach *Hohfeld* entwickelte mathematische Modell, nämlich die Deontik, zur Repräsentation rechtlichen Wissens taugt. Dies lässt sich grundsätzlich nicht mit den eben genannten Argumenten bestreiten, dann allein, weil Relationen gebildet werden können, für die das Recht keine Rechtsfolgenanordnungen kennt, folgt nicht, dass das Modell zu Fehlschlüssen führt. Voraussetzung des deontischen Begriffssystems ist je gerade, dass es Handlungen gibt, denen der Normgeber indifferent gegenüber steht.[862]

---

[861] An dieser Stelle sei wiederholt, was in der informatischen Literatur regelmäßig ignoriert wird, *Hohfeld* wollte eine rechtsmethodische Arbeit leisten.

[862] Joerden, Logik S. 210.

Die Deontik hat, neben inhärenten Problemen[863], weitere Nachteile für das hier angestrebte Ziel. Es ist schon eine Implementierung nicht ersichtlich.[864] Außerdem können mit Hilfe der deontischen Logik Aussagen über Handlungen oder Unterlassungen getroffen werden beziehungsweise allgemeiner darüber, ob etwas sein soll oder nicht. Das erfordert nach *Larenz'scher* Terminologie den vollständigen Rechtssatz. Allgemeine Geschäftsbedingungen dagegen regeln nicht selten Abweichungen vom Gesetz, ohne dabei einen vollständigen gesetzlichen Rechtssatz gänzlich zu ersetzen. Diese Konstrukte für sich zu beschreiben, ist daher zumindest sehr aufwendig oder gar nicht möglich.

Die Deontik fügt der klassischen Logik neue Operatoren hinzu.[865] Daraus folgt aber nicht, dass dieselben Aussagen nicht auch mit „klassischer" Logik repräsentiert und Schlüsse gezogen werden könnten. So kann statt dessen auf die Prädikatenlogik zurückgegriffen werden. Durch Einführung neuer Operatoren wird jedoch die Notation weitaus übersichtlicher. Allerdings gibt es für Prädikatenlogik zugängliche Implementierungen, wenn auch teilweise auf einen deterministischen Teil beschränkt. Eine Notwendigkeit, auf deontische Logik zurückzugreifen, besteht daher aus technischer Sicht nicht.[866]

Die Beschreibungssprachen, die aus den logischen Modellen entwickelt werden, dienen dazu, die Formalisierung des Wissens weiter zu vereinfachen. Oft ist ihre Ausdrucksmächtigkeit daher geringer als das ursprüngliche Modell.

Die Begrenztheit einiger vorgestellter Ansätze ist daher nach den vorherigen Ausführungen eine ins Auge fallende Schwäche. Wenn hauptsächlich verknüpfte Obligationen formalisiert werden können, so mögen in Verträgen mit synallagma-

---

[863] Siehe McNamara, "Deontic Logic", The Stanford Encyclopedia of Philosophy, Frühling 2006, Nr. 4.

[864] Für die BCL und andere Systeme wird eine Implementierung berichtet, siehe die Nachweise im Text. Allerdings steht deswegen keine zugängliche Umsetzung der deontischen Logik zur Verfügung, die in anderen Systemen genutzt werden könnte.

[865] Governatori/Milosevic IJCIS 2006, 659, 663.

[866] Ein Einwand aus Perspektive der Logik könnte sein, dass die Deontik den Unterschied zwischen Sein und Sollen besser abbildet. Vertragliche Normen haben aber hier eine Doppelfunktion, da sie sich bei einer Kontrolle als Seiendes oder Sachverhalt am Sollen des Gesetzes messen lassen müssen. Der Einwand indiziert jedenfalls keine Fehlschlüsse. Es handelt sich um eine Frage schematischen Operierens; grundsätzlich lassen sich verschiedene Aussagen schematisch verknüpfen, eben auch Tatbestand und Rechtsfolge, Zippelius, Methodenlehre, S. 108.

tisch verknüpften Leistungspflichten die Verpflichtungen zutreffen formal beschrieben werden. Fällt ein Vertrag aus diesem Muster, stößt dieses Vorgehen an seine Grenzen. Ein Schuldbeitritt kann beispielsweise durch eine „leere Gegenleistung" in diesem Paradigma dargestellt werden. Auch für Vergleiche mag es Möglichkeiten geben, die Verpflichtungen zu beschreiben. Unklar ist, wie Definitionen, Normen über technische Anforderungen und Formate oder Rechtswahlvereinbarungen als solche ausgedrückt werden sollen.

Die vorgestellten Modelle können mit Verhaltens- und Kompetenznormen[867] umgehen, erläuternde, einschränkende und verweisende Rechtssätze können damit als solche nicht beschrieben werden. Sie können, wenn sie nicht die formalisierbaren vollständigen Rechtssätze (wie die Hauptverpflichtungen) modifizieren, sondern sich statt dessen auf andere Rechtssätze beziehen, gar nicht ausgedrückt werden. Teilweise wird das Problem gesehen[868] aber als unwichtig abgetan.[869] Regelmäßig wird das Problem aber gar nicht gesehen, weil schon zu Beginn fälschlicherweise angenommen wird, dass ein Vertrag nur Obligationen, Erlaubnisse und Verbote zwischen den Vertragsparteien regele.[870]

Tatsächlich enthalten Verträge mit Allgemeinen Geschäftsbedingungen eine Vielzahl von Normen. Aus diesen vertraglichen Normen lassen sich mit Hilfe der juristischen Methodik vollständige Rechtssätze und Obersätze bilden, die als Verpflichtungen, Erlaubnisse und Verbote qualifiziert werden können.

Allerdings gibt es eine Vielzahl typischerweise verwendeter Geschäftsbedingungen, aus denen sich vollständige Rechtssätze oder Obersätze nicht entwickeln lassen, ohne Bezugsnormen aus dem Gesetz mitzudenken. Eine Haftungsklausel oder Aufrechnungsklausel bezieht ihren Sinn und ihre Berechtigung nicht aus den übrigen Vertragsklauseln, sondern aus den gesetzlichen Regelungen, auf die sie sich bezieht. An dieser Stelle scheitern die vorgestellten Ansätze.[871] Mit dem Zu-

[867] So die Terminologie bei Tan/Thoen DEXA00 S. 1069, 1072.
[868] Etwa von Daskalopulu, Tools S. 56.
[869] Daskalopulu, Tools S. 189 f.: „We found that definitional provisions in contracts are themselves not worth representing explicitly" und „The definitional provisions found in our sample contracts are not complex enough to warrant the effort of constructing logic programming representations and questions of vagueness and open texture dominate.".
[870] Governatori/Milosevic IJCIS 2006, 659, 662 sowie die Nachweise oben im Text.
[871] Diese Kritik trifft auch auf folgende, nicht detailliert vorgestellte, Ansätze zu: Keller/Kar/Ludwig/Dan/Hellerstein NOMS2002, 513 ff.; Paschke/Bichler e-Tech2005, 158 ff.; Xu CEC2003, 92 ff.; Molina-Jimenez/Shrivastava/Solaiman/Warne CEC2003, 103 ff.; Maaser/Lan-

sammenspiel mehrerer Rechtsquellen hat sich weder Hohfeld befasst, noch ist dies Thema der Deontik, die auf die Rechtsfolgen fokussiert.

Bereits die erwähnten Vertragsdefinitionen haben gezeigt, dass Schwächen der vorgestellten Forschungsergebnisse auf Ungenauigkeiten bei der Erarbeitung des rechtlichen Wissens beruhen. Diese Kritik lässt sich beispielhaft fortführen, wenn etwa der offene Begriff „immediately" zu „innerhalb von fünf Sekunden" auf dem System umgesetzt wird, weil es eine solche Faustregel gäbe[872], oder wenn die Beispielsverträge auf sehr wenigen Bestimmungen von mathematischer Exaktheit beruhen[873], die so in der Praxis nicht anzutreffen sind und die Frage aufwerfen, ob nicht die Beispielsverträge nach dem Können des Systems entworfen wurden, statt Ausgangspunkt für den Entwurf des Systems gewesen zu sein.

Daraus folgt, dass ein brauchbarer Ansatz nicht nur ein technisches Fundament benötigt, das sich in Wissenschaft und Praxis bewährt hat, sondern, dass auch eine seriöse rechtswissenschaftliche Fundierung erforderlich ist. Vorzuschlagen ist daher, dass die oben skizzierte rechtswissenschaftliche Methodik einen technischen Spiegel finden muss. Aus deutschrechtlicher oder kontinentaleuropäischer Perspektive kann nur dann im eigentlichen Sinne von Formalisierung des Rechts gesprochen werden.

---

gendoerfer COMPSAC2005, 505 ff. ; Daskalopulu DEXA00, 1074 ff.; Tan/Thoen HICSS2002, 2198 ff.; Park/Park/Mele/Grossmann SICE-ICASE2006, 5727 ff.; Tan/Thoen HICSS1998, 166 ff.; Lee HICSS1988, 69 ff.; Krishna/Karlapalem IEEE Internet Computing 2008, 60, 63 ff.

[872] Lamparter/Luckner/Mutschler, Semi-Automated Management Nr. 8 (AUTOMATED COMPLIAN-CE MONITORING).

[873] Siehe die Beispiele bei Neal/Cole/Linington/Milosevic/Gibson/Kulkarni EDOC03 S. 50, 58 f.; Linington/Milosevic/Cole/Gibson/Kulkarni/Neal Data & Knowledge Engineering 2004, 5, 20; Farrell/Sergot/Sallé/Bartolini IJCIS 2005, 99, 104.

H. Konsequenz: eigener Ansatz

Im vorherigen Abschnitt wurde gezeigt, dass mit den Ansätzen nach dem Stande der Technik bestimmte Klauseln nicht beschrieben werden können. Dabei handelt es sich um Bestimmungen, die einen Bezug zu gesetzlichen Regelungen haben. Als Beispiel sei eine kurze Haftungsklausel genannt: „Der Dienstanbieter haftet nicht für leichte Fahrlässigkeit".[874]

Aus einer solchen isolierten Klausel kann ein technisches System keine Rechtsfolge für einen konkreten, vorgegebenen Sachverhalt oder eine laienverständliche Repräsentation eines vollständigen Rechtssatzes ableiten. Dafür wäre eine Repräsentation eines vollständigen Rechtssatzes oder eines Obersatzes erforderlich. Bei der Formalisierung der Klausel könnte von Anfang an eine solche vollständige Regel erstellt werden. Für das System wäre dann nicht unterscheidbar, welche Teile der Regel gesetzlichen und welche vertraglichen Ursprung haben. Das System kann dann nicht zugleich Klauseln auf Wirksamkeit nach den §§ 307 ff. BGB überprüfen oder Vertragsschlüsse oder -verhandlungen automatisieren.

Aus diesem Grund muss sich ein eigener Ansatz bemühen, die juristische Methodik so nahe als möglich abzubilden und in ein technisches System zu überführen, um sicherzustellen, dass das System aus juristischer Perspektive richtige Schlüsse zieht.

I. Rechtsfolgenermittlung aus Verträgen und Gesetz

Neben der bereits erfolgten Vergegenwärtigung der juristischen Methodik sind an dieser Stelle daher zunächst die Besonderheiten der Rechtsfolgenermittlung bei Verträgen mit Allgemeinen Geschäftsbedingungen beziehungsweise Nebenabreden darzulegen. Erörterungsbedürftig ist das Zusammenwirken gesetzlicher Normen und vertraglicher Abreden.

Die Ermittlung von Rechtsfolgen zwischen Vertragsparteien beginnt mit der Frage, was die Parteien vereinbart haben.[875] Die Parteien können untereinander

---

[874] Die Wirksamkeit der Klausel als Allgemeine Geschäftsbedingung soll zunächst keine Rolle spielen.

[875] Larenz, Methodenlehre S. 298.

Rechtsfolgen in Geltung setzen. Dies folgt aus dem Ordnungsprinzip der Privatautonomie, die positiv in den Artikeln 1 Abs. 1 und 2 Abs. 1 GG verankert ist.

Die Parteien sind demnach in der Lage, untereinander Recht zu setzen.[876] Dieses Recht gilt nur für die Vertragsschließenden, nicht für eine unbestimmte Zahl von Adressaten und bedarf der Zustimmung der Unterworfenen. Deshalb handelt es sich nicht um eine Rechtsnorm im Sinne der allgemeinen Rechtslehre (sondern um eine vertragliche Norm).[877]

Die Voraussetzungen und Grenzen der Rechtsetzungsbefugnis der Parteien werden vom Gesetz geregelt, beispielsweise den §§ 145 ff., 311, 134, 138 BGB. Das Verhältnis selbst gesetzter, vertraglicher Normen zu Rechtsnormen wird ebenfalls vom Gesetz vorgegeben. Wie gezeigt, sind die Parteien grundsätzlich frei, untereinander Recht zu setzen. Von diesem Grundsatz gibt es Ausnahmen, beschrieben durch das zwingende Recht. Die Parteien können kein Recht untereinander schaffen, das zwingendem Recht widerspricht oder dieses abbedingt.[878] Ob Normen zwingend oder dispositiv sind, wird entweder vom Gesetzgeber selbst angeordnet oder durch Auslegung der Normen festgestellt.[879]

Im Bereich des dispositiven Rechts ist das von den Parteien selbst gesetzte Recht primäre Rechtsquelle bei der Ermittlung von Rechtsfolgen; dem Gesetzesrecht kommt die Funktion der Lückenfüllung zu.[880] Allgemeine Geschäftsbedingungen nehmen eine Sonderrolle ein. Sie sind selbst gesetztes Recht,[881] der Gesetzgeber sieht aber weitergehende Einschränkungen der Privatautonomie vor, §§ 305 ff. BGB. Das dispositive Recht ist in dieser Hinsicht nicht nur zur Lückenfüllung, sondern als Leitbild oder Kontrollmaßstab berufen, §§ 307 ff. BGB.

Das an dieser Stelle interessierende besondere Verhältnis Allgemeiner Geschäftsbedingungen zu gesetzlichen Normen wird determiniert durch die Funktion der vorformulierten Klauseln. Es wird regelmäßig eine Vollregelung der Beziehung unter Abweichung vom dispositiven Recht angestrebt.[882] Eine umfassende Rege-

---

[876] Larenz/Wolf, BGB AT § 3 Rn. 5, § 29 Rn. 1.

[877] Larenz/Wolf, BGB AT § 3 Rn. 5, § 29 Rn. 1.

[878] Larenz/Wolf, BGB AT § 3 Rn. 102.

[879] Larenz/Wolf, BGB AT § 3 Rn. 96 ff.

[880] Larenz/Wolf, BGB AT § 3 Rn. 100; Larenz, Methodenlehre S. 301 ff.

[881] Siehe dazu oben, C. I. 3.

[882] Ulmer/Brandner/Hensen/*Ulmer* Einl. Rn. 4.

lung vergleichbar einer Kodifikation unterbleibt dennoch üblicherweise, da es genügt, nur die Abweichungen vom dispositiven Recht zu normieren und es ansonsten beim Gesetzesrecht zu belassen. Für dieses Vorgehen sprechen auch Gründe der Sparsamkeit.[883]

Unter der Annahme, dass die Allgemeinen Geschäftsbedingungen eines Vertragspartners zwischen den Parteien gelten, also einbezogen wurden, lässt sich das Verhältnis von gesetzlichen und vertraglichen Normen für die Rechtsfolgenermittlung zwischen den Vertragspartnern folgendermaßen visualisieren.

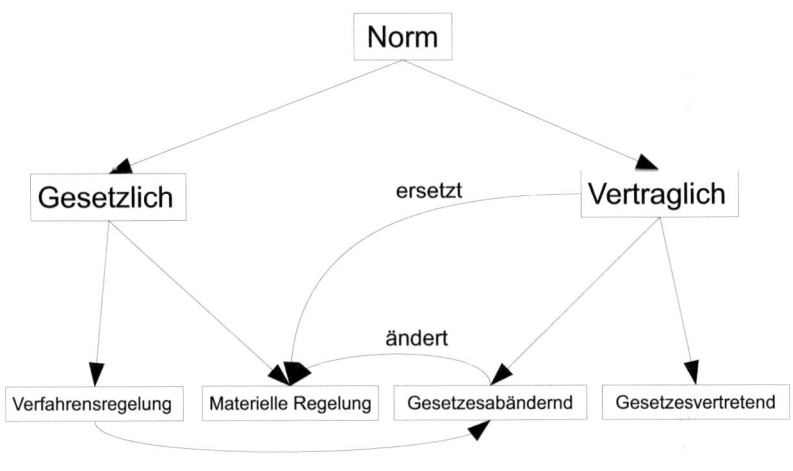

Das Bild gibt nur einen Ausschnitt der Rechtsfolgenermittlung wieder. Ausgeblendet sind einerseits Fragen des Prozessrechts andererseits der Beweislast. Fragen der Rechtsdurchsetzung soll das System nicht untersuchen. Betrachtet wird nur, wie die materiellen Rechtsfolgen zwischen Vertragsparteien ermittelt werden.

---

[883] Zudem setzen die Einbeziehungsvoraussetzungen dem Umfang der Klauselwerke Grenzen, siehe schon oben im Text, C. II. 2.

Es wird ein Oberbegriff der Norm verwendet. Verstanden wird darunter die Geltungsanordnung einer Rechtsfolge zu einem bestimmten Tatbestand. Dies ist eine Gemeinsamkeit von Rechtsnormen im Sinne der allgemeinen Rechtslehre und von vertraglichen Normen.

Die hier sogenannten gesetzesvertretenden vertraglichen Normen beschreiben die von den Parteien privatautonom in Geltung gesetzten Normen, die mit vollständigen Rechtsätzen vergleichbar sind.

Fehlen solche Abreden, lassen sich die materiellen Rechtsfolgen zwischen den Vertragsparteien mit Mitteln der juristischen Methodik aus dem Gesetz gewinnen (Feld „Materielle Regelung"). Dabei muss sich ein vollständiger Rechtssatz nicht mit einer Norm decken, sondern kann sich aus einer Zusammenschau mehrerer Normen ergeben. Für die Bildung eines hier sogenannten vollständigen Obersatzes muss der Jurist gegebenenfalls weitere Normen zu Rate ziehen. Beispielsweise lässt sich aus der Norm des § 280 Abs. 1 BGB zunächst der Obersatz bilden, dass der Schadensersatzanspruch voraussetzt, dass der Schuldner eine Pflicht aus dem Schuldverhältnis verletzt und dies zu vertreten haben muss[884] und durch die Pflichtverletzung ein Schaden entstanden sein muss. Mit den Normen der §§ 311, 241, 276 Abs. 1 und 2 BGB lassen sich die Begriffe des Schuldverhältnisses und des Vertretenmüssens weiter aufgliedern. Der Obersatz kann vervollständigt werden und so weiter.

„Verfahrensregelung" bezieht sich dagegen auf gesetzliche Normen, die die Vertragsfreiheit einschränken wie etwa die §§ 276 Abs. 3, 307 ff. BGB.

Auf Seite der vertraglichen Normen kann weiter unterschieden werden. Die Parteien können vereinbaren, was nach dem Gesetz ohnehin gelten würde[885] oder auch eine im Gesetz nicht vorgesehene Rechtsfolge anordnen, beispielsweise eine Vertragsstrafe bei Erfüllung eines bestimmten Tatbestandes. Daneben besteht die Möglichkeit, eine (punktuelle) Abweichung vom Gesetz zu regeln, ohne dabei einen vollständigen Rechtssatz an Stelle des Gesetzes zu setzen, sondern die Funktion der Lückenfüllung zu nutzen. Beispielsweise kann auf gesetzliche Begriffe zurückgegriffen werden, ohne die Legaldefinition zu wiederholen oder Allgemeine Geschäftsbedingungen greifen punktuell in Rechtssätze der Verschuldens-

---

[884] Fragen der Beweislast werden bei der Bildung des Obersatzes hier ausgeblendet.

[885] Bei Allgemeinen Geschäftsbedingungen handelt es sich aus Perspektive der Inhaltskontrolle um sogenannte deklaratorische Klauseln, Ulmer/Brandner/Hensen/*Fuchs* § 307 BGB Rn. 17.

haftung ein, indem Schuldformen von der Haftung ausgenommen werden wie im Eingangsbeispiel dieses Abschnitts.

Aus den Ausführungen ergibt sich zunächst, dass sich die Ermittlung von Rechtsfolgen oder rechtlichen Beziehungen zwischen Vertragspartnern nicht in allen Fällen allein auf den Vertrag als Rechtsquelle beschränken kann. Dieses Paradigma teilt keine der vorgestellten Arbeiten, die sich weitgehend auf die Darstellung der Hauptleistungspflichten beschränken. Das Paradigma gilt auch unabhängig davon, ob eine Überprüfung von Vertragsbestimmungen auf rechtliche Zulässigkeit erfolgen soll.

Für die technische Umsetzung folgt, dass gesetzliche Normen dem System jedenfalls insoweit ebenfalls zur Verfügung stehen müssen, als sie für die Rechtsfolgenermittlung zwischen den Vertragspartnern erforderlich sind.

II. Verhältnis Allgemeiner Geschäftsbedingungen zu Rechtsnormen

Aus den Ausführungen folgt, dass im nächsten Schritt das systematische Verhältnis von Allgemeinen Geschäftsbedingungen zum Gesetzesrecht zu ermitteln ist; weiter bleibt dann zu bewerten, inwieweit sich daraus Vorgaben für die technische Modellierung ergeben.

Zunächst ist daher das Verhältnis Allgemeiner Geschäftsbedingungen zu gesetzlichen Normen darzustellen. Die Erkenntnis, dass primäre Rechtsquelle für die Vertragsparteien der Vertrag ist und das dispositive Gesetz der Lückenfüllung dient, beschreibt noch nicht die Rechtstechnik, mit der eine Abweichung vom Gesetz ohne Aufstellen vollständiger Rechtssätze erreicht wird.

Denkbar sind folgende Möglichkeiten: Die Parteien ändern die gesetzliche Norm, indem sie (a) den Tatbestand oder (b) die Rechtsfolge modifizieren. Die Parteien schaffen eigene Normen, die Ausnahmen zu (c) dem gesetzlichen Tatbestand oder (d) der gesetzlichen Rechtsfolge anordnen.

Jeder dieser Möglichkeiten entspricht ein Vorgehen in der Modellierung der Normen. Zur Verdeutlichung des Prinzips soll auf das Ausgangsbeispiel (keine Haftung für leichte Fahrlässigkeit) und die Norm des § 280 Abs. 1 BGB zurückgegriffen werden. Zunächst erfolgt eine naive Notation in Pseudocode des § 280 Abs. 1 BGB:

```
280_I_BGB
Pflichtverletzung UND Schuldverhältnis UND Schaden⁸⁸⁶ UND Ver-
tretenmüssen => Schadensersatz
```

Da sich die Klausel nicht allein auf die Begriffe des § 280 Abs. 1 bezieht, müssen diese mit weiteren Normen aufgelöst werden. Wie das System dies automatisch erledigen soll, wird an anderer Stelle erläutert. Im Ergebnis hat die Regel für das hier interessierende Beispiel folgende Form:

```
280_I_BGB...
Pflichtverletzung UND Schuldverhältnis UND Schaden UND (Vor-
satz ODER Fahrlässigkeit_Grob ODER Fahrlässigkeit_Leicht) =>
Schadensersatz
```

Die oben genannten vier Möglichkeiten würden demnach folgende Informationen erzeugen:

```
a) 280_I_BGB
Pflichtverletzung UND Schuldverhältnis UND Schaden UND (Vor-
satz ODER Fahrlässigkeit_Grob ODER Fahrlässigkeit_Leicht) UND
NICHT (Dienstanbieter UND Fahrlässigkeit_Leicht) => Scha-
densersatz
```

```
b) 280_I_BGB
Pflichtverletzung UND Schuldverhältnis UND Schaden UND (Vor-
satz ODER Fahrlässigkeit_Grob ODER Fahrlässigkeit_Leicht) =>
Schadensersatz(¬(Dienstanbieter UND Fahrlässigkeit_Leicht))
```

```
c) 280_I_BGB
Pflichtverletzung UND Schuldverhältnis UND Schaden UND (Vor-
satz ODER Fahrlässigkeit_Grob ODER Fahrlässigkeit_Leicht) =>
Schadensersatz
```

---

[886] Vernachlässigt wird an dieser Stelle der Zusammenhang zwischen Pflichtverletzung und Schaden, da es für das Beispiel ohne Belang ist. Zu lesen sind die Regeln jeweils mit einem Wenn am Anfang, das hier weggelassen wird.

```
x_y_Vertrag
Pflichtverletzung UND Schuldverhältnis UND Schaden UND (Vor-
satz ODER Fahrlässigkeit_Grob ODER Fahrlässigkeit_Leicht) UND
NICHT (Dienstanbieter UND Fahrlässigkeit_Leicht) => Scha-
densersatz
```

d) 280_I_BGB
```
Pflichtverletzung UND Schuldverhältnis UND Schaden UND (Vor-
satz ODER Fahrlässigkeit_Grob ODER Fahrlässigkeit_Leicht) =>
Schadensersatz
```

```
x_y_Vertrag
Dienstanbieter UND Fahrlässigkeit_Leicht => ¬Schadensersatz
```

Untersucht werden soll, welche dieser Möglichkeiten aus rechtsmethodischer Sicht die richtige ist. Der Gesetzgeber selbst beschreibt das Verhältnis bei der Regelung der Inhaltskontrolle mit den Begriffen „Abweichung" und „Ergänzung", §§ 307 Abs. 2, 3; 309 BGB. Unter den Begriff der Ergänzung, also etwas hinzufügen, ließen sich die Möglichkeiten a) und b) dem Wortlaut nach subsumieren. Der Begriff der Abweichung beschreibt dagegen nur eine Verschiedenheit von einem Vorgegebenen. Aus diesen Begriffen allein lässt sich die zutreffende Variante daher nicht ermitteln.

Gegen das Vorgehen a) und b) spricht indessen, dass den Parteien die Kompetenz fehlt, Gesetzesrecht zu ändern, Artikel 70 GG. Das Gesetz kann auch nicht geändert werden, wenn es Beurteilungsmaßstab für die Inhaltskontrolle sein soll. Eine Hilfskonstruktion könnte sein, das nach a) oder b) „geänderte Gesetz" nur untereinander in Geltung zu setzen. Allerdings soll ja gerade sparsam vorgegangen werden und die Lückenfüllungsfunktion des Gesetzes genutzt werden. Auch eine „Änderung des Gesetzes" nur mit Wirkung für die Parteien lässt sich rechtsmethodisch nicht erklären und scheidet daher aus. Es wurde gezeigt, dass die Privatautonomie dazu befähigt, eigenes Recht zu setzen. Die Änderung fremdgesetzten Rechts, auch mit begrenzter Wirkung, ist dazu ein aliud.

Es verbleiben daher nur die Möglichkeiten c) und d). Die Parteien setzen also eigenes Recht, das eine Ausnahme zum dispositiven Gesetzesrecht formuliert. Ob diese Regeln auf den Tatbestand oder die Rechtsfolge der gesetzlichen Norm einwirken, lässt sich aus den Begriffen „Abweichung" und „Ergänzung" nicht ermitteln, da beide Vorgehensweisen darunter gefasst werden können.

Die Auslegung des Parteiverhaltens wird aber regelmäßig dazu führen, dass ein Ausnahmetatbestand zum Ausschluss der Rechtsfolge gewollt ist. Die Parteien wollen untereinander Rechtsfolgen in Geltung setzen. Dazu können sie einerseits einen Tatbestand umschreiben, bei dessen Erfüllung eine Rechtsfolge gelten soll. Kennt das Gesetz eine gleiche oder entgegengesetzte Rechtsfolge, können die Parteien auch vereinbaren, für welchen Tatbestand diese gesetzliche Rechtsfolge gelten oder nicht gelten soll. Das ist beispielsweise bei langen, umfangreichen Tatbeständen ökonomisch.

Für dieses Ergebnis spricht zudem, dass bei Allgemeinen Geschäftsbedingungen einseitige Abweichungen üblich sind (beispielsweise bezieht sich eine Haftungsbeschränkung oft nur auf den Verwender, nicht den Kunden). Für den anderen Vertragspartner soll die gesetzliche Norm unverändert gelten. Dieses Ziel lässt sich rechtstechnisch am einfachsten erreichen, wenn ein Ausnahmetatbestand vereinbart wird, der die gesetzliche Rechtsfolge nicht eintreten lässt.

Beispielsweise lässt sich eine Klausel „Der Dienstanbieter haftet nicht für leichte Fahrlässigkeit." im Kontext des § 280 Abs. 1 BGB als Ausnahmevorschrift verstehen, deren Rechtsfolge die Rechtsfolge des § 280 Abs. 1 BGB – Schadensersatz – ausschließt, wenn ihr Tatbestand erfüllt ist. Der Tatbestand wäre beschrieben durch den des § 280 Abs. 1 BGB und die zusätzlichen Voraussetzungen, dass der Dienstanbieter Schuldner ist und ihm nur leichte Fahrlässigkeit zur Last fällt. Der unverändert geltende Tatbestand des § 280 Abs. 1 BGB würde bei leicht fahrlässiger Pflichtverletzung durch den Kunden weiter die Rechtsfolge des Schadensersatzes in Geltung setzen. Da der Ausnahmetatbestand nicht erfüllt ist, gäbe es dann hinsichtlich dieser Rechtsfolge keine „Abweichung".

Eine weitere praktische Überlegung spricht für das gefundene Ergebnis: Im Zivilrecht besteht nicht selten eine Anspruchskonkurrenz dergestalt, dass mehrere Tatbestände dieselbe Rechtsfolge anordnen. So kann ein Schadensersatzanspruch aus beiden Tatbeständen des § 823 BGB begründet sein[887] oder zusätzlich aus anderen Regelungskomplexen wie dem Vertragsrecht[888]. Wollten die Parteien eine Ausnahme für den gesetzlichen Tatbestand formulieren, besteht die Gefahr,

---

[887] Larenz, Methodenlehre S. 266.
[888] Larenz, Methodenlehre S. 269 f.

einen Tatbestand zu übersehen. Soll die Ausnahme zum gesetzlichen Tatbestand Auslegungsergebnis sein, wäre eine entsprechende Systematisierung der gesetzlichen Tatbestände Voraussetzung. Dieses Vorgehen wird im Zweifel weniger nahe liegen als ein Rechtsfolgenausschluss.

Neben den Fällen, in denen die Parteien festlegen, dass gesetzliche Rechtsfolgen bei bestimmten Voraussetzungen nicht eintreten sollen, sind weitere denkbar, in denen die Rechtsfolge zwar eintreten soll aber mit Veränderungen oder Einschränkungen versehen wird. Ein Beispiel stellt die Begrenzung des Schadensersatzes auf eine bestimmte Höhe dar. Rechtstechnisch wird dieses Ziel ökonomisch erreicht, indem der Ausnahmetatbestand die gesetzliche Rechtsfolge modifiziert.

Im Ergebnis lässt sich festhalten, dass in methodischer Hinsicht Allgemeine Geschäftsbedingungen, die vom Gesetz abweichen oder dies ergänzen, nicht den Tatbestand einer gesetzlichen Norm direkt ändern, sondern durch Ausnahmetatbestände das Eintreten der Rechtsfolge verhindern oder diese modifizieren.

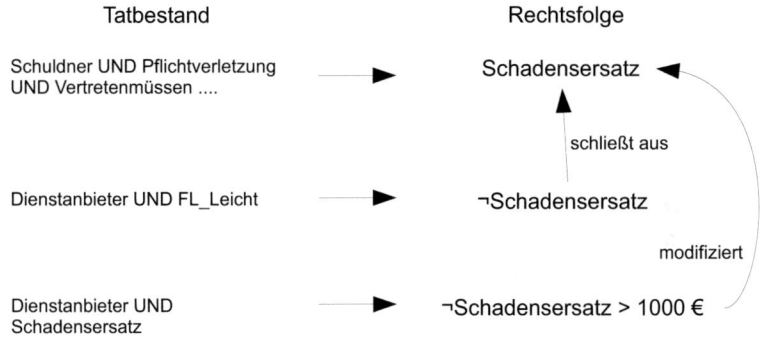

III. Technische Umsetzung der Rechtsfolgenermittlung aus Gesetz und Vertrag

Für eine Formalisierung, die sich am vorbeschriebenen methodischen Vorgehen des Juristen orientiert, folgt, dass zunächst einzelne Normen in Regeln überführt werden müssen. Dann muss das System in der Lage sein, erforderliche „Hilfsnormen" zu finden, um vollständige Rechts- oder Obersätze regelhaft entwickeln zu können (das bedeutet das System baut einen „Normgraph"[889]).

Weiteres juristisches Methodenwissen wird dem System in besonderer Form zur Verfügung gestellt werden müssen. Einerseits betrifft dies ungeschriebene Normen sowie die Bedeutung von Tatbestandsmerkmalen. So wird bei Fahrlässigkeit unterschieden zwischen grober und leichter beziehungsweise einfacher. Eine entsprechende Legaldefinition liegt nicht vor. Allenfalls der Begriff der groben Fahrlässigkeit taucht im Gesetz auf, §§ 277, 309 BGB. Dem System müsste also eine entsprechende Regel beigegeben werden. Andererseits kennt die juristische Methodik Vorgaben für das Verhältnis einzelner Normen zueinander, etwa den Vorrang der speziellen Regelung vor der allgemeinen. Solches methodisches Wissen bedarf ebenfalls einer Verankerung im System.

Noch nicht beschrieben wurde die technische Umsetzung der Rechtsfolgenermittlung aus dem Gesetz. Im vorherigen Kapitel wurde bereits auf die Vergleichbarkeit von Normen und Regeln und die Tatsache, dass einzelne gesetzliche Normen nicht immer vollständige Rechtssätze wiedergegeben, hingewiesen. Unter Ausklammerung der Frage der Auslegung gesetzlicher Begriffe wurde gezeigt, dass sich vollständige Rechtssätze aus verschiedenen Normen zusammensetzen können.

Zur Veranschaulichung der weiteren Ausführungen sei ein Beispiel eingeführt. Die Norm des § 280 Abs. 1 BGB kann als vollständiger Rechtssatz bezeichnet werden. Als technische Regel kann er gemäß dem bereits genannten Pseudocodebeispiel formuliert werden. Mit Hilfe weiterer gesetzlicher Normen lassen sich die gesetzlichen Begriffe weiter aufgliedern. Dies wurde für den Begriff des Vertretenmüssens bereits oben gezeigt.

Für den Juristen beantwortet § 276 Abs. 1 Satz 1 BGB, was der Schuldner im Sinne des § 280 Abs. 1 „zu vertreten hat". Im technischen Spiegel ist das Ersetzen des Begriffes `Vertretenmüssen` durch (`Vorsatz ODER Fahrlässigkeit_Grob ODER Fahrlässigkeit_Leicht`) Ergebnis von Regelanwendungen, nämlich einmal einer Regel, die § 276 Abs. 1 Satz 1 BGB umsetzt und der Erkenntnis, dass Fahrlässigkeit in grobe und leichte unterteilt werden kann. In Pseudocode könnte dies so formuliert werden:

---

[889] Dietrich/Lockemann/Raabe Conceptual Modelling S. 177 ff.

```
276_I_1_BGB
Vertretenmüssen = Vorsatz ODER Fahrlässigkeit⁸⁹⁰

Zusatzregel_FL_BGB
Fahrlässigkeit = Fahrlässigkeit_Leicht ODER
Fahrlässigkeit_Grob
```

Durch Definitionsnormen und andere nichtvollständige Rechtssätze gelingt dem Juristen die weitere Ausdifferenzierung des Tatbestandes. Technisch gespiegelt bedeutet dieses Vorgehen, dass einzelne Tatbestandselemente mit Regeln oder semantischen Wissen weiter ausgefüllt werden müssen. Fehlen Definitionen im Gesetz, müssen diese vom Juristen selbst aufgestellt werden. Dem System müssen solche Informationen zur Verfügung gestellt werden wie im Beispiel der Fahrlässigkeit gerade gezeigt.

Im Beispielsfall können weitere Regeln genutzt werden, um Begriffe aufzulösen, etwa § 311 Abs. 1 BGB für das Schuldverhältnis. Die Maschine kann durch das beschriebene Vorgehen den Rechtssatz aufgliedern. Für das entstehende Konstrukt soll hier der Begriff „Obersatz" verwendet werden. Ermittelt die Maschine dagegen alle Pfade[891] zu einer Rechtsfolge, also beispielsweise für Schadensersatz neben § 280 Abs. 1 BGB auch die Tatbestände des § 823 BGB und alle weiteren, so wird der Begriff „vollständiger Obersatz" verwendet.

Wenn im Beispiel zusätzlich die Information bereitgestellt wird, dass allenfalls die Verletzung eines Gesellschaftsvertrages in Betracht kommt, lässt sich unter Einbeziehung des Sorgfaltsmaßstabs bei der Fahrlässigkeit mit Regeln für die Normen §§ 311 Abs. 1, 705, 276 Abs. 1 und 2, 708, 277 BGB ein Obersatz aufstellen, der naiv folgendermaßen beschrieben werden könnte:

```
Pflichtverletzung UND (Beteiligte⁸⁹² UND gemeinsamer_Zweck)
UND Schaden UND (Vorsatz ODER
Fahrlässigkeit_Grob(Maßstab_Sorgfaltsverletzung(objektiv)))
```

---

[890] Der Einfachheit halber ist hier nur der erste Halbsatz umgesetzt.

[891] In der technischen Darstellung müssen die einzelnen Tatbestände dann mit einem „oder" verknüpft werden (nicht ausschließende Disjunktion).

[892] Der Einfachheit halber ist nicht dargestellt, dass mindestens zwei Gesellschafter erforderlich sind.

```
ODER Fahrlässigkeit_Leicht(Maßstab_Sorgfaltsverletzung(sub-
jektiv)) => Schadensersatz
```

Aus technischer Sicht kann ein solcher Obersatz als fertiges Konstrukt in der Wissensbasis gespeichert werden. Dem juristischen Vorgehen entspräche dies aber nicht.

Die rechtlich relevanten Informationen müssen an verschiedenen Stellen des Gesetzes zusammengesucht werden und mit methodischen Mitteln muss der vermeintliche Konflikt der speziellen (hier § 708 BGB) und der allgemeinen Norm (hier § 276 Abs. 1 und 2 BGB) aufgelöst werden.

Dem entspricht im technischen Spiegel also, ausgehend von einer Regel für § 280 Abs. 1 BGB mit weiteren Regeln den Obersatz jedes Mal zu generieren.

Das Vorgehen des Gesetzgebers ist indessen nicht willkürlich. Zwar existieren gesetzestechnisch äquivalente Mittel, mit denen dasselbe Ziel zu erreichen ist wie bei Verweisung und Fiktion.[893] Die Einteilung einer Kodifikation in allgemeine und spezielle Teile dient der Sparsamkeit. Der Gesetzgeber spart sich, dieselben Regeln immer wieder zu wiederholen[894], denn es gilt wie bei der Klassenlogik die Annahme, dass alle Aussagen vor der Klammer für jede Aussage in der Klammer gelten. Denkbar wäre statt dessen, dass der Gesetzgeber eine Vielzahl vollständiger, spezieller Rechtssätze ausdrücklich normierte. Dann entfiele im Beispiel der Pflichtverletzung des Gesellschafters das Zusammensuchen der Regelung aus verschiedenen Normen. Das Gesetz nähme aber an Umfang deutlich zu, wie die Erfahrung mit dem Allgemeinem Landrecht für die preußischen Staaten von 1794 zeigt. Die Klammertechnik erlaubt es zudem, Rechtsprinzipien und Wertungen deutlicher hervortreten zu lassen.[895] Nicht zuletzt erlaubt dieses System den Parteien in ihren Vertragsformulierungen mit recht knappen Sätzen ihr Regelungsziel zu erreichen, denn auch für sie entfällt das Aufstellen einer Vielzahl von vollständigen Rechtssätzen.

Dieses gesetzgeberische Vorgehen soll so weit wie möglich bei einer technischen Umsetzung erhalten bleiben. Dafür spricht die Nähe zum Vorgehen des Ju-

---

[893] Larenz, Methodenlehre S. 263 f.
[894] Larenz/Wolf, BGB AT § 1 Rn. 69 ff., § 3 Rn. 81 ff.
[895] Larenz/Wolf, BGB AT § 1 Rn. 69, § 3 Rn. 82.

risten. Dem juristischen Experten fällt es so leichter das System zu warten, zu erweitern und Fehler zu beseitigen.

Zudem ist dieses Vorgehen Voraussetzung, das Verhältnis von vertraglichen und gesetzlichen Normen richtig darstellen zu können, denn es steht den Parteien ja frei, nur für einen nichtvollständigen Rechtssatz eine Ausnahme zu formulieren (beispielsweise an Stelle des Maßstabs des § 708 BGB den des § 276 Abs. 1 und 2 BGB zu setzen).

Ein weiteres Charakteristikum des Bürgerlichen Gesetzbuches ist sein abstrakt-generalisierender Regelungsstil. Die Tatbestände werden mit genau definierten, abstrakten Begriffen gebildet.[896] In der Theorie muss der Richter nur mit Mitteln der Logik den Sachverhalt unter solche Begriffe subsumieren. Freilich besteht die Gefahr, dass die Begriffe zu abstrakt oder zu generell geraten. Grundsätzlich besteht bei diesem Vorgehen aber eine Nähe zur Objektorientierung und zur beschriebenen ontologischen Wissensmodellierung in der Informatik, derer sich bedient werden kann.

Objektorientierung ist dabei ein Ansatz bei der Softwareentwicklung und Datenmodellierung dem, vereinfachend ausgedrückt, die Aufteilung der zu beschreibenden Welt in Objekte mit ihren Eigenschaften und Tätigkeiten[897] zugrunde liegt.[898] Objekte können Personen, Dinge, Themen, Mengen und so weiter sein. Sie werden in Mengen mit Objekten gleicher Eigenschaften oder Tätigkeiten in Klassen zusammengefasst. Die Objekte sind dann Ausprägungen oder sogenannte Instanzen der Klasse. Die Klasse dagegen repräsentiert den abstrakten Begriff.[899] Darin besteht die Ähnlichkeit zu einem Merkmal eines gesetzlichen Tatbestandes.

IV. Regeln für Laienunterstützung, Kollisionslagen

Eine Anwendungsmöglichkeit für derart formalisierte Obersätze ist es, Laien zu ermöglichen, für sie sinnvolle Vertragsmuster zu erstellen.

---

[896] Larenz/Wolf, BGB AT § 3 Rn. 80.
[897] In der Fachsprache auch „Methode" oder „Funktion", „Prozedur" in anderen Programmierparadigmen.
[898] Goos, Informatik 2, S. 146.
[899] Goos, Informatik 2, S. 146.

An dieser Stelle soll die Motivation für diese Arbeit noch einmal vergegenwärtigt werden. In Peer-to-Peer-Märkten oder dezentralen Dienstestrukturen müssen sich die Marktteilnehmer selbst um die Vertragsgestaltung kümmern. Dafür ist juristisches Wissen erforderlich. Eingangs wurde argumentiert, dass dezentrale Märkte den Markteinstieg für Anbieter die pro einzelne Transaktion einen geringen Umsatz generieren besonders geeignet sind. Hohe Kosten für Rechtsrat würden dem Markteintritt Hindernisse bereiten. Als Substitut kommt daher technische Assistenz in Betracht. Die Marktteilnehmer werden so in die Lage versetzt, ihre Verträge selbst zu entwerfen und auszuhandeln. Es können folgende Phasen unterschieden werden, für die technische Hilfestellung erforderlich ist: Erstellung von Vertragsmustern für eine Willenserklärung, Aufdecken von Gesetzesverstößen potentieller Allgemeiner Geschäftsbedingungen, Aufdecken von Kollisionen einzubeziehender Allgemeiner Geschäftsbedingungen.

1. Laienunterstützung

In der ersten Phase einer Transaktion sollen Muster für Verträge entworfen werden. Bei den Nebenabreden, die dann regelmäßig als Allgemeine Geschäftsbedingungen in den Vertrag einbezogen werden, wird ein generischer Ansatz ohne Gesetzesbezug schwierig.

Der Nutzer muss, um Entscheidungen treffen zu können, verstehen, was er tut. Dies ist bei Hauptleistungspflichten einfach zu vermitteln. Bei Nebenabreden mit Abweichungen vom Gesetz erschließt sich dem Laien der Sinn einer Ausnahme schon nicht, wenn das in Bezug genommene Gesetz unbekannt oder nicht verständlich ist. Deshalb muss die Auswirkung einer Abweichung vom Gesetz transparent gemacht werden. Außerdem hat der Nutzer kein Interesse an einer Überfülle von Informationen, beispielsweise an einem lehrbuchartigen Abriss des Schuldrechts. Es ist daher eine Vorauswahl zu treffen, die sinnvollerweise mit Bezug zu dem Vertragsgegenstand bestimmt wird.

Für einen proof-of-concept-Prototypen wurde daher wie folgt vorgegangen. Dem Nutzer werden die gesetzlichen Regelungen in Form von vollständigen Rechts- oder Obersätzen präsentiert. Für diesen Zweck existieren drei Ausprägungen der Normen: als Gesetzestext, als Laien verständliche, natürlichsprachliche Erklärung und als formalisiertes Konstrukt für die maschinelle Verarbeitung. Der

Nutzer kann nun Änderungen vornehmen, beispielsweise über Auswahlmenüs oder ähnliches. Nach einer Änderung wird der Normgraph neu aufgebaut. Ändert sich der Obersatz, weil eine Ausnahme hinzugefügt wurde, wird eine entsprechende Repräsentation in natürlicher Sprache angezeigt. Der Nutzer sieht also, welche Auswirkungen sein Eingreifen auf die Rechtslage hat.

Mit den Formalisierungsmethoden nach dem beschriebenen Stand der Forschung ließe sich eine solche Funktionalität nicht umsetzen. Ein Bezug zum dispositiven Gesetzesrecht lässt sich wie gezeigt nicht herstellen. Ohne Kenntnis dessen, was ohne vertragliche Regelung gelten würde, ist der Laie aber nicht in der Lage, eine für ihn sinnvolle Abweichung zu formulieren. Er hätte zudem keinen Anhaltspunkt, was überhaupt regelungsbedürftig seien könnte, den er nach dem hier vorgeschlagenen Vorgehen immerhin gewinnen kann, wenn er zu Kenntnis nimmt, was das Gesetzesrecht vorsieht.

Die Formalisierung entlang des „modularen" Aufbaus des Gesetzes ist eine Voraussetzung für die Umsetzung einer brauchbaren Laienunterstützung. Bedingt eine Klausel im Gesellschaftsvertrag den § 708 BGB ab, ist der Laie nicht daran interessiert, zu erfahren, dass der übliche Maßstab die §§ 276 Abs. 1 und 2 BGB, bei der Gesellschaft aber 708 BGB mit der Maßgabe des 277 BGB und durch die Vertragsbestimmung nunmehr doch wieder der Ausgangsmaßstab ist, sondern er will das Ergebnis in allgemein verständlicher Sprache mitgeteilt bekommen. Da die Maschine den Obersatz konstruiert und anzeigt, sind die notwendigen Zwischenschritte am Ende wie bei dem Kürzen einer Gleichung nicht mehr sichtbar.

2. Kollisionen bei beiderseitigem Einbeziehungsversuch

Verwenden beide Vertragspartner vorgefertigte Muster, sind diese auf Kollisionen zu prüfen. Ob dabei eine Überprüfung der formalen Repräsentation der Klauseln auf Kongruenz reicht, hängt von der Modellierung ab.

Dies soll an einem Beispiel verdeutlicht werden. Ein Partner will die Klausel

„Beide Vertragspartner haften für Vorsatz und grobe Fahrlässigkeit. Für leichte Fahrlässigkeit haften die Vertragspartner dagegen nur für Schäden aus der Verletzung des Lebens, des Körpers oder der Gesundheit."

einbeziehen. Der sparsame Vertragspartner dagegen begnügt sich mit "Die Vertragsparteien haften nicht für leichte Fahrlässigkeit, außer bei Verletzung von Leben, Körper oder Gesundheit.".

Werden beide Formulierungen normtreu formalisiert, das heißt, im ersten Fall die Haftung für Vorsatz und grobe Fahrlässigkeit und der Schaden in den Tatbestand aufgenommen, im zweiten Fall dagegen nicht, sind die Klauseln für sich betrachtet nicht deckungsgleich. Erst wenn der Obersatz zu beispielsweise § 280 Abs. 1 BGB oder der vollständige Obersatz für Schadensersatz konstruiert wird, zeigt sich, dass die Obersätze trotz vermeintlich verschiedener Ausnahmetatbestände gleich sind und eine Kollision nicht vorliegt.[900]

Dieses Beispiel verdeutlicht einerseits, dass die entwickelte Auffassung, wonach Allgemeine Geschäftsbedingungen regelmäßig Ausnahmetatbestände zum Ausschließen oder Modifizieren einer Rechtsfolge darstellen, richtig ist. Zusätzlich ergibt sich zwingend, dass die Erzeugung von Obersätzen aus dem Gesetz Voraussetzung für eine Kollisionskontrolle oder Vertragsverhandlung ist.

Technisch ließen sich die Klauseln auch als vollständiger Rechtssatz beschreiben. Dann könnte der Abgleich mit dem formalisierten Gesetz und Normgraphen entfallen. Allerdings widerspricht dieses Vorgehen der juristischen Methodik. Es verwischt das Verhältnis von Gesetz und Vertrag, das die Parteien sich zunutze machen. Daneben würden weit mehr Daten als erforderlich versandt und eine Inhaltskontrolle ließe sich nicht umsetzen. Zudem wäre für eine fehlerfreie Rechtsfolgenermittlung eine vollständige Repräsentation aller Tatbestandsvarianten, für deren Rechtsfolge eine Ausnahme vereinbart wird, erforderlich. Am eingeführten Beispiel der Haftungsbeschränkung lässt sich dies verdeutlichen: Es müssten sämtliche gesetzliche Tatbestände der Verschuldenshaftung in den Tatbestand der Vertragsklausel aufgenommen werden, denn auf all diese bezieht sich die Ausnahme.

---

[900] Siehe die rechtliche Erörterung dieser Frage oben im Text, C. IV. 4. Es sei darauf hingewiesen, dass die Beispielsklauseln zur Haftung sich auf alle Tatbestände der Verschuldenshaftung beziehen, bei einer automatisierten Subsumtion muss die Ausnahme daher als solche hinsichtlich des vollständigen Obersatzes verstanden werden.

V. Exkurs: Regeln und Implementierung

Im Abschnitt zur Vergegenwärtigung der juristischen Methodik fiel der Begriff der Regel. Aus juristischer Perspektive ist dessen Bedeutung klar. In diesem Sinne wurde der Begriff auch bisher verwandt. Für eine Implementierung muss ein Äquivalent für die juristische Regel gefunden werden. Aus technischer Perspektive bedarf der Begriff daher einer Präzisierung.

Benutzt wird der Begriff der Regel einmal im Bereich der Logik und Ontologiesprachen und daneben für regelbasierte Systeme (dort auch als Produktionsregeln oder Geschäftsregeln bezeichnet). Eine Regel, die in der hier benutzten naiven Pseudocodenotation gleich aussehen würde, hätte in den verschiedenen Feldern unterschiedliche Auswirkungen.

Im Bereich der Ontologiesprachen dienen Regeln der Gewinnung neuen Wissens. Sie können auch genutzt werden, um Rechtsnormen darzustellen, wenn die Tatbestandselemente bereits modelliert sind. Die Unterstützung von Regeln ist nicht für alle Sprachen gleich. F-logic bringt einen bequem zu nutzenden Formalismus mit.[901] Ein solcher fehlt für die vorgestellte OWL.[902] Das World Wide Web Consortium arbeitet allerdings an einer Standardisierung eines Regelaustauschformats, das auch auf OWL-Daten verweisen kann.[903]

Zu beachten ist, dass diese Sprachen auf monotonen Logiken basieren. Eine naive Modellierung von Normen als Regeln kann zu inkonsistenten Wissensbasen führen. So würden die folgenden, naiven Regeln

```
276_II_BGB
Fahrlässigkeit => (Maßstab_Sorgfaltsverletzung(objektiv)

Zusatzregel_FL_BGB
Fahrlässigkeit = Fahrlässigkeit_Leicht ODER
Fahrlässigkeit_Grob
```

---

[901] Siehe Angele/Lausen in Staab/Studer, Handbook, S. 29, 40 f.

[902] Damit ist nichts über die Ausdrucksmächtigkeit von OWL oder F-Logic gesagt. Konstrukte, die mit F-Logic-Regeln beschrieben werden müssen, können in OWL oft auf andere Art modelliert werden.

[903] Siehe http://www.w3.org/2005/rules/wiki/RIF_Working_Group und de Bruijn, http://www.w3.org/2005/rules/wiki/SWC (jeweils 20.07.2009).

```
708_und_277_BGB
Gesellschafter UND Fahrlässigkeit_Leicht => (Maßstab_Sorg-
faltsverletzung(subjektiv)904
```

zu einer fehlerhaften Wissensbasis führen, weil für Fahrlässigkeit nicht verschiedene Beurteilungsmaßstäbe gefolgert werden können. Es gilt, dass trotz neuer Prämissen (hier: Gesellschafter) die Folgerung (hier: objektiver Maßstab) erhalten bleibt.

Der Grund für dieses Verhalten beruht auf dem Unterschied von juristischer Regel und logischer Schlussfolgerung. Die juristische Regel oder Norm ist „gerichtet" und beschreibt einen Kausalzusammenhang. Nur wenn der Tatbestand erfüllt ist, soll die Rechtsfolge gelten. Bei der klassischen Logik besteht der Kausalzusammenhang nicht (materiale Implikation).[905] Bei der Modellierung der Regeln kann ein Ausweg darin bestehen, Platzhalter für Ausnahmen in die Regeln aufzunehmen und Ausnahmeregeln als solche explizit zu kennzeichnen (im Beispiel wäre die Regel `708_und_277_BGB` eine solche Ausnahme).

Bei Systemen für Produktionsregeln wird dagegen oft ein nichtmonotoner Formalismus verwendet. Das System führt eine Regel aus und „produziert Fakten". Solche Fakten können durch neue Regelanwendung „überschrieben" werden. Dann spielt die Reihenfolge der Regelabarbeitung – anders als bei klassischer Logik – eine Rolle für das Ergebnis. Die Beispielsregeln würden ein richtiges Ergebnis liefern, wenn sie in der oben niedergeschrieben Reihenfolge ausgeführt würden. Bei anderer Reihenfolge gäbe es kein oder ein falsches Ergebnis.

Hervorzuheben ist die Trennung von Bedeutungsermittlung (also Auslegung von Tatbestandsmerkmalen) und Gewinnung von vollständigen Rechts- und Obersätzen. Die Bedeutungsermittlung ist Gegenstand von semantischen Technologien wie der vorgestellten Ontologien. Für die Abbildung der Rechts- und Obersatzge-

---

[904] Die Regeln sind zur Veranschaulichung eine extrem vereinfachte Wiedergabe des Gesetzes. Zudem wird von Vererbung ausgegangen, so dass nach den ersten beiden Regeln der Maßstab für beide Arten der Fahrlässigkeit gesetzt ist.

[905] Das bedeutet beispielsweise, dass bei einem Abbild des § 280 Abs. 1 BGB auf das Vorliegen des Tatbestandes geschlossen werden kann, wenn feststeht, dass Schadensersatz zu leisten ist. Bei Tatbestandsalternativen (die Rechtsfolge Schadensersatz kann sich auch aus § 823 BGB ergeben) kann dieses Ergebnis juristisch falsch sein. In der Logik lässt sich dies verhindern, wenn die Alternativtatbestände auf der linken Regelseite mit einer Oder-Verknüpfung mit enthalten sind.

winnung muss auf ein Regelsystem zurückgegriffen werden. Auch wenn einige Ontologiesprachen Regelformalismen mitbringen, kann aus technischer Sicht durchaus eine Trennung von Begriffen und deren Bedeutung und den normabbildenden Regeln sinnvoll oder angezeigt sein. Werden die Tatbestandsmerkmale mit Ontologien abgebildet, die nur wenig Funktionalität für die Regelbeschreibung mitbringen, wird sich dies nicht vermeiden lassen. Regelsprachen wie RuleML und SWRL wurden oben[906] bei der Einführung in den Stand der Forschung bereits vorgestellt.

Nicht übersehen werden darf die Tatsache, dass sich Bedeutungsermittlung und Rechtssatzgewinnung auch überschneiden. In einigen Fällen ergeben sich die Tatbestandsmerkmale erst aus einer Auslegung des Rechtssatzes. So setzt Schadensersatz aus § 823 Abs. 1 BGB einen Kausalzusammenhang zwischen dem Verhalten des Schädigers und der Rechtsgutverletzung (haftungsbegründende Kausalität) und zwischen der Rechtsgutverletzung und dem Schaden (haftungsausfüllende Kausalität) voraus. Für diese Tatbestandsmerkmale finden sich Anhaltspunkte in der Norm („daraus"). Gleichwohl ist juristische Expertise erforderlich, um aus der Norm einen Obersatz zu ermitteln, der alle Tatbestandsmerkmale enthält. Diese muss zum Zeitpunkt der Regelerstellung zur Verfügung stehen und überführt werden. Mit der angesprochenen Trennung ist also die Bedeutungsermittlung bei der Subsumtion gemeint.

VI. Zusammenfassung

Eine Formalisierung von Allgemeinen Geschäftsbedingungen nach dem hier zugrunde liegenden Anforderungsprofil muss die Klauseln als Regeln abbilden. Zusätzlich müssen alle gesetzlichen Normen als Regeln abgebildet werden, die für die Bildung eines vollständigen Obersatzes erforderlich sind, zu dem eine vertragliche Ausnahme geregelt werden soll. Gesetzliche und vertragliche Regeln müssen zudem als solche gekennzeichnet werden.

Für die Modellierung der einzelnen Begriffe (Tatbestandselemente) empfiehlt sich, im Hinblick auf weitere Forschungsfragen (Begriffsbedeutung, Auslegung) auf aktuelle Technologien wie Ontologien zurückzugreifen.

---

[906] G. V. 2. b) aa) und ff).

I. Einbeziehung formalisierter Allgemeiner Geschäftsbedingungen

I. Einbeziehungsvoraussetzungen

Zu klären bleibt, welche Konsequenzen der Einsatz formaler Beschreibungen bei der Einbeziehung Allgemeiner Geschäftsbedingungen hat.

Einbezogen werden Klauseln, auf die ausdrücklich hingewiesen wurde, deren Kenntnisnahme (auch für erkennbar körperlich Behinderte) zumutbar möglich war und mit denen der Vertragspartner einverstanden war, § 305 Abs. 2 BGB. Der Hinweis auf die Klauseln wird hier zunächst nicht erneut behandelt. Es ist nicht ersichtlich, weshalb die Verwendung formalisierter Klauseln zu anderen Anforderungen als oben[907] beschrieben führen sollte.

Erörterungsbedürftig ist, inwieweit die Kenntnisnahme solcher Klauseln zumutbar möglich ist oder welche Bedingungen erfüllt sein müssen, damit die Kenntnisnahme zumutbar wird.

Die Möglichkeit der Kenntnisnahme ist gegeben bei kostenfreiem Bereithalten der Informationen zum Abruf in dokumentierter Form beziehungsweise in einem dokumentierten Format. Die Kostenfreiheit bezieht sich dabei auf das Bereithalten, nicht auf Zugangsvermittlung durch Dritte. Maßstab für die Frage der Zumutbarkeit der Kenntnisnahmemöglichkeit ist der Code sowie die Spezifikation des Formates.[908]

Diese Voraussetzungen wären auf den ersten Blick erfüllt, wenn die Nebenabreden in einer dokumentierten Ontologie- und/oder Regelsprache zur Verfügung gestellt würden.

Solche Daten richten sich aber an Maschinen, nicht an Menschen. Sie sind daher ohne besondere Kenntnisse nicht zu interpretieren. Die Informationen müssen für Menschen verständlich sein, andernfalls kann der Zweck von § 305 Abs. 2 BGB nicht erreicht werden. Daraus folgt aber nicht, dass die Daten nicht Informationen enthalten können, die ausschließlich für maschinelle Verarbeitung gedacht sind. Dies ist praktisch fast immer der Fall: Texte, die in Auszeichnungssprachen

---

[907] C. III. 1.
[908] Siehe Kapitel C. III.

wie HTML, XHTML, XML, ODT, OOXML oder Seitenbeschreibungssprachen wie PDF gespeichert sind, enthalten neben dem natürlichsprachlichen Text Informationen zur Darstellung, die von den Darstellungsprogrammen ausgewertet werden. Werden diese Dokumente mit Programmen dargestellt, die die Sprache oder Formate nicht verstehen (beispielsweise ein HTML- oder PDF-Dokument mit einem einfachen Texteditor), kann der Nutzer unter Umständen die natürlichsprachlichen Texte zwar zur Kenntnis nehmen, wird aber zusätzlich mit Informationen konfrontiert, die er nicht interpretieren kann. Handelt es sich dagegen um eine formale Repräsentation ohne Bezug zu einem natürlichsprachlichen Text, kann der Nutzer gar nichts zur Kenntnis nehmen, das einer Interpretation für ihn zugänglich wäre.

Daraus folgt, dass formal beschriebene Regelungen ohne Bezug zu deren natürlichsprachlicher Entsprechung als solche nicht Vertragsbestandteile werden können.

Für eine erfolgreiche Einbeziehung ist daher eine natürlichsprachliche Darstellung der Allgemeinen Geschäftsbedingungen erforderlich.

Es gibt mehrere technische Möglichkeiten, diese Darstellung umzusetzen. Es muss zunächst ein Zusammenhang zwischen natürlichsprachlicher und formaler Darstellung hergestellt werden. Bei Auszeichnungssprachen besteht der Zusammenhang: Es wird ja gerade der natürlichsprachliche Text für die maschinelle Verarbeitung annotiert. Bei der Modellierung mit Ontologien ist der natürlichsprachliche Text nicht zwingend erforderlich. Regelmäßig lässt er sich aber zumindest als Kommentar oder Verweis einbinden.[909] Dieser Text kann dann von den Anwendungsprogrammen dargestellt werden.

Verwiesen sei an dieser Stelle auf die Ausführungen oben[910] zu Datenformaten bei der Einbeziehung und besonders zum Formatwechsel innerhalb des Vertragsabschlussprozesses: Werden Informationen zu *essentialia negotii* und Erklärungsaustausch in einem Format abgewickelt und ausschließlich die Allgemeinen Geschäftsbedingungen in einem anderen Format bereitgehalten, kann die Kenntnisnahme unzumutbar sein. Müsste der Nutzer, um den natürlichsprachlichen Text von auch formal beschrieben vorliegenden Allgemeinen Geschäftsbedingungen

---

[909] Für die vorgestellte OWL lassen sich die in RDFS vordefiniert Bezeichner `rdfs:comment`, gegebenenfalls auch `rdfs:label` nutzen, hierzu und zu weiteren Möglichkeiten siehe Hitzler/Krötzsch/Rudolph/Sure, Semantic Web S. 81 ff., 128.

[910] Kapitel C. III. 3. a) und b) aa).

zur Kenntnis nehmen zu können, sich ein neues Anwendungsprogramm verschaffen und starten, wird die Kenntnisnahme im Zweifel nicht zumutbar sein. Liegen dagegen alle anderen Informationen im gleichen Format wie die Allgemeinen Geschäftsbedingungen vor, entfällt dieses Problem, siehe schon oben, C. III. 3. b) aa).

II. Sonderproblem der Falschauszeichnung oder -referenzierung

Bei der Verwendung von Anwendungsprogrammen, die formale Repräsentationen auswerten, können Schwierigkeiten auftreten, wenn formalisierte und natürlichsprachliche Informationen sich nicht oder „schlecht" entsprechen. Zur Veranschaulichung seien folgende Beispiele eingeführt.

Das Anwendungsprogramm, das für die Teilnahme am Marktgeschehen erforderlich ist, ermöglicht dem Nutzer, seine Präferenzen hinsichtlich fremder Vertragsmuster festzulegen, um sie bei künftigen (auch automatischen) Vertragsschlüssen automatisch prüfen zu können. Der Nutzer könnte beispielsweise festlegen, dass er einseitige Abweichungen von der gesetzlichen Haftungsreglung nicht akzeptieren mag. Liegen die „gegnerischen" Klauseln entsprechend maschineninterpretierbar vor, erspart sich der Nutzer in Zukunft das Lesen der Bedingungen und das manuelle Aussortieren von *invitationes* oder Angeboten, die nicht genehme Klauseln enthalten.

Im zweiten Beispiel möchte sich der Nutzer die Klauseln der Vertragspartners vor Vertragsabschluss laienverständlich erklären lassen und einer Inhaltskontrolle unterziehen.

Voraussetzung ist jeweils eine formale Repräsentation der Klauseln, damit das Expertensystem sie verarbeiten kann. Zudem ist eine natürlichsprachliche Repräsentation erforderlich. Es wird angenommen, dass zwei natürlichsprachliche Darstellungen abrufbar sind: einerseits knappe Formulierungen im üblicherweise verwendenden „Juristendeutsch" und daneben eine umfangreichere, weniger exakte Formulierung, die dem Durchschnittsbürger hilfreich sein soll.

In den Szenarien sind folgende Fälle denkbar: Im ersten Fall beschreibt das formale Konstrukt eine beiderseitige Haftungsbeschränkung, so dass das System errechnet, dass die Klausel zu dem Präferenzprofil passt. Der referenzierte natürlichsprachliche Text privilegiert aber nur den Verwender. Im zweiten Fall könnte wieder eine gerade noch zulässige Haftungsbeschränkung für den Verwender enthalten sein, die im „Juristendeutsch" und formal richtig wiedergegeben ist und die automatische Inhaltskontrolle „überlebt". Die referenzierte Version im Alltagsdeutsch erklärt aber sinngemäß, dass der Kunde (nicht der Verwender) für eine nicht gravierende Unachtsamkeit entgegen der gesetzlichen Regelung verursachte Schäden nicht beheben müsse[911].

Welche Regelung soll nun einbezogen sein? Zuvor wurde festgestellt, dass Klauseln, die allein formal beschrieben sind, nicht einbezogen werden können. Daraus den Schluss zu ziehen, dass es auf den natürlichsprachlichen Text ankommt, dürfte dennoch falsch sein. In den beschriebenen Szenarien wird die besondere Funktionalität zur Unterstützung von Rechtslaien genutzt, daran muss sich der Verwender festhalten lassen, will er nicht widersprüchlich im Sinne des § 242 BGB handeln.

Eindeutig wäre die Situation, wenn der Verwender die Funktionalitäten nicht nutzt und nur eine einzige natürlichsprachliche Repräsentation zur Verfügung stellt. Schon wenn eine abweichende zweite natürlichsprachliche Repräsentation ohne Klarstellung zur maßgeblichen Fassung zur Verfügung gestellt wird, ist nicht eindeutig, welche Variante einbezogen sein soll. Diese Fälle sind auch im „klassischen" Onlinehandel denkbar, wenn etwa mehrere Fassungen der Allgemeinen Geschäftsbedingungen zur Verfügung gestellt werden.[912]

Es lässt sich argumentieren, dass ein ausdrücklicher Hinweis im Sinne des § 305 Abs. 2 Nr. 1 BGB fehlt. Wenn aus dem Hinweis nicht klar hervorgeht, welche Klauseln einbezogen werden sollen, ist das Tatbestandsmerkmal nicht erfüllt. Solche Hinweise dienten nicht dem Zweck des § 305 Abs. 2 BGB. Eine Klarstellung zur maßgeblichen Fassung wird dem Verwender zudem nicht in allen Fällen helfen: Zeigt der Verweis zunächst auf eine Lesefassung und bietet diese einen weiteren Link auf eine abweichende Druckversion, die sich selbst für maßgeblich erklärt, ist der Hinweis nicht eindeutig. In jedem Falle handelte der Verwender widersprüchlich im Sinne des § 242 BGB, wenn er sich auf die Druckfassung berufen wollte. Das beschriebene Vorgehen suggeriert nämlich, dass Lese- und Druckfassung inhaltlich identisch sind. Diese Überlegung lässt sich auf die Beispielsfälle

---

[911] Hier der Übersicht halber verkürzt, Maßstab wäre der § 309 Nr. 7 BGB.
[912] Siehe schon oben, Abweichung von Lese- und Druckversion, C. III. 3. a).

übertragen: Wer sich die besonderen Funktionalitäten einer solchen Software zunutze macht, muss sich daran festhalten lassen.

Weichen also formale und natürlichsprachliche Wiedergabe der Klauseln voneinander ab, ist keine Fassung einbezogen.

J. Ausblick: Selbstregulierung und Institutionalisierung

In dieser Arbeit wurde ein methodisches Konzept für eine Formalisierung von Nebenabreden beziehungsweise Allgemeinen Geschäftsbedingungen entwickelt. Motiviert war dieses Vorhaben auch durch die Annahme, dass Anwendungen entstehen können, die für den Vertragspartner des Verwenders einen Zugewinn an Transparenz und einhergehend Entscheidungskompetenz bringen.

Damit würde Software dazu beitragen, die eben genannte Transparenz zu erzeugen. Dieses Ziel wollte der Staat bereits durch Regulierung erreichen. Der Gesetzgeber ging davon aus, dass die Regelungen in § 305 Abs. 2 BGB Klarheit für den Kunden gewährleisten können. Dies ist selten der Fall.[913] Regelmäßig ist der Laie nicht in der Lage, den Inhalt der Klauseln zu erfassen. Dabei kann nicht nur die alltagsferne Sprache ein Hindernis darstellen. In dieser Arbeit ist plastisch geworden, dass viele Nebenabreden als solche für Maschinen nicht zu verarbeiten sind, weil sie einen Bezug zum Gesetz aufweisen. Für den Laien gilt ebenso, dass er ohne Kenntnis des in Bezug genommenen Gesetzes oder des Zusammenhanges von Gesetz und Klausel überhaupt, schwer ein Verständnis der Abreden entwickeln kann. Die Kenntnis des Gesetzes, auch in einer laienhaften Parallelwertung, wird nicht für jedes Fachgebiet unterstellt werden können.[914]

Für die besondere Situation des elektronischen Handels, in der die Zeit für die Kenntnisnahme Allgemeiner Geschäftsbedingungen verfügbar sein sollte[915], kann Software die aufgezählten Schwierigkeiten überwinden. Der Kunde kann sich wiederholt mit Hilfe der Software die Bedeutung der Klauseln vergegenwärtigen oder bei einer Erstellung eines Suchprofils sich zumindest einmalig gründlich mit den typischen Fragen befassen.

---

[913] In Konsumgütermärkten führt der Wettbewerb nicht zu einer angemessenen Ausgestaltung Allgemeiner Geschäftsbedingungen gegenüber Endverbrauchern, weil die Konditionen nicht transparent sind, Ulmer/Brandner/Hensen/*Ulmer* Einl. Rn. 8. Dem Endverbraucher bleibt in gewisser Weise nur die Inhaltskontrolle.

[914] Als Beispiel soll die Diskussion um die Privatkopie, Rechteverwaltung (DRM) und „Tausch" geschützter Werke im Internet und privaten Netzen genannt werden: Es ist die These denkbar, dass weite Teile der Bevölkerung bewusst rechtswidrig handeln, ebenso, dass die Rechtslage für Laien schwer zu durchschauen sei.

[915] Es entfällt zumindest der soziale Druck, der in der Schlange im Geschäft existieren mag, und es kann oft leichter unter verschiedenen Anbietern gewählt werden.

Aus den Ausführungen lässt sich die Fragestellung ableiten, ob es denkbar ist, das staatliche Regulierungskonzept durch ein anderes zu ersetzen, beispielsweise zugunsten einer Selbstregulierung, die sich der in dieser Arbeit entwickelten Konzepte bedient, falls damit dem Kunden oder – spezieller – dem Verbraucher ein größerer Schutz angedeiht.

Andererseits ist zu fragen, wie der Gesetzgeber auf Software reagieren kann oder muss, die regulierend wirkt, falls dies für die hier vorgeschlagene Software überhaupt angenommen werden kann.

Für den ersten Teil der Frage ist zunächst klarzustellen, was Selbstregulierung ist und welche Arten der Selbstregulierung in Betracht kämen.

Anschließend wird diskutiert, welche selbstregulativen Handlungsoptionen in Betracht kommen. So könnte ein Verband der Wettbewerbssicherung Empfehlungen für eine Implementierung geben oder diese selbst beauftragen und zur Verfügung stellen, um daraufhin seinen Mitgliedern nahezulegen, Allgemeine Geschäftsbedingungen entsprechend maschinenlesbar vorzuhalten.

Dabei bleibt die Rolle des Staates zu untersuchen. Zu klären ist, ob ein Regelungsbedürfnis zum materiellen Recht oder hinsichtlich eines Rahmens für die Formalisierung und Standardisierung besteht oder nicht.

I. Selbstregulierung

Selbstregulierung bezieht sich zunächst auf Regulierung. Regulierung gibt es schon sehr lange, mindestens seit Moses die zehn Gebote überbrachte. Der Begriff im weitesten Sinne umfasst jegliche von außen gesetzte Beschränkung der Handlungsmöglichkeiten eines Menschen, sogenannte konstitutive Regulierung. Sie erscheint für ein gedeihliches Zusammenleben nicht verzichtbar, wenn die Handlungen des einen schutzwürdige Interessen des anderen tangieren, wenn der Einzelne sich selbst nicht zu schützen vermag und wenn sie durch ein starkes Interesse des Gemeinwesens (etwa an Sicherheit) erfordert wird.[916]

---

[916] Möschel in: FS Immenga, S. 277.

Dagegen meint spezielle Regulierung den – regelmäßig staatlichen – Eingriff in Märkte. Derartige Eingriffe stellen oft Beschränkungen der Vertragsfreiheit dar.[917] Die Formen der Eingriffe können in Marktzutritts- und Marktverhaltensregulierungen unterteilt werden. Berufszulassungsbegrenzungen subjektiver oder objektiver Art betreffen den Marktzutritt. Die Verhaltensregulierung kann jede denkbare Handlung am Markt erfassen. Etwa Kontrolle von Preisbildung, Quantität und Qualität von Produkten oder – hier einschlägig – Vertragsbedingungen.[918]

Aus dogmatischer Sicht kann die Selbstregulierung als Gegenentwurf zur Regulierung auch ohne staatlichen Rahmen erfolgen. Als Beispiele werden gern frühe Ansätze von Wissenschaftlern genannt, für gentechnische Experimente selbstregulativ Beschränkungen zu entwickeln.[919] Erwähnt sei zudem die elektronische Kommunikation über Computernetze, die einer Struktur bedarf, die anfangs nicht selten ohne staatlichen Einfluss entstand.

1. Perspektiven und Ziele

Es existiert kein einheitliches Verständnis der Selbstregulierung.[920] In der Literatur werden verschiedene Ziele der Selbstregulierung benannt, die im folgenden nachgewiesen werden sollen.

So bezeichne sie Maßnahmen zur Sicherung eines lauteren oder leistungsgerechten Wettbewerbsverhaltens der beteiligten Unternehmen.[921] Als weiteres Ziel wird die Erhöhung der technischen und betriebswirtschaftlichen Effizienz genannt.[922] Verallgemeinern lassen sich diese Gedanken dahin, dass die Selbstregulierung die individuelle oder kollektive Verfolgung von Privatinteressen in Wahrnehmung grundrechtlicher Freiheiten zum legitimen Eigennutz darstelle.[923]

---

[917] Möschel in: FS Immenga, S. 277, 278.

[918] Vergleiche Möschel in: FS Immenga, S. 277, 278.

[919] Details bei Ruch ZSR 123 (2004), II, 373, 419 f.

[920] Hoeren, Selbstregulierung, S. 4 mit Hinweis auf R. v. Panel on Take-Overs and Mergers, ex Parte Datafin Plc. (1987) 1 Q.B. 815, 826 per Sir John Donaldson, M.R., S. 7; Schwark, Anlegerschutz, S. 218 ff.; Reuter AcP 188 (1988), 649, 653.

[921] Hoeren, Selbstregulierung, S. 4, 6; Schmidhuber, Verhaltenskodizes, S. 113.

[922] Hoeren, Selbstregulierung, S. 4.

[923] Schmidt-Preuß VVDStRL 56, 160,162 f. und 228; C. Calliess AfP 2002, 465, 466.

Nach einer weiteren Auffassung sei Selbstregulierung mehr als die Wahrnehmung eigener Interessen. Wirtschaftsordnende und gesamtwirtschaftliche Gesichtspunkte spielten eine Rolle; die Wirtschaft übernehme originär staatliche Aufgaben, *in concreto* den Schutz der Marktgegenseite.[924]

Aus legistischer Perspektive wird die Selbstregulierung als eine Form der staatlichen Regulierung verstanden. Die unmittelbar oder mittelbar staatlich gesteuerte Selbstregulierung ist aus diesem Blickwinkel ein weiteres Werkzeug des Staates zur Steuerung der Gesellschaft.[925] Dementsprechend kann jedes staatliche Regelungsziel Gegenstand der Selbstregulierung sein.

Für die Zwecke dieser Untersuchung lässt sich extrahieren, dass eine Steigerung der Effizienz und Gesamtwohlfahrt durch die Selbstregulierung angestrebt werden kann. Eingangs wurde als mit der Software zu erreichendes Ziel ein Zugewinn an Transparenz beim Kunden benannt. Damit ist eine einfachgesetzlich ausgestaltete Schutzpflicht des Staates angesprochen, die sich durch selbstregulative Maßnahmen gegebenenfalls effizienter umsetzen ließe.

Der positiv wahrgenommenen Rationalisierungsfunktion Allgemeiner Geschäftsbedingungen wird die Tendenz zur Risikoverlagerung gegenübergestellt.[926] Der Schutzzweck des Rechts der Allgemeinen Geschäftsbedingungen wird deshalb auch im Schutz des Kunden vor der einseitigen Ausnutzung der Vertragsgestaltungsfreiheit gesehen.[927] Dieses Ziel soll durch die Kompensation eines diagnostizierten Marktversagens erreicht werden.[928] Insofern erfolgt durch die Normen zumindest indirekt eine Wettbewerbssicherung und damit nach volkswirtschaftlicher Erkenntnis eine Steigerung der Gesamtwohlfahrt, die wiederum Gegenstand selbstregulativer Maßnahmen sein kann.

---

[924] Schwark, Anlegerschutz, S. 222; dass die Selbstregulierung dem Schutz der Allgemeinheit dienen könne und ein über die überindividuellen Interessen der Beteiligten und mittelbar Betroffenen hinausgehendes Interesse vorhanden sei, bezeichnet Hoeren, Selbstregulierung, S. 362 als „Mythos".

[925] Mader ZSR 123 (2004), II, 3, 43 f.; vergleiche auch Brunner ZSR (2004), II, 307, 326.

[926] Ulmer/Brandner/Hensen/*Ulmer* Einl. Rn. 5.

[927] Ulmer/Brandner/Hensen/*Ulmer* Einl. Rn. 5.

[928] Köndgen NJW 1989, 943, 946; Ulmer/Brandner/Hensen/*Ulmer* Einl. Rn. 8.

2. Selbstregulative Mechanismen zur Zielerreichung

Im Folgenden werden die üblicherweise vorgeschlagenen Mechanismen oder Maßnahmen zur Zielerreichung benannt.

a) Markt

Eine Möglichkeit der Koordination stellt der Markt dar.[929] Neuklassische Wettbewerbstheorien sehen im Wettbewerb eine abstrakte Ordnung ohne heteronome Ziele und Zwecke.[930] Der Wettbewerb sei ein dynamischer Prozess, der nicht zum Erliegen komme, solange der Wettbewerb selbst frei und der Marktzutritt offen sei.[931] Herrscht Wettbewerb, stelle der Markt ein nichtautoritäres Kontrollsystem dar.

Für elektronische Marktplätze wurden Untersuchungen angestellt zum individuellen Wettbewerb von Vertragsklauseln oder ganzen Klauselwerken.[932] Inzwischen wird davon ausgegangen, dass bei unbefriedigenden staatlichen Rechtsregeln ein Wettbewerb privater Regeln entsteht. Durch private Dienstleister werde Rechtssicherheit erzeugt.[933] Die internationalen Märkte regulierten sich auf diese Art selbst. Regelmäßig würden dazu Dritte, die genannten Dienstleister, in die Vertragsanbahnung und -abwicklung einbezogen, genannt seien Auskunfteien oder Banken bei Akkreditiv. Risiken würden auch durch deren Verlagerung reduziert. In Betracht kommen Versicherungen, Factoring, Forfaitierung et cetera. Daneben sei eine materiellrechtliche Vereinheitlichung zu beobachten durch standardisierte Klauseln (zum Beispiel Incoterms) oder private Kodifikationen (UNIDROIT, Lando-Prinzipien).[934] Auf den elektronischen Marktplätzen seien solche selbstregulativen Elemente in großer Zahl zu finden. Hier etablierten sich Informationsdienstleister, die Bewertungssysteme oder Gütesiegel zur Verfügung stellen. Internetbezahldienste stellten sich als vertrauenswürdige Dritte für die Vertragsabwicklung und gegebe-

---

[929] Hoeren, Selbstregulierung, S. 15 f.

[930] Emmerich, Kartellrecht S. 9, Rn .29 mit Nachweisen.

[931] Emmerich, Kartellrecht S. 6 f., Rn. 21 mit Nachweisen, sogenannte dynamische Theorie.

[932] G.-P. Calliess in Ladeur, Innovationsoffene Regulierung, S. 205, 206, der allerdings bei Verbraucherverträgen für diesen Wettbewerb innerhalb der staatlichen Privatrechtsordnung keinen Raum für gesellschaftliche Selbstregulierung sieht.

[933] G.-P. Calliess in Ladeur, Innovationsoffene Regulierung, S. 205, 207.

[934] G.-P. Calliess in Ladeur, Innovationsoffene Regulierung, S. 205, 208.

nenfalls Rückabwicklung zur Verfügung.[935] Eine herausgehobene Position hätten Marktplatzbetreiber inne. Sie versuchten, im Wettbewerb um Nachfrager und Anbieter einen sicheren Marktplatz zu etablieren. Gängige Leistungen seien Authentifizierungsmechanismen, Bewertungssysteme, Zahlungsabwicklung oder Ausfallversicherung und Streitschlichtung.[936]

b) Kooperation durch Absprachen

Eine weitere Möglichkeit stellt die Kooperation von Unternehmen dar.[937] In Betracht kommen verbindliche und nicht verbindliche Absprachen.

Nicht verbindlich sind beispielsweise Gentlemen's Agreements. Den Parteien fehlt der Wille, sich rechtlich zu binden. Solche Absprachen eignen sich, wenn die Beteiligten sich aus sittlichen oder anderen Gründen, zum Beispiel Berufsethos oder Ehre, an die Vereinbarung gebunden sehen.

Absprachen können auch rechtsverbindlich getroffen werden. Geeignet sind solche Verträge, um Wettbewerbsregeln zu vereinbaren oder sonst gemeinsame Interessen abzugleichen.

c) Verbände

Endlich bleibt die Koordination der Selbstregulierung durch Organisationen, regelmäßig Verbände.[938] Dieses Instrument eignet sich besonders, um Interessen Dritter zu berücksichtigen, da es ähnlich staatlicher Regulierung die Beteiligten einfangen kann, die sich auf andere Kooperationen nicht einlassen wollen (sogenannte Freerider). Unterschieden werden können ihrer Intensität nach die Handlungsmittel Verbandsempfehlung, -beschluss oder allgemeinverbindlich erklärte Verbandsentscheidung.[939]

---

[935] G.-P. Calliess in Ladeur, Innovationsoffene Regulierung, S. 205, 209 f.
[936] G.-P. Calliess in Ladeur, Innovationsoffene Regulierung, S. 205, 211.
[937] Hoeren, Selbstregulierung, S. 16 f.
[938] Hoeren, Selbstregulierung, S. 17 ff.
[939] Hoeren, Selbstregulierung, S. 18.

Unter Verbandsempfehlungen werden solche Verhaltensvorschläge der Verbände verstanden, deren Befolgung in das Belieben der Verbandsmitglieder gestellt ist. Es gibt also keine rechtliche Bindung und Sanktion. Vielmehr werden Verstöße verbandsintern geahndet. Zur Verfügung steht eine Vielzahl nicht-rechtlicher Sanktionen, beispielsweise Entzug von Verbandsprivilegien.[940] Eine Befolgung der Verbandsempfehlungen, mithin der Erfolg dieses Selbstregulierungselements, hängt von den Sanktionsmöglichkeiten des Verbandes ab.

Der Verbandsbeschluss ergeht in einem Verfahren nach der Satzung des Verbandes. Typischerweise sieht er Beschränkungen für die Verbandsmitglieder vor. Die Bindung der Verbandsmitglieder an die Beschlüsse ergibt sich aus dem Vereinsrecht, jedenfalls aus der Satzung. Ein Verstoß gegen den Beschluss wird normalerweise durch den Verband mit Sanktionen belegt, die denkbare Palette reicht von Bußgeldern bis zum Verbandsausschluss. Die Verbände halten für die Verfolgung der Verstöße Gremien, zum Beispiel Ehrengerichte vor.[941]

Verbandsbeschlüsse binden nur Verbandsmitglieder. Allenfalls durch eine Allgemeinverbindlichkeitserklärung staatlicherseits kommt eine Ausdehnung des Geltungsbereichs in Betracht.[942] Allgemeinverbindlichkeitserklärungen des Gesetzgebers kommen heute in Deutschland außerhalb des Arbeitsrechts kaum vor.[943] Generell bietet sich die Verbindlicherklärung von privaten Normen durch den Staat als Instrument zur Förderung der Selbstregulierung an.[944]

---

[940] Hoeren, Selbstregulierung, S. 18 unter Berufung auf Maitland, California Management Review 27 (1985), 137, 143.

[941] Zur Ehrengerichtsbarkeit im Bankbereich Hoeren, Selbstregulierung, S. 315 ff.

[942] So geschehen 1932 mit dem materiellen Regeln des Wettbewerbsabkommen zwischen Banken, Sparkassen und Kreditgenossenschaften, vergleiche dazu Hoeren, Selbstregulierung, S. 232 ff. und 235 f.

[943] Zum Beispiel im Banken- und Versicherungsbereich nach 1945 gar nicht mehr, Hoeren, Selbstregulierung, S. 19.

[944] Ruch ZSR 123 (2004), II, 373, 422. In der Schweiz ist dies beispielsweise für Anforderungen an Produktqualitäten und Herstellungsverfahren bekannt, Ruch am angegebenen Ort.

d) Staatliche Maßnahmen

Die erläuterten Mechanismen und Maßnahmen sind ohne staatliche Intervention denkbar.[945] Hat der Staat ein Interesse an Selbstregulierung, stehen verschiedene Handlungsoptionen bereit.

Denkbar ist, dass der Staat die Kooperation unter den Unternehmen provozieren will. Dafür kann er rechtliche Konsequenzen androhen, falls genannte Ziele nicht erreicht werden.[946]

Statt dessen kommt auch die Schaffung von Anreizen in Betracht, etwa durch finanzielle Förderung.[947] Der Staat ist zwar hier bei seinen Handlungen an das öffentliche Recht gebunden, eine Bindung der Unternehmen ist jedoch nicht anzunehmen: Anvisiert wird ein Einvernehmen innerhalb der Unternehmen, nicht mit ihnen.[948]

---

[945] Zur Diskussion um die behauptete Unverbindlichkeit der Selbstregulierung siehe Hoeren, Selbstregulierung, S. 357 ff.; kritisch für den Insiderhandel Paefgen AG, 1991, 380, 384 ff.; zur These, Selbstregulierung sei private Rechtsetzung, Kirchhof, Private Rechtsetzung, S. 21 ff.; Hoeren, Selbstregulierung, S. 358 f. Zur legistischen Perspektive siehe oben im Text. Das Fehlen von besonderen Eingriffsmöglichkeiten kann als rein private oder autonome Selbstregulierung bezeichnet werden. Diese muss ihre Rechtfertigung in der Privatautonomie und besonders der Vertragsfreiheit suchen: Eine andere Ermächtigung fehlt, siehe C. Calliess AfP 2002, 465, 466; G.-P. Calliess in: Jud/Bachner, Prinzipien, S. 85, 94 ff.

[946] Ein prominentes Beispiel aus jüngerer Zeit stellte die Drohung dar, Zwangspfand auf Getränkeverpackungen einzuführen, sollte die Industrie nicht einen vorgegebene Anteil von Getränken in Mehrwegverpackungen verkaufen.

[947] Siehe C. Calliess AfP 2002, 465, 466: Aus staatlicher Sicht ist bei dieser Aufgabenbewältigung eine höhere Akzeptanz des unvermeidlichen Grundrechtseingriffs zu erwartenden: Derjenige, der an der Regelfindung mitwirkt, wird ihrer Durchsetzung weniger Widerstand entgegensetzen, lautet die Annahme.

[948] Hoeren, Selbstregulierung, S. 21; Rengeling, Kooperationsprinzip, S. 167. Im öffentlich-rechtlichen Schrifttum wird dieses staatlich initiierte Verhalten teilweise bereits als vertragsähnliche Absprache bezeichnet, Scherer DÖV 1991, 1, 2 f.; Baudenbacher JZ1988, 689 ff.; Nickel, Absprachen S. 59 ff., 81 ff. Die Absprachen ersetzten nämlich Normen, Scherer DÖV 1991, 1, 2 f.; Baudenbacher JZ1988, 689, 691; Nickel, Absprachen S. 94. Hintergrund dieser Betrachtungsweise ist die Einordnung der Handlungsweise des Staates in den Kanon verwaltungsrechtlicher Instrumente. Eine Frage, die in zivilrechtlichen Abhandlungen regelmäßig nicht untersucht wird.

Erreicht der Staat mit den genannten Mitteln seine Ziele nicht, kann er zu enge-
ren Kooperationen übergehen. Es bieten sich unverbindliche Absprachen[949] oder
öffentlich-rechtliche Verträge[950] an.

Weiter bleibt dem Staat die Möglichkeit, seine Kontrolle über die Wirtschaft zu
verstärken, indem er die Selbstregulierung überwacht.[951] Auch hier bietet sich eine
Abstufung entsprechend der Intensität an: von der Rechtsaufsicht (zum Beispiel
Kartellbehörden) bis zur Integration in die mittelbare Staatsverwaltung (etwa bei
den berufsständischen Kammern, §§ 3 Abs. 1, 11 Abs. 1 IHKG, 90 HandwO). In
der Wissenschaft wird zudem für grundrechtssensible Bereiche eine Auffangverantwortung des Staates diskutiert, für den Fall, dass selbstregulative Maßnahmen
versagen.[952]

3. Mögliche Optionen

Zu diskutieren ist an dieser Stelle, welche der genannten Formen eingesetzt wer-
den können, um in elektronischen Märkten für Kunden erhöhte Transparenz beim
Vertragsabschluss mit Allgemeinen Geschäftsbedingungen und als Reflex eine
Verbesserung des Wettbewerbs zu erreichen.

a) Markt

Bereits einleitend wurde darauf hingewiesen, dass in weiten Teilen ein Versagen
marktlicher Regulierungsmechanismen konstatiert wird. Auf elektronischen Marktplätzen bliebe im Gebiet der Verbraucherverträge zudem für die Selbstregulierung

---

[949] Dies ist im Umweltrecht üblich, Hoeren, Selbstregulierung, S. 21; Jarass DVBl 1986, 314, 319
ff.; Rengeling, Kooperationsprinzip, S. 34 ff. Aus öffentlich-rechtlicher Sicht sind solche Maßnahmen nicht unbedenklich, siehe schon Jarass DVBl 1986, 314, 320; Schendel, NVwZ 2001, 494,
498. Diskussionswürdig ist, wie der Gesetzesbindung des Staates Genüge getan wird und wie
und ob Interessen Dritter ausreichend berücksichtigt werden können, Hoeren, Selbstregulierung, S. 21; Bauer VerwArch 1987, 241, 254 f., letztlich geht Bauer von der Zulässigkeit der Absprachen aus, VerwArch 1987, 241, 260 ff.
[950] Dazu Bulling DÖV 1989, 277, 281 f.
[951] Hoeren, Selbstregulierung, S. 22.
[952] Hoffmann-Riem AöR 123 (1998), 513, 537.

ohnehin nur der Bereich jenseits des staatlichen Rechts.[953] Der überwiegende Teil der als typisch beschriebenen selbstregulativen Elemente, etwa eine bereitgestellte Marktordnung oder Dienste zur Zahlungsabwicklung, wurzelt im Marktplatzbetreiber. Ein solcher entfällt bei verteilten Märkten. Die Software kann allenfalls Institutionen wie das oben beschriebene elektronische Einschreiben implementieren, in einem grundsätzlich offenen Markt aber nicht deren Nutzung durchsetzen. Um Klarheit über die Bedeutung von Nebenabreden zu schaffen, verspricht eine Koordination durch den Markt wenig Erfolg. Voraussetzung wäre zumindest eine zugängliche Implementierung der erforderlichen Software und eine Formalisierung der Klauseln durch die Verwender. Schon ersteres ist nicht der Fall.

b) Kooperation durch Absprachen

Kooperationen zwischen Unternehmen wären nur ein taugliches Mittel, wenn gerade die zu schützenden Kunden beteiligt wären oder die Absprachen zu deren Gunsten erfolgten. Es müssten zudem möglichst viele Marktteilnehmer beteiligt sein, um für einen großen Kreis von Kunden Schutz zu erreichen. Hier ist fraglich, ob für Unternehmen überhaupt ein Anreiz zu solchen Kooperationen besteht, zumal die Implementierung von Software und Anpassung der Klauseln Kosten verursacht.

c) Verbände

Es bleibt die Möglichkeit, die Aufgabe in die Hände von Organisationen zu legen. Verbände, die sich für fairen Wettbewerb im elektronischen Handel einsetzen und Marktteilnehmer gewinnen wollen, indem Vertrauen in den elektronischen Handel generiert wird, kommen als „nebenberufliche" Wahrer der Kundeninteressen in Betracht.

Ein solcher Verband könnte Empfehlungen für eine technologieneutrale (das heißt hier hauptsächliche plattformunabhängige) Implementierung geben oder diese selbst beauftragen und zur Verfügung stellen, beispielsweise als Web-Service. Im folgenden Schritt ist denkbar, dass der Verband seinen Mitgliedern empfiehlt,

---

[953] G.-P. Calliess in Ladeur, Innovationsoffene Regulierung, S. 205, 206.

Allgemeine Geschäftsbedingungen entsprechend maschinenlesbar vorzuhalten. Ein entsprechender Beschluss ist ebenfalls denkbar.

d) Staatliche Maßnahmen

Die selbstregulativen Maßnahmen eines Verbandes können unabhängig von staatlicher Einflussnahme erfolgen.

aa) Verfassungsrechtlich gebotenes Einschreiten?

Aus Perspektive des Staates stellt sich die Frage, ob ein Eingreifen erforderlich ist, um erhöhte Transparenz beim Vertragsabschluss mit Allgemeinen Geschäftsbedingungen zu erreichen. Zu unterscheiden ist zwischen rechtspolitisch für richtig gehaltenem Eingreifen und aus verfassungsrechtlichen Schutzpflichten gebotenem Handeln. Soll dieses Verfassungsprinzip nicht ausgehöhlt werden, ist im Bereich der Privatautonomie Zurückhaltung geboten. Durch die Inhaltskontrolle steht ein Instrument zur Verfügung, das bei Missbrauch den Vertragsparteien den erforderlichen staatlichen Schutz angedeihen lässt. Verfassungsrechtlicher Handlungsbedarf ist nicht ersichtlich. Mithin besteht kein Grund für die Implementierung eines (weiteren) Ankers für eine staatliche Auffangverantwortung. Aus rechtspolitischer Sicht ist zu bedenken, dass eine Ursache für die ausbleibende Kenntnisnahme der Bedingungen durch die Kunden neben fehlender Transparenz andere Gründe haben kann. Bewusste Freiheitsausübung hat der Gesetzgeber zu akzeptieren. Es ist daher nicht sinnvoll, dem Kunden Kenntnisnahmepflichten oder -obliegenheiten ordnungsrechtlich aufzubürden.[954] Regulierung, die den Kunden die Kenntnisnahme aufdrängt, ist daher abzulehnen. Damit erscheint auch staatliches Handeln verfehlt, das auf die Selbstregulierung Einfluss nimmt mit dem Ziel, die hier beschriebe Software quasi verbindlich in elektronischen Märkten zu etablieren.

---

[954] Ulmer/Brandner/Hensen/*Ulmer* Einl. Rn. 51.

bb) Anreizregulierung

In Betracht kommt statt dessen, dass der Gesetzgeber Anreize für die als sinnvoll erachtete Selbstregulierung schafft. Solche Anreize können in einer Förderung der entsprechenden Infrastruktur bestehen, etwa der teilweisen Finanzierung von Projekten zur Implementierung entsprechender Software. Denkbar ist daneben, dass der Gesetzgeber Vertrauen in entstandene Implementierungen verstärkt, indem Zertifizierungen oder Siegel gesetzlich vorgesehen werden. Gesetzliche Siegel existieren bereits, beispielsweise das sogenannte Öko-Kennzeichen, §§ 1, 2 Abs. 2 Satz 1 Nr. 1 ÖkoKennzG in Verbindung mit § 1 ÖkoKennzV oder das Datenschutz-Gütesiegel des Unabhängigen Landeszentrums für Datenschutz Schleswig-Holstein für die Vereinbarkeit eines Produktes mit den Vorschriften über den Datenschutz und die Datensicherheit, § 4 Abs. 2 LDSG Schleswig-Holstein, § 1 DSAVO[955] Schleswig-Holstein. Zudem werden im elektronischen Handel (private) Gütesiegel eingesetzt, um Vertrauen zu generieren.[956]

Neben einer Zertifizierung der Software oder eines Web-Services ist eine Aussage bezüglich der vom Verwender angebotenen formalen Repräsentation der Klauseln erforderlich, beispielsweise eine Zertifizierung als konform einer entsprechenden Spezifikation. Dafür bietet sich ein förmliches Verfahren wie beim oben erwähnten Datenschutz-Gütesiegel nicht an. Das Verfahren für den Verwender darf, anders als bei der Softwarezertifizierung, nicht zu aufwendig und kostenintensiv sein, um nicht abzuschrecken. Sinnvoll erscheint es daher, dieses Verfahren komplett bei den Verbänden anzusiedeln.[957] Für eine gesetzliche Normierung und ein förmliches Verfahren kommt die Zertifizierung der Software in Betracht. Für die Zertifizierung der Repräsentation als spezifikationskonform erscheint eine

---

[955] Landesverordnung über ein Datenschutzaudit (Datenschutzauditverordnung – DSAVO) vom 3. November 2008, GVOBl. 2008, S. 562.

[956] Beispielsweise „Safer Shopping" des TÜV Süd, http://www.safer-shopping.de/ 20.07.2009 und „Trusted Shops" des gleichnamigen Unternehmens, http://www.trustedshops.de/ 20.07.2009.

[957] Das Verfahren ließe sich eventuell weitgehend automatisieren. Beispielsweise bietet das World Wide Web Consortium verschiedene Werkzeuge an, um Dokumente auf syntaktische Korrektheit hinsichtlich der herausgegebenen Spezifikationen zu überprüfen (so kann beispielsweise eine HTML-Seite auf Fehler untersucht werden, die Ausgangsseite findet sich unter http://www.w3.org/QA/Tools/ 20.07.2009) . Den Dokumenten darf dann ein entsprechendes Bild beigegeben werden, http://www.w3.org/QA/Tools/Icons 20.07.2009. Voraussetzung ist eine entsprechend Validierungssoftware und eine Spezifikation. Es erfolgt allerdings keine inhaltliche Überprüfung, die Dokumente können gleichwohl für Menschen unsinnige Informationen enthalten.

Regelung der Anforderung und Übertragung des Verfahrens auf Organisationen der Selbstregulierung als richtiger Weg.

Eine Anforderung an die Software stellt Technologieneutralität insbesondere im Sinne einer Plattformneutralität dar. Fehlt eine solche Neutralität, führt dies zum Ausschluss von Marktteilnehmern. Das Ziel, Transparenz und Wettbewerb zu fördern, kann jedenfalls teilweise nicht erreicht werden. Die Anforderung der Technologieneutralität überträgt sich auch auf die Repräsentation der Allgemeinen Geschäftsbedingungen.

Für das materielle Recht folgt aus diesem Postulat kein Regelungsbedürfnis. Die Normen zum Recht der Allgemeinen Geschäftsbedingungen oder zum Vertragsschluss stammen in ihrem Kern aus einer Zeit, in der elektronische Marktplätze nicht oder nicht als Massenphänomen existierten. Sie sind technologieneutral angelegt. In den vorangegangen Kapiteln wurde gezeigt, dass diese Normen sich technologieneutral auslegen lassen und die für den Verwender erforderliche Rechtssicherheit bieten.

Offen bleibt an dieser Stelle, ob Regelungsbedarf abseits des materiellen bürgerlichen Rechts besteht. Denkbar ist, dass der Staat zum Schutze des Wettbewerbs oder zur Daseinsvorsorge regulierend auf Standardisierungsprozesse einwirkt, wie dies etwa im Energiewirtschaftsrecht der Fall ist.[958] Diesen Fragen nachzugehen, würde dem Umfang der Arbeit sprengen.

Zu untersuchen bleibt, ob der Staat grundsätzliche gehalten ist, auf Software zu reagieren, die regulierend wirkt. Diese Frage wird untersuchungsbedürftig, wenn Software staatliche Institutionen[959] verdrängt und an ihre Stelle tritt. Für die hier beschriebene Software wird dies nicht angenommen werden können, da sie nicht verdrängend, sondern unterstützend wirkt. Software kann auch im Bereich des privatautonomen Handelns institutionellen Charakter erhalten, beispielsweise für den Marktzutritt. Für die hier angedachten Anwendungen ist dies indessen nicht ersichtlich.

---

[958] Siehe den in Kapitel G. V. 2. a) aa) bereits erwähnten Beschluss zur Festlegung einheitlicher Geschäftsprozesse und Datenformate zur Abwicklung der Belieferung von Kunden mit Elektrizität der 6. Beschlusskammer der Bundesnetzagentur vom 11. Juli 2006 (Az. BK6-06-009).

[959] Im Sinne des Begriffsverständnisses der Soziologie.

II. Fazit

Phänomene der Selbstregulierung werden übereinstimmend als Rückzug des Staates respektive Wiedererlangung privater Freiheiten verstanden. Neben dem grundsätzlichen politischen Gusto für mehr oder weniger Regulierung werden weitere Gründe genannt. Herausgestellt wird die schnelle Entwicklung der Technik. Sie führe zu einer hohen Komplexität und zu neuen Phänomenen in der jetzt sogenannten Informations- und Kommunikationsgesellschaft. Diese zu erfassen, seien die klassischen Regulierungsinstrumente nicht immer in der Lage. Der Staat sei „überfordert" und „überlastet".[960] Der Regulierungsbedarf nähme zu, beispielsweise soll Infrastruktur bereitgestellt (Zugang zu Netzen), Wettbewerb gewährleistet und neuartiges sozialschädliches Verhalten bekämpft werden (Kriminalität im Internet).

Richtig ist, dass der Staat sich nicht allein einer Regulierung enthalten kann, weil er überlastet oder überfordert sei. Aufgabe des Staates ist es, sich die erforderlichen Informationen zu beschaffen, falls Regulierungsbedarf gesehen wird. Ein Eingreifen des Staates kann auch von Rechts wegen erforderlich sein. Grundrechtliche Schutzpflichten zwingen dazu, wenn die Selbstregulierung Schädigungen Privater nicht verhindern kann. Je mehr der Staat sich zurückzieht, desto größer wird seine Beobachtungspflicht. Diese Beobachtung und Prüfung kann auf Private übertragen werden, indessen muss der Staat die Kontrolle der Kontrolle sicherstellen. [961]

Richtig ist auch, dass die Schnelllebigkeit der technischen Entwicklungen eine Prognose erschwert. Entwicklungen sind nicht immer exakt vorherzusagen. Die Wahrscheinlichkeit für Fehleinschätzungen steigt und führt zu Problemen, wenn Regulierung an solche Einschätzungen anknüpft. In diesen Bereichen kann mithin regulatorische Zurückhaltung sinnvoll sein, soweit nicht ein Handeln durch grundgesetzliche Schutzpflichten indiziert ist. Durch die Vernetzung der Gesellschaften und die Globalisierung entstehen Bereiche, auf die der Staat keinen vollen Zugriff hat.[962] Auf die technische Struktur des Internets kann der deutsche Staat mangels Zugriffs auf alle Root-, DNS- oder sonstige Server keinen direkten Einfluss neh-

---

[960] C. Calliess AfP 2002, 465.
[961] Schmidt-Preuß VVDStRL 56, 160,172 ff. und 229.
[962] C. Calliess AfP 2002, 465 mit Nachweisen.

men. Dadurch entfallen keine Schutzpflichten, wenn ein indirekter Einfluss möglich ist.

Legitimes Ziel der staatlichen regulatorischen Zurückhaltung kann daher nur sein, dass die Selbstregulierung die Ziele, die die Regulierung verfolgen würde, besser oder effizienter erreichen kann.

Der Vorschlag, Anreize für die Implementierung und Nutzung unterstützender Software zu schaffen, stellt ein solches legitimes Ziel dar. Es wurde dargelegt, dass Regulierungsbedarf im Sinne der Neuschaffung oder Änderung staatlichen Rechts nicht ersichtlich ist. Zudem wird angenommen, dass die vorgeschlagenen selbstregulativen Maßnahmen geeignet sind, das staatliche Ziel, beim Kunden Klarheit über die Bedeutung von Nebenabreden zu schaffen, effizienter zu erreichen.

K. Zusammenfassung der Ergebnisse

Die Arbeit behandelt elektronische Marktplätze, die ohne eine zentrale Instanz auskommen und allein durch die Marktteilnehmer entstehen. Die Arbeit gibt daher einen – für das juristische Publikum leicht zugänglichen – Überblick über technische Entwicklungen und Möglichkeiten für elektronischen Handel abseits von Webshops, Webseiten und den üblicherweise besprochenen Beispielen wie eBay.

Die Auffassungen von Rechtswissenschaft und -praxis zur Einbeziehung Allgemeiner Geschäftsbedingungen im elektronischen Handel werden systematisiert und deren Grenzen aufgezeigt. Es werden technologieneutrale Kriterien für die Subsumtion des § 305 Abs. 2 BGB entwickelt, die Rechtssicherheit schaffen und nicht mit jeder technischen Innovation einer Überarbeitung bedürfen.

Für den besonderen Fall des beiderseitigen Einbeziehungsversuchs wird gezeigt, dass der Vertrag grundsätzlich unter Ausschluss der kollidierenden Bedingungen geschlossen wird. Kollisionen liegen dabei nur vor, wenn die Regelungen, etwa Gesetzesabweichungen, ergebnisverschieden sind.

Es wird ein technisches Verfahren vorgestellt, das in einem elektronischen Markt ohne zentrale Instanz eine vertrauenswürdige Kommunikation ermöglicht (hier sogenanntes „elektronisches Einschreiben"). In der rechtlichen Begutachtung wird nachgewiesen, dass dieses Verfahren in einigen Fällen geeignet ist, einen Beweis des ersten Anscheins für den Zugang einer Erklärung zu begründen. Zudem kann an dieser Stelle gezeigt werden, dass die neueren Auffassungen zum Anscheinsbeweis elektronischer Bestätigungsnachrichten für E-Mail und dergleichen nicht vertretbar sind.

In der vorgelagerten Frage nach dem materiellrechtlichen Zugang einer Erklärung, die durch die elektronische Kommunikation wieder an Aufmerksamkeit gewonnen hat, wird nachgewiesen, dass eine neuere Auffassung von Singer/Benedict den Vorzug verdient, allerdings hinsichtlich des Anwendungsbereichs der Vernehmungs- und Empfangstheorie und des § 130 Abs. 1 BGB einer Korrektur bedarf.

Neben (rechtlich) gesicherter Kommunikation kann in dezentralen Märkten Vertrauen durch rechtliche Unterstützung von Laien generiert werden, weshalb die Arbeit denkbare Anwendungen skizziert, die den Nutzer bei der Erstellung von Vertragsmustern und deren Inhaltskontrolle sowie bei Vertragsverhandlungen unterstützen. Voraussetzung ist die Formalisierung beziehungsweise Modellierung von Recht, die hier für Allgemeine Geschäftsbedingungen untersucht wird. Dabei gibt die Arbeit einen, dem juristischen Publikum leicht zugänglichen, Überblick über den Stand der Forschung in der Informatik und zeigt die Limitationen dieser Ansätze auf.

Es wird eine Methodik für die Formalisierung vertraglicher Nebenabreden entwickelt und damit ein Beitrag zur Neuen Rechtsinformatik geleistet.

Für eine erfolgreiche Einbeziehung formal beschriebener Allgemeiner Geschäftsbedingungen ist immer eine natürlichsprachliche Repräsentation erforderlich. Weichen verschiedene Repräsentationen Allgemeiner Geschäftsbedingungen in ihrer Bedeutung von einander ab, scheitert die Einbeziehung im Zweifel.

In einem Ausblick wird untersucht, wie durch die gefundenen Ergebnisse mit Mitteln der Selbstregulierung eine Verbesserung der Position der Kunden in elektronischen Märkten erreicht werden kann. Es wird ein Vorschlag für eine Anreizregulierung durch den Gesetzgeber erarbeitet.

Literatur

Achilles, Alexander; Gebhard, Albert; Spahn, Peter
Protokolle der Kommission für die Zweite Lesung des Entwurfs des Bürgerlichen
Gesetzbuchs. Band 1. Allgemeiner Theil und Recht der Schuldverhältnisse. Ab-
schn. I, Abschn. II, Tit. I. Berlin, 1897 (zitiert: Protokolle I)

Angele, Jürgen; Lausen, Georg
Ontologies in F-logic
In: Staab, Steffen; Studer Rudi (Herausgeber)
Handbook on ontologies. Berlin, Heidelberg, 2004 (zitiert: Staab/Studer, Hand-
book), S. 29–50

Antoniou, Grigoris; van Harmelen, Frank
Web Ontology Language: OWL
In: Staab, Steffen; Studer Rudi (Herausgeber)
Handbook on ontologies. Berlin, Heidelberg, 2004 (zitiert: Staab/Studer, Hand-
book), S. 67–92

Ascheid, Reiner; Preis, Ulrich; Schmidt, Ingrid (Herausgeber)
Kündigungsrecht. Großkommentar zum gesamten Recht der Beendigung von Ar-
beitsverhältnissen. 3. Auflage, München, 2007 (zitiert: Ascheid/Preis/Schmidt/Be-
arbeiter)

Bäumer, Urlich; Rendell, Simon; Pühler, Alexander
Napster, Gnutella, Kazaa and Beyond: Can the Music Industry Win the Battle
Against File-Sharing Networks?
In: CRi 2005, S. 129–137

Baudenbacher, Carl
Kartellrechtliche und verfassungrechtliche Aspekte gesetzesersetzender Vereinba-
rungen zwischen Staat und Wirtschaft
In: JZ 1988, S. 689–697

Bauer, Jobst-Hubertus; Diller, Martin
Kündigung durch Einwurf-Einschreiben – ein Kunstfehler!
In: NJW 1998, S. 2795–2796

Bauer, Hartmut
Informelles Verwaltungshandeln im öffentlichen Wirtschaftsrecht
In: VerwArch 1987, S. 241–268

Benedict, Jörg
Einschreiben und Zustellungen durch die Post - lauter Kunstfehler?
In: NVwZ 2000, S. 167–169

Benjamins, V. Richard; Casanovas, Pompeu; Breuker, Joost; Gangemi, Aldo
Law and the Semantic Web, an Introduction
In: Benjamins, V. Richard; Casanovas, Pompeu; Breuker, Joost; Gangemi, Aldo
(Herausgeber)
Law and the Semantic Web. Legal Ontologies, Methodologies, Legal Information
Retrieval, and Applications. Berlin, Heidelberg, 2005 (zitiert: Law and the Semantic
Web), S. 1–17

Bergfelder, Martin
Der Beweis im elektronischen Rechtsverkehr. Hamburg, 2006 (zitiert: Bergfelder,
Beweis)

Bizer, Johann
Sicherheit durch Interaktion
In: DuD 26 (2002), S. 276–280

Boer, Alexander; Di Bello, Marcello; van den Berg, Kasper; Gordon, Tom; Förhécz,
András; Vas, Réka
Specification of the Legal Knowledge Interchange Format. Deliverable 1.1, Estrella, 2007 verfügbar unter: http://www.estrellaproject.org/doc/D1.1-LKIF-Specificati-
on.pdf 20.07.2009 (zitiert: LKIF-Spec)

Bohrer, Arndt
Entwicklung eines internetgestützten Expertensystems zur Prüfung des Anwen-

dungsbereichs urheberrechtlicher Abkommen. Dissertation, Saarbrücken, 2003 verfügbar unter: http://scidok.sulb.uni-saarland.de/volltexte/2003/87/pdf/DissertationArndtBohrer.pdf 20.07.2009 (zitiert: Bohrer, Entwicklung eines internetgestützten Expertensystems)

Borges, Georg
Verbraucherschutz beim Internet-Shopping
In: ZIP 1999, S. 130–136

Borges, Georg
Verträge im elektronischen Geschäftsverkehr. Vertragsabschluß, Beweis, Form, Lokalisierung, anwendbares Recht. München, 2003 (zitiert: Borges, Verträge im elektronischen Geschäftsverkehr)

Borges, Georg
Rechtsfragen des Phishing – Ein Überblick
In: NJW 2005, S. 3313–3317

Bortloff, Nils
Internationale Lizenzierung von Internet-Simulcasts durch die Tonträgerindustrie
In: GRURInt 2003, S. 669–686

Bräutigam, Peter; Leupold, Andreas (Herausgeber)
Online-Handel. Betriebswirtschaftliche und rechtliche Grundlagen. Einzelne Erscheinungsformen des E-Commerce. München, 2003 (zitiert: Bräutigam/Leupold/Bearbeiter)

Breuker, Joost; Hoekstra, Rinke; Boer, Alexander; van den Berg, Kasper; Rubino, Rossella; Sartor, Giovanni; Palmirani, Monica; Wyner, Adam; Bench-Capon, Trevor
OWL ontology of basic legal concepts (LKIF-Core). Deliverable 1.4, Estrella, 2007 (verfügbar unter: http://www.estrellaproject.org/doc/D1.4-OWL-Ontology-of-Basic-Legal-Concepts.pdf 20.07.2009) (zitiert: LKIF-Core)

Brunner, Ursula
Regulierung, Deregulierung und Selbstregulierung im Umweltrecht

In: Zeitschrift für schweizerisches Recht (ZSR) 123 (2004), Halbband 2, S. 307–
371

Bulling, Manfred
Kooperatives Verwaltungshandeln (Vorbereitung, Arrangements, Agreements und
Verträge) in der Verwaltungspraxis
In: DÖV 1989, S. 277–289

Bultmann, Fritz A.; Rahn, Gerd-Jürgen
Rechtliche Fragen des Teleshopping
In: NJW 1988, S. 2432–2438

Bund, Elmar
Einführung in die Rechtsinformatik. Berlin, Heidelberg, New York, London, Paris,
Tokio, Hongkong, Barcelona, 1991 (zitiert: Bund, Einführung)

Burgard, Ulrich
Das Wirksamwerden empfangsbedürftiger Willenserklärungen im Zeitalter moder-
ner Telekommunikation
In: AcP 195 (1995) S. 74–136

Calliess, Christian
Inhalt, Dogmatik und Grenzen der Selbstregulierung im Medienrecht
In: AfP 2002, S. 465–475

Calliess, Gralf-Peter
Die Zukunft der Privatautonomie. Zur neueren Entwicklung eines gemeineuropäi-
schen Rechtsprinzips
In: Jud, Brigitta; Bachner, Thomas und andere (Herausgeber)
Prinzipien des Privatrechts und Rechtsvereinheitlichung, Stuttgart, München, Han-
nover, Berlin, Weimar, Dresden, 2001 (zitiert: Jud/Bachner, Prinzipien), S. 85–110

Calliess, Gralf-Peter
Rechtsverbraucherschutz im Internet. Zur Konstitutionalisierung des Wettbewerbs
transnationaler Zivilregimes
In: Karl-Heinz Ladeur (Herausgeber), Innovationsoffene Regulierung des Internet,

Baden-Baden, 2003 (zitiert: Ladeur, Innovationsoffene Regulierung), S. 205–225

Canaris, Claus-Wilhelm
Die Unanwendbarkeit des Verbots der geltungserhaltenden Reduktion, ergänzenden Auslegung oder Umdeutung von AGB bei den Kunden begünstigenden Klauseln
In: NJW 1988, S. 1243–1245

Canaris, Claus-Wilhelm
Besprechung zu BGH JZ 1976, 132
In: JZ 1976, S. 132–134

Canaris, Claus-Wilhelm
Die Feststellung von Lücken im Gesetz. Eine methodologische Studie über Voraussetzungen und Grenzen der richterlichen Rechtsfortbildung praeter legem.
Berlin, 1964 (zitiert: Canaris, Feststellung von Lücken)

Chiu, Eric
ebXML Simplified. A Guide to the New Standard for Global E-Commerce. New York, Chichester, 2002 (zitiert: Chiu, ebXML)

Clarke, Roger
Electronic Data Interchange (EDI): An Introduction
http://www.anu.edu.au/people/Roger.Clarke/EC/EDIIntro.html 20.07.2009

Cole, James; Milosevic, Zoran
Extending support for contracts in ebXML
In: Orlowska, M. E.; Yoshikawa, Masatoshi
Proceedings of the workshop on Information technology for virtual enterprises 2001, Queensland, Australia, January 29 - 30, 2001. Los Alamitos, Kalifornien, 2001 (zitiert: ITVE2001), S. 119–127

Conrad, Michael
Non-repudiation mechanisms for Peer-to-Peer networks. Enabling technology for peer-to-peer economic markets
In: Diot, C.; Ammar, M.; Sá da Costa, Carlos; Lopes, Rui; Leitão, Ana Rita; Feams-

ter, N.; Teixeira, R. (Herausgeber)
Proceedings of CoNEXT'06. 2nd Conference on Future Networking Technologies.
4 - 7 December 2006, ADETTI / ISCTE, Lisboa, Portugal. (zitiert: CoNext2006), S.
249–250

Conrad, Michael
Verfahren und Protokolle für sicheren Rechtsverkehr auf dezentralen und sponta-
nen elektronischen Märkten. Dissertation, Universität Karlsruhe, 2009, im Erscheinen (zitiert: Conrad, Verfahren)

Conrad, Michael; Dinger, Jochen; Hartenstein, Hannes; Schöller, Marcus; Zitter-
bart, Martina; Rolli, Daniel
A Peer-to-Peer Framework for Electronic Markets
In: Steinmetz, Ralf; Werle, Klaus (Herausgeber)
Peer-to-Peer Systems and Applications. Berlin, Heidelberg, New York, 2005 (zi-
tiert: Peer-to-Peer Systems), S. 509–525

Conrad, Michael; Funk, Christian; Raabe, Oliver; Waldhorst, Oliver
A Lawful Framework for Distributed Electronic Markets
In: Camarinha-Matos, L.; Afsarmanesh, H.; Novais, P.; Analide, C. (Herausgeber)
Establishing the Foundation of Collaborative Networks. IFIP TC 5 WG 5.5 Eighth
IFIP Working Conference on Virtual Enterprises, September 10-12, 2007, Guima-
raes, Portugal (zitiert: Pro-VE2007), S. 233–240

Conrad, Michael; Funk, Christian; Raabe, Oliver; Waldhorst, Oliver P.
Legal compliance by design: technical solutions for future distributed electronic
markets
In: JIM (Journal of Intelligent Manufacturing) 2008 f. Printversion im Erscheinen,
Onlineversion verfügbar seit 09.11.2008 (S.1–13) zitiert wird die Onlineversion
vom 09.11.2008

Corcho, Oscar; Fernández-López, Mariano; Gómez-Pérez, Asunción; López-Cima,
Angel
Building Legal Ontologies with METHONTOLOGY and WebODE
In: Benjamins, V. Richard; Casanovas, Pompeu; Breuker, Joost; Gangemi, Aldo
(Herausgeber)

Law and the Semantic Web. Legal Ontologies, Methodologies, Legal Information
Retrieval, and Applications. Berlin, Heidelberg, 2005 (zitiert: Law and the Semantic
Web), S. 142–157

Czeguhn, Ignacio
Beweiswert und Beweiskraft digitaler Dokumente im Zivilprozess
In: JuS 2004, S. 124–126

Daskalopulu, Aspassia
Modelling Legal Contracts as Processes
In: Min Tjoa, A; Wagner, Roland R.; Al-Zobaidie, A.
11th International Workshop on Database and Expert Systems Applications 4-8
September, 2000, Greenwich, London, United Kingdom. proceedings. Los Alami-
tos, Kalifornien, 2000. (zitiert: DEXA00), S. 1074–1079

Daskalopulu, Aspassia-Kaliopi
Logic-Based Tools for the Analysis and Representation of Legal Contracts. Dissertation, London, 1999, auch verfügbar unter http://opim-
sun.wharton.upenn.edu/~sok/papers/d/AspassiaPhD.pdf 20.07.2009 (zitiert: Daskalopulu, Tools)

Daskalopulu, Aspassia; Sergot, Marek
The Representation of Legal Contracts
In: AI & Society 1997, S. 6-17 = arXiv:cs/0106005v1
(http://arxiv.org/abs/cs/0106005 20.07.2009), S. 1–25

Degen, Thomas A.
Mahnen und Klagen per E-Mail – Rechtlicher Rahmen und digitale Kluft bei Justiz
und Anwaltschaft?
In: NJW 2008, S. 1473–1480

Diederichsen, Uwe
Anmerkung zu BGH NJW 1969, 269 ff.
In: NJW 1969, S. 276

Dietrich, Antje; Lockemann, Peter C.; Raabe, Oliver
Agent Approach to Online Legal Trade
In: Krogstie, John; Opdahl, Andreas Lothe; Brinkkemper, Sjaak (Herausgeber)
Conceptual Modelling in Information Systems Engineering. Berlin Heidelberg New
York, 2007 (zitiert: Conceptual Modelling), S. 177–194

Dinger, Jochen
Das Potential von Peer-to-Peer-Netzen und -Systemen. Architekturen, Robustheit
und rechtliche Verortung. Karlsruhe, 2009 (zitiert: Dinger, Potential)

Dörner, Heinrich
Rechtsgeschäft im Internet
In: AcP 202 (2002), S. 363–396

Ebenhoch, Peter
Die Verwendung von XML für die strukturierte Informationsgestaltung von gerichtlichen Entscheidungen
In: JurPC Web-Dok. 110/2001, Abs. 1-16
(http://www.jurpc.de/aufsatz/20010110.htm 20.07.2009)

Emmerich, Volker
Kartellrecht. 11. Auflage, München, 2008 (zitiert: Emmerich, Kartellrecht)

Engisch, Karl
Einführung in das juristische Denken. herausgegeben und bearbeitet von Thomas
Würtenberger und Dirk Otto. 10. Auflage, Stuttgart, 2005 (zitiert: Engisch, Einfüh-
rung)

Erbguth, Jörn
SGML zur Erfassung und Dokumentation juristischer Dokumente
In: JurPC Web-Dok. 40/1998, Abs. 1–21
(http://www.jurpc.de/aufsatz/19980040.htm 20.07.2009)

Erman, Walter (Begründer); Westermann, Harm Peter (Herausgeber)
Erman Bürgerliches Gesetzbuch. Handkommentar mit AGG, EGBGB (Auszug),
ErbbauRG, HausratsVO, LPartG, ProdHaftG, UKlaG, VAHRG und WEG. 12. Auf-

lage, Köln, 2008 (zitiert: Erman/*Bearbeiter*)

Ernst, Stefan
Der Mausklick als Rechtsproblem – Willenserklärungen im Internet
In: NJW-CoR 1997, S. 165–167

Eßer, Anke; Raabe, Oliver; Rolli, Daniel; Schöller, Marcus
Eine sichere verteilte Marktplattform für zukunftsfähige Energiesysteme
In: it (Information Technology) 2006, S. 187–192

Farrell, Andrew D. H.; Sergot, Marek J.; Sallé, Mathias; Bartolini, Claudio
Using the Event Calculus for Tracking the Normative State of Contracts
In: International Journal of Coorperative Information Systems (IJCIS) Band 14
(2005) S. 99–129

Fastrich, Lorenz
Richterliche Inhaltskontrolle im Privatrecht, München, 1992 (zitiert: Fastrich, Richterliche Inhaltskontrolle)

Fensel, Dieter ; Lausen, Holger; Polleres, Axel; de Bruijn, Jos; Stollberg, Michael;
Roman, Dumitru; Domingue, John
Enabling Semantic Web Services. The Web Service Modeling Ontology. Berlin,
Heidelberg, 2007 (zitiert: Fensel/Lausen/Polleres/de Bruijn/Stollberg/Roman/Domingue, Enabling Semantic Web Services)

Fernández López, Mariano
Overview Of Methodologies For Building Ontologies
In: Benjamins, V. Richard (Herausgeber)
Proceedings of the IJCAI-99 Workshop on Ontologies and Problem-Solving Methods: Lessons Learned and Future Trends. Amsterdam, 1999 auch verfügbar unter http://sunsite.informatik.rwth-aachen.de/Publications/CEUR-WS/Vol-18/
20.07.2009 (zitiert: IJCAI-99) S. 4-1 bis 4-13

Fiedler, Herbert; Barthel, Thomas; Voogd, Gerhard
Untersuchungen zur Formalisierung im Recht als Beitrag zur Grundlagenforschung juristischer Datenverarbeitung (UFORED), Opladen, 1984 (zitiert:

Fiedler/Barthel/Voogd, Untersuchungen zur Formalisierung)

Fischer-Dieskau, Stefanie
Der Referentenentwurf zum Justizkommunikationsgesetz aus Sicht des Signatur-
rechts
In: MMR 2003, S. 701–705

Flume, Werner
Allgemeiner Teil des Bürgerlichen Rechts. Zweiter Band. Das Rechtsgeschäft. 3.
Auflage, Berlin, Heidelberg, New York, 1979 (zitiert: Flume, AT II)

Freiherr von Falkenhausen, Kurt H.
Zur Auslegung des AGB-Gesetzes.
In: BB 1977, S. 1124–1128

Frey, Dieter
Peer-To-Peer File-Sharing, das Urheberrecht und die Verantwortlichkeit von
Diensteanbietern am Beispiel Napster, Inc. Im Lichte des US-amerikanischen
Rechts und des EG-Rechts
In: ZUM 2001, S. 466–477

Friedrich, Fabian M.
Der Beweiswert des Einwurfeinschreibens der Deutschen Post AG
In: VersR 2001, S. 1090–1093

Gampp, Markus
Die Beurteilung von „Musik-Tauschbörsen" im Internet nach US-amerikanischem
Urheberrecht – Der Präzedenzfall Napster und seine Nachfolger
In: GRURInt 2003, S. 991–1002

Gampp, Markus
Trendwende im US-Urheberrecht: Sind Musiktauschbörsen doch legal?
In: GRURInt 2005, S. 107–121

Gangemi, Aldo
Design Patterns for Legal Ontology Constructions

In: Casanovas, Pompeu; Biasiotti, Maria Angela; Francesconi, Enrico; Sagri, Maria Teresa (Herausgeber)
Proceedings of the Workshop on Legal Ontologies and Artificial Intelligence Techniques (LOAIT 2007), Stanford, 2007 (zitiert: LOAIT2007), S. 65–85

Gangemi, Aldo; Mika, Peter
Understanding the Semantic Web through Descriptions and Situations
In: Meersman, Robert; Tari, Zahir; Schmidt, Douglas C.
On The Move to Meaningful Internet Systems 2003: CoopIS, DOA, and ODBASE.
OTM Confederated International Conferences CoopIS, DOA, and ODBASE 2003.
Catania, Sicily, Italy, November 3-7, 2003. Proceedings. Berlin, Heidelberg, New York, 2003 (zitiert: ODBASE2003), S. 689–706

Gangemi, Aldo; Sagri, Maria-Teresa; Tiscornia, Daniela
A Constructive Framework for Legal Ontologies
In: Benjamins, V. Richard; Casanovas, Pompeu; Breuker, Joost; Gangemi, Aldo (Herausgeber)
Law and the Semantic Web. Legal Ontologies, Methodologies, Legal Information Retrieval, and Applications. Berlin, Heidelberg, 2005 (zitiert: Law and the Semantic Web), S. 97–124

Garfinkel, Simson
Peer-to-Peer jenseits von Datei-Tauschbörsen
In: Technology Review 2004, http://www.heise.de/tr/aktuell/meldung/52107
20.07.2009

Glatt, Christoph
Vertragsschuss im Internet. Baden-Baden, 2002 (zitiert: Glatt, Vertragsschluss)

Goos, Gerhard
Vorlesungen über Informatik. Band 2: Objektorientiertes Programmieren und Algorithmen. 3. Auflage, Berlin, Heidelberg, 2001 (zitiert: Goos, Informatik 2)

Goos, Gerhard; Zimmermann, Wolf
Vorlesungen über Informatik. Band 1. Grundlagen und funktionales Programmieren, 4. Auflage, Berlin, Heidelberg, New York, 2006 (zitiert: Goos, Informatik 1)

285

Governatori, Guido
Representing Business Contracts in RuleML
In: International Journal of Coorperative Information Systems (IJCIS) Band 14
(2005) S. 181–216

Governatori, Guido; Milosevic, Zoran
A Formal Analysis of a Business Contract Language
In: International Journal of Coorperative Information Systems (IJCIS) Band 15
(2006) S. 659–685

Governatori, Guido; Milosevic, Zoran
Dealing with contract violations: formalism and domain specific language
In: Ninth IEEE International Enterprise Distributed Object Computing Conference.
proceedings. Enschede, The Netherlands. 19-23 September 2005. Los Alamitos,
Kalifornien, 2005 (zitiert: EDOC05), S. 46–57

Governatori, Guido; Milosevic, Zoran; Sadiq, Shazia
Compliance checking between business processes and business contracts
In: 10th IEEE International Enterprise Distributed Object Computing Conference.
proceedings. Hong Kong, China. October 16-20, 2006. Los Alamitos, Kalifornien,
2006 (zitiert: EDOC06), S. 221–232

Graf von Westphalen, Friedrich
AGB-Recht im Jahr 2005
In: NJW 2006, S. 2228–2235

Gruber, Thomas R.
A Translation Approach to Portable Ontology Specifications
In: Knowledge Acquisition, 1993, S. 199–220

Gruber, Thomas R.
Toward Principles for the Design of Ontologies Used for Knowledge Sharing
In: International Journal Human-Computer Studies 1995, S. 907–928

Günther, Andreas
Juristische „Expertensysteme" - Gedanken zwischen Theorie und Praxis. Teil 1.

In: JurPC 1989, S. 309–315

Habersack, Mathias
Vertragsfreiheit und Drittinteressen. Eine Untersuchung zu den Schranken der Privatautonomie unter besonderer Berücksichtigung der Fälle typischerweise gestörter Vertragsparität. Berlin, 1992 (zitiert: Habersack, Vertragsfreiheit)

Hannich, Rolf; Meyer-Seitz, Christian (Herausgeber)
ZPO-Reform 2002 mit Zustellungsgesetz, München, 2002 (zitiert: Hannich/Meyer-Seitz/*Bearbeiter*)

Hanson, James E.; Milosevic, Zoran
Conversation-oriented Protocols for Contract Negotiations
In: Seventh IEEE International Enterprise Distributed Object Computing Conference. proceedings. 16-19 September 2003, Brisbane, Queensland, Australia. Los Alamitos, Kalifornien, 2003 (zitiert: EDOC03), S. 40–49

Heghmanns, Michael
Musiktauschbörsen im Internet aus strafrechtlicher Sicht
In: MMR 2004, S. 14–18

Heinrichs, Helmut
Die Entwicklung des Rechts der Allgemeinen Geschäftsbedingungen im Jahre 1996
In: NJW 1997, S. 1407–1420

Herwig, Volker
Zugang und Zustellung in elektronischen Medien
In: MMR 2001, S. 145–149

Heß, Burkhard
Neues deutsches und europäisches Zustellungsrecht
In: NJW 2002, S. 2417–2426

Hesse, Wolfgang; v. Braun, Hubert
Wo kommen die Objekte her? Ontologisch-erkenntnistheoretische Zugänge zum

Objektbegriff.
In: Kurt Bauknecht, Wilfried Brauer, Thomas A. Mück (Herausgeber)
Informatik 2001: Wirtschaft und Wissenschaft in der Network Economy - Visionen
und Wirklichkeit, Tagungsband der GI/OCG-Jahrestagung, 25.-28. September
2001, Wien, 2001, S. 776–781 (Band 2)

Heun, Sven-Erik
Die elektronische Willenserklärung
In: CR 1994, S. 595–600

Hitzler, Pascal; Krötzsch, Markus; Rudolph, Sebastian; Sure, York
Semantic Web. Grundlagen. Berlin, Heidelberg, 2008 (zitiert: Hitzler/Krötzsch/Ru-
dolph/Sure, Semantic Web)

Hoekstra, Rinke; Breuker, Joost; Di Bello, Marcello; Boer, Alexander
The LKIF Core ontology of basic legal concepts.
In: Casanovas, Pompeu; Biasiotti, Maria Angela; Francesconi, Enrico; Sagri, Maria
Teresa (Herausgeber)
Proceedings of the Workshop on Legal Ontologies and Artificial Intelligence Tech-
niques (LOAIT 2007), Stanford, 2007 (zitiert: LOAIT2007), S. 43–63

Hoeren, Thomas
Anmerkung zu LG Bonn CR 2002, 293
In: CR 2002, S. 295–296

Hoeren, Thomas
Das Pferd frisst keinen Gurkensalat - Überlegungen zur Internet Governance
In: NJW 2008, S. 2615–2619

Hoeren, Thomas
Selbstregulierung im Banken- und Versicherungsrecht. Karlsruhe, 1995 (zitiert:
Hoeren, Selbstregulierung)

Hoeren, Thomas; Sieber, Ulrich (Herausgeber)
Handbuch Multimedia-Recht. Rechtsfragen des elektronischen Geschäftsverkehrs. München, Loseblatt, Stand März 2008 (zitiert: Hoeren/Sieber/*Bearbeiter*

(Stand))

Hoffmann-Becking, Michael; Rawert, Peter (Herausgeber)
Beck'sches Formularbuch Bürgerliches, Handels- und Wirtschaftsrecht. 9. Auflage,
München, 2006 (zitiert: Hoffmann-Becking/Rawert/*Bearbeiter*)

Hoffmann-Riem, Wolfgang
Informationelle Selbstbestimmung in der Informationsgesellschaft – auf dem Wege
zu einem neuen Konzept des Datenschutzes
In: Archiv des öffentlichen Rechts (AöR), Band 123 (1998), S. 513-540

Hoffner, Yigal; Field, Simon
Transforming Agreements Into Contracts
In: International Journal of Cooperative Information Systems (IJCIS), Band 14
(2005), S. 217–244

Hohfeld, Wesley Newcomb
Some Fundamental Legal Conceptions as Applied in Judicial Reasoning
In: Yale Law Journal Band 23 (1913), S. 16–59

Jackson, Peter
Introduction to Expert Systems. 3. Auflage, Harlow, 1999 (zitiert: Jackson, Expert
Systems)

Jänich, Volker M.
Übermittlung empfangsbedürftiger Willenserklärungen im Versicherungsvertrags-
recht – Übergabe-Einschreiben contra Einwurf-Einschreiben
In: VersR 1999, S. 535–538

Janiesch, Christian; Ruggaber, Rainer; Sure, York
Eine Infrastruktur für das Internet der Dienste
In: HDM - Praxis der Wirtschaftsinformatik 261 (2008), S. 71–79

Jarass, Hans D.
Reichweite des Bestandsschutzes industrieller Anlagen gegenüber umweltrechtli-
chen Maßnahmen

In: DVBl 1986, S. 314–321

Jauernig, Othmar (Herausgeber)
Bürgerliches Gesetzbuch mit Allgemeinem Gleichbehandlungsgesetz (Auszug).
12. Auflage, München, 2007 (zitiert: Jauernig/*Bearbeiter*)

Joerden, Jan C.
Logik im Recht. Grundlagen und Anwendungsbeispiele. Berlin, Heidelberg, 2005
(zitiert: Joerden, Logik)

John, Uwe
Grundsätzliches zum Wirksamwerden empfangsbedürftiger Willenserklärungen
In: AcP 184 (1984), S. 383–412

Kan, Gene
Gnutella
In: Oram, Andy (Herausgeber)
Peer-To-Peer. Harnessing the Benefits of a Disruptive Technology. Peking, Cambrigde, Farnham, Köln, 2001 (zitiert: Peer-To-Peer), S. 94–122

Kappus, Andreas
„Lesbarkeit" von Allgemeinen Reisebedingungen: „Nachhilfe" aus Europa?
In: RRa 2008, S. 67–68

Kegel, Gerhard; Schurig, Klaus
Internationales Privatrecht, 9. Auflage, München, 2004 (zitiert: Kegel/Schurig)

Keller, Alexander; Kar, Gautam; Ludwig, Heiko; Dan, Asit; Hellerstein, Joseph L.
Managing Dynamic Services: A Contract Based Approach to a Conceptual Architecture
In: Stadler, Rolf; Ulema, Mehmet
Proceedings, NOMS 2002: 2002 IEEE/IFIP Network Operations and Management
Symposium, "Management Solutions for the New Communications World". Piscatawa, 2002 (zitiert: NOMS2002), S. 513–528

Keller, Alexander; Ludwig, Heiko
The WSLA Framework: Specifying and Monitoring Service Level Agreements for
Web Services
In: Journal of Network and Systems Management (J Netw Syst Manage) 2003, S.
57–81 = IBM Research Report. RC22456 (W0205-171) May 22, 2002; Computer
Science, S. 1–21
http://domino.watson.ibm.com/library/cyberdig.nsf/1e4115aea78b6e7c85256b3600
66f0d4/cdedb79080f59ee285256c5900654839?OpenDocument 20.07.2009 (zitiert: Keller/Ludwig RC22456)

Kirchhof, Ferdinand
Private Rechtsetzung. Berlin, 1987 (zitiert: Kirchhof, Private Rechtsetzung)

Kitz, Volker
Die Auskunftspflicht des Zugangsvermittlers bei Urheberrechtsverletzungen durch
seine Nutzer
In: GRUR 2003 S. 1014–1019

Klein, Susanne
Die Beweiskraft elektronischer Verträge. Zur Entwicklung der zivilprozessrechtli-
chen Vorschriften über die Beweiskraft elektronischer Dokumente
In: JurPC Web-Dok. 198/2007, Abs. 1–71
(http://www.jurpc.de/aufsatz/20070198.htm 20.07.2009)

Koch, Frank A.
Internetrecht. 2. Auflage, München, 2005 (zitiert: Koch)

Koch, Frank A.
Web Services als neue IT-Vertragsleistung
In: ITRB 2007, S. 71–73

Köhler, Helmut
Die Rechte des Verbrauchers beim Teleshopping (TV-Shopping, Internet-Shop-
ping)
In: NJW 1998, S. 185–190

Köhler, Markus; Arndt, Hans-Wolfgang
Recht des Internet. 4. Auflage, Heidelberg, 2003 (zitiert: Köhler/Arndt)

Köndgen, Johannes
Grund und Grenzen des Transparenzgebots im AGB-Recht - Bemerkungen zum
„Hypothekenzins-" und zum „Wertstellungs-Urteil" des BGH
In: NJW 1989, S. 943–952

Köster, Oliver; Jürgens, Uwe
Haftung professioneller Informationsvermittler im Internet - Eine Bestandsaufnah-
me nach der Novellierung der Haftungsregelungen
In: MMR 2002, S. 420–425

Kowalski, Christian
Lösungsansätze für juristische Expertensysteme. (Warum kann und soll es juristi-
sche Expertensysteme geben?). Dissertation, Tübingen, 1987 (zitiert: Kowalski,
Lösungsansätze)

Kowalski, Robert; Sergot, Marek
A Logic-based Calculus of Events
In: New Generation Computing, Band 4, 1986, S. 67–95

van Kralingen, Robert
A Conceptual Frame-based Ontology for the Law
In: Visser, Pepijn; Winkels, Radboud
Proceedings of the First International Workshop on Legal Ontologies. LEGONT
`97, July 4, 1997, University of Melbourne, Australien, 1997 (zitiert: LEGONT97),
S. 15–22

Kramer, Ernst A.
Literaturbesprechung: Hans-Joachim Pflug: Kontrakt und Status im Recht der all-
gemeinen Geschäftsbedingungen
In: AcP 188 (1988), S. 423–427

Krauß, Hans-Frieder; Weise, Stefan (Herausgeber)
Beck'sche Online-Formulare. Stand: 01.09.2007. Edition: 2. München, 2007 (zi-

tiert: BeckOF/*Bearbeiter*)

Kreutzer, Till
Napster, Gnutella & Co.: Rechtsfragen zu Filesharing-Netzen aus der Sicht des deutschen Urheberrechts de lege lata und de lege ferenda – Teil 1
In: GRUR 2001, S. 193–204

Krishna, P. Radha; Karlapalem, Kamalakar
Electronic Contracts
In: IEEE Internet Computing 2008, S. 60–68

Krogh, Christen; Herrestad, Henning
Hohfeld in cyberspace and other applications of normative reasoning in agent technology
In: Artificial Intelligence and Law, Band 7 (1999), S. 81–96

Kunkel-Razum, Kathrin; Scholze-Stubenrecht, Werner; Wermke, Matthias (Herausgeber)
Duden - Deutsches Universalwörterbuch. 6. Auflage, Mannheim, Leipzig, Wien, Zürich, 2007 (zitiert: Duden Universalwörterbuch, Stichwort)

Lachmann, Jens-Peter
Ausgewählte Probleme aus dem Recht des Bildschirmtextes
In: NJW 1984, S. 405–408

Lamparter, Steffen
Policy-based Contracting in Semantic Web Service Markets. Karlsruhe, 2007 (zitiert: Lamparter, Policy-based Contracting)

Lamparter, Steffen; Luckner, Stefan; Mutschler, Sibylle
Formal Specification of Web Service Contracts for Automated Contracting and Monitoring.
Konferenzbeitrag, Proceedings of the 40th Annual Hawaii International Conference on System Sciences (HICSS'07). Computer Society Press, 2007, S. 63b.
abrufbar unter:
http://csdl2.computer.org/comp/proceedings/hicss/2007/2755/00/27550063b.pdf

oder
http://www.aifb.uni-karlsruhe.de/WBS/sla/paper/Contract_HICSS.pdf 20.07.2009
(zitiert: Lamparter/Luckner/Mutschler, Formal Specification)

Lamparter, Steffen; Luckner, Stefan; Mutschler, Sibylle
Semi-Automated Management of Web Service Contracts.
Im Erscheinen. Eingereicht bei: International Journal of Services Sciences (IJSSci)
(zitiert: Lamparter/Luckner/Mutschler, Semi-Automated Management)

Lamparter, Steffen; Mutschler, Sibylle; Luckner, Stefan; Stockmar, Kendra; Labor-
de, Carolina M.
A Modeling Perspective on Web Service Contracting
In: Zoran Milosevic, Guido Governatori and Claudio Bartolini
Proceedings of the Workshop on Contract Architectures and Languages (CoALa
2005), in conjunction with the 9th IEEE International Enterprise Computing Conference (EDOC 2005). Enschede, The Netherlands, September 2005. abrufbar unter: http://www.im.uni-karlsruhe.de/Default.aspx?PageId=355&lang=de 20.07.2009
(zitiert: Lamparter/Mutschler/Luckner/Stockmar/Laborde, Modeling Perspective)

Langley, Adam
Freenet
In: Oram, Andy (Herausgeber)
Peer-To-Peer. Harnessing the Benefits of a Disruptive Technology. Peking, Cam-
brigde, Farnham, Köln, 2001 (zitiert: Peer-To-Peer), S. 123–132

Larenz, Karl
Allgemeiner Teil des deutschen bürgerlichen Rechts. 7. Auflage, München, 1989
(zitiert: Larenz, BGB AT)

Larenz, Karl
Methodenlehre der Rechtswissenschaft. 6. Auflage, Berlin, Heidelberg, New York,
1991 (zitiert: Larenz, Methodenlehre)

Larenz, Karl; Wolf, Manfred
Allgemeiner Teil des bürgerlichen Rechts. 9. Auflage, München, 2004 (zitiert: La-
renz/Wolf, BGB AT)

Lee, Ronald M.
A Logic Model for Electronic Contracting
In: Decision Support Systems, Band 4 (1988), S. 27–44

Lee, Ronald M.
International contracting-a formal language approach
In: Proceedings of the Twenty-First annual Hawaii International Conference on System Sciences. Vol. IV, Applications Track. Piscataway, 1988 (zitiert: HICSS1988), S. 69–78

Ledolter, Gunther
Die Allgemeinen Geschäftsbedingungen im E-Commerce. Graz, 2004 , abrufbar unter http://www.rechtsprobleme.at/doks/agb-ecommerce-ledolter.pdf 20.07.2009 (zitiert: Ledolter, AGB im E-Commerce)

Lieb, Manfred
Schutzbedürftigkeit oder Eigenverantwortlichkeit?
In: DNotZ 1989, S. 274–297

Linington, Peter F.
Automating Support for E-Business Contracts
In: International Journal of Cooperative Information Systems (IJCIS) Band 14 (2005), S. 77–98

Linington, Peter F.; Milosevic, Zoran; Cole, James; Gibson, Simon; Kulkarni, Sachin; Neal, Stephen
A unified behavioural model and a contract language for extended enterprise
In: Data & Knowledge Engineering, Band 51 (2004), S. 5–29

Löhnig, Martin
Die Einbeziehung von AGB bei Internet-Geschäften
In: NJW 1997, S. 1688–1689

de Lousanoff, Oleg
Die Wirksamkeit des Eigentumsvorbehaltes bei kollidierenden Allgemeinen Geschäftsbedingungen

In: NJW 1982, S. 1727–1731

de Lousanoff, Oleg
Neues zur Wirksamkeit des Eigentumsvorbehaltes bei kollidierenden Allgemeinen Geschäftsbedingungen
In: NJW 1985, S. 2921–2925

Ludwig, Heiko; Keller, Alexander, Dan, Asit; King, Richard P.; Franck, Richard
Web Service Level Agreement (WSLA) Language Specification. Version 1.0
Revision: wsla-2003/01/28, http://www.research.ibm.com/wsla/WSLASpecV1-20030128.pdf 20.07.2009 (zitiert: Ludwig/Keller/Dan/King/Franck WSLASPECV1)

Maaser, Michael; Langendoerfer, Peter
Automated Negotiation of Privacy Contracts
In: Proceedings of the 29th Annual International Computer Software and Applications Conference: COMPSAC 2005. Band 1. Los Alamitos, 2005 (zitiert: COMPSAC2005), S. 505–510

Mader, Luzius (in Zusammenarbeit mit Rütsche, Bernhard)
Regulierung, Deregulierung, Selbstregulierung: Anmerkungen aus legistischer Sicht
In: ZSR 123 (2004), Halbband 2, S. 3–156

Mankowski, Peter
Für einen Anscheinsbeweis hinsichtlich der Identität des Erklärenden bei E-Mails
In: CR 2003, S. 44–50

Mankowski, Peter
Wie problematisch ist die Identität des Erklärenden bei E-Mails wirklich?
In: NJW 2002, S. 2822–2828

Mankowski, Peter
Zum Nachweis des Zugangs bei elektronischen Erklärungen
In: NJW 2004, S. 1901–1907

Marjanovic, Olivera; Milosevic, Zoran
Towards Formal Modeling of e-Contracts
In: Fifth IEEE International Enterprise Distributed Object Computing Conference.
proceedings. September 4-7, 2001, Seattle, Washington, USA. Los Alamitos, Kalifornien, 2001 (zitiert: EDOC01), S. 59–68

Masolo, Claudio; Borgo, Stefano; Gangemi, Aldo; Guarino, Nicola; Oltramari, Ales-
sandro; Schneider, Luc
WonderWeb Deliverable D17. The WonderWeb Library of Foundational Ontologies. Preliminary Report. verfügbar unter: http://www.loa-cnr.it/Papers/DOLCE2.1-
FOL.pdf 20.07.2009 (zitiert: WonderWeb D17)

Mauthe, Andreas; Heckmann, Oliver
Distributed Computing – GRID Computing
In: Steinmetz, Ralf; Werle, Klaus (Herausgeber)
Peer-to-Peer Systems and Applications. Berlin, Heidelberg, New York, 2005 (zi-
tiert: Peer-to-Peer Systems), S. 193–206

McBride, Brian
The Resource Description Framework (RDF) and its Vocabulary Description Lan-
guage RDFS
In: Staab, Steffen; Studer Rudi (Herausgeber)
Handbook on ontologies. Berlin, Heidelberg, 2004 (zitiert: Staab/Studer, Hand-
book), S. 51–65

McNamara, Paul
Deontic Logic
In: Zalta, Edward N. (Herausgeber)
The Stanford Encyclopedia of Philosophy (Spring 2006 Edition), Stand: Frühling
2006
http://plato.stanford.edu/archives/spr2006/entries/logic-deontic/ 20.07.2009

Medicus, Dieter
Allgemeiner Teil des BGB. Ein Lehrbuch. 9. Auflage, Heidelberg, 2006 (zitiert: Medicus, BGB AT)

Medicus, Dieter
Zur gerichtlichen Inhaltskontrolle notarieller Verträge. München, 1989 (zitiert: Medicus, Inhaltskontrolle)

Mehrings, Josef
Verbraucherschutz im Cyberlaw: Zur Einbeziehung von AGB im Internet
In: BB 1998, S. 2373–2380

Meyer, Oliver
Aktuelle vertrags- und urheberrechtliche Aspekte der Erstellung, des Vertriebs und der Nutzung von Software. Karlsruhe, 2008 (zitiert: Meyer, Aspekte)

Michalski, Lutz; Römermann, Volker
Inhaltskontrolle von Eizelvereinbarungen anhand des AGB-Gesetzes
In: ZIP 1993, S. 1434–1446

Milosevic, Zoran; Gibson, Simon; Linington, Peter F.; Cole, James; Kulkarni, Sachin
On design and implementation of a contract monitoring facility
In: Benatallah, Boualem; Godart, Claude; Shan, Ming-Chien
WEC 2004. First IEEE International Workshop on Electronic Contracting. Proceedings. 6 July, 2004, San Diego, Kalifornien. Los Alamitos, Kalifornien, 2004 (zitiert: WEC04), S. 62–70

Minar, Nelson; Hedlund, Marc
A Network of Peers: Peer-to-Peer Models Through the History of the Internet
In: Oram, Andy (Herausgeber)
Peer-To-Peer. Harnessing the Benefits of a Disruptive Technology. Peking, Cambrigde, Farnham, Köln, 2001 (zitiert: Peer-To-Peer), S. 3–20

Mislove, Alan; Haeberlen, Andreas; Post, Ansley; Druschel, Peter
ePOST
In: Steinmetz, Ralf; Werle, Klaus (Herausgeber)
Peer-to-Peer Systems and Applications. Berlin, Heidelberg, New York, 2005 (zitiert: Peer-to-Peer Systems), S. 171–192

Möschel, Werner
Regulierung und Deregulierung. Versuch einer theoretischen Grundlegung
In: Fuchs, Andreas; Schwintowski, Peter; Zimmer, Daniel (Herausgeber)
Wirtschafts- und Privatrecht im Spannungsfeld von Privatautonomie, Wettbewerb
und Regulierung. Festschrift für Ulrich Immenga zum 70. Geburtstag. München,
2004 (zitiert: FS Immenga), S. 277–290

Molina-Jimenez, Carlos; Shrivastava, Santosh; Solaiman, Ellis; Warne, John
Contract Representation for Run-time Monitoring and Enforcement
In: Chung, Jen-Yao; Zhang, Liang-Jie
CEC 2003: IEEE International Conference on E-commerce : proceedings. Los Ala-
mitos, 2003 (zitiert: CEC2003), S. 103–110

Moritz, Hans-Werner; Dreier, Thomas (Hrsg.)
Rechts-Handbuch zum E-Commerce. 2. Auflage, Köln, 2005 (zitiert: Moritz/Drei-
er/*Bearbeiter*, E-Commerce)

Motive zu dem Entwurfe eines Bürgerlichen Gesetzbuches für das Deutsche
Reich.
Band I. Allgemeiner Theil. Amtliche Ausgabe. 2. Aufl., Berlin, 1896 (zitiert: Motive I)

von Münch, Maximilian
Die Einbeziehung von AGB im Fernsehmarketing
In: MMR 2006, S. 202–206

von Münch, Maximilian
Die Einbeziehung von AGB und AVB im elektronischen Rechtsverkehr. Baden-Baden, 2004 (zitiert: von Münch, Einbeziehung)

Muller, Murk
XML und RDF Dictionary - Austausch juristischer Informationen zwischen Computern
In: JurPC Web-Dok. 19/2002, Abs. 1–49
(http://www.jurpc.de/aufsatz/20020019.htm 20.07.2009)

Musielak, Hans-Joachim (Herausgeber)
Kommentar zur Zivilprozessordnung mit Gerichtsverfassungsgesetz. 6. Auflage,
München, 2008 (zitiert: Musielak/*Bearbeiter* ZPO)

Neal, Stephen; Cole, James; Linington, Peter F.; Milosevic, Zoran; Gibson, Simon;
Kulkarni, Sachin
Identifying requirements for Business Contract Language: a Monitoring Perspective
In: Seventh IEEE International Enterprise Distributed Object Computing Conference. proceedings. 16-19 September 2003, Brisbane, Queensland, Australia. Los
Alamitos, Kalifornien, 2003 (zitiert: EDOC03), S. 50–61

Neuner, Jörg
Die Stellung Körperbehinderter im Privatrecht
In: NJW 2000, S. 1822–1833

Nickel, Dietmar
Absprachen zwischen Staat und Wirtschaft – die öffentlich-rechtlichen Aspekte der
Selbstbeschränkungsabkommen der deutschen Industrie. Dissertation, Hamburg,
1979 (zitiert: Nickel, Absprachen)

Nitschke, Tanja
Legal Consequences of Agent Deployment
In: Kirn, Stefan/Herzog, Otthein/Lockemann, Peter/Spaniol, Otto (Hrsg.)
Multiagent Engineering – Theory and Applications in Enterprises, Berlin, Heidelberg, 2006,
(zitiert: Kirn/Herzog/Lockemann/Spaniol, Multiagent Engineering), S. 597–618

Nitschke, Tanja
Verträge unter Beteiligung von Softwareagenten – ein rechtlicher Rahmen. Dissertation, Freiburg, 2009, im Erscheinen (zitiert: Nitschke, Softwareagenten)

Notholt, Jochen
Das Semantic Web: Schritte auf dem Weg zum juristischen Einsatz
In: JurPC, Web-Dok. 57/2005, Abs. 1–42
(http://www.jurpc.de/aufsatz/20050057.htm 20.07.2009)

Notholt, Jochen
Die Standards des Semantic Web (Teil 2)
In: JurPC Web-Dok. 65/2005, Abs. 1–72 (http://jurpc.de/aufsatz/20050065.htm
20.07.2009)

Oberheim, Rainer
Zivilprozessrecht für Referendare. 9. Auflage, Köln, 2009 (zitiert: Oberheim, Zivilprozessrecht)

Paefgen, Thomas Christian
Insiderhandel im Spannungsverhältnis zwischen gemeinschaftsrechtlicher Integra-
tion und nationalstaatlicher Regulation – e pluribus unum
In: AG 1991, S. 380–396

Palandt, Otto
Bürgerliches Gesetzbuch. 68. Auflage, München, 2009 (zitiert: Palandt/*Bearbeiter*)

Park, Minhwan; Park, Sunwon; Mele, Fernando D.; Grossmann, Ignacio E.
Modeling of Purchase and Sales Contracts in Supply Chain Optimization
In: 2006 SICE-ICASE international joint conference. Piscataway, 2006 (zitiert: SI-
CE-ICASE2006), S. 5727–5732

Paschke, Adrian; Bichler, Martin
SLA Representation, Management and Enforcement
In: The 2005 IEEE International Conference on e-Technology, e-Commerce, and
e-Service: proceedings. Los Alamitos, 2005 (zitiert: e-Tech2005), S. 158–163

Paschke, Adrian; Bichler, Martin; Dietrich, Jens
ContractLog: An Approach to Rule Based Monitoring and Execution of Service Level Agreements
In: Asaf, Adi; Stoutenburg, Suzette
Rules and rule markup languages for the semantic web first international conference, RuleML 2005, Galway, Ireland, November 10-12, 2005. proceedings. Berlin,
2005 (zitiert: RuleML 2005), S. 209–217

Pawlowski, Hans-Martin
Bemerkungen zur Auslegung des AGB-Gesetzes.
In: BB 1978, 161–164

Peukert, Alexander
USA: Ende der Expansion des Copyright?
In: GRURInt 2002 S. 1012–1021

Pflug, Hans-Joachim
Kontrakt und Status im Recht der Allgemeinen Geschäftsbedingungen, München,
1986 (zitiert: Pflug, Kontrakt und Status)

Psczolla, Jan-Peter
Virtuelle Gegenstände als Objekte der Rechtsordnung
In: JurPC Web-Dok. 17/2009, Abs. 1–34 (http://jurpc.de/aufsatz/20090017.htm
20.07.2009)

Putz, Alexander
Beweisfragen bei Einschreibesendungen
In: NJW 2007, S. 2450–2452

Raabe, Oliver; Dinger, Jochen; Hartenstein, Hannes
Telekommunikationsdienste in Next-Generation-Networks am Beispiel von Peer-
to-Peer-Overlay-Systemen
In: K&R 2007, Beihefter 1/2007, S. 1–12

Rauscher, Thomas; Wax, Peter; Wenzel, Joachim (Herausgeber)
Münchener Kommentar zur Zivilprozessordnung mit Gerichtsverfassungsgesetz
und Nebengesetzen. Band 1. §§ 1–510 c, 3. Auflage, München, 2008 (zitiert: Münchener Kommentar/*Bearbeiter*)

Reber, Ulrich; Schorr, Mirjam
Peer-to-Peer-Kommunikationsplattformen und deren Freistellung von der urheber-
rechtlichen Verantwortlichkeit
In: ZUM 2001, S. 672–685

Rebmann, Kurt; Säcker, Franz Josef; Rixecker, Roland (Herausgeber)
Münchener Kommentar zum Bürgerlichen Gesetzbuch. Band 1. Allgemeiner Teil.
1. Halbband. §§ 1-240. ProstG. 5. Auflage, München, 2006 (zitiert: Münchener
Kommentar/*Bearbeiter*)

Rebmann, Kurt; Säcker, Franz Jürgen; Rixecker, Roland (Herausgeber)
Münchener Kommentar zum Bürgerlichen Gesetzbuch. Band 2 a. Schuldrecht Allgemeiner Teil. §§ 241-432. 4. Auflage, München, 2003 (zitiert: Münchener Kom-
mentar/*Bearbeiter* (4. Auflage))

Rebmann, Kurt; Säcker, Franz Jürgen; Rixecker, Roland (Herausgeber)
Münchener Kommentar zum Bürgerlichen Gesetzbuch. Band 2. Schuldrecht Allgemeiner Teil. §§ 241-432. 5. Auflage, München, 2007 (zitiert: Münchener Kommen-
tar/*Bearbeiter*)

Redeker, Helmut
Software – ein besonderes Gut
In: NJOZ 2008, S. 2917–2926

Reichard, Ingo
Anmerkung zu BGH ZIP, 1992, 1986 ff.
In: ZIP 1992, S. 189–191

Reichert, Winfried
Der Zugangsnachweis beim Einwurf-Einschreiben
In: NJW 2001, 2523–2524

Reisinger, Leo
Rechtsinformatik. Berlin, New York, 1977 (zitiert: Reisinger, Rechtsinformatik)

Rengeling, Hans-Werner
Das Kooperationsprinzip im Umweltrecht. Köln, Berlin, Bonn, München, 1988 (zitiert: Rengeling, Kooperationsprinzip)

Reuter, Dieter
Ferdinand Kirchhof: Private Rechtsetzung. (Literaturbesprechung)

In: AcP 188 (1988), S. 649–653

Rigamonti, Cyrill P.
Eigengebrauch oder Hehlerei? - Zum Herunterladen von Musik- und Filmdateien
aus dem Internet
In: GRURInt 2004, S. 278–289

Ring, Stephan
Computergestützte Rechtsfindungssysteme. Voraussetzungen, Grenzen und Per-
spektiven, Köln, Berlin, Bonn, München, 1994 (zitiert: Ring, Rechtsfindungssysteme)

Rödig, Jürgen
Axiomatisierbarkeit juristischer Systeme
In: Kaufmann, Arthur (Herausgeber)
Münchener Ringvorlesung EDV und Recht. Möglichkeiten und Probleme, Berlin,
1973 (zitiert: Kaufmann, EDV und Recht), S. 49–90

Roßnagel, Alexander
Das neue Recht elektronischer Signaturen - Neufassung des Signaturgesetzes
und Änderung des BGB und der ZPO
In: NJW 2001, S. 1817–1826

Roßnagel, Alexander
Die fortgeschrittene elektronische Signatur
In: MMR 2003, S. 164–170

Roßnagel, Alexander; Fischer-Dieskau, Stefanie
Automatisiert erzeugte elektronische Signaturen
In: MMR 2004, S. 133–139

Roßnagel, Alexander; Fischer-Dieskau, Stefanie
Elektronische Dokumente als Beweismittel – Neufassung der Beweisregelungen
durch das Justizkommunikationsgesetz
In: NJW 2006, S. 806–808

Roßnagel, Alexander; Pfitzmann, Andreas
Der Beweiswert von E-Mail
In: NJW 2003, S. 1209–1214

Ruch, Alexander
Regulierungsfragen der Gentechnologie und des Internet
In: ZSR 123 (2004), Halbband 2, S. 373–475

Rüthers, Bernd; Stadler, Astrid
Allgemeiner Teil des BGB. 11. Auflage, München, 2001 (zitiert: Rüthers/Stadler
BGB AT, 11. Aufl.)

Rüthers, Bernd; Stadler, Astrid
Allgemeiner Teil des BGB. 15. Auflage, München, 2007 (zitiert: Rüthers/Stadler
BGB AT)

Sator, Giovanni
Fundamental legal concepts: A formal and teleological characterisation
In: Artificial Intelligence and Law 2006, S. 101–142

Saenger, Ingo (Herausgeber)
Zivilprozessordnung. EGZPO, GVG, EGGVG, EuGVVO, AVAG, EheGVVO, Int-
FamRVG. Handkommentar, Baden-Baden, 2006 (zitiert: Saenger/*Bearbeiter*)

Schack, Haimo
BGB – Allgemeiner Teil. 12. Auflage, Heidelberg, 2008 (zitiert: Schack, BGB AT)

Schendel, Frank Andreas
Selbstverpflichtungen der Industrie als Steuerungsinstrument im Umweltschutz
In: NVwZ 2001, S. 494–500

Scherer, Joachim
Rechtsprobleme normersetzender „Absprachen" zwischen Staat und Wirtschaft
am Beispiel des Umweltrechts
In: DÖV 1991, S. 1–7

Schlechtriem, Peter
Der Kaufmann im Gesetz zur Regelung des Rechts der Allgemeinen Geschäftsbe-
dingungen
In: Pawlowski, Hans-Martin; Wiese, Günther, Wüst, Günther (Herausgeber)
FS für Konrad Duden zum 70. Geburtstag. München, 1977 (zitiert: FS Duden), S.
571–603

Schmidhuber, Martin
Verhaltenskodizes im nationalen und grenzüberschreitenden elektronischen Geschäftsverkehr. Zur Frage der Integration der Selbstregulierung durch Private in
die staatliche Rechtsordnung. Fankfurt am Main, 2004 (zitiert: Schmidhuber, Verhaltenskodizes)

Schmidt, Eike
AGB-Gesetz und Schuldvertragsrecht des BGB
In: ZIP 1987, S. 1505–1509

Schmidt, Eike
Grundlagen und Grundzüge der Inzidentkontrolle allgemeiner Geschäftsbedingun-
gen nach dem AGB-Gesetz
In: JuS 1987, S. 929–936

Schmidt-Preuß, Matthias
Verwaltung und Verwaltungsrecht zwischen gesellschaftlicher Selbstregulierung
und staatlicher Steuerung. (Tagungsbericht)
In: VVDStRL (Veröffentlichungen der Vereinigung der Deutschen Staatsrechtslehrer) 56 (1997), S. 160–234

Schöning, Uwe
Logik für Informatiker. 5. Auflage, Heidelberg, Berlin, 2000 (zitiert: Schöning, Logik)

Schwark, Eberhard
Anlegerschutz durch Wirtschaftsrecht. Entwicklungsrichtlinien, Prinzipien und Fort-
bildung des Anlegerschutzes, zugleich ein Beitrag zur Überlagerung bürger-
lich-rechtlicher Regelung und gewerbepolizeilicher Überwachung durch Wirt-

schaftsrecht. München, 1979 (zitiert: Anlegerschutz)

Schwintowski, Hans-Peter
Juristische Methodenlehre. Frankfurt am Main, 2005 (zitiert: Schwintowski, Methodenlehre)

Sergot, Marek
A Computational Theory of Normative Positions
In: ACM Transactions on Computational Logic (TOCL), Band 2 (2001), S. 581–622

Sester, Peter
Vertragsabschluss bei Internet-Auktionen
In: CR 2001, S. 98–108

Sester, Peter; Nitschke, Tanja
Software-Agent mit Lizenz zum...? Vertragsschluss und Verbraucherschutz beim Einsatz von Softwareagenten
In: CR 2004, S. 548–554

Shapiro, Fred R.
The Most-Cited Articles from The Yale Law Journal
Yale Law Journal 100 (1991), S. 1449–1514

Shirky, Clay
Listening to Napster
In: Oram, Andy (Herausgeber)
Peer-To-Peer. Harnessing the Benefits of a Disruptive Technology. Peking, Cambrigde, Farnham, Köln, 2001 (zitiert: Peer-To-Peer), S. 21–37

Sieber, Ulrich
Die Bekämpfung von Hass im Internet - Technische, rechtliche und strategische Grundlagen für ein Präventionskonzept
In: ZRP 2001, S. 97–103

Sietmann, Richard
Wider die Monokultur. P2P-Strategien gegen die Suchmaschinen-Monopolisie-

rung.
In: c't 16/2005 S. 52–53, http://www.heise.de/ct/05/16/052/default.shtml
20.07.2009

Sonnenschein, Jürgen
Formularmietverträge im Anwendungsbereich des AGB-Gesetzes
In: NJW 1980, S. 1489–1494

Spindler, Gerald
Haftungs- und Vertagsrechliche Probleme von Web-Services
in DuD 2005, S. 139–141

Spindler, Gerald; Leistner, Matthias
Die Verantwortlichkeit für Urheberrechtsverletzungen im Internet - Neue Entwick-
lungen in Deutschland und in den USA
In: GRURInt 2005, S. 773–796

Spindler, Gerald; Schuster, Fabian
Recht der elektronischen Medien. Kommentar. München, 2008 (zitiert:
Spindler/Schuster/*Bearbeiter*)

Spindler, Gerald; Wiebe, Andreas (Herausgeber)
Internet-Auktionen und Elektronische Marktplätze. 2. Auflage, Köln, 2005 (zitiert:
Spindler/Wiebe/*Bearbeiter*, Internet-Auktionen)

Stachowiak, Herbert
Allgemeine Modelltheorie. Wien, New York, 1973 (zitiert: Stachowiak, Allgemeine
Modelltheorie)

Staudinger, Julius von
Kommentar zum Bürgerlichen Gesetzbuch mit Einführungsgesetz und Nebengesetzen. Buch 1. Allgemeiner Teil. §§ 90–133; §§ 1–54, 63 BeurkG. Bearbeitung
2004. Berlin (zitiert: Staudinger/*Bearbeiter* (Jahr))

Staudinger, Julius von
Kommentar zum Bürgerlichen Gesetzbuch mit Einführungsgesetz und Nebenge-

setzen. Buch 2. Recht der Schuldverhältnisse. §§ 305–310; UKlaG (Recht der Allgemeinen Geschäftsbedingungen). Neubearbeitung 2006. Berlin (zitiert: Staudinger/*Bearbeiter* (Jahr))

Staudinger, Julius von
Kommentar zum Bürgerlichen Gesetzbuch mit Einführungsgesetz und Nebengesetzen. Gesetz zur Regelung des Rechts der Allgemeinen Geschäftsbedingungen (AGBG). 13. Bearbeitung, Berlin, 1998 (zitiert: Staudinger/*Bearbeiter* (Jahr))

Steinmetz, Ralf; Wehrle, Klaus
Peer-to-peer-Networking & -Computing
In: Informatik-Spektrum 2004 S. 51–54

Steinmetz, Ralf; Werle, Klaus
What Is This *"Peer-to-Peer"* About?
In: Steinmetz, Ralf; Werle, Klaus (Herausgeber)
Peer-to-Peer Systems and Applications. Berlin, Heidelberg, New York, 2005 (zitiert: Peer-to-Peer Systems), S. 9–16

Striewe, Peter H.
Kollidierende Allgemeine Geschäftsbedingungen: Vertragsschluß und Vertragsinhalt
In: JuS 1982, S. 728-732

Sure, York; Staab, Steffen; Studer Rudi
On-To-Knowledge Methodology (OTKM)
In: Staab, Steffen; Studer Rudi (Herausgeber)
Handbook on ontologies. Berlin, Heidelberg, 2004 (zitiert: Staab/Studer, Handbook), S. 117–132

Tan, Yao-Hua; Thoen, Walter
A logical model of directed obligations and permissions to support electronic contracting
In: International Journal of Electronic Commerce (IJEC), Band 3 (1998), S. 87–104

Tan, Yao-Hua; Thoen, Walter
A logical model of transfer of obligations in trade contracts
In: Accounting Management And Information Technologies (Accting, Mgmt. and Info. Tech.), Band 8 (1998), S. 23–38

Tan, Yao-Hua; Thoen, Walter
DocLog: An Electronic Contract Representation Language
In: Min Tjoa, A; Wagner, Roland R.; Al-Zobaidie, A.
11th International Workshop on Database and Expert Systems Applications 4-8 September, 2000, Greenwich, London, United Kingdom. proceedings. Los Alamitos, Kalifornien, 2000. (zitiert: DEXA00), S. 1069–1073

Tan, Yao-Hua; Thoen, Walter
INCAS: a legal expert system for contract terms in electronic commerce
In: Decision Support Systems, Band 29 (2000) S. 389–411

Tan, Yao-Hua; Thoen, Walter
Modeling directed obligations and permissions in trade contracts
In: Proceedings of the Thirty-First annual Hawaii International Conference on System Sciences. Band 5. Los Alamitos, 1998 (zitiert: HICSS1998), S. 166–175

Tan, Yao-Hua; Thoen, Walter
Using event semantics for modeling contracts
In: Sprague, Ralph H.
Proceedings of the 35th Annual Hawaii International Conference on System Sciences: abstracts and CD-ROM of full papers. Los Alamitos, 2002 (zitiert: HICSS2002), S. 2198–2206

Thome, Rainer
e-Business
In: Informatik Spektrum 2002, S. 151–153

Ulmer, Peter; Brandner, Erich; Hensen, Horst-Diether; Schmidt, Harry
AGB-Gesetz. Kommentar, 9. Auflage, Köln, 2001 (zitiert: Ulmer/Brandner/Hensen/*Bearbeiter* (9. Auflage))

Ulmer, Peter; Hensen, Horst-Diether; Christensen, Guido; Fuchs, Andreas;
Schmidt, Harry
AGB-Recht. Kommentar zu den §§ 305–310 BGB und zum Unterlassungsklagen-
gesetz. 10. Auflage, Köln, 2006 (zitiert: Ulmer/Brandner/Hensen/*Bearbeiter*)

Ultsch, Michael L.
Zugangsprobleme bei elektronischen Willenserklärungen - Dargestellt am Beispiel
der Electronic Mail
In: NJW 1997, S. 3007–3009

Uschold, Mike; Gruninger, Michael
Ontologies: Principles, Methods, and Applications
In: Knowledge Engineering Review (KER) 1996, S. 93–155

Wahrig-Burfeind, Renate (Herausgeberin)
Wahrig. Deutsches Wörterbuch. 8. Auflage, Gütersloh, München, 2006 (zitiert:
Wahrig Wörterbuch, Stichwort)

Waldenberger, Arthur
Grenzen des Verbraucherschutzes beim Abschluß von Verträgen im Internet
In: BB 1996, S. 2365–2371

Wandtke, Artur-Axel; Bullinger, Winfried (Hrsg.)
Praxiskommentar zum Urheberrecht. München, 2002 (zitiert: Wandtke/Bullin-
ger/*Bearbeiter*)

Weiler, Frank
Der Zugang von Willenserklärungen
In: JuS 2005, S. 788–793

Weitnauer, Wolfgang (Herausgeber)
Beck'sches Formularbuch E-Commerce. München, 2003 (zitiert: Weitnauer/Bear-
beiter Formularbuch E-Commerce)

Wiebe, Andreas
Anmerkung zu AG Erfurt MMR 2002, 127

In: MMR 2002, S. 128–129

Wiebe, Andreas
Anmerkung zu LG Bonn MMR 2002, 255
In: MMR 2002, S. 257–258

Winter, Ralf
Anmerkungen zum Urteil des AG Erfurt vom 14.09.2001 - 28 C 2354/01 (= JurPC
Web-Dok. 71/2002)
In: JurPC 2002, Web-Dok. 109, Abs. 1–20 (http://jurpc.de/aufsatz/20020109.htm
20.07.2009)

Wolf, Manfred; Horn, Norbert; Lindacher, Walter F.
AGB-Gesetz. Gesetz zur Regelung des Rechts der Allgemeinen Geschäftsbedingungen. Kommentar. 4. Auflage, München, 1999 (zitiert: Wolf/Horn/Lindacher/*Bearbeiter*)

Wolf, Manfred; Ungeheuer, Christina
Zum Recht der allgemeinen Geschäftsbedingungen – Teil 1
In: JZ 1995, S. 77–85

Xu, Lai
Monitorable Electronic Contract
In: Chung, Jen-Yao; Zhang, Liang-Jie
CEC 2003: IEEE International Conference on E-commerce : proceedings. Los Ala-
mitos, 2003 (zitiert: CEC2003), S. 92–99

Yan, Yalan; Zhang, Jinlong; Yan, Mi
Ontology Modeling for Contract: Using OWL to Express Semantic Relations
In: 10th IEEE International Enterprise Distributed Object Computing Conference,
2006. Proceedings. Los Alamitos, 2006 (zitiert: EDOC2006), S. 409–412

Ziegler, Cai
Smarte Schwärme. Die Technik hinter modernen Peer-to-Peer-Netzen.
In: c't 16/2005, S. 160–164

Zippelius, Reinhold
Juristische Methodenlehre. 10. Auflage, München, 2006 (zitiert: Zippelius, Methodenlehre)

Zöller, Richard (Begründer)
Zivilprozessordnung mit Gerichtsverfassungsgesetz und den Einführungsgesetzen, mit Internationalem Zivilprozessrecht, EG-Verordnungen, Kostenanmerkungen. Kommentar. 27. Auflage, Köln, 2009 (zitiert: Zöller/*Bearbeiter*)

Zöller, Richard (Begründer)
Zivilprozessordnung mit Gerichtsverfassungsgesetz und den Einführungsgesetzen, mit Internationalem Zivilprozessrecht, EG-Verordnungen, Kostenanmerkungen. Kommentar. 24. Auflage, Köln, 2004 (zitiert: Zöller/*Bearbeiter*, 24. Auflage, 2004)